교육학개론

| 장선철 | 정찬주 | 이영자 | 설재풍 |

태영출판사

머리말

교육은 미래 지향적 활동이다. 아직 일어나지 않은 미래의 세계를 창조하는 과업이다. 그래서 교육의 관심은 미래에 있으며, 미래상에 근거하여 교육활동의 내용과 방법이 달라진다. 즉, 교육은 사람들이 갖고 있는 인간과 사회에 대한 미래상에 따라 그 성격이 달라지기 마련이다. 다시 말하면 미래사회에 대한 밑그림은 현재의 교육을 방향지우고, 반대로 현재의 교육은 미래사회의 모습을 예견하게 한다. 이런 의미에서 '교육은 백년지대계(百年之大計)'이다. 한 국가의 미래가 교육에 달려 있다.

교육의 이런 중요성을 강조하며 이 책은 교육에 대해 이제 막 눈을 뜨는 예비교사와 교육학을 새롭게 공부하고자하는 사람들을 위한 개론서요, 교양교재로 집필되었다. 저자들은 독자들이 이 책을 읽어 나가면서 교육학 전체의 현상을 보다 거시적인 관점에서 이해하며, 교육에 관한 지적 호기심을 유발할 수 있도록 교육한 연구에 기본이 되며 근간이 되는 여러 이론을 담고자 애를 썼다.

제1장 교육의 본질은 교육학을 형성하는 교육의 틀을 개론적으로 이해할 수 있는 소양을 갖도록 인간의 미완전성과 교육, 교육의 자의와 정의, 교육의 구성요인, 교육의 유형을 다뤘다. 한편, 교육학을 형성하는 기초가 되는

역사철학적, 심리적, 사회적 기초를 제2, 3, 4장에서, 교육의 실천적 행위가 이뤄지는 방법과 원리를 제5, 6, 7, 8장에서 다뤘다. 제5장의 내용은 교육과정이며, 제6장의 내용은 수업과 교육공학, 제7장의 내용은 생활지도 및 상담, 제8장의 내용은 교육측정 및 평가이다.

제9장의 내용은 교육제도와 행정, 제10장의 내용은 교직과 교사로 효율적인 교육활동을 위한 교육체제 및 교육의 주체인 교사론을 언급하였다. 이와 같이 교육학의 모든 분야를 공동 저자의 전공분야에 따라 빠짐없이 고루 다루고자 애를 쓴 이 책은 한 학기 강의분량으로 되어 있다.

그러나 막상 책을 발간하려고 하니 두려움이 앞선다. 원래의 취지대로 폭넓은 이론을 간단명료하게 소개하는 일이나 일관성 있게 용어를 정리하는 일이 그렇게 명확하게 이뤄진 것 같지 않기 때문이다. 그래서 언제나 느끼는 것이지만 탈고 후에는 아쉬움만 남는다. 어쩔 수 없어 또 다시 내일을 기약한다. 부족한 부분은 판을 거듭하면서 저자들이 더욱 깊이 논의하여 수정, 보완하고자 한다.

먼저 이 책이 만들어지기까지 자료를 수집하고 분류하며 정리해 준 공동 저자와 제자들에게 감사한 마음을 전한다. 그리고 언제나 기도와 후원을 아끼지 않는 태영출판사 김현태 사장과 오직 성실함으로 책을 편집하고 제작해 준 오세복 상무를 비롯한 제작팀에게도 감사함을 전한다.

2005년 12월

저자 씀

차 례

제 1 장

교육의 본질

제 1 절 교육의 기본개념

1. 인간의 미완전성과 교육

모든 학문은 대상이 되는 연구의 영역이 다 다르다. 언어학에서는 언어를, 생물학에서는 자연계에서 숨쉬고 있는 생물을, 사회학에서는 사회의 제 현상을 연구한다. 그러나 가르치고 배우는 일이 주가 되는 교육학에서는 연구의 대상이 바로 가르치고 배우는 일의 주체가 되는 인간이다.

따라서 인간을 어떠한 관점에서 어떻게 볼 것이냐의 문제는 교육학에서 커다란 관심사이다. 인간의 특성을 놓고 여러 학문에서는 나름대로의 관점을 밝혀 놓고 있는데 이를 요약하면 다음과 같다.

동물학 : 직립 보행하는 동물
생물학 : Homo Sapiens, 즉 인간은 생각하는 동물이라는 것
사회학 : 사회적 동물
언어학 : 감정이나 의사를 언어를 사용해서 전달할 줄 아는 동물
윤리학 : 예의범절과 도덕을 아는 동물
문화인류학 : 문화를 가지고 계승 발전시켜 나가는 사회문화적 동물
정치학 : 정치적 동물
행동주의 심리학 : 특수한 자극에 반응하는 기계와 같은 유기체

이와 같이 인간을 보는 관점은 학문의 영역에 따라 다르게 나타난다. 교육학에서는 '인간의 미완전성'이라는 관점에서 인간관을 전개한다. 사실 인간은 이 지구상에 존재하는 수많은 동물들 가운데서 가장 미완전한 형태로 태어난다. 인간을 제외한 여느 동물은 거의 완전한 상태의 개체로서 그 어미의 축소판의 형태로 태어나지만 인간은 어른의 원조가 없이는 하루도 살아갈 수 없는 무능력한 상태로 태어난다는 것이다.

이런 관점에서 스위스의 유명한 생물학자인 포트만(Portman)은 「인간은 과연 어디까지 동물이겠느냐?」라는 저서에서 인간을 "생리적 조산아(生理的早産兒)"라고 규정한다.

포트만에 의하면 인간은 출생 후 빨라도 1년은 지나야 겨우 아장아장 걷고 옹알이를 통해 자기의 감정과 의사를 전달하며 숟가락을 쥐는 등의 원시적 형태의 운동이 가능해지기 때문에 인간의 임신기간이 적어도 21개월은 되어야 한다는 것이다.

이는 인간이 다른 동물과 구별되는 여러 특성을 가지고 있지만 그 중에서도 간과할 수 없는 특성 중 하나가 바로 '인간의 미완전성'이라는 것을 시사한다.

그러나 비록 인간이 여느 동물에 비해 미완전한 상태로 태어난다고 하더라도 인간이 인간다워지고 또한 만물의 영장으로 군림할 수 있다는 것은 인간에게는 다른 동물에 비해서 거의 무한한 '성장·발달의 가능성'을 가지고 있

다는 사실 때문이다. 비록 어른의 도움이 없이는 하루도 제대로 살아갈 수 없는 어린 아이라고 할지라도 그 아이에게는 무한한 성장·발달의 가능성이 있기에 이 지구상에서 찬란한 문화를 창조해 내며 여러 동물과 자연을 지배하고 군림하는 일이 가능해지는 것이다. 그런데 인간이 인간으로서의 면모를 갖추어 나가기 위해서는, 또한 아이가 가지고 있는 성장·발달의 가능성을 최대한도로 계발하기 위해서는 오랜 세월 동안 '의도적인 작용'이 주어져야 한다. 즉, 무능력한 상태의 아이가 하나의 독립된 개체로서 생을 보다 더 보람차게 창조해 나가도록 하기 위해서는 오랜 세월 동안의 그 어떤 '의도적인 작용'이 필요하다는 것이다. 그 작용이 바로 '교육'이다.

따라서 가장 미완전한 상태로 태어난 인간이 하나의 독립된 개체로 그가 지닌 성장·발달의 가능성을 계발하고 도야하기 위해서는 '교육'이 그 밑바탕에서 작용되어야 한다는 것이다.

이러한 의미에서 독일의 유명한 교육학자인 크리크(E. Krieck)는 "인간은 교육적 동물이요, 인간의 역사는 모두가 교육의 역사, 교화의 역사이다"라며 인간을 가리켜 '교육적 동물'이라고 정의를 내리고 있다. 즉, 아이가 하나의 독립된 개체로서 자라난다는 것은 교육의 작용으로 가능하며, 무능력한 상태의 아이가 선천적으로 지니고 있는 성장·발달의 가능성을 하나하나 계발, 도야해 나간다는 것 역시 교육을 통해서 가능해진다는 것이다.

이렇듯 교육이란 바람직한 인간 형성을 위한 과정(process)이며, 보다 나은 사회 개조를 위한 수단으로써 학교·사회·가정에서 이루어지는 하나의 의도적인 작용이다. 또한 미완전한 상태로 태어난 아이가 복잡 다양한 현대 사회의 여러 가지 문제와 자기의 문제를 스스로 해결해 낼 수 있는 자율적인 인간으로 자라나도록 하며, 창의성을 가지고 보다 풍부하며 폭넓은 인생을 즐길 수 있도록 이끌어 주는 것들이 바로 교육이다.

이와 같이 인간은 교육을 통해서 인간다워진다고 할 수가 있는데 이러한 사실을 증명해 주는 좋은 사례가 있다(J. M. G Itard : 김정권 역, 1995).

1795년 프랑스의 남쪽 Aveyron이라는 마을의 숲 속에서 11세 가량의 야생소

> 년이 발견되었다. 이 소년은 인간의 형상만 갖추었다 뿐이지 짐승과 다름없는 모습을 하고 있었다. 자기의 마음에 들지 않으면 물어뜯고 할퀴고 하여 다루기가 매우 힘이 들었으며, 주의력도 없었고, 감각기능의 작용도 전혀 이루어지지 않는 짐승의 모습 그대로였다고 한다. 즉, 그 소년의 하루는 수면(sleeping), 식사(eating), 아무 일도 하지 않는 것(doing nothing)과 들판을 이리저리 뛰어다니는 일(running about the fields) 등에 한정되어 있었다는 것이다.
>
> 이 소년은 곧 Paris로 옮겨져 그 곳의 청년 의사인 Itard가 맡아 키우게 되었다. Itard는 이 소년을 헌신적으로 돌보았으나 소년은 약간의 언어를 겨우 습득하였으며, 자기를 돌봐주는 사람에 대해 애정을 보이는 정도의 발전만이 있었을 뿐 정상적인 인간으로는 결국 돌아오질 못했다고 한다.

이와 비슷한 사례가 동양권인 인도의 벵갈주에서도 있었다(김재은, 1987).

> 1920년 10월 17일, 고다무리라는 마을에 있는 이리 굴 속에 인간의 아기와 같은 동물이 살고 있다는 소문이 퍼져 마을 사람들이 그 동굴 앞에 연기를 피워 이리를 내쫓고 그 안에 있는 이상한 동물(?)을 생포해 내었다. 이 아이가 바로 1.5세 정도된 Amala와 8세 정도된 Kamala인데 이들 두 여아를 선교사인 Sing 부부가 맡아 양육하게 되었다. Sing 부부의 정성어린 보살핌에도 불구하고 Amala는 이리떼 속이 아닌 인간 속의 생활에 적응을 하지 못해 1년 내에 죽었고, Kamala 역시 9년 후에 죽었는데 17세된 Kamala의 정신연령(mental age)이 겨우 3.5세 정도에 불과했으며 약 50개의 단어를 습득하는데 그쳤다고 한다. 이들 두 여아는 생포 당시 인간의 모습만을 가졌지 행동은 이리와 비슷하여 네 발로 기어다녔고 생고기만 물어뜯고 괴성을 지르며 빛보다 어둠을 더 좋아했다고 한다.

이와는 다른 예가 되겠지만 미국의 한 심리학자가 동물 중에서 정신연령이 가장 높다고 하는 침팬지가 과연 어느 정도의 속도로 얼마만큼 발달할 수 있는가라는 문제를 놓고 실험한 결과가 있다. 그는 갓 태어난 침팬지를 인간의 아이와 똑같은 조건에서 양육을 하며 그 침팬지의 발달 상태를 관찰 조사하였는데 2세까지는 인간의 수준과 거의 유사한 발달 상태를 보였으나 이후로는 그 이상의 발전을 더 이상 나타내 보이지 않았다고 한다.

이상에서 든 3가지의 예에서 인간은 인간 속에서 교육을 통해서만이 인간다워진다는 사실과 인간의 발달과정에 있어 영·유아기가 그 얼마나 중요한 시기인가 하는 사실을 알 수가 있다. 즉, 인간이 인간을 떠나 동물과 같이 교육을 받지 못한 채 어린 시절을 보내면 그 아이는 인간의 세계에 돌아와서 그 어떤 최적의 환경을 부여받더라도 인간 속에 적응을 하지 못하고 동물의 상태로 계속 자라나며, 유아기 혹은 그 이전의 환경에 따라 인간은 이리가 될 수도 있고 양이 될 수도 있다는 것이다.

이렇듯 교육은 실로 인간 생명 보존의 수단이 되며, 인간으로서의 가치를 실현하게 하는 기능을 지니고 있다고 하겠다. 결국, 가장 무능하고 미완전한 상태로 태어난 인간이 교육에 의해서 가장 유능하고 완전한 개체로서 성장하고 발달하여 만물을 지배하게 되는 것이다.

이런 의미에서 칸트(I. Kant)와 이율곡은 다음과 같이 말하고 있다.

> 인간은 교육에 의해서만이 인간이 될 수 있고, 인간이란 교육으로부터 만들어진 것에 불과하다(I. Kant, Uber Padagogik).
>
> 인간이 세상에 태어나서 학문이 아니면 인간이 될 수 없다(栗谷集, 擊蒙要訣에서).

2. 교육의 자의와 정의

1) 교육이란 글자의 뜻

(1) 가르치다, 기르다란 한글의 뜻

이희승편 '국어대사전'에는 우리말의 가르치다와 기르다의 뜻풀이가 다음과 같이 되어 있다.

우리가 오늘날 쓰고 있는 가르치다란 말의 뜻은 물론 '알도록 하다·지식을 지니게 하다·할 수 있도록 지도하다'는 뜻인데 원래는 가리키다와 어원이 같다. 즉 '손가락으로 목표를 지적하다 · 말이나 동작으로 무엇이 있는 곳을 알려주다'는 뜻과 같았다. 우리는 또 가르치다의 뜻을 갈다와 치다의 합성어로 풀이할 수도 있다. 갈다에는 여러 뜻이 있는데, 낡은 것 대신에 새 것으로 바꾸다, 물건을 닳게 하기 위하여 다른 물건에 문지른다, 숫돌 같은 데다 문질러서 날이 서게 한다, 멧돌로 가루를 만든다, 문질러서 광채를 낸다, 쟁기나 곡괭이 같은 것으로 논밭의 흙을 파 뒤집는다는 뜻이다. 또 갈다는 가려내다, 가리게 하다, 가르다와 어원이 같다. 치다는 세차게 움직임 · 목적물에 닿도록 급한 힘을 줌 · 달구어 칼 같은 것을 만듦 · 떡메로 두드림 · 남을 타박함 · 식물의 가지나 잎을 베어냄 · 고운 가루를 뽑아냄 · 틀거나 엮어 만듦 · 길러 번식함 · 꿀을 빚음 등을 뜻한다.

한편 기르다는 '동물과 식물에 영양분을 주어 그것을 섭취해서 자라거나 목숨을 이어가게 하다 · 육체나 정신의 도움이 될 것을 주어 쇠하여지지 않게 하다'의 뜻인데, 이것도 어원이 길하고 같다. 길은 통행하는 길이요, 지켜야 할 도리요, 목적을 향하여 가는 도정이요, 빤짝 빤짝하게 함이요, 짐승을 가르쳐 이용함이요, 그리고 어떤 일에 익숙하게 된 솜씨를 말함이다.

이렇게 우리말의 가르치다와 기르다에는 서양어나 한자어보다 더 풍부한 뜻이 담겨져 있다. 그 뜻을 몇 가지로 간추려 보면, 방향 지시 · 선별 · 분별 · 판단 · 경작 · 연마 · 사육 · 생성 · 제거 · 성장이라 할 것이다(김정환, 1995).

(2) 教育이란 한자의 뜻

'敎'자의 '孝'는 아래(下) 사람이 배운다는 뜻이고 '攵'자는 윗(上) 사람이 가르친다는 뜻이다. '攵'자의 원형자(原形字)를 보면 '손을 들고 똑똑 두드리는' 모양이다. 사전에 나오는 '敎'의 뜻은 가르킴, 위에서 베풀어 주는 백성의 법, 깨우침(諭告), 즉 맹자 어머니의 '三遷之敎' 같은 것, 가르치는 내용, 학교, 선생, 교사, 사명 등 여러 뜻이 있다. '育'자의 '云'은 원래 '子'라는 글자를 거꾸로 한 것이고(倒字), '月'은 '肉'이란 뜻인데 이 두 글자의 합일체가 바로 '育'이다. 이 글자는 기른다(養), 자란다(成長), 돌보다, 낳는다(出産)의 뜻이 된다.

'敎育'이란 한자를 해부하여 그 뜻을 살펴보면 다음과 같다.

'敎'는 '土'에다가 작대기 'ㅣ'를 가로질러 놓고 그 밑에 '아들 자'(子)자를 쓰고 그 옆에 '父', 즉 아버지가 있다. 이 뜻은 '土'는 고향 국토의 상징이고 '작대기'는 '회초리'로 생각할 수 있으며, '子'는 피교육자, 즉 학생을 말하고 '父'는 성인 일반, 즉 교사를 뜻한다. 그렇다면 글자의 뜻으로 보아 '아버지'(成人, 敎師)가 회초리를 가지고 자녀들을 고향, 국토를 지키게끔 가르치는 것이 바로 '敎'라는 글자이고, '育'의 '云'은 이를 운, 즉 言也라 했으니 신체, 즉 육체를 말한다. 그러니까 '敎育'은 '아버지가 자녀들의 정신과 육체를 고향과 국토를 지키게끔 지도 편달'하는 것이다. 그러나 동양적인 면에서는 '孝'와 '文'의 결합체인 '敎'는 '그 父母를 받들게끔 가르치는 것'이라고도 보겠다.

이와 같이 '敎'에는 '회초리를 든 父'가, 또한 '育'에는 '포근한 신체적 접촉을 뜻하는 母'가 상징적으로 하나의 의미로써 내포되어 있다. 이렇게 볼 때 '敎育'이라는 한자의 뜻 속에는 엄한 아버지와 자애로운 어머니(嚴父慈母)라는 의미가 담겨져 있다.

이렇듯 '敎育'이란 한자의 뜻 속에는 교육의 목적과 교사가 지녀야 할 태도가 잘 나타나 있다.

(3) Education이란 영어 단어의 뜻

'education'이라는 낱말의 어원은 'educare'라는 라틴어에서 찾을 수 있다. 이 말의 뜻 속에는 '끌어낸다'는 도출, 유출, 유도의 의미가 있다. 즉, education이라는 낱말에는 아동이 가지고 있는 소질, 능력을 끌어내어 그의 참다운 모습으로 생리화, 제2의 천성화 또는 인간화시킨다는 의미가 포함되어 있는데, 교육이라는 활동에 의해 인간에게 잠재되어 있는 소질들을 끌어 내어 사람으로서 형성시켜 놓아야 비로소 인간이 된다는 뜻이 담겨져 있는 것이다.

이런 뜻에서 보면 'education'이라는 글자는 교육의 본질을 잘 나타내어 준다고 하겠다. 왜냐하면 교육이란 인간이 될 수 있는 소질을 끄집어 내어 인간으로 성장하게 하는 조성 작용이기 때문이다.

이런 의미에서 여러 학자들은 인간은 교육에 의거하지 않고서는 인간다워질 수 없음을 강조하고 있다.

(4) Pedagogy란 글자의 뜻

교육학이란 말을 Pedagogy라고도 한다. Pedagogy의 어원은 희랍어의 파이다고고스(πaiσaroros)라는 말에서 나온 말인데, 'a slave', '노예'라는 말이라고 한다. 희랍 고대 사회에서는 노예가 많았는데 그 많은 노예들을 다 파이다고고스라고 하지는 않았다. 다만 귀족이나 자유민 가정에서 그들의 자녀를 가르치는 노예만을 파이다고고스라고 했다. 그러니까 어린이를 가르치는 가정교사, 즉 child-tender의 역할을 맡은 노예에 한해서만 파이다고고스라는 말을 쓴 것이다.

그런데 이 말 속에서는 참다운 교사의 정신을 찾을 수가 있다. 교사는 피교육자의 성장과 발달을 도와 그들이 행복한 삶을 살 수 있도록 노예처럼 희생과 봉사로써 최선을 다한다는 자세를 가져야 한다. 보수의 양에 따라 피교육자에 대한 태도가 다를 수 없고 부모가 지닌 권력에 영향을 받아 학생을 잘 가르치고 못 가르치는 일이란 있을 수 없다.

이와 같이 'Pedagogy'라는 글자의 뜻 속에는 교육활동의 특성 가운데 하나가 바로 봉사적 활동임을 잘 나타내어 준다.

이상에서 살펴본 교육(education)이란 말에 대한 양(洋)의 동서의 어원적(語源的) 고찰에서 추출될 수 있는 상호 공통의 의미는 다음과 같이 요약이 된다.

즉, 교육은

> "피교육자가 지닌 잠재능력을 계발하기 위하여 아직 미완전하고 미발달된 상태에 외적인 힘을 가함으로써 보다 완전하고 발달된 상태에로의 전환을 도모하는 의도적인 작용이다."

2) 교육의 조작적 정의

교육을 실제적 대상과 과정을 분석적으로 파악하기 위해서는 조작적 관점에서 정의 내리는 것이 좋다. 이런 관점에서 교육을 다음과 같이 정의 내릴 수 있다(정범모, 1985).

"교육은 인간행동의 계획적인 변화이다."

(1) 인간행동의 개념

교육은 인간을 대상으로 하는 실천적 활동이다. 따라서 교육은 사람을 기르고, 인격을 함양하며, 인간을 인간답게 만든다. 공업과 농업의 직접적인 관심이 제조품과 농산물인 것과 같이 교육은 경제 발전에도 관심을 두고, 민족문화 건설에도 관계되며, 민주정치 신장에도 관련된다. 그러나 이 모두는 우선 그에 적합한 인간을 만들고 기른다는 면에서 시작된다.

교육은 그 자체가 직접적으로 경제 발전에 나서는 것은 아니다. 경제 발전의 직접적인 활동은 산업과 경제활동이다. 교육은 이런 활동에 필요한 인간을 양성함으로써 경제 발전에 기여하는 관계에 놓여 있다. 이런 관계에서 볼 때, 생산교육이란 이름 아래 전 학생들이 많은 양의 농산물을 생산했다고 하더라도 그것은 교육이 아닐 가능성이 많다. 왜냐하면 교육은 농산물을 생산하는 활동이 아니라 농산물을 생산할 줄 알고 생산하려는 인간을 기르는 것이기 때문이다.

공업의 성과가 제조품이고 농업의 성과가 농산물인 것처럼, 교육의 성과는 인간에게서 나타난다. 따라서 교육의 궁극적인 관심은 인간에 있다.

지금까지 우리는 그냥 '인간'을 기른다고만 말해 왔다. 그러나 교육이 '인간'을 기른다고만 하는 것은 농사를 '농산물'을 기른다고 하는 것과 같이 막연하다. 농산물에는 쌀도 있고 채소도 있고 사과도 있다.

어느 것을 기르느냐에 따라 농사방법이 아주 달라진다. 마찬가지로 우리는 길러야 할 인간을 좀더 분석적으로 파악할 필요가 있다. 인간의 특성 중에는 지식도 있고, 기술도 있으며, 사고력도 있고, 창의력도 있다. 어느 것을 기르느냐에 따라 교육의 실천이 크게 달라진다.

따라서 인간을 좀더 분석적으로 파악하고 동시에 교육이 다루는 인간의 개념을 보다 분명히 하기 위하여 사용하는 개념이 행동 내지 인간행동이다. 여기서 말하는 행동이란 뛰고 말하고 우는 등 겉으로 나타난 행동만을 의미하지는 않는다. 물론 겉으로 드러난 행동은 보이는 자료를 제공하는 등 일차적인 관심거리이지만 인간 활동 연구는 거기에서 멈추지 않고, 지식, 사고, 가치관, 동기체제, 성격특성, 자아개념 등 이른바 내면적이고 보이지 않는 행동이나 특성까지 미친다. 따라서 이런 내면적인 것은 보다 일반적인 것도 된다는 견지에서 '행동' 대신 '행동형' 또는 '행동특성'이라는 개념을 쓰기도 한다.

(2) 변화의 개념

변화란 육성, 조성, 양육, 계발, 교정, 개선, 성숙, 발달, 증대 등을 포함하는 포괄적인 개념이다. 어떤 의미에 있어서 인간행동에 관심을 가지고 있는 것은 교육만이 아니다. 정치, 정치가, 정치학은 인간의 개인적 및 집단적인 정치적 행동에 관심을 가지고 있다. 마찬가지로 경제와 사업가는 인간의 경제적 행동에 관심을 가지고 있는 셈이다. 이렇게 생각해 보면, 학문적으로 따져서 정치학, 경제학, 행정학, 문화인류학, 심리학 등 이른바 행동과학 또는 사회과학으로 불리는 학문들은 다 인간행동에 관심을 가지고 있는 셈이다. 교육이나 교육학이 인간행동에 관심을 두는 것은 다른 모든 사회과학과 공통된다. 그러나 교육이 독특한 것은 교육은 인간행동의 변화, 즉 그 육성이나 교정이나 개선에 관심을 가지고 있다는 점이다.

교육은 지식을 갖게 하고, 미숙했던 사고력을 숙달케 하며, 몰랐던 기술을 몸에 익혀 주고, 이러했던 '관'을 저런 '관'으로 바꾸며, 저런 '정신'을 이런 정신으로 변화시키는 데에 관심이 있다. 교육은 근본적으로 인간의 생성에 관심을 갖는 역동적인 작업이다. 뜻하는 바가 사고력이면 사고력, 창의력이면 창의력을 길러내느냐 못 길러내느냐 하는 아주 현실적인 문제에 기반을 두고 있는 것이다. 한때 인간개조라는 말이 있었다. 교육은 인간조성과 인간개조에 관심을 둔다. 따라서 교육과 교육학에서 변화는 중핵적 개념이다.

갓난아이는 모든 동물 중에서 가장 무력하고, 무능하며, 무용한 존재라는 사실, 그리고 그 미발달의 상태가 가장 오래 계속된다는 사실, 그러면서 시간의 경과와 더불어 이렇게 발달되고 저렇게 발달하여 이른바 만물의 영장이 된다는 사실은 교육의 근본적 존재 이유의 하나가 된다. 한없이 나약한 인간이 어떤 힘, 어떤 영향, 어떤 역동에 의해서 그토록 복잡하고 심오한 문화를 건설하고 발전시켜 가는지 신기한 문제가 아닐 수 없다. 갓난아이는 당장에는 가장 무능, 무력, 무용한 존재지만, 그는 동물과는 달리 어마어마한 잠재가능성을 가지고 태어난다. 그 잠재가능성이 어디로 어떻게 통로 지어져 어떻게 실현되느냐가 주요 관심사이다. 똑같이 무력한 갓난아이의 한쪽은 위인이 되고 한쪽은 악당이 되는 그런 인간성장의 역사에 교육은 관심을 두는 것이다.

교육은 이런 성장, 발달, 조성 등 변화의 길이 개인에게 선천적으로 결정되어 있지 않다고 전제하는 데서 출발한다. 왜냐하면, 교육은 인간행동이 자연적으로 변화해가는 것에 관심이 있는 것이 아니라 그것을 의도적으로 변화시키는 데에 있기 때문이다.

인간행동의 변화라는 입장에서 볼 때 교육에는 여러 가지가 있을 수 있다.

첫째, 좋은 변화를 일으키는 교육과 나쁜 변화를 일으키는 교육이다.

이때 '좋다' 또는 '나쁘다'는 가치관의 문제이다. 공산주의 교육은 여기에서 나쁘고 저기에서는 좋을 수 있고, 어떤 사람은 사회 비판력을 기르는 것을 나쁘다고 한다. 가치관에 따라 좋은 행동, 나쁜 행동이 있을 것이며 그것을 길러내는 교육은 따라서 좋은 교육, 나쁜 교육이 된다. 이 문제는 변화 자체의 과학적 문제라기보다는 변화시켜야 할 것의 가치관의 문제이다.

둘째, 뜻하는 바 인간행동을 유능·유효하게 변화시키는 강력한 교육이 있고, 그렇지 못한 교육이 있다.

사고력을 기른다고 주장하면서 사고력을 크게 배양하지 못하는 교육이 있다. 어떤 교육은 일정한 정도의 사고력을 단시일에 길러내는 강력성을 가지고 있고, 어떤 교육은 오래 끌어야 하는 약체성을 가지고 있다. 교육은 뜻하는 바가 무엇이든 게릴라든, 성자든, 창의적 성격이든, 민주적 자질이든 유효성과 강력성이 있어야 한다.

셋째로 교육은 길러낸 변화가 시간적으로 그리고 공간적으로 얼마나 일반성을 갖느냐에서 서로 다를 수 있다.

(3) 계획의 개념

한 인간이 성장하고 발달하고 변화해가는 데에는 교육의 힘만이 작용하는 것은 아니다. 인간발달의 이론에서 보다시피 생후의 경험 여부와는 관계없이 성장하는 성숙이라는 영향도 있고, 경험 여부에 따라 성장・발달이 정해지는 학습이라는 영향도 있다. 비교적 저절로 일어나는 인간행동의 변화, 예컨대 걸어 다니게 된다든지 또는 성에 관심이 생긴다든지 하는 변화는 교육이라고 생각할 수 없다.

또한 경험 여부에 따른 인간행동의 변화에도 다양한 영향이 작용한다. 즉, 학습이 교육상황에서만 이루어지는 것은 아니다. 예컨대, 한 사회, 한 가정에서 태어났다는 것 자체가 여러 경험을 통해 일정한 학습을 하게 한다. 교육이나 학교가 없는 원시사회에서도 사람들은 무엇인가를 배운다. 사람은 여행을 하면서 거리를 거닐면서 신문을 보면서 일상생활을 하면서 항상 뭔가를 경험하며, 그 연속되는 경험 속에서 다시 뭔가를 배운다. 즉, 행동의 변화를 일으킨다. 따라서 교육은 그냥 인간행동의 변화라기보다는 계획적인 인간행동의 변화를 말한다. 이런 행동을 이렇게 변화시키겠다는 의도와 계획이 있는 것에 한해서 교육이라고 규정할 수 있다.

계획적이라 함은 첫째, 기르고자 하는 또는 길러야 할 인간행동에 관한 명확한 설정과 의식이 있다는 것, 둘째는 그것을 기를 수 있는 "이렇게 이렇게 하면 이것은 길러진다"는 이론과 실증의 뒷받침이 있는 계획과 과정이 있다는 것을 의미한다. 전자는 명확한 교육목적이 있다는 말이며, 후자는 교육이론 그리고 그것에 기초한 교육프로그램 내지 교육과정이 있다는 말이다. 길러야 할 인간행동으로서의 교육목적에 관한 명확한 의식이 없는 정도에 따라, 그리고 이론적으로 실증적으로 아무런 교육계획이 없을 때 거기에 교육은 없을 수도 있다는 것이다.

3. 교육의 구성요인

1) 교육의 3요소

흔히 교육을 '가르치고 배우는 활동'이라고 한다. 이 말에는 '누가, 무엇을, 누구에게'라는 기본적인 교육활동의 3요소가 명시되고 있다, '누가' 는 교사·부모·선배·성숙자·전세대·아는 사람 등 교육을 하는 사람을 의미하고, '무엇을'은 국어·수학 또는 사회성 지도, 1 : 1의 대응관계, 혹은 유치원 과정, 초등학교 과정, 중학교 과정 등으로 교육의 내용을 의미하며, '누구에게'는 제자·자식·후배·미성숙자·후세대·모르는 사람 등 교육을 받는 사람을 의미한다.

이렇게 볼 때 가르치고 기른다는 교육의 활동은 실천에 관한 문제가 된다. 그러므로 교육작용에는 실천의 주체와 실천의 대상이 있다. 전자가 교육의 주체(subject of education)인 교육자이고, 후자가 교육의 객체(object of education)인 피교육자이다. 교육의 주체와 객체는 그들의 상호 실천적 교섭, 즉 경험의 전달·수용을 통해서 피교육자의 성장·발달을 실현한다. 이런 의미로 이를 '교육적 가치'(educational values)라고 말한다. 그리고 교육적 가치 실현의 과정(process)을 '교육과정(educational process)'이라고 말한다.

교사의 교육적 작용, 즉 피교육자가 교사의 조성작용에 촉발되어서 피교육자의 속에 일어나는 성장·발달을 인도하는 과정이 교육과정이며, 이 교육과정(educational process)의 합리적인 순서를 조장하는 것을 '교육기술'(technique of education)이라고 한다.

그런데 '가르치는 자와 가르침을 받는 자' 사이에는 무매개한 상태로 직접 교섭되는 것은 아니다. 거기에는 가르치는 작용과 가르침을 받는 활동과를 '매개하는 것'이 있으므로 해서 처음으로 상호작용(interaction)이 가능해진다. 우리는 가르치는 자를 '주체인 교사', 가르침을 받는 자를 '객체인 학습자', 가르침을 연결하는 것을 '매개체로서의 교육내용'이라 하고, 이것을 '교육의 3요소'(three elements of education)라고 종래부터 불러왔다. 다시 말하면, 주체인 교사를 '교육의 주체', 객체인 학습자를 '교육의 객체, 매개체로써의 교육내용을 '교육의 재료'(educational materials) 또는 도야재(Bildungsguter)라고 하고, 그것들을 교육을 성립시키는 필요 불가결한 최소한의 요건(minimum essentials)으로 보는 것이다. 즉, 교육활동은 위의 3개의 요소가 상호 실천적으로 교섭할 때 처음으로 성립되며 그 가치가 나타나는 것이다. 3자의 관계를 그림으로 나타내면 [그림 1-1]과 같다.

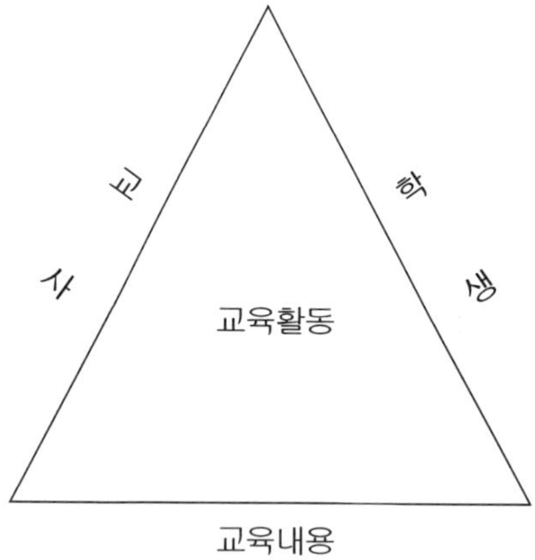

[그림 1-1] 교육의 3요소

또한 교육의 3요소가 서로 마주치고 교육기술이 제대로 발휘되어 교육 가치를 구현시킬 수 있도록 조건지워 주는 장면을 '교육의 장'(the fields of education)이라고 한다.

교육적 가치란 교육의 주체와 교육의 객체가 상호 실천적으로 교섭하여, 즉 경험의 전달과 수용을 통해서 얻어진 피교육자의 성장과 발달(growth and development)을 의미한다. 그리고 교육과정이란 피교육자의 성장과 발달을 이끌어 내는 과정을 말한다.

2) 교육의 주체

교육은 전통적으로 교사의 주도적 활동에 의존한다. 교육은 주체의 책임 아래 그들의 힘과 권위에 따라 이루어진다. 그러나 교사가 교육의 주체로써 위에서 권위주의적으로 객체인 피교육자를 대하는 것이 아니라 풍부한 가능성을 지닌 성장하려는 충동과 의욕을 가진 자와 그것을 조성하여 가능한 한 발달을 촉진시키려는 의지와 사랑, 지식 그리고 신념에 넘치는 교사와의 관계인 것이다. 교사가 사회의 최상의 경험을 대표하여 피교육자에게 갈 길을 제시해 주는 것이 곧 교육인 것이다.

따라서 교사는 교육의 주체자로서 갖추어야 할 것이 많이 요구되고 있다. 많은 학자들은 교사가 갖추어야 할 것에 대해 여러 요소를 언급하고 있는데 이것들은 다음의 7가지로 요약이 된다.

① 인간의 탐구자로서의 교사
② 역사사회의 연구자로서의 교사
③ 진리의 탐구자로서의 교사
④ 사랑의 자각자로서의 교사
⑤ 교육전문가로서의 교사
⑥ 예술가로서의 교사
⑦ 실천가로서의 교사

3) 교육의 객체

교육의 객체인 피교육자는 생물학적인 유기체인 동시에 사회적인 한 존재이며 또한 윤리적인 인격체이다. 그들은 미숙한 신체와 정신 그리고 지성을 가진 기능체이다. 그리고 발전할 수 있는 소질과 능력을 가지고 모든 행동을 통일・결합시킬 수 있는 존재이다. 그들은 성장하여 선해질 수 있고 참다워질 수 있는 힘과 가치를 보유한 존재이다. 그와 같은 가능성은 교육적인 자극을 가하여 개발하고 성장시켜야 한다.

피교육자는 교육되기 때문에 객체일 뿐이며, 배움을 받아야 하기 때문에 '대상'에 불과한 것이다. 그들은 새로운 미래의 세계를 향해서 적극적으로 그리고 주체적으로 가능한 한 성장되어야 하며, 바람직한 학습을 해야 할 '배우고자 하는 의지체'인 것이다. 우리는 교육의 객체라 해서 피교육자를 일개의 추종자 내지 모방자로 간주하는 오류를 범해서는 안 된다.

4) 교육의 매개와 장(場)

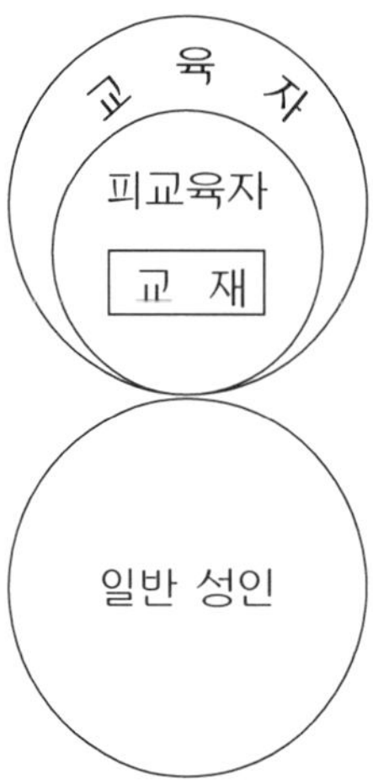

[그림 1-2] 교재의 매개적 기능

교육의 주체와 객체 사이에는 언제나 매개물(medium)이 존재하며 그것이 교육의 재료, 즉 교육의 내용이다. 교육내용이란 가치롭다고 인정된 인류 문화유산과 생활경험, 즉 교재라고 할 수 있다. 교육이란 위와 같은 교육내용을 매개체로 중간에 놓고 교육의 주체와 객체가 상호 실천적으로 교섭하는 작용인 것이다. 교재의 매개적 기능을 그림으로 나타내면 다음의 [그림 1-2]와 같다.

교육내용을 넓게는 '교육의 재료', 줄여서 '교재'(educational materials) 또는 '도야재'(Bildungaguter)라고 하고, 좁게는 '교육과정'(curriculum)이라고 한다. 그것들은 교육자의 입장에서 보면 교육 지도상의 재료이고, 피교육자의 입장에서 보면 교육 진행상의 재료가 된다.

교육의 장(the fields of education)이란 그 어떤 목적을 갖는 행동이 발전하는 국면을 말한다. '교육의 장'이란 하나의 목적적 활동으로써 교육적 행동이 발전하는 국면을 뜻한다고 할 수 있다. 교육의 3요소가 교육적 교섭관계를 이루는 장면이 바로 교육의 장이다. 그것은 교재에 의해서 매개된 교육의 주체와 객체가 교호작용(transaction)을 하는 인간적 관계의 장면인 사회과정이며 또한 사회의 현실이다. 그리고 그러한 사회과정 내지 사회의 현실은, 그 어떤 '문제'와 '과제'를 지닌 가치적 현실이며, 문제해결의 이상을 가진 것이다.

그러므로 교육의 장은 교사와 피교육자를 매개하여 교육활동 및 교육적 행위를 발전시키는 사회적 공동의 장면 또는 집단적 장면이고 할 수 있다.

제 2 절 교육의 유형

1. 교육의 분류

1) 일반적인 분류

교육은 인간 문명의 전체 영역을 포함하고 있으므로 교육의 기능별 분류는 수없이 많이 세분화하여 설명될 수가 있다. 그러나 일반적으로 분류하는 내용은 다음과 같다.

교육을 본질적으로 볼 때 개인적이며 또한 사회적이라고 말할 수 있다. 개인적이라는 것은 아동의 한 사람 한 사람의 성장·발달 과정을 뜻하며, 교육의 결과가 개인을 인간으로 형성시키고 아동 개인의 전체적인 인격 형성 과정에 중요한 역할을 하기 때문에 개인은 누구나 교육받을 권리를 누리게 된다. 사회적이라는 것은 아동이 교육받을 권리가 있기 때문에 사회는 아동이 교육을 받을 수 있고, 사회의 일원으로서 자활해 나갈 능력을 발휘할 수 있는 교육 환경을 만들어 주어야 할 의무가 있다는 것을 의미한다.

교육은 인간성의 전체적인 입장을 고려하여 정신 교육, 육체 교육과 지성에 관한 교육 및 감정에 관한 교육으로 구분할 수 있다. 과거에는 이것을 크게 나누어 지육·체육·덕육이라고 불렀다.

또한 교육을 직업교육(vocational education) 또는 전문교육(professional education)과 일반교육(general education) 또는 교양을 위한 교육으로 구분하는 경향도 있다. 이것은 대학에 있어서와 같이 전문기술을 요하는 전문적 교육과 또한 일반교양을 위한 일반교육을 뜻하는 것이다. 그러나 이러한 구분도 애매한 점이 많다. 개인이 전문교육을 받아서 전문가가 된다고 하더라도 전문가로서 그 사회에 공헌하는데 있어서는 인간으로서의 자질을 추구하는 일반교육이 밑바탕이 되어야 하기 때문이다. 따라서 전문교육과 일반교육은 상호대립되는 것이 아니라 상호 유대적인 관계를 가지고 있는 것이다.

한편 학교교육을 중심으로 하여 교육이 피교육자의 연령에 따라 구분되는 경우도 있다. 아동교육, 성인교육, 중등교육, 고등교육이니 하는 것이 바로 그것이다. 이러한 구분은 교육이란 어렸을 때 시작되며 20세 내지 25세 경에 끝난다는 입장에서 설명된 것에 불과하다.

듀이(J. Dewey)가 말한 것과 같이 교육은 일생을 통한 생의 과정이고 경험의 과정이며 개조의 과정이기 때문에 광의의 교육이란 학교교육 또는 연령에 의해 제한된 교육만을 뜻하는 것이 아니다. 그렇기 때문에 교육은 한 개체에게 평생을 통한 작용이어야 한다. 여기에서 이른바 오늘날 평생교육의 중요성을 재인식하게 된다.

2) 유형적 분류

교육의 유형화에서 교육이 일어나는 장소 · 대상 · 목적 등을 동시에 고려하여 교육을 가정교육 · 학교교육 · 사회교육 등으로 분류한다. 이런 관점에 따라 크리크(E. Krieck)는 학교교육을 의도적인 교육으로, 가정교육을 반의도적인 교육으로, 사회교육을 무의도적인 교육으로 분류하고 있으며, 듀이(J. Dewey)는 학교교육을 협의의 교육, 즉 형식적 교육(formal education)으로, 가정교육과 사회교육 등을 비형식적 교육(informal education)으로 분류하고 있다. 여기서는 형식적 · 비형식적 · 무형식적 교육으로 유형적 분류를 고찰한다.

(1) 형식적 교육

형식적 교육이란 교육작용을 가하는 측이나 이를 받아들이는 측이 모두 계획적으로 교육활동을 전개하는 교육을 말한다. 교육작용을 가하는 학교와 이를 받아들이는 학생이 효과적인 교육작용을 위해 잘 조직되고 계획되어 있는 경우이다. 특정한 지도자와 조직된 학습자가 일정한 장소에서 사전에 잘 조직된 교육내용을 매개로 하여 의도하는 방향으로 교육하는 과정이 바로 형식적 교육이다. 따라서 이 형식적 교육의 구성 요소로는 유형의 것으로는 조직화된 학교 · 시설 · 교사 · 교재 및 학생이 있고, 무형의 것으로는 일정한 교육 목적 · 학습활동 · 교사와 학생의 인간관계 및 교호작용이 있다. 이것이 바로 학교교육을 대표하고 학교교육이 중핵을 이루는 작용이다. 어떤 방향으로 교육을 시키겠다는 이념과 목표가 서 있으며, 모든 교재와 시설이 준비되어 있고 실천적 교육 계획이 마련되어 있는 것 등 교육에 필요한 모든 형식 · 요건이 갖추어져 있다. 이런 뜻에서 형식적 교육을 의도적 교육이라고 한다.

따라서 형식적 교육이라 함은 일정한 교육의 이상이나 목적에 따라 그 실현을 위하여 의도하는 바를 계획성 있고 지속성 있게 소정의 기간 동안 실시하는 협의의 교육을 뜻한다. 그리고 이러한 교육의 실천과업은 이미 성숙된 앞 세대의 사람인 교사가 발달도상에 있는 후세대의 사람을 대상으로 하여 목적 실현의 단계에 따라 구성된 교재 내용을 매개로 하여 효율적인 지도 방법에 의하여 수행하게 된다.

형식적 교육의 특징은 폐쇄적, 규정적, 선발적, 경쟁적이다. 당국의 엄격한 기준이 설정되어 있으며 가르치는 교과형태가 구조화되어 있다. 형식적 교육을 통하여 학습자는 자격을 인정받고 획득한다. 형식적 교육은 배운 교육내용에 대한 활용이 비교적 장기적으로 나타나며 그 교육적 효과도 장기적인 목표에 두고 있다.

또한 형식적 교육은 아동이 다른 사람들과의 비형식적인 접촉을 통하여 우연히 교육을 받도록 내버려 두는 경우에는 전혀 접촉할 수 없는 새로운 경험의 길을 열어 준다. 이것이 바로 서적과 지식으로 표시되는 상징교육이다. 듀이는 이러한 형식적 교육인 학교교육의 기능에 대해 다음과 같이 설명한다.

첫째, 학교는 단순화된 환경을 제공한다.

복잡한 문명은 무더기로 한꺼번에 전달하기에는 너무 복잡하다. 그것은 말하자면, 토막으로 만들어서 조금씩 순서대로 전달할 수밖에 없다. 학교는 꽤 근본적인, 그러면서도 학습자들의 반응을 일으킬 수 있는 환경을 선정한다. 그 다음에 학교는 점진적인 순서를 세워서, 먼저 학습된 요소를 수단으로 하여 점점 복잡한 것에 대한 통찰을 얻도록 해야 한다.

둘째, 학교는 정화된 환경을 제공한다.

학교환경의 또 하나의 과업은 기존 환경의 무가치한 특성들을 될 수 있는 대로 제거하여 그것이 정신적 습관에 영향을 주지 못하도록 하는 것이다. 학교환경의 선정은 단순화하는 데에만 목적이 있는 것이 아니라, 바람직하지 못한 것을 제거하는 정화에도 목적이 있다. 어느 사회든지, 방해가 되는 시시한 것들, 과거의 낡아빠진 유물, 적극적으로 해로운 것들이 있다. 학교는 환경으로부터 그런 것들을 제거하고, 그렇게 함으로써 일상 사회환경에서 그런 유해 요인들이 주는 영향을 될 수 있는 대로 소멸시키는 임무를 가지고 있다. 최선의 것을 선정하여 학교만의 전용물로 삼음으로써 학교는 그 최선의 것의 힘을 강화하려고 노력한다. 사회가 보다 개화됨에 따라, 학교는 기존의 업적 전체를 보존하고 전달하는 데 책임이 있는 것이 아니라, 그 중에서 장차 더 좋은 사회를 만들 수 있도록 해주는 것을 보존・전달할 책임이 있다. 학교는 이 목적을 달성하는 가장 중요한 기관이다.

셋째, 학교는 균형을 이룬 환경을 제공한다.

학교의 과업은 사회환경의 여러 요소들 사이의 균형을 유지하고 각 개인으로 하여금 각자가 태어난 사회집단의 제약에서 벗어나 보다 넓은 환경과 살아 있는 접촉을 가질 수 있도록 하는 것이다. 현대사회는 많은 사회집단들이 다소간 엉성하게 연결되어 있다. 하나하나의 가정은 가까운 친구들과 어울려서 하나의 사회를 이루고 있다. 마을, 또는 길거리 친구들의 집단은 하나의 지역사회이다. 사업체나 클럽들도 마찬가지이다. 이와 같이 보다 긴밀한 집단을 넘어서서, 미국과 같은 나라에는 여러 인종, 종교단체, 경제집단들이 있다. 그러나 집단은 각각 그 성원의 활동성향을 형성하는 데에 영향을 미친다. 사회 중에는 예술가의 조합이나 문필가의 협회, 지구상의 여기저기 흩어져 있는 전문학회의 회원들과 같이 구성원 상호간의 직접적인 접촉이 거의 또는 전혀 없는 것도 있다. 이들이 사회를 이루고 있다고 하는 것은 그들이 공동의 목적으로 추구하고 있고, 각 성원의 활동이 다른 성원의 활동에 대한 지식으로 말미암아 직접 수정되기 때문이다. 학교에서, 인종과 종교와 풍습이 다른 학습자들과 서로 뒤섞여 있다는 것은 모든 사람에게 새롭고 보다 넓은 환경을 만들어 준다. 공통된 교과를 배움으로써 모든 학습자들은 한 작은 집단의 성원으로 고립되어 있을 때보다도 더 넓은 세계에 대한 통일된 전망에 익숙하게 된다.

넷째, 학교는 다양한 사회환경을 조정한다.

학교는 각각의 개인이 속하고 있는 다양한 사회적 환경의 다양한 영향들을 개인의 성향 속에서 조정하는 기능을 지니고 있다. 가정에서 통용되는 규범과 거리에서 통용되는 규범이 다르며, 이것은 또한 공장이나 상점, 종교단체에서 통용되는 규범과도 다르다. 하나의 환경에서 다른 환경으로 넘어갈 때, 사람은 상반되는 영향을 받는다. 따라서 상이한 상황이 요구되는 상이한 판단기준과 정서를 가지는 존재로 분열될 위험이 있다. 이러한 위험을 방지하기 위하여, 학교는 그런 것들을 통합·조정하는 기능을 수행해야만 하는 것이다.

(2) 비형식적 교육

비형식적 교육은 비의도적 교육, 넓은 의미의 교육이라고도 한다. 가정이나 직장에서 이루어지는 독서, 라디오 청취, 비디오나 영화감상, 여행 등의 일상경험이나 환경과의 접촉에 의해서 아무런 체계나 조직 없이 지식, 기술, 태도 등을 습득하는 과정을 의미한다. 좀더 구체적으로 말하면 교육은 학교에서만 이루어지는 것이 아니라, 가정, 직장, 놀이터와 같은 장소에서의 가족이나 동료 그리고 친구들로부터 배우기도 하는 것이다.

비형식적 교육은 공동관심사를 지닌 사람들이 함께 자발적으로 활동하며, 참여자 스스로 운영하는 집단 혹은 단체로서 정당, 봉사단체, 노동조합, 협동조합, 종교단체 등의 강연, 연수회, 세미나 개최 등이 있다. 또한 개인의 광범위한 요구와 흥미에 따라 프로그램을 제공하는 것으로서 TV, 신문, 잡지, 도서관, 서점, 정보센터 등이 있다.

비형식적 교육의 특징은 개방적이며, 비선택적이며, 비경쟁적, 비규정적이라고 볼 수 있다. 또한 비형식적 교육은 학습자 자신의 자기선택에 달려 있으며, 교과의 형식적 구조에서 탈피되어 있다. 비형식적 교육은 학습자의 자격 인정보다는 직접적인 만족을 추구한다. 비형식적 교육을 통해 배운 교육내용은 비교적 즉각적으로 활용될 수 있으며, 그 교육적 효과도 단기적인 목표에 두고 있다.

비형식적 교육은 그 내용이 개인의 생활경험의 범위를 벗어나지 못하고 제한된 지역에서 구세대의 생활을 모방하는 형태로 이루어진다. 이러한 교육은 이미 원시시대부터 시작되었으며, 인간은 이러한 자연적인 교육 가운데서 성인사회에서 필요로 하는 생활의 기술, 관습, 질서, 도덕 등과 같은 기능교육을 받아왔다. 그러나 그 후 사회가 발전하고 계층이 분화되면서 조직적인 교육은 지배계층의 전유물이 되었고 일반 대중을 위한 교육 기회는 무의도적 교육의 상태에 방치되어 왔다. 이러한 교육현상은 적어도 19세기 중엽까지 계속되고 있었다.

비형식적 교육이라는 용어가 등장하게 된 것도 교육이 학교의 전유물이 될 수 없고, 교육과 학습을 같은 의미로 해석해야 한다는 1970년대 교육관의 전환에서 기인된 것이다. 이들의 교육관에 의하면, 학교교육이 제아무리 발달한다고 할지라도, 비형식적 교육은 일생 동안 계속되는 인간의 교육 가운데서 매우 커다란 부분을 차지하고 있으며 그 영향력도 막대하다고 본다. 따라서 비형식적 교육은 형식적 교육과 무형식적 교육영역의 일부로서 매우 중요한 위치에 있다. 그러므로 비형식적 교육은 평생교육의 체계화를 위하여 다른 교육 영역과 통합 재편성되어야 한다는 것이 일반적인 견해이다(김도수, 1993, 52 ; 이정빈, 1995, 28～29 ; 한공우, 1985, 113～115).

듀이도 비형식적 요구와 환경에 대해 막강한 무의식적 영향을 다음과 같이 제시한다. 이것은 학습자 자신도 모르게 침투하여 인격과 정신에 영향을 미치게 된다.

첫째, 언어의 습관이다.

언어사용의 기본적인 양식은 일상생활을 영위하는 동안 습득한다. 이러한 습관은 의식적 교수로서 개선될 수 있다. 예를 들면, 어린이에게 존대말을 사용하는 경우이다. 그러나 의식적으로 개선되어도 급하거나 흥분상태일 때는 본래적인 습관언어가 튀어나올 수 있다.

둘째, 예절이다.

모방은 교훈보다 강력하다. 훌륭한 예절은 훌륭한 훈육에서 온다. 훈육은 지식의 전달에서 오는 것이 아니라 습관적 자극에 대한 습관적 행위에 의해 얻어지는 것이다. 끊임없는 의식적 교정과 교수가 행해지고 있음에도 불구하고 주위 환경과 정신이야말로 결국 예절을 형성하는 주요한 요인이 된다.

셋째, 고상한 취미와 심미적 감상이다.

천박하고 무질서하며 지나치게 장식된 환경은 우리의 흥미를 저하시킨다. 그리고 빈약하고 황막한 주위가 우리의 미에 대한 욕망이나 동경을 질식시킨다. 따라서 학습자의 눈이 항상 우아한 형태와 색채로 조화된 대상을 보게 된다면 자연 흥미와 미적 안목의 기준이 향상하여 성장하게 된다. 그러므로 형식적 교육과 대비되는 비형식적 교육은 교육의 유형적 개념으로 대단히 중요한 의의를 지니는 것이다.

(3) 무형식적 교육(준형식적 교육)

무형식적 교육(nonformal education)은 무의도적 교육으로서 형식적 교육과 비형식적 교육의 중간 단계인 준형식적 교육으로 불린다. 학교제도 밖에서 아동이나 성인들의 특정 집단에게 그들의 학습요구에 부응하여 제공되는 조직적이고 체계적인 교육활동을 의미한다. 무형식적 교육은 비교적 덜 구조화되어 있지만 규정적 학습목표를 지향한다. 예를 들면, 한국의 방송대학, 영국의 개방대학, 미국의 생애교육, 스칸디나비아의 국민고등학교 등이 이에 속한다. 또한 무형식적 교육은 구조화는 결여되어 있지만 규정적인 교육내용으로서 사람들에게 영향을 주고 전파되고 있는 경우도 있다. 예를 들면, 소비자교육, 인구교육, 보건위생교육 등이 여기에 속한다.

무형식적 교육은 형식적 교육과 비형식적 교육의 중간단계의 성질을 지닌다. 무형식적 교육의 특징은 연령, 학력, 경제적 조건 등에 의해서 제한을 받지 않으며, 형식적 교육에 취학하지 못한 많은 사람들에게 다양한 교육기회를 제공한다. 무형식적 교육의 내용은 학습자의 그때 그때의 요구에 따라서 편성하게 되며 실생활에 직접 활용이 가능한 지식기능을 중심으로 하여 편성된다. 교육의 시설과 설비에 있어서도 학교시설이나 지역사회의 활용가능한 모든 시설을 이용할 수 있다.

무형식적 교육은 조직적인 교육의 한 형태이지만 학교교육과는 성격이 다르며 비형식적 교육과도 차이를 나타낸다. 무형식적 교육은 비형식적 교육과는 달리 학교교육이라는 조직체 밖에서 특정 집단에게 일정 양식의 학습을 제공하는 체계적이고 조직적인 교육활동을 말한다. 조직적인 교육 형태라는 점에서는 학교교육과 유사하지만, 이는 학교 밖에서 이루어지는 교육활동이다. 그러나 학교 밖에서 행해지는 교육이지만, 형식과 조직을 구비하고 있는 교육의 형태라는 면에서 비형식적 교육과도 구별된다.

무형식적 교육이라는 용어는 콤스(P. H. Combs)가 그의 저서 「World Educational Crisis(1968)」에서 교육의 유형을 분류・설명하면서부터 주목을 받게 되었다. 그는 학교 등 어떤 장소에서 어떤 방법으로 배우든지 교육과 학습은 동일한 의미라고 주장한다. 따라서 그는 교육을 형식적 교육, 무형식적 교육, 비형식적 교육으로 분류하고 있다. 무형식적 교육이 특히 관심의 대상이 되었던 것은 학교중심 교육의 한계가 나타남에 따라, 학교교육 이외의 조직적 교육의 가능성과 중요성에 대한 인식이 커지고 있기 때문이다. 학교교육이 크게 발달하지 못한 개발도상국에서는 농촌 개발과 빈민층을 위한 교육 전략으로 이 유형의 교육을 많이 활용하고 있는 실정이다.

그러나 무형식적 교육의 성격과 기능에 대해서는 아직도 여러 가지 견해가 있다. 무형식적 교육은 조직적인 교육을 너무 확대 해석하고 있는 것이 아니냐는 입장도 있고, 형식적 교육을 보완하는 기능 정도로 보는 견해도 있다. 또한 형식적 교육과는 다른 교육의 유형으로 발전할 가능성을 시사하는 입장도 있다. 그리고 형식적 교육과 무형식적 교육을 개혁적으로 통합하여 새로운 교육제도를 수립해야 한다는 견해도 있다(김도수, 1993).

콤스(1973, 30～31)는 오늘날의 교육이 처한 상황을 위기로 규정하고 이 위기를 극복하기 위한 대안으로 무형식적 교육을 강화시킬 것을 주장한다. 이 무형식적 교육은 오늘날과 같이 정보의 홍수현상과 공유현상 속에서 대단히 중요한 교육의 유형으로 부각되고 있다.

정보의 홍수현상이란 요즘처럼 하루가 다르게 쏟아지는 정보와 지식 속에서 삶을 살아가는 현상을 말한다. 날마다 새로운 기술이 개발되고 연일 새로운 이론이 발표되고 있는 시대이다. 이렇듯 정보의 홍수현상은 정보와 지식이 폭발적으로 증가하는 정보의 폭주시대를 의미한다.

정보의 공유현상이란 오늘날 첨단산업기술의 실용화로 인하여 세계 어느 곳에서나 모든 정보와 지식에 대해 똑같은 혜택을 누릴 수 있는 현상을 말한다. 우리는 세계의 중앙무대에서 발표되는 정보나 지식이 세계의 변두리에서도 거의 동시적으로 알 수 있는 정보의 동시적 공유시대에 살고 있는 것이다.

2. 교육의 형태

1) 평생교육

현대사회의 가장 큰 특징 중 하나가 모든 것이 눈부시게 빨리 변한다는 사실이다. 우리가 몸담아 사는 현대는 그 어느 시대보다도 변동의 속도가 빠르고 그 폭과 깊이 또한 넓고도 깊다. 이런 현실에 비추어 토플러(A. Toffler, 1972)는 미래에 대처할 채비를 갖추지 못한 상태에서 내일을 맞이한다면 인류는 자기도 모르는 사이에 감당하기 어려운 재난과 비극에 직면하지 않으면 안 될 것이라고 경고하고 있다. 이 말은 현대를 살아가는 인간이 모든 분야에 걸쳐 미래에 대한 이성적인 통찰과 분석을 통해 그 대처 방안을 슬기롭게 찾아내야 한다는 것을 시사해 준다.

이와 같이 급변하는 현대사회의 여러 가지 문제를 능동적으로 해결해가면서 또한 새로운 발전을 계획하고 추진하기 위해서는 이 사회의 모든 교육 역량을 총동원하여야 할 뿐만 아니라 비능률적인 교육제도를 혁신적으로 개편해 나가야 한다. 이러한 필요에 의해 등장하게 된 것이 평생교육(Lifelong Education)이다.

즉, 많은 교육학자들은 평생교육이란 개념 속에서 급변하는 현대사회가 맞이할 미래에 대한 대처 방안을 찾아내고자 하는 것이다.

따라서 여기에서는 다가오는 불투명한 미래사회의 제 현상을 슬기롭게 대처하는 교육적 방안을 모색하고자 평생교육의 개념과 특성을 살펴보고자 한다.

(1) 평생교육의 개념

인간의 교육은 원시시대로부터 평생의 학습으로 전통지어졌다. 즉, 인간은 태어나는 순간부터 죽을 때까지 생의 필요를 충족하기 위해서 여러 가지 지식과 태도와 기술을 습득하면서 생활하여 왔으며 이러한 학습의 노력은 일생을 통하여 되풀이되어 왔다. 따라서 이러한 학습의 과정을 게을리하거나 중단할 때는 생활에 필요한 기술과 조건을 상실함으로써 결국에는 부적응과 무능력으로 인하여 자연 도태될 수밖에 없었다. 그러므로 인간에게 있어 교육은 생활을 영위하기 위한 필수 조건이었으며 평생을 통한 과업이었던 것이다.

그러나 이와 같은 평생교육의 본래의 개념은 학교 제도가 자리를 잡으면서 자취를 감추었고 교육은 오직 학교라는 조직 사회 안에서 일정한 연령의 피교육자들만을 위한 지식의 전달이란 개념으로 탈바꿈하게 되었다. 그뿐 아니라 학교 안에서의 교육활동은 피교육자의 생활을 영위하기 위한 필요에 의해서나 혹은 현재의 생활을 즐기자는 데서 이루어지는 것이 아니라 오직 미래의 직업을 준비하거나 사회적 지위를 획득하기 위한 수단으로서 이루어지게 되었다. 이리하여 본래 교육이 지닌 목적과 기능은 퇴색되기 시작한 것이다.

그러다가 1950년대 이후 급증하는 과학 기술에 관한 예기치 못한 정치, 경제, 사회의 급격한 변화는 학교 외의 어린이, 청소년, 성인, 노인들의 계속적인 교육을 불가피하게 만들었으며 이로 인하여 유아교육, 성인교육, 계속교육, 평생학습 등의 개념이 되살아나게 되었다.

1972년도에 열린 UNESCO 주최의 '제3차 세계성인교육회의'를 거치면서 전 세계의 교육학계에서는 평생교육의 개념과 정리는 물론 보급을 위한 각종 협의회와 연구과제의 진행, 관계 법규의 제정 등을 활발하게 전재하였으며, 한국에서도 1981년 새 헌법에 평생교육의 조항을 삽입하게 되었다(헌법 제29조).

처음 평생교육이 소개되었을 때는 그 개념이 계속교육, 또는 성인교육, 혹은 사회교육의 동의어로 받아들이는 경향이 많았으나 오늘날에는 그 개념이 포괄적으로 형성되면서 계속교육, 성인교육, 사회교육 등의 용어가 평생교육의 한 구성 요소에 불과하다는 것이 밝혀지기 시작했다. 즉, 평생교육이란 '일생을 통한 교육'으로 그동안 일정한 피교육자만을 대상으로 하던 학교교육에 국한되었던 교육의 개념을 탈피하여 개인의 일생을 통한 교육적 과정의 수직적 연결(계속성)과 개인의 사회생활 전체 국면과의 수평적 통합(통합성)을 강조한다.

따라서 평생교육은 그동안 연령층별로 구분된 폐쇄적 학교교육과 조직이 되지 못한 채 방치되어 있는 사회교육을 통합·재편성하여 오늘날의 교육을 보다 활성화시키고 통합적인 방향으로 되살리자는 데 그 의의가 있다고 하겠다.

(2) 평생교육의 특성

평생교육이란 말 속에는 '평생'과 '교육'이란 두 가지의 다양하고 복잡한 개념이 내포되어 있기 때문에 여러 가지의 특성을 지닌다. 왜냐하면 평생교육은 기능적인 면이나 현존 교육제도와 형태와의 관련 속에서 그 대상 영역, 범위 및 선행조건의 여러 측면에 따라 다양하게 인식되기 때문이다.

평생교육의 특성에 대해 데이브(R. H. Dave, 1973, 13~28)는 현재 표현 또는 진술되고 있는 평생교육의 개념을 분석적 그리고 종합적인 방향으로 고찰하여 다음과 같이 20가지의 사실을 나열해 놓고 있다.

① 평생교육의 개념이 뜻하고 있는 세 가지 기본 단어는 생(life)과 평생(life-long)과 교육(education)이다. 그러므로 평생교육의 의미와 그 범위는 위의 세 가지 단어에 부착된 뜻과 해석에 따라서 규정되는 것이다.

② 교육은 학교교육으로 종식되는 것이 아니라 평생을 통한 과정이다. 평생교육은 한 개인의 전체 생활의 영역과 길이를 통하여 이루어지는 것이다.

③ 평생교육은 반드시 성인교육에 국한되는 것이 아니라 학령전 교육, 초등교육, 중등교육, 고등교육 및 그 밖의 모든 단계의 교육이 포괄되거나 통합되는 개념이다.

④ 평생교육은 학교교육(formal education)과 학교 외 교육(non-formal education)을 포함하는 동시에 조직적인 학습(planned learning)이나 비조직적 학습(informal learning)을 포함한다.

⑤ 평생교육에 있어서는 가정이 제1차적이며 가장 민감하고 결정적인 역할을 담당한다. 이 과정은 한 개인의 전생애를 통하여 가정학습에 있어서 계속되는 것이다.

⑥ 평생교육에 있어서는 지역사회 역시 한 아동이 처음으로 지역사회와 접촉할 때부터 중요한 역할을 담당한다.

⑦ 학교나 대학이나 또는 훈련기관도 중요하지만 그들은 각각 전체 평생교육기관의 하나로서 중요할 따름이다. 이들 기관들은 일정한 사람들의 교육을 독점하는 특혜를 누리지 못할 뿐더러 그 사회에서의 다른 교육기관들로부터 고립되어 존재할 수가 없다.

⑧ 평생교육은 계속성과 아울러 수직적 · 종적 측면에서의 연결을 추구한다.

⑨ 평생교육은 모든 발달단계에 있어서 수평적 · 심층적 측면의 통합을 추구한다.

⑩ 평생교육은 선택된 자들을 위한 교육형태와는 달리 그 성격이 보편적이요, 민주적이다. 평생교육은 교육의 민주화를 대표한다.

⑪ 평생교육은 학습시간, 학습내용, 학습방법 및 자료 등에 있어서 융통성과 타당성을 그 특징으로 한다.

⑫ 평생교육은 새로운 학습자료나 학습매체(media)가 개발되었을 때 즉시 그것들을 활용할 수 있게 하는 역동적인 교육의 방법이다.

⑬ 평생교육은 교육을 받는데 있어서 매우 다양한 형태와 방법을 허용한다.

⑭ 평생교육은 교양교육과 전문 직업교육이라는 두 개의 넓은 구성 요소를 가지고 있다. 이 두 개의 구성요소는 그 성격상 서로 완전히 다른 것이 아니라 서로 연관성이 있거나 상호작용을 하는 것이다.

⑮ 개인이나 사회의 적응 기능이나 혁신 기능은 평생교육을 통하여 충족된다.

⑯ 평생교육은 현존하는 교육제도의 결함을 보완하는 등의 정적 기능을 가지고 있다.

⑰ 평생교육의 궁극적인 목표는 삶의 질을 향상시키는데 있다.

⑱ 평생교육의 세 가지 중요한 전제조건이 있는데 그것은 기회와 동기와 교육가능력(educability)이다.

⑲ 평생교육은 모든 교육의 조직원리(an organizing principle)이다.

⑳ 실질적 단계에 있어서 평생교육은 모든 교육(all education)의 전체적 체제(total system)를 마련해 준다.

데이브가 분석한 개념 특성을 종합하여 보면 결국 평생교육이란 '평생을 통한 교육의 지속성'과 '인간 발달 단계와 다른 생활의 국면 사이의 관련성'과 '모든 교육 노력의 통합과 모든 형태의 교육을 포함하는 전체성' 등에 그 특징이 있음을 알 수가 있다.

2) 학교교육

평생교육은 한 인간의 평생 동안에 걸친 교육의 수직적·수평적 통합이라는데 그 의미가 있다. 그런데 이런 평생교육의 관점에서 볼 때 가장 중요한 교육은 바로 학교교육이 된다. 비록 평생교육에서는 학교가 교육을 독점하는 것을 배격하고 있지만 한 인간의 일생에 있어서 지적·기능적·신체적·정서적·사회적 발달이 가장 활발하게 이뤄지는 아동기·청년기의 거의 대부분의 시간을 학교에서 보내게 된다는 사실이 이를 뒷받침해 준다. 특히 학교교육이 보편화된 현대에 있어서 학교교육이 한 인간의 성장·발달에 미치는 영향이나 교육에 있어서의 중요성은 막대하기만 하다. 김종서와 이영덕(1996)은 학교교육의 가장 중요한 기능으로서 '자아실현의 기능'과 '사회적 성격의 기능'

을 들고 있다. 여기서는 학교교육을 자아실현과 사회적 성격이란 2가지의 관점에서 살펴보고자 한다.

(1) 자아실현과 학교교육

[1] 학교교육에서의 자아실현의 문제

교육은 인간이 지닌 무한대에 가까운 성장·발달의 가능성을 계발시켜 주는 작용이다. 이런 관점에서 교육을 규정지으면 결국 교육이란 인간의 자아실현을 돕는 작용이라고 할 수 있다.

인간의 자아실현을 교육의 작용으로 보자는 주장은 인본주의 교육의 핵심적인 개념이기도 하다. 또한 이런 주장은 오늘날 학교교육 개혁 운동의 핵심 개념이기도 하다. 이런 의미에서 이영덕(1974, 132)은 교육의 궁극적 목적이 인간성의 성장 가능성을 최대한으로 신장·발휘케 하여 풍부한 인간성을 간직하면서 개인적으로 만족스럽고 사회 발전에 기여하는 삶을 살 수 있도록 돕는 데에 있다고 하면서 인간교육은 결국 '자아실현의 교육'임을 강조하고 있다.

이와 같이 교육의 목적을 자아실현에 둘 때 오늘날에 있어 커다란 문제로 대두되고 있는 교육의 역기능 현상은 교육의 목적과 방법을 인간 자체의 자아실현에 두지 않는 데서 파생되는 것이라 할 수 있다. 즉, 현대의 학교교육이 비인간화의 방향으로 전개되고 있다는 것을 의미한다.

콤스(A. W. Combs)는 학교교육에 있어 자아실현의 저해 요인으로 다음과 같은 16가지를 지적하고 있다.

① 성적 평가의 방법이 학생들에게 경쟁심을 북돋우며 우월성과 열등감을 갖게 한다.

② 체벌이 너무 많다.

③ 학급당 수용 인원이 너무 많아 교사의 부담이 너무 늘어나고 모든 학생

에게 관심과 주의가 고루 미치지 못하며 학생과 교사가 원만한 관계를 맺을 수가 없다.

④ 진로에 따라 각각 다르게 편성된 교육과정이 결과적으로 학생들 사이에 계급제도를 형성한다.

⑤ 시간표가 틀에 박히고 융통성이 없다.

⑥ 단일 교과서를 사용함으로써 모든 학생이 똑같은 것을 배우게 되어 학습내용에 흥미를 느끼지 못한다.

⑦ 학년제에 묶여서 개별적인 발전이 불가능하며 교육과정의 계열 및 범위의 단일성을 면할 수 없다.

⑧ 지능·학력·적성검사가 잘못 사용되어지고 잘못 해석되고 있다.

⑨ 평가를 하는 것이 아니라 시험을 위한 시험을 치르게 된다.

⑩ 교사에 의한 학생의 평가가 타당하지 못한 경우가 많다.

⑪ 학생이 성취한 등급이나 점수에 대하여 교사가 해야 할 책임을 다하지 못한다.

⑫ 객관성 모형(objectivity model)이 교사와 학생 사이에 바람직한 관계를 수립하는데 방해가 되고 있다.

⑬ 피드백(feedback)에 의한 준비성의 원칙을 무시한다.

⑭ 언제나 정답만을 찾으려는 버릇을 기른다.

⑮ 누가기록을 오용하고 있다.

⑯ 불신사조가 만연되고 있다.

콤스가 밝힌 위의 16가지 내용은 학교교육 현장에서 나타나는 자아실현의 저해 요인 중 중요한 것들을 잘 나타내어 준다. 따라서 자아실현을 이념으로 하는 학교를 운영하기 위해서는 위와 같은 16가지 내용이 근본적으로 제거될 수 있는 개혁이 선행되어야 한다.

사실 교육이 자아실현을 위해 작용되어져야 한다는 주장은 일찍부터 있어 왔으나, 인간의 성선설을 굳게 믿는 가운데 인간의 내면적·심리적 자연을 꾸밈없이 자유롭게 실현시키는 것을 교육의 근본으로 생각하였던 루소(J. J.

Rousseau)를 비롯하여 바제도우(J. B. Basedow), 프뢰벨(F. Fröbel), 몬테소리(M. Montessori) 등의 교육사상이 그 좋은 예가 된다. 이들은 모두 인간의 존엄성과 인간의 평등성에 기초한 자유로운 자아실현을 교육의 근간으로 삼고 있는데 이런 사상이 밑거름이 되어 오늘날에 자유학교 운동(free school movement)과 공개교실 운동(open classroom movement)이 전개되고 있다.

한편 학교교육에 있어 자아실현이 그 주된 기능이 되기 위해서는 모든 교사가 아동 또는 학생의 자기 성장력을 굳게 믿는 신뢰감을 가지고 있어야 한다. 즉, 모든 교사는 아동들의 자기 성장 능력을 믿고 이를 자유롭게 신장시키는 것을 교육의 근간으로 삼아야 한다는 것이다. 따라서 학교교육에서 자아실현의 기능을 수행해 나가기 위해서는 아동의 자기 성장력을 굳게 신뢰하고 그들이 지닌 성장·발달의 가능성을 최대한도로 신장시켜 주기 위하여 자유로운 환경을 조성해 주어야 한다.

2 자유학교 운동

교육은 한 개체가 지닌 성장·발달의 가능성을 최대한도로 계발·신장시켜 주는 작용이며, 이와 같은 한 개체의 자아실현을 교육이 도와 주기 위해서는 구속과 억압이 없는 자유로운 환경이 조성되어야 한다. 아동들의 자기 성장력을 믿는 학교에서는 아동을 구속하거나 억압할 필요를 느끼지 않는데, 이유는 자유로운 학교환경을 조성해 줄 때 그들의 가능성이 신장·발휘되리라 믿기 때문이다.

자유로운 학교환경의 조성과 자유학교 운동(free school movement)을 전개하는데 크게 기여한 사람이 바로 니일(A. S. Neill)이다. 니일은 자유로운 자아실현이란 교육의 목표를 실천에 옮기기 위해 1921년 5명의 어린이를 데리고 Summerhill이라는 학교를 세웠다. 이 학교는 영국 런던에서 동북쪽으로 약 160km 떨어진 Suffork에 자리잡고 있으며 50명 내외의 학생 수를 가지고 있다.

이 학교에서는 5세가 되면 입학할 수 있으며 16세가 되면 떠난다. 니일은 인간교육에 대한 철저한 신념으로 50여 년 간을 자유교육을 위한 체계적인 시범학교로서 Summerhill을 운영해 왔다. 이와 같은 니일의 기본적인 사상과 교육 원리에 대해 프롬(Erich Fromm)은 니일의 저서 「Summerhill」(1969)의 서문에 다음과 같이 서술하고 있다(한병의 역, 1978, 4~6).

① 니일은 "아동은 선량하다"는 확고한 신념을 가지고 있다. 보통 아동은 본래부터 불구거나, 바보 혹은 얼빠진 자동인형으로 태어나는 것이 아니라, 인생을 즐기고 또 인생에 흥미를 가질 수 있는 충분한 능력을 타고난다고 니일은 믿고 있다.

② 교육의 목적, 즉 사실상 인생의 목적은 즐겁게 일하고 행복을 추구하는 것이다. 니일에 의하면, 행복이란 인생에 흥미를 가지는 것을 의미한다. 혹은 내가 말하는 것과 같이, 그것은 인간의 두뇌에 의해서가 아니라, 인간의 전인적 인성에 의해서 나타나는 생활에 대한 반응이라는 것이다.

③ 교육은 지적 발달만으로는 충분하지 않다. 교육은 지적이어야 하고 동시에 정서적이어야 한다. 현대사회에 있어서 지성과 감수성과의 거리가 점점 멀어지는 것을 볼 수 있다. 오늘날 인간의 경험이란 인간이 마음으로 느낀 것을 즉각적으로 파악하고, 직접 눈으로 보고, 그리고 직접 귀로 들은 것보다는 주로 사고에 의해서 얻어진 경험들인 것이다. 사실 이러한 지식과 감각 사이의 거리는 현대인으로 하여금 정신적 분열 상태로 들어가도록 하고 있으며, 이런 상태 밑에서 인간은 사고 이외는 거의 아무것도 경험할 수 없게 된다.

④ 교육은 아동의 정신적 욕구나 능력에 적합해야 한다. 아동이란 애타주의자가 아니다. 아동은 성인과 같이 성숙된 사랑을 할 줄 모른다. 아동에게서 위선적인 것을 기대한다는 것은 잘못된 일이다. 남을 사랑하는 마음이란 아동기가 지나서야 나타나는 것이다.

⑤ 일방적으로 강요하는 훈육과 벌칙이란 공포감을 조성하며, 공포감은 적개심을 자아낸다. 이러한 적개심은 의식되지 않거나 또는 겉으로 나타나지 않을지도 모르나 인간의 노력과 감정의 순수성을 지배한다. 아동에 대한 지나친 훈육은 해로우며 건전한 정신적 발달을 방해한다.

⑥ 자유란 방종을 의미하는 것이 아니다. 니일이 강조하고 있는 대단히 중요한 이 원리는 개인에 대한 존중은 상호적이어야 한다는 것이다. 교사가 아동에게 강제력을 사용해서는 안되거니와 아동이 교사에게 강제력을 사용할 권한도 없는 것이다. 아동은 어리다는 핑계로 해서 성인을 곤경에 빠뜨려서는 안 되며, 제나름대로의 어떤 압력을 써서도 안 된다.

⑦ 위에 든 원리와 관련해서 교사는 진정한 성실성을 갖추어야 한다. 저자는 40년 간 썸머힐에서 근무하는 동안 아동에게 거짓말을 해 본 적이 없다고 선언한다.

⑧ 건전한 인간의 발달은 아동으로 하여금 결국엔 자기 부모 또는 후견인과 결속된 기본적인 관계를 끊어버리고, 자기 나름대로 독립하게 되는 것을 불가피하게 한다. 아동은 한 개인으로서 세상에 직면해야만 된다. 아동은 남에게 의지하지 아니하고 자기 힘으로 세상을 지적으로, 정서적으로, 심미적으로 파악함으로써 자기의 안전을 찾을 수 있어야만 한다. 아동은 복종이나 지배에 의해서 안전을 추구할 것이 아니라, 세상과 융화하기 위해서 있는 힘을 다해야 한다.

⑨ 죄악감은 근본적으로 아동을 권위에 사로잡히게 하는 기능을 가지고 있다. 죄악감은 독립심에 대한 방해물이며, 반항・회개・복종, 그리고 새로운 반항의 악순환을 낳는다. 오늘날 사회에서 많은 사람들이 의식하는 죄라는 것은 근본적으로 양심의 소리에 대한 반작용이라기보다는 본질적으로 보복에 대한 공포나 권위에 대한 불복종의 의식인 것이다. 그에 대한 처벌이 육체적이거나 사랑의 박탈이거나 아니면 단순히 이방인이라는 느낌을 갖게 하거나 간에 문제시되지 않는다. 그러면 모든 죄악은 공포를 자아내고, 공포는 적개심과 위선을 낳게 된다.

⑩ 썸머힐 학교에서는 종교교육을 실시하지 않는다. 그렇다고 해서 썸머힐이 흔히 말하는 기본적인 인간적 가치에 무관심하다는 것을 의미하는 것은 아니다. 니일이 간략하게 언급하기를 "문제는 유신론자와 무신론자간의 논쟁이 아니라, 인간의 자유를 신봉하는 자와 인간의 자유를 억압하는 자 간의 논쟁인 것이다"라고 하고는 계속해서 "언젠가 새로운 세대들은 구태의연한 종교

나 오늘날의 신화는 받아들이지 않을 것이다. 새로운 종교가 나오면 인간의 성악설을 논박할 것이다. 새 종교는 인간을 행복하게 해줌으로써 신을 찬양할 것이다"라고 했다.

이상에서 살펴본 바와 같이 니일을 중심으로 한 자유교육 운동에서는 생의 궁극적인 목적과 교육의 목표를 다 같이 행복의 발전과 그 준비에 있다고 보고 자비와 행복과 용기를 갖춘 인물의 양성을 교육의 목표로 삼고 있다.

즉, 자유학교가 지향하고 있는 바는 인간의 내적 행복(inner happiness)을 추구하는 자아실현에 두고 있는 것이라 하겠다.

(2) 학교의 사회적 성격

교육은 한 인간의 자아실현을 돕는 기능과 함께 한 사회를 존속·유지·발전시키는 기능도 가지고 있으며, 교육의 장에서 올바르게 인간을 육성하기 위해서는 교육의 이 2가지 기능이 서로 조화가 이뤄져야 한다. 여기서는 학교의 사회적 기능 중 사회화 기능과 사회통합적 기능에 대하여 살펴보기로 한다.

1 학교의 사회화 기능

인간이 태어나서 죽음에 이르기까지의 전 과정을 사회화의 과정이라고도 볼 수 있다. 아이가 출생하면 이미 한 가정 내에서 어머니 또는 아버지 혹은 가족과의 사회적 관계를 맺으며 그 사회가 기대하는 방향으로 성장해가는 가운데 언어·습관·태도 등을 형성해 나가게 된다. 만일 어떤 언어나 버릇 또는 행동이 그 사회에서 허용되지 않는 것이라고 할 때 인간이 그것을 바꾸지 않으면 그 사회에서 살아나갈 수 없게 된다.

따라서 인간의 행동은 본질적으로 사회로부터 강한 영향을 받고 있으며 다른 인간과의 관계에서 방향지워지는 것이라 할 수 있다. 이 말은 인간이 인간과의 관계를 맺지 못한 채 성장한다면 그 사람이 나타내 보이는 행동은 인간다운 행동이 아닌 다른 행동으로 나타나게 된다는 것을 의미한다.

일반적으로 사회화 과정의 중요한 기관으로서는 가정과 학교라고 알려져 있다. 가정의 사회화 기능은 대단히 중요하나 가정에 따라 사회화의 방식에 큰 차이가 있으므로 사회에서 기대하고 인정하는 행동의 습득은 여러 사람이 어울려 생활하고 있는 학교에서 이뤄진다고 하겠다. 학교가 수행하고 있는 사회화의 기능으로서 김종서와 이영덕(1983, 45)은 다음과 같은 3가지를 제시하고 있다.

첫째, 학교는 다수인이 집단생활을 하는 곳이기 때문에 개인의 행동은 집단의 규범에 의하여 통제됨에 따라 이탈된 행동은 제제를 받는다. 학교에서는 지켜야 할 여러 가지 규칙들이 있다. 이 규칙들은 학교라는 집단생활을 영위하기 위한 것도 있지만 그 대부분은 사회에서 필요로 하는 규칙들이다.

또한 이러한 규칙 이외에 동배집단에서 요구하는 기대가 있다. 즉 학교는 교사라는 '중요한 타자(significant other)' 및 동배집단이라는 '일반화된 타자(generalized other)'를 통하여 사회화를 촉진시킨다.

둘째, 학교는 사회인으로서 필요한 기초적인 능력과 태도를 가르치는 곳이다. 이 점은 교육법에도 잘 나타나 있으며, 초등학교는 초등 보통교육, 중학교는 중등 보통교육, 고등학교는 고등 보통교육을 하는 것을 목적으로 하고 있다. 이 경우 보통교육이라 함은 국민 누구나가 갖추어야 할 기본적인 능력과 태도의 함양을 의미한다. 다시 말하면 학교는 국민의 많은 사람들이 소유하고 있는 '최빈적 인성(modal personality)'을 형성하는 곳이다.

셋째, 학교는 아동들이 장차 사회에서 활동할 때에 대비하는 가정과 사회의 교량적 기능을 수행한다.

현대의 산업사회에 있어서는 인간이 가정교육만으로 사회에 진출할 수 없게 되어 있으며 반드시 학교라는 전문적 기관에서 학생들은 장차 진로에 필요한 지식, 기술, 태도를 배우게 된다.

2 학교의 사회통합적 기능

세계 여러 나라에서는 의무교육 제도를 실시하고 있다. 한국에서도 역시 초등학교 과정을 의무교육화하여 모든 국민으로 하여금 만 6세가 되면 초등교육을 국가에서 책임지고 수행하게끔 법령으로 규정해 놓고 있다. 따라서 초등학교 학생들의 사회・경제적 배경은 곧 국민 전체의 사회・경제적 표본이라고 볼 수 있다. 특수학교를 제외한 공립학교는 그 곳에 재학 중인 아동의 사회・경제적 배경이 곧 그 지역사회의 사회・경제적 지위의 표본이 되는 것이다.

서로가 다른 사회・경제적 여건을 가진 가정 속에서 생활하던 어린이들이 학교에 입학함으로써 학교라는 같은 환경 아래서 공부하고 뛰어 놀며 청소하고 뒹굴게 된다. 즉, 가정 내에서 이질적인 환경 속에서 자라온 아이들이 교문을 들어서면서 서로 접하고 어울릴 수 있는 기회를 가지게 된다는 것이다. 이러한 사실은 상류층의 문화가 하류층으로 또한 하류층의 문화가 상류층으로 스며들어 이로 인하여 계층 간의 문화가 서로 융합될 수 있다는 점에서 대단히 중요한 뜻을 지닌다.

즉, 학교로 인해 국민 누구나가 지녀야 할 문화의 공통 요인의 층이 두터워지는 반면에 계층 문화의 층이 얇아짐으로써 사회의 안정을 가져오게 된다는 것이다.

이와 같은 학교의 기능을 사회통합적 기능이라고 한다.

3) 가정교육

인간 발달의 기본적인 틀은 가정교육에 의해서 결정되기 때문에 평생교육에 있어서 가장 중요한 교육의 형태는 바로 가정이다. 가정교육의 중요성에 대해 김종서와 이영덕(1983, 50)은 다음과 같이 밝히고 있다.

> 가정교육이 중요한 까닭은 어린 시절에는 가소성(plasticity)이 많기 때문이다. 가소성이라 함은 인간의 선천적 경향의 발현이 환경에 따라 크게 달라짐을 뜻한다. 인간은 모든 생물 중 가소성이 가장 큰 생물이다. 동물의 경우는 새끼와 어미의 행동이 차가 그렇게 크지 않다. 병아리는 계란에서 깨어나자마자 어미 닭과 같이 걸을 수 있고, 소리 내며, 모이를 쪼아 먹을 수 있다. 강아지의 경우도

> 태어난 지 얼마 안 되어서 큰 개와 비슷한 행동을 하게 된다. 그러나 인간에 있어서는 갓난아이와 어른의 차가 너무나 심하여 이 기간이 상당히 길다. 갓난아이와 어른의 차가 이렇게 심한 것은 갓난아이가 미성숙한 상태에 있음을 의미한다. 그런데 이 미성숙이 교육을 가능케 하는 힘으로 작용을 하게 된다.

이와 같이 인간은 후천적 영향에 의하여 가장 영향을 많이 받는 가소성이 큰 생물이다. 그런데 미성숙한 상태의 어린 시절의 대부분이 가정환경이기 때문에 가정교육 여하에 따라 인간의 됨됨이는 크게 달라지며 여기에 가정교육의 중요성이 있다.

또한 많은 심리학자들은 인간 성격의 기본적인 틀이 가소성이 가장 많은 시기, 6세 이전 또는 3세 이전에 형성되며, 그 이후는 재학습(relearning)에 불과하다는 사실을 밝혀 놓고 있는데 이 역시 가정교육의 중요성을 강조하는 것이라 하겠다.

(1) 현대 한국 가정의 특징과 교육상의 문제

갑오경장 이후 물밀 듯이 밀어닥친 서구의 물질문명은 한국 사회에 커다란 사회 변천을 가지고 왔다. 특히 조국 근대화란 기치 아래 보다 고도화・세분화된 산업화가 진전됨에 따라 오늘날 가정의 교육적 기능은 날이 갈수록 약화되고 있는 실정이다.

김종서와 이영덕(1983, 51～53)은 산업사회에서는 공업이 농업보다 중요한 뜻을 가지며 취업의 기회가 늘어나며 특히 여성의 취업률이 높아지고 물질적 풍요를 가져오게 되는데 이에 따라 가정의 교육적 기능이 약화될 뿐 아니라 그 기능의 상실 현상까지 나타날 우려가 있다고 지적하면서 현대 가정에서의 가정교육의 문제점을 다음과 같이 5가지로 요약하고 있다.

첫째, 가족 규모의 축소는 자녀들에게 다면적 인간관계를 형성할 기회를 감소시킬 뿐 아니라 문화적 전통의 계승・발전에도 문제점을 던져 주고 있다.

둘째, 산업화에 따른 높은 취업률은 가정에서 밀도 높은 심리적 유대감을 감소시키고 있다.

셋째, 물질적인 윤택과 가부장적 권위의 상실은 가족해체 현상을 증가시키고 있으며 이는 자녀교육에 지대한 악영향을 미치고 있다.

넷째, 사회의 급진적인 변화는 부모와 자녀간의 가치관의 격차를 발생시키고 있으며 이로 인하여 부모와 자녀간의 갈등이 나타나기 쉽다.

다섯째, 도시화 현상은 가정의 고립 현상을 초래하고 있으며 이는 어린이들의 개인주의적 성향, 경우에 따라서는 이기주의적 성향을 조장하고 있다.

이와 비슷한 내용이기는 하나 안인희(1983, 133～139 참조)는 현대 가정의 특징으로서 '가족 구성의 소규모화', '도시 생활의 고립성', '주부 부재의 가정', '대중매체, 즉 TV나 라디오의 침입', '현대 가정의 잘못된 교육 기능－잘못된 교육열'이란 5가지를 제시하고 있다.

위에서 살펴본 바와 같이 현대 한국의 가정은 산업 구조와 경제 조직의 급변에 따라 많은 교육상의 문제점을 지니고 있음을 알 수가 있다. 따라서 가정교육에 임하는 부모는 이와 같은 문제점을 충분히 인식하고 그 교육적 방법을 모색해야겠다.

(2) 가정환경과 교육

가정환경은 '있는 환경'을 뜻하는 물리적 환경과 '작용하는 환경'인 심리적 환경으로 나눠진다. 또한 물리적 환경은 거주인의 생태적 환경, 가옥의 크기, 문화 시설 등을 뜻하는 물적 요인과 가족 구성, 부모의 책임, 부모의 직업, 부모의 교육 정도 등을 뜻하는 인적 요인으로 구성된다. 이에 비해 심리적 환경은 부모의 양육태도, 가정의 분위기, 언어모형 등과 같은 가족과 자녀의 상호작용 환경을 뜻하고 있다.

정원식(1974, 117)은 물리적 환경을 지위환경이라 하고 심리적 환경을 둘로 나누어 구조환경과 과정환경이라 하였다.

그런데 가정의 심리적 환경이 물리적 환경에 비해 교육과의 상관이 훨씬 높게 나타나고 있으며, 심리적 환경 중에서도 중요한 변인이 가정의 과정변인(process variable)과 부모의 양육태도이다.

1 가정의 과정변인과 지적인 발달

가정의 과정변인이라 함은 가정의 외적인 조건이나, 자극과의 상호작용에 의하여 나타나는 심리적인 과정을 말한다.

울프(Wolf)는 13개의 과정변인을 설정하고 지능과의 상관관계를 추출해 내었다. 13개의 과정변인은 크게 성취동기를 위한 압력, 언어발달을 위한 압력, 일반 학습을 위한 압력, 일반 학습을 위한 기회의 넷으로 나눠지는데 이런 과정변인들과 지능과의 중다상관이 0.76으로 나타나고 있다(정원식, 전게서, 130~131 참조). 또한 데이브(R. H. Dave, 1963, 김종서 · 이영덕, 전게서, 54에서 재인용)는 가정의 과정변인으로 ① 성취압력, ② 가정에서의 언어모형, ③ 가정에서의 학습조력, ④ 넓은 환경의 탐색, ⑤ 가정 내의 지적인 흥미와 활동, ⑥ 가정에서 강조하는 학습습관을 들어 학업 성취와의 상관관계를 추출한 결과 0.8이나 됨을 보고하고 있다.

이와 같은 연구의 결과에서 가정의 심리적 환경인 과정변인이 어린이의 지적인 발달에 많은 영향을 미치고 있음을 알 수가 있다.

2 부모의 양육태도와 성격적 특성

가정의 심리적 환경 중에서 부모의 양육태도는 어린이의 성격 형성에 커다란 영향을 미치고 있음을 많은 연구 결과가 입증하고 있다.

부모의 양육태도를 처음으로 이론화한 사람은 시몬즈(P. M. Symonds, 1949, 88~84)인데 그는 부모의 양육태도를 과보호적, 우세적, 거부적, 복종적으로 분류하였다. 시몬즈의 이론은 어머니의 양육태도를 체계화하려 했다는 점에서 공헌한 바 있으나 어머니의 태도를 정상적인 규준에 의거 설명하는 데는 실패하였다. 어머니의 양육태도가 부정적으로만 설명되었고 일상생활에서 일어날 수 있는 건전한 태도에 대해서는 언급이 없었기 때문이었다. 부모의 태도에 대한 이론이 정신분석학 이론에 힘입었으며 많은 연구들이 임상 사례에 의거하여 부모의 태도를 연구하였기 때문에 이런 이론이 형성되었다.

정상적인 부모의 양육태도를 장기적으로 연구한 섀퍼(E. S. Schaefer)는 시몬즈와는 다른 이론 모형을 발표하였다. The Berkeley Growth Study의 일환으로 섀퍼는 신생아기부터 초기 청년기에 이르는 동안의 발달과 부모의 양육태도를 함께 연구하였다. 30여 년 동안의 기록에 의거 어머니의 양육 행동을 두 개의 축, 즉 애정－거부의 축과 자율－통제의 축으로 분류하였다(그림 1－3 참조).

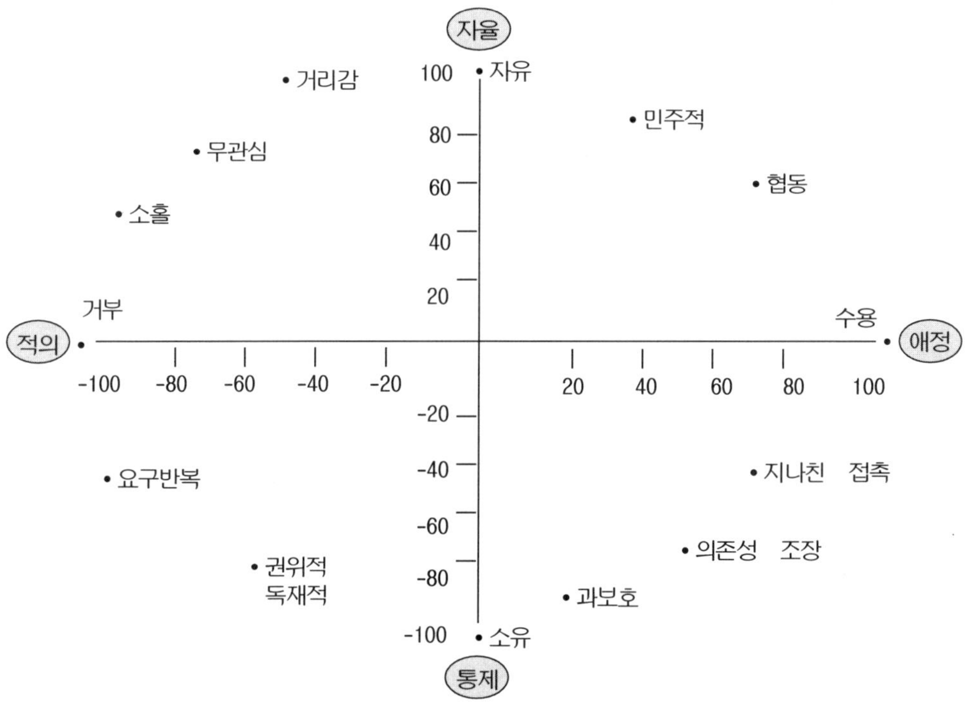

[그림 1－3] Schaefer의 **양육태도 모형**

애정－거부, 자율－통제라는 부모 양육태도의 두 축을 이론적 근거로 삼아 연구한 학자들의 연구 결과를 정리하여 그 특징을 설명하면 다음과 같다.

① 애정적－자율적 태도

이러한 영역에 속하는 부모의 태도는 부모의 바람직한 양육태도로서 권고할 만하다. 이러한 양육행동 및 태도를 지닌 부모 슬하에서 성장하는 유아는 능동적, 외향적, 독립적이며 사회적응을 자신 있게 하며 사교적이고 창의적이며 자신이나 타인에 대해 적대감이 없다. 그러나 가정 외에서 잘 적응하는 이러한 어린이들도 집에서는 부모에게 복종하지 않거나 약간의 공격성, 고집을 보일 때가 있다. 이러한 행동이 나타나는 이유는 부모에게 안정감을 느끼기 때문이다.

② 애정적－통제적 태도

애정을 주면서도 자녀의 행동에 제약을 많이 하는 태도이다. 애정적이면서 자율성을 부여하는 가정에서 성장한 유아보다 애정적－통제적인 가정에서 자란 유아들은 더 의존적이고, 사교성, 창의성이 적은 편이며 상상적인 적대감정을 품고 있는 특징이 있다.

③ 거부적－자율적 태도

자녀를 수용하고 받아들이지 못하는 동시에 자녀 마음대로 행동하게끔 하는 부모의 태도이다. 이러한 태도를 지닌 부모에게서 성장한 어린이는 공격적이고 자신의 행동 조절을 못하게 된다.

④ 거부적－통제적 태도

자녀를 따뜻하게 용납하지 않을 뿐 아니라 행동을 체벌 또는 심리적 통제로 규제하는 태도이다. 이러한 태도는 정신질환을 보이는 아동들의 부모에게서 나타나는데 이러한 부모 밑에서 자란 어린이들은 자아에 대한 분노와 내면화된 갈등, 고통을 많이 갖고 있으며 경우에 따라서는 자학적, 퇴행적이 되기도 한다.

(3) 페스탈로치의 가정교육론

페스탈로치(J. H. Pestalozzi)는 그의 교육소설「린하르트와 게른하르트」에서 가정에서의 행복이 인간의 최대 행복이라고 강조하면서 이 역시 참된 가정교육에서 이룩된다고 하였다. 페스탈로치는 가정의 특징으로서 다음의 3가지를 들고 있다(김정환, 1995).

첫째, 가정은 하나님이 주신 사랑의 유대로 묶여 있다. 사랑은 사랑을 낳아 사랑하는 마음을 개발시켜 준다.

둘째, 가정은 가장 자연스러운 곳이다. 그러기에 인간성의 모든 소질이 가장 자연스럽게 활동을 통하여 자기 발전하는 곳이다.

셋째, 가정은 사회생활에의 출발점이다. 사회생활은 우리 생활의 반을 차지하는 곳인데, 이 스타트를 잘 마련하여 주는 곳이 가정이기 때문이다.

페스탈로치는 가정의 특징인 사랑과 자연은 어린이의 마음을 감화하여 자발적인 선과 활동, 즉 교육에서 가장 중요한 자율성을 촉구하게 된다고 보았다. 그러나 자율성이 생기기까지에는 나무를 키울 때 냉기(冷氣)와 온기(溫氣)를 농부가 적절하게 조정하는 것과 같이 가정에서 부모들이 사랑을 바탕으로 냉기와 온기를 겸비할 수 있게 하는 수고가 필요하다는 것이다.

페스탈로치가 지적하고 있는 가정교육의 내용과 방법은 다음과 같다(김정한, 전게서에서 재인용).

첫째, 가정은 먼저 질서(Ordnung)가 있어야 한다.

위 아래 사이의 도덕적인 질서는 물론이요, 우선 생활의 질서가 서야 한다. 생활의 질서는 마음과 정신의 질서를 낳는다. 빈민이란 그 가난의 수렁에서 나오지 못하는 이유는 가난-무질서-가난-무질서의 악순환에서 벗어나지 못하는 까닭이다. 주부된 자는 가정이 그 삶의 전부라는 것을 깨달아 묵묵히

일하는 가운데 가정의 질서를 잡아야 한다.

둘째, 순수한 마음(Reine Gefuhl)이 길러지는 도덕교육의 터전이 되어야 한다.

이 순수한 감정—사랑, 믿음, 순종—은 우선 부자(父子)와, 모자(母子) 간에 발생하여 하나님께로 향하며, 다시 내려와 이웃에 뻗쳐간다. 게르투르트는 아이에게 설교는 일체 않는다. '이웃을 사랑하라'고 하지 않고, '이 빵을 이웃집 아이와 나누어 먹어라.'라고 한다. '순종하라'고 하지 않고, 아이의 모든 일을 보살펴 주며, '기도를 드리라'고 하지 않고 자기가 경건한 자세로 기도드리는 것을 보여 준다. 학교에서 교사에게 들은 '도덕의 부스러기'는 집에 돌아오는 길에 잊는다. 그러나 자기 빵을 이웃집 아이와 나누어 먹었다는 흐뭇한 감정은 잊지 않는다.

셋째, 가정에서는 자연스러운 기초교육이 닦아져야 한다.

종래의 기초교육은 소위 3R's(읽기, 쓰기, 세기)이었는데 페스탈로치는 여기에 도덕교육과 실제교육을 덧붙인다. 실제교육이란 생활의 경제노동면에 대한 소양과 관심을 갖게 하는 것이다. 게르투르트는 아이와 같이 앉아 실을 짠다. 그러면서 구구단, 말, 노래를 가르친다. 어린 아이에게 실을 짜게 함으로써 경제, 노동, 생활에 대한 눈을 기르며, 직업에 대한 신성한 감정을 도야시키고, 기초교육을 실시한다는 것이다.

넷째, 가정에서는 인간이 자연스럽고 자발적인 방법으로 도야되어야 한다.

가정에서는 가르치는 것이 아니라 저절로 익혀나갈 수 있도록 해야 한다. '이것은 입이요, 이것은 손이요'하며 낱말을 주입시켜서는 안 된다. '자 입을 닦읍시다, 손을 씻읍시다' 하면서 실제로 입을 닦고 손을 닦아주어야 한다. 2×3은 6이라고 외면 안 된다. 접시를 두 개씩 세 번 나르면 여섯이 됨을 확인시켜야 한다. 사각형은 각이 네 개 있는 꼴이라고 가르쳐서는 안 된다. '이 식탁은 네모지다'라고 말을 걸어야 한다. 한 마디로 모든 교육은 생활 속에 있는 대상을 통하여 직관으로 확인하면서 나가야 한다.

이와 같이 페스탈로치는 가정에서 아이의 인간적 모든 소질이 그 기초에

확립, 도야되기 때문에 가정이야말로 생활의 절대 단위가 되어야 한다면서 가정교육의 중요성을 강조하고 있다.

4) 사회교육(social education)

사회교육은 나라에 따라서 혹은 시대에 따라서 그 내용과 형태가 각각 달리 형성되어 왔고, 그로 인해 사회교육의 개념에 대해서도 여러 가지 정의가 내려지고 있어 그 의의를 간단하게 밝힌다는 것은 매우 어렵다. 여기에서는 몇몇 정의를 중심으로 사회교육의 개념과 그 특성을 고찰하도록 한다(박준영, 1996).

(1) 사회교육의 개념

사회교육의 개념은 1982년에 제정된 우리나라의 사회교육법 제2조에 "사회교육이라 함은 다른 법률에 의한 학교교육을 제외한 국민의 평생교육을 위한 모든 형태의 조직적인 교육활동을 말한다."라고 정의한 데서 찾아볼 수 있다. 이 조항에서 사회교육의 개념을 규정하고 있는 정의에 내포된 사회교육의 개념은 다음과 같이 크게 세 가지로 나누어 그 특징을 설명할 수 있다.

첫째, 학교의 정규 교육과정으로서 행해지고 있는 교육활동은 사회교육에서 제외시키고 있다.

이 조항에서는 정규의 학교교육 과정과 여기에서 교육을 받고 있는 학생은 사회교육의 대상에서 제외된다는 것을 의미한다. 사회교육은 일반적으로 매우 복잡하고 다양한 의미내용을 가지고 있고, 따라서 단일 개념으로 설명하기 어렵기 때문에 학교교육 이외의 교육이라는 포괄적인 규정을 하고 있는 것이다.

둘째, 사회교육을 국민의 평생교육을 위한 모든 형태의 교육으로 정의하고 있다.

이 정의는 두 가지 개념으로 해석할 수 있다. 하나는 사회교육을 가정교육, 학교교육과 함께 평생교육의 일부로 규정하고 평생교육을 위한 하나의 교육

형태라는 개념으로 해석할 수 있는 측면이다. 다른 하나는 사회교육은 유아에서 노인에 이르기까지 모든 국민을 대상으로 하는 교육이므로 평생교육과 동일한 개념으로 해석할 수 있는 측면이다.

셋째, 사회교육은 모든 형태의 조직적인 교육활동이라고 규정하고 있다.

이것은 사회교육을 정규 학교교육 이외의 교육, 즉 학교 밖에서 행해지고 있는 교육 가운데서 조직적인 교육활동만을 사회교육의 개념에 포함시키려는 의도인 것으로 해석할 수 있다. 사회교육을 넓은 뜻으로 해석하면 무형식적 교육과 비형식적 교육을 포함하게 된다.

넓은 의미로 본다면, 사회교육은 학교에서의 정규교육을 제외한 모든 조직적인 교육활동이라고 정의할 수도 있다. 좁은 의미로 본다면, 청소년과 성인으로 한정시키는 경우도 있으나, 거기에는 청소년교육과 성인교육이 따로 있으므로, 사회교육의 용어가 갖는 포괄적인 정의가 더욱 바람직하다고 볼 것이다. 사회교육은 학교 외에서 전개되는 조직적이고 계속적인 교육활동의 총체로 정의하고 성인교육보다는 훨신 넓은 개념으로 해석하기도 한다. 또한, 사회교육이란 학교 외 청소년과 성인들을 위한 조직적인 계속 교육의 프로그램 및 활동으로 보기도 한다.

(2) 사회교육의 특성

위와 같은 개념을 지니고 있는 사회교육의 특성은 다음과 같다.

첫째, 사회교육은 자발성이 강한 교육적 특성을 지니고 있다.

사회교육은 학습자가 자발적으로 참여하는 자기교육을 본질로 하는 교육이다. 사회교육은 법적으로 강제력이 없고, 학습자 자신의 생활환경으로부터 자극을 받고 스스로가 학습의 필요성을 의식하여 학습기회를 찾아서 참가하는 활동이다. 그러므로 학습의 목표와 내용은 전적으로 개인의 학습요구에 의해서 결정된다. 말하자면, 사회교육은 학습자의 자기교육의 의사에서 출발하는 자유로운 학습이며, 개인이 임의로 선택할 수 있는 여가시간에 자발적이고 자주적으로 참가하는 학습활동이다.

둘째, 사회교육은 교육의 실제성을 강조하는 특성을 지니고 있다.

사회교육이 가장 중요시하고 있는 것은 생활과제와 지역과제를 해결할 수 있는 학습이다. 우리의 생활 현실과 지역사회에는 해결해야 할 많은 심각한 문제들이 있다. 공해, 교통, 보건위생, 가정문제와 같은 과제들은 중요한 학습과제이며, 취미, 오락, 체육활동은 신체적, 정신적 건강을 증진시키는 학습이다. 그러나 사회교육에도 이와 같이 실용적인 생활과 직접적인 관계가 없는 것처럼 보이는 지적 교양을 높이는 학습 영역이 있다. 사회교육이 아무리 생활에서 출발하여 생활로 돌아가는 학습활동이라고 하더라도 전적으로 실용적인 학습만을 뜻하는 것은 아니다.

셋째, 사회교육은 다양한 학습의 내용과 방법에 대한 특성을 지니고 있다.

사회교육은 피교육자의 연령, 성, 직업, 계층, 거주 지역에 따라서 학습내용이 달라진다. 동일한 건강문제라고 하더라도 청소년과 성인기의 학습욕구는 다르기 마련이고, 동일한 취미에 대한 학습내용이라 하더라도 장년기와 노년기가 다르다.

사회교육은 학습의 형태와 방법에 있어서도 매우 다양하다. 학습자의 규모와 그들의 학습요구에 따라서 방송매체, 신문, 잡지, 도서 등을 활용하는 방법을 도입할 수도 있고 세미나, 심포지엄에 의한 학습방법을 활용할 수도 있다.

넷째, 사회교육은 공공성의 특성을 지니고 있다.

사회교육에 참가할 것인지 말 것인지는 전적으로 개인의 자유의사와 자발성에 달려 있기 때문에 사회교육은 그런 의미에서 사적 학습활동으로 이해하기 쉽다. 그러나 그러한 학습활동이 사적인 활동에 한정된다면 그것은 이미 사회교육이라고 말할 수 없다. 사회교육은 무엇보다도 모든 사회인을 대상으로 하는 공교육적 성격을 가지고 있다.

다섯째, 사회교육은 계속성의 특징을 지니고 있다.

사회교육 대상자의 학습요구와 과제는 유아기부터 노년기까지 일생 동안 계속되는 것이므로 필연적으로 평생교육의 성격을 가지고 있다. 오늘날과 같이 변화가 빠른 사회에 있어서는 학습과제와 요구들은 무의도적인 학습활동만으로는 습득이 불가능하며 의도적이고 계획적인 학습방법을 필요로 하고 있다(김도수, 1993).

5) 성인 · 계속 · 순환교육

(1) 성인교육(adult education)

우리나라의 경우 성인교육이란 용어가 처음으로 사용된 것은 미군정하의 성인교육국 설립과 더불어 1954년 성인교육기관으로서의 성인교육의 발족에서 비롯된 것이다. 이에 비하여 사회교육은 그 이전의 일제시대와 해방 후는 물론 오늘날에 이르기까지 널리 사용되고 있다. 또한 사회교육은 우리나라를 비롯한 일본과 대만 등에서 공용어로 사용되고 있으나 성인교육은 일반적으로 세계의 모든 나라에서 널리 적용되고 있다(박준영, 1996).

1976년 유네스코 총회에서 채택된 건의서에 나타난 성인교육의 개념을 요약하면 다음과 같다.

첫째, 성인교육은 그 내용과 수준과 방법이 어떤 것이든 간에 성인들이 참여하는 모든 조직적 교육과정을 말한다.

둘째, 성인교육의 과정은 성인들이 그들의 소질과 능력을 키우기 위해 지식을 익히고 기술이나 직업적 자질을 향상시키며, 또는 다른 직업으로 그들을 전환시키는데 도움을 주는 모든 교육활동을 말한다.

셋째, 성인교육은 개인들의 보다 충실한 계속적 발달이라는 관점에서 또는 조화롭고 영속적인 사회, 경제, 문화발전에 참여하는 것이라는 관점에서 그들의 태도와 행동을 변화시켜 주는 모든 조직적 교육활동을 의미한다.

넷째, 여기서 성인이라 함은 그가 속해 있는 국가나 사회가 성인이라고 인정하는 사람들을 모두 포함한다.

이와 같이 오늘날 세계 여러 나라에서 사용하고 있는 성인교육의 개념은 점점 더 포괄적으로 확장되는 것이 일반적인 추세라고 할 수 있다.

일반적으로 성인교육은 한 사회의 성원으로서 활동하고 있는 성인들에게 자신의 경험을 확장하고 사회의 발전에 이바지할 수 있도록 하기 위해서 마련된 모든 교육활동과 시설을 의미한다. 이와 같은 성인교육은 개개인의 계속적인 성장 · 발달을 돕고 생활의 질을 높이며 건전한 사회발전에 공헌한다. 특히 현대사회와 같이 급격히 변화해 가는 사회에 있어서는 그 기능이 더욱 강화되어 개인의 자아실현과 바람직한 사회발전의 기본적 요건이 되는 것으로 그 중요성이 높이 평가되고 있다. 이러한 성인교육의 기본성격은 평생교육의 개념과 완전히 일치하는 것이다.

(2) **계속교육**(continuing education, further education)

계속교육이란 개념은 영국에서는 'further education'의 용어로 그리고 미국 등에서는 'continuing education'이란 용어로 사용되고 있다. 우선 continuing education이란 개념은 성인교육(adult education)과 흔히 혼동되고 있으며 혹자에 따라 때로는 동의어로 사용하기도 한다. 계속교육(continuing education)은 아동기나 청소년기에 실시되는 일련의 전일제 교육을 마친 사람들에게 제공되는 교육이라는 의미에서는 성인교육과 같은 의미로 쓰인다(UNESCO, 1979).

미국의 경우에는 계속교육을 구체적으로 "공립 또는 사립단체가 모든 연령층의 사람들에게 그들의 학문적, 직업적 또는 개인적 발전과 여가를 위하여 초등, 중등 및 중등 후기 교육의 기회를 제공하는 모든 교육프로그램"(UNESCO, 1979)을 지칭하는 것으로 사용하기도 한다.

덴트(Dent, 1971, 56)는 계속교육(further education)을 "의무교육 연령을 지난 모든 사람들에게 적용할 수 있는 정규 중등교육과 대학교육을 제외한 모든 형식적 · 비형식적 교육활동을 포함한다. 즉, 그것은 인간의 지식과 기능의 모든 영역을 실제적으로 다루어간다"고 정의하고 있다. 그는 또한 계속교육의 내용을 세 가지로 유형화하고 있다. 즉 첫째, 전문 · 직업적 교육, 전일제, 샌드위치 코스(노동과 학습의 결합), 시간제 주 · 야간 과정, 둘째, 여가를 이용한 교양, 문화교육활동, 셋째, 여가시간을 이용한 사회적, 오락활동 등이다.

계속교육은 중등교육 다음 단계에 속하는 것으로 의무교육이 아니면 대학교육을 마친 사람들을 그 대상으로 하며 모든 국민은 누구나 희망에 따라 이 교육프로그램에 참여할 수 있게 되어 있다. 영국의 계속교육의 특징은 우리나라의 사회교육에 해당되는 것으로 계속교육을 초·중등교육과 함께 공교육제도 속에 포함시켜 중등교육 다음 단계를 계속교육으로 제도화시키고 있다는 점과 지방교육당국인 사회공공기관에 그 책임을 맡기고 있다는 점에서 찾을 수 있다.

(3) 순환교육(recurrent education)

순환교육은 경제협력개발기관(OECD)의 CERI(Center for Research and Innovation)에 의하며 제창된 독창적인 개념으로 OECD의 회원국을 중심으로 보급되고 있다(Duke, 1974). 영어의 'recurrent'란 말은 '순환하다, 환류하다'의 의미를 나타내는 것으로 'recurrent education'은 순환교육 곧 반복적인 재교육을 뜻한다. 즉, 학교교육을 마치고 난 후에도 끊임없이 적절한 시기를 택하여 반복적인 재교육을 받게 하는 제도이다.

순환교육의 개념 속에서는 학교교육을 인생의 전반기에 다 마쳐야 할 필요는 없고 의무교육 이후에도 일생을 통해서 언제든지 받을 수 있는 교육체제가 되어야 함을 강조한다. 지금까지의 교육은 '학교로부터 직장으로'라는 일방통행적인 것이었으나 순환교육제도에서는 직업경험 또는 사회생활경험을 거친 후에도 학교교육의 기회를 제공하여 직업과 교육 또는 노동과 여가 등의 다른 활동과도 상호적인 면에서 반복적으로 교대하면서 이루어져야 한다는 것이다.

또한 지금까지의 교육이 인생의 초기 단계에만 너무 집중되어 있어 문제성을 내포하고 있다고 보고 교육은 한꺼번에 다 이루어질 수 있는 것이 아니기 때문에 평생에 걸쳐서 분배하여 몇 번이고 나누어 받아야 한다는 것이다. 이러한 교육은 직장 내에서의 연수교육이나 직업 훈련, 교육뿐만 아니라, 직장인에게 유급 교육휴가를 주어 대학 또는 기타 정규교육기관이나 연구기관 등에 파견·취학하게 하는 형태의 교육프로그램을 말한다.

이러한 순환교육은 다음과 같은 특색을 지닌다.

첫째, 오늘날의 교육기관의 결함을 보완한다.

둘째, 미래의 요구에 부합시켜 간다.

셋째, 순환 또는 회귀적 방법에 의하여 개인의 평생에 걸쳐서 교육을 분배해 준다.

넷째, 교육－직업－여가－은퇴라는 불변의 공식과도 같은 순서를 지양하고 이들을 서로 융합하고 교차시켜 가면서 각 개인의 욕구를 실현하고자 한다.

순환교육은 무엇보다도 급격하게 변화해가는 현대 산업사회에서의 대응책으로 나왔다고 볼 수 있다. 그러므로 순환교육은 그 실천적인 면에서 볼 때 종래의 성인교육이나 사회교육과 유사하다. 그 개념상 상이한 점은 전통적인 사회교육이 주로 시간제 교육에 의존했다면 순환교육은 전일제 교육을 지향하고 있다는 점이다. 사실 통념적인 사고에서는 학교교육은 전일제이고 사회교육은 시간제라고 생각해 왔다. 그런데 순환교육의 개념에서는 전일제 학교교육에 성인을 참여시키는 것을 특징으로 하고 있다.

평생교육은 유네스코를 중심으로 제창·보급되고 있다. 그러나 OECD는 평생교육의 개념을 받아들이고 스스로 순환교육을 평생교육을 위한 하나의 전략으로 제시하고 있음을 볼 수 있다. 그러나 순환교육이 평생 동안 교육의 기회를 보장하고 이를 위한 교육제도의 개혁을 요구한다는 점에서는 평생교육과 일치하지만, 순환교육은 인생의 전 과정에 걸쳐 이루어지는 교육이 아니라 의무교육 이후의 교육에 한정된다는 점에서는 평생교육과 차이를 보이고 있다.

제 2 장

교육의 역사 철학적 기초

교육은 인류가 이 지구 위에서 삶을 시작하면서부터 시작되었다. 따라서 각 시대의 삶의 모습은 그 시대의 교육의 모습을 특징지었으며 삶의 모습이 변화함에 따라 교육의 모습도 변하여 왔다. 인류사에 있어 각 시대는 그 시대 나름대로의 이상적인 삶의 형태와 인간상을 가지고 있었다. 원시시대의 삶의 이상은 자연과 맹수로부터의 위협에서 벗어나고 자신의 종족을 보전하는 것이었고, 고대 그리스인들의 삶의 이상은 자유인이었으며, 로마인들의 삶의 이상은 실제적인 사무에 유능한 애국시민이었다. 중세시대에는 기독교적 신앙인, 동양인들의 삶의 이상은 성인 혹은 군자였음을 볼 수 있다. 그런데 그 시대의 이상과 실제 삶 사이에는 차이가 있게 마련이므로 각 시대는 교육이라는 활동을 통하여 그 이상과 더불어 그 이상 실현에 필요한 지식 및 기능을 선세대로부터 배우고 후세대에게 가르친다.

제 1 절 교육의 역사적 기초

1. 교육의 시초

학교가 생기기 훨씬 이전부터 교육은 이루어져 왔는데, 이 때의 교육은 생활 속에서 이루어졌으며 생활 자체가 교육의 자료요, 교육내용이었다. 아버지는 풍우와 추위를 피하기 위하여 동굴을 찾아 나서고, 바람막이를 만들고 사나운 짐승과 싸우고 먹을 것을 구하는 동안에 아들을 데리고 다니면서 아들이 배워야 할 사항들을 설명하고 시범하고 연습하게 하고 고쳐 주며 잘했을 때에는 칭찬도 하고 잘못했을 때에는 꾸짖기도 하였을 것이다. 또한 여자아이들은 어머니를 따라다니면서 집안일에 관한 것을 학습하게 되었을 것이다. 이처럼 교육이란 부모들이나 그 사회가 자신의 자녀나 다음 세대들에게 자신들의 귀중한 삶의 경험과 이상 그리고 그 이상 실현에 필요한 지식 및 기능을 가르치고 전하는 활동이었다고 할 수 있다. 그런데 인류의 경험이 쌓이고 그 지식과 기능이 발달함에 따라 교육은 점점 형식화되고 규격화되었으며 실생활에서 멀어지게 되었다.

1) 원시시대의 교육

원시인들의 교육은 그들의 생활과 직접 관련된 것이었다. 즉 어른들의 생활에 참여하고 그 생활을 배우며 익히는 과정이 그들의 교육이었던 것이다.

원시인들의 생활은 크게 세 가지 영역으로 나누어 볼 수 있는데 이들 세 가지 영역 속에서 그 나름대로의 교육활동이 이루어졌다.

첫째, 의식주의 필요를 충족시키기 위해서 남자아이들은 사냥하고 물고기를 잡고 적과 싸우는 법을 익혀야 했고, 또 거기에 사용되는 도구나 무기를 만드는 기술도 어른들로부터 배워야 했다. 여자아이들은 어머니를 따라 아기를 키우고 음식을 장만하고 옷가지를 장만하는 등의 집안일을 배워야 했다. 그런데 이러한 일들은 그들의 생활 자체였기 때문에 가르치고 배운다는 의식 없이 자연스럽게 학습하게 되는 것이었다.

둘째, 인간들의 힘을 초월하여 있으며 인간들의 생사화복을 주재하는 영들을 달래기 위한 주술적인 의식 속에 교육활동이 이루어졌다.

제사와 주술적 의례를 배우는 일은 의식주를 위한 학습만큼 자연스러운 과정은 아니었으며 보다 까다롭고 복잡한 것이었다. 자연은 그들의 힘을 초월하여 있었으며 또한 살아서 스스로 운행하고 움직이는 것으로 여겨졌다. 나무에는 나무의 영, 동물에는 동물의 영들이 있어서 이들 영들이 자연의 운행과 인간의 길흉화복을 좌우한다고 생각하였는데, 이것을 물활론적 설명이라고 한다. 그들은 이러한 물활론적 설명을 통해 해와 달과 별, 그리고 폭풍과 계절풍에 대한 그들 나름대로의 설명을 하고 있었는데 이러한 것들은 어떤 의미에서 그들의 과학이며, 철학이요, 역사였다. 제사에는 영들을 숭배하고 달래기 위한 여러 가지 상징(symbol)들이 사용되었다. 그리고 제사에 사용된 노래와 춤, 기호, 건축물, 그림 등이 오늘날의 문자, 음악, 미술, 건축물, 그림 등의 시초가 된다. 그들은 병도 악령에 의해서 생겨나는 것이라고 믿고 있었으므로 병에 대한 예방과 치료도 주술적인 의식과 밀접한 관계를 맺고 있었다.

셋째, 같은 부족의 사람들이 서로 조화롭게 살기 위하여 규범이 되는 관습, 금기, 규칙들을 가르쳐 주고 배우는 가운데 교육활동이 이루어졌다.

원시인들에게는 교육기관이 별도로 없었고 삶의 여러 장면이 바로 교육의 장소이었으므로 그들은 생동하는 삶의 현장에 직접 참여하여 눈으로 보고 몸으로 체험하면서 삶에 필요한 것들을 배워 나갔다.

이렇게 볼 때 원시교육의 현저한 특징은 '비진보성'과 '모방성'에 있다고 하겠다. 그런데 원시교육에서 두드러진 것은 성년식이다. 원시사회의 성년식(initiation ceremony)은 특별한 교육적 가치와 의의를 지니고 있다. 성년식은 어른에 대한 복종과 존경 및 여러 가지의 고통을 인내할 줄 아는 것을 배우게 하였으며(도덕적 가치), 종교적 의식 집행에 대해서 배우게 하였으며(종교적 가치), 어디까지나 종교적 색채를 띠면서도 동물을 잡는 방법, 불을 일으키는 기술, 식사를 마련하는 지혜, 그밖에 실제적 가치를 가진 여러 가지 일들을 배우게 하였다(실제적 가치).

2) 고대 동양의 교육

동양의 교육에서는 개인성보다 사회적 안정이 더 중요시되었으며, 그것은 세계 속에 내재해 있는 어떠한 절대적 권위와 법칙에 순종함으로써 이루어진다고 믿었다. 따라서 창조적 인격의 형성보다는 기존 질서에의 순응 및 동조에 더 큰 강조를 둔 셈이다.

고대 중국에 있어서는 '하늘(天)'이 인간의 모든 길흉화복을 주관하며 인간 개개인 뿐만 아니라 국가의 흥망성쇠까지도 '하늘(天)'의 심판과 의지에 의해서 이루어지는 것으로 여겨졌다. 제왕이란 바로 이러한 '하늘(天)'을 잘 받들어 섬김으로 해서 백성들에게 풍요와 평화를 보장해 주고 또 '하늘(天)'을 대신하여 백성들이 '하늘(天)'의 뜻에 따르도록 가르치고 다스리는 사람으로서 여겨졌다. 이러한 신정일치적(神政一致的)인 국가관・정치관・교육관은 금세기 초기까지 중국 사회를 이끌어 왔다.

인간사회에 있어서의 하늘의 뜻이란 인륜의 도리로서 나타나는 것이라고 생각하였으므로 이 시대의 교육의 목표는 인륜을 밝히고 실천하는 일이었다. 이러한 인륜의 대표적인 예로서 오륜(君臣有義, 夫婦有別, 父子有親, 朋友有信, 長幼有序)을 들 수 있을 것이다. 더불어 공자도 말하기를 "제자는 집에 들어오면 부모에게는 효도하고, 집에서 나가면 곧 어른을 공경하고 언행을 삼가며 미덥게 하고, 널리 모든 사람을 사랑하되 특히 어진이와 친할지니 이러한 일들을 먼저 힘쓰고 여유가 있거든 글을 배울지니라"(弟子入則孝, 出則弟 謹而信, 汎愛衆而親仁, 行有餘力, 則以學文)고 하였다.

이러한 교육목적을 달성하기 위하여 사교(四教 : 文, 行, 忠, 信)와 육예(六

藝 : 禮, 樂, 射, 御, 書, 數) 등의 교과활동이 이루어졌으나 후대로 갈수록 점차 성현의 말씀과 저술에 대한 공부가 주요 교과목이 되어 버렸다. 한대에는 오경(五經 : 詩, 書, 易, 禮, 春秋)이 있었는데 송대에 이르러서는 모두 13경으로 늘어났다. 주자는 본래 「예기」 중에 포함되어 있던 「대학」과 「중용」을 각기 따로 떼어내고 여기에 「논어」와 「맹자」를 더하여 사서라고 하였는데 이후로 명·청대에 이르러서는 이 사서가 가장 기본적인 교과로 되었다. 그리고 관리를 등용하는 과거도 이러한 경서들로써 고시케 하였다.

이상에서 살펴본 바와 같이 고대 중국에 있어서의 교육이란 자연현상에 대한 지식 또는 생활에 필요한 지식이나 기능을 가르치는 것도 아니었고 개인의 자아실현을 도와 주려는 것도 아니었다. 이들의 교육적 이상은 한 마디로 수기치인(修己治人)이라고 할 수 있는데, 이는 천(天)의 뜻인 도를 먼저 자신의 마음과 생활에 실현시키고, 나아가서는 그 도로 백성들을 교화시키는 데까지 이르러야 한다는 것이다. 이와 같이 중국의 고대 교육은 인륜의 질서와 명분을 중요시하고 그 보전과 전수를 가장 중요한 목적으로 삼았으므로 경서를 주요 교육 내용으로 하는 교육 프로그램이 거의 19세기 경까지 그대로 답습하게 되었다.

3) 고대 히브리인의 교육

히브리인들의 역사는 유일신(唯一神) 여호와와의 관계 속에서 전개된다. 여호와께 순종하면 축복을, 순종치 않으면 철저한 징계를 받는 일관된 관점으로 전개되는 것이 「구약」의 기록이다. 그들의 불순종으로 잃었던 하나님과의 화해를 회복하는 것이 그들의 이상이고, 메시아가 나서 그 화해를 이루어줄 것을 희구하고, 성화(聖化)함으로써 여호와 하나님의 자녀가 되는 권세를 다시 찾을 수 있다는 것이 히브리인들의 기본적인 신앙체계였다. 이와 같은 신앙체계를 기초로 하여 히브리인들은 그들의 문화적·서민적 의식을 형성하였다.

이와 같은 배경을 가진 히브리인들의 교육목적 속에는 외적 권위에 대한 순종을 무엇보다도 강조하였다는 점에서 앞서 살펴본 고대 동양의 여러 나라들과 공통성을 가진다. 그러나 그 순종이 조상이나 계급이나 국가에 대해서가 아니라 여호와에 대한 순종이었다. 교육 내용은 거의 전적으로 히브리 역사였고, 그 역사 속에서 여호와가 히브리인을 어떻게 다스렸는가를 보여주는 내용들이었는데 문서뿐만 아니라 여호와를 섬기는 실생활 그 자체도 중요한 교육내용이었다. 다른 고대 국가들과는 달리, 모든 사람들이 차별 없이 교육받을 것을 강조했고, 특히 자녀들의 교육을 위한 부모들의 책임을 강조하였다.

4) 고대 서양의 교육

오늘날의 서양문화를 특징짓고 있는 두 가지 문화는 희랍문화와 히브리문화라고 할 수 있다. 히브리문화를 모태로 하여 기독교가 탄생하게 되고 기독교는 그 자체의 사해동포적(cosmopolitan)인 특성과 히브리인들의 경건한 유일신관(唯一神觀)을 바탕으로 서양의 모든 군주로부터 평민에 이르기까지, 그리고 생활의 모든 영역과 사상 및 학예의 모든 영역에 걸쳐 크고도 지속적인 영향을 끼치게 된다. 이에 반하여 인본주의적이며 합리적이며 진취적인 특성을 지녔던 희랍문화는 15～16세기에 르네상스를 통하여 현대 서양문화의 형성에 큰 공헌을 하게 된다.

희랍인들은 B.C. 1200년 경에 아리안족들이 남하하여 희랍반도에 정착함으로써 비롯된다. 산악지대였으므로 외부와의 교통이 끊어진 채로 작은 도시국가들이 서로 연락 없이 떨어져 발달하였다. 일찍부터 이렇게 작은 정치 단위로 격리되어 있었기 때문에 흥미와 생활양식이 다양하였으며 독립심이 강하였고 민주적 과정을 중요시하였다. 동양에서는 모든 시민이 왕의 노예가 되어 있는 상태에 있었는데 반하여 희랍에서는 비록 시민권이 제한되기는 하였지만, 모든 시민들이 그 사회의 주인으로서 그 사회의 운명에 직접 참여하고 공헌할 수 있었다. 또한 이들은 동양과는 달리 새로운 발전과 창의적인 활동을 중요시했고, 발전 지향적인 사고방식을 환영하였다. 이러한 경향은 그들의 활발한 해양활동과 연관성이 있는데, 그들은 해양활동을 하는 가운데 새로운 문화와 사상들을 관찰하고 검토하게 되며 그러한 자유로운 관찰과 검토를 바탕으로 그들은 어떠한 다른 문화에서도 찾아볼 수 없는 합리적인 사고의 체계들을 발전시키게 된다. 또한 그들의 문화는 있는 그대로의 인간을 긍정함으로써 인본주의적(humanistic)인 특징을 지니게 된다.

아테네 교육의 목적은 튼튼하고 아름다운 신체와 고귀한 정신이 원만하게 균형잡인, 이른바 전인적 성장에 있었다. 따라서 그들은 어떤 특정한 기술이나 기능, 또는 어떠한 사회적 지위를 얻기 위한 수단으로서 교육을 했던 것이 아니라, 참다운 자유인으로서의 필요한 교양을 쌓기 위해서 교육을 하였고, 또 그러한 자질을 갖춘 사람이어야만 좋은 시민이 될 수 있다고 믿었다. 아테네 소년들은 먼저 읽기를 배웠고, 다음으로 쓰기를 배웠다. 그리고 시장에서 필요한 셈을 배웠다. 나아가서는 호머, 헤시오드, 솔론, 이솝의 글에서 선정된 내용들을 가지고 공부하였는데 각종 체육과 운동 경기도 중요시하였다.

B.C. 500년 경 희랍의 도시국가들은 페르시아와 약 20년 동안 전쟁을 하게 되는데 이때 아테네는 주변 도시국가들의 종주가 되어 전쟁을 승리로 이끌었다. 이러한 전쟁을 거치는 동안 아테네는 외국인들과의 접촉이 빈번해지고 국제화되어 감에 따라 아테네의 옛 정신이 약화되고 극단적인 개인주의로 흐르게 된다. 당시의 이러한 새로운 요구는 소피스트(sophists)들에 의해 대변되는데 '인간은 만물의 척도'(Man is the measure of all things)라고 본 프로타고라스가 그 대표적인 인물이다.

그러나 소크라테스(Socrates, B.C. 469～399), 플라톤(Platon, B.C. 428～348), 아리스토텔레스(Aristoteles, B.C. 386～322) 등의 온건한 사상가들은 개인주의와 사회적 질서를 조화시키기 위해 힘썼고 그것을 위한 여러 가지 행동 기준이 무엇인가를 탐구하고 제시하려고 노력하였다. 소크라테스는 지식(참다운 앎)에 바탕을 둔 도덕성으로 문제를 해결하려고 하였는데, 그는 모든 사람들이 합의할 수 있는 보편적인 덕성이 있음을 주장하였고, 특히 경건과 절제, 자제, 정의 등을 강조하였다. 아리스토텔레스는 인간의 최고의 기능을 '사고'와 '행위'에 있어서의 합리성이라고 규정하고 모든 개인은 타인들과 함께 살아가면서 그의 행위를 사고와 이성에 의해서 안내받도록 교육되어야 한다고 주장하였다.

2. 학교교육의 발달

기원 전 수 세기부터 학교제도는 발달하기 시작하였다. 동양에서는 기존 사회체제와 전통을 유지 · 보전하는 일을 철저히 강조하였고 또 그대로 교육이 이루어졌기 때문에 학교체제에 큰 변화 없이 오래 지속되어 오다가 근세에 이르러 급격한 사회변동을 경험하면서 서양의 교육체제와 통합되기에 이른다. 한편 서양에서는 중세시대에 이르러 비교적 짜임새 있는 초등 · 중등 · 고등교육기관이 형성되었고 그들 교육기관에서 부과했던 교과에서 오늘날 쓰이고 있는 교과목의 원형을 볼 수가 있다.

1) 기독교적 교육전통

희랍인들은 개인과 사회의 조화를 인간의 지적 성숙에 의해 가능하다고 보았는데 그러한 수준에는 극히 소수의 지적 엘리트만이 도달할 수 있는 것으로 생각하였다. 로마의 스토아 철학에서도 이성이야말로 그 해결의 열쇠라고 보았지만 그것은 역시 소수에게만 가능한 것이라고 믿었다. 이에 반하여 기독교는 참다운 인격체로의 변화와 성숙은 하나님과의 화해 속에서만 가능한 것으로 하나님 앞에 모든 사람들이 귀천에 관계없이 평등하다는 기독교적 신념은 인류의 문화발전과 교육기회의 확대에 커다란 공헌을 하게 된다.

교육에 대한 교회의 관심은 중세 전반에 걸쳐서 잘 나타나고 있다. 교구교회(parish churches)는 교구학교나 음악학교를 마련하여 읽기, 쓰기, 음악 등 초등교육 정도를 실시하였는데 빈곤한 아이들도 공부할 수 있었다. 또한 교회마다 초신자학교(catechumenal school)를 세워 아직 세례를 받지 못한 사람들에게 하나님 · 예수 · 부활 · 심판 등에 관한 기독교의 기본적인 교리들을 가르쳤다. 따라서 이 학교에는 남녀노소 누구나 입학할 수 있었으며, 이 학교를 거쳐야 세례를 받고 교회의 정규 구성원이 될 수 있었다.

문답학교(catechetical school)는 초신자학교 및 교구학교의 교사를 양성하기 위한 곳으로 그것은 기독교의 진리는 지성 및 이성과 상호 보완적이어야 한다고 믿었기 때문에 신학과 함께 철학, 수사학, 천문학, 문학 등의 희랍 · 로마의 학문도 가르쳤다.

교회의 성직자들을 양성하기 위한 고등교육기관으로서는 성당학교(cathedral school)가 있었으며 문답학교와 마찬가지로 성경 이외에 희랍 · 로마의 학예가 가르쳐졌지만 문답학교보다는 훨씬 전문적이었다. 특히 중세의 사상계를 주도하였던 스콜라 철학은 이 성당학교를 중심으로 하여 이루어졌던 것이다.

다음으로 수도사(monks)를 양성하기 위해 수도원에서 경영하였던 수도원학교가 있었다. 일반 아동들의 입학도 허락하였는데 수도사를 위한 내교와 일반아동의 교육을 위한 외교로 구분이 되어 있었다고 한다. 초등과정에서는 독(讀), 서(書), 산(算) 등의 기본교과를 가르쳤고, 고등과정에서는 이른바 칠자유과(seven liberal arts)라고 불리는 3학(trivium : 문법, 수사학, 논리학)과 4과(quadrivium : 산수, 기하, 천문, 음악)를 가르쳤는데 이는 현대 교과목의 원형으로 일컬어지고 있다.

또한 수도원은 그 자체가 하나의 학교로서, 그 안에서의 공동생활을 통해 참다운 기독교의 신앙을 배우고 실천하려고 하였다. 그 외에도 수도원은 도서관, 출판사, 문화센터, 병원, 작업장 등으로서의 역할까지도 하였는데 이것은 오늘날의 지역사회의 학교 개념과 흡사한 것이다. 그 결과 수도원은 기독교 신앙을 위한 교육뿐만 아니라 희랍 · 로마의 문화를 보존 · 발전시키며, 당시의 여러 가지 기술들(목공, 철골, 농업, 피혁 등)을 습득하고 발전시키는데 크게 기여하였다.

성당학교와 수도원학교를 모체로 하여 일반연구소(studium generale)가 설립이 되었고 이 일반연구소들이 모체가 되어 중세의 대학들이 발달하게 되는데 일반연구소란 유럽의 어느 곳에서든지 또 누구든지 와서 공부를 할 수 있는 보편성을 띤 학문연구소라는 뜻이었다. 이곳에서 학습을 받은 학생들에게는 어느 곳에서도 가르칠 수 있는 교사 면허장이 주어졌다고 한다.

종교개혁으로 중세의 교권체제가 무너지면서 이제까지의 기독교 교육의 전통을 종교개혁자들이 다시 정돈하였고 이들은 주로 초등 보통교육의 성립과 확대에 큰 공헌을 하였다. 종교개혁자들은 현세의 삶을 내세의 삶과 똑같이 중요시하여 종교교육과 함께 가정과 직장과 사회와 국가에서 의무를 잘 감당하기 위한 교육도 실시하였다. 그들은 이를 위해서 성경, 모국어, 읽기, 쓰기, 음악, 체육, 공예, 가사 등을 포함한 초등교육을 모든 어린이들이 의무적으로 받아야 한다고 주장하였다. 현대의 보통의무교육은 사실상 이들로부터 시작된 셈이다.

2) 인문주의적 교육전통

인문주의적 교육전통은 르네상스를 통하여 형성이 된다. 르네상스란 본래 부활 또는 재생의 뜻으로, 중세의 현세부정적이고 금욕적인 폐쇄적 인간관에서 벗어나 인간의 본성과 현세를 긍정하고 귀중하게 여기려던 학예상의 운동을 말한다. 인문주의자들은 고대 희랍과 로마의 학예를 애호하고 연구하였으며 그 정신을 당시에 되살리기 위해 여러 가지 교육적 노력들을 기울이게 된다.

르네상스는 이탈리아에서부터 시작이 된다. 십자군 전쟁을 거치면서 제노아와 베니스 등의 이탈리아 도시들은 해양활동을 통해 상업도시로 번창하게 되고, 한편으로는 발달된 사라센 문화와 그들의 생활양식에 접하게 됨으로써 이 세계에 대한 새로운 호기심과 탐구 의욕이 자극을 받게 된다. 또한 동로마 제국이 오스만 터키의 침략을 받아 멸망하게 되자 수많은 고전학자들이 이탈리아의 플로렌스, 베니스 등으로 이주해 오게 되어 이탈리아는 고전 연구의 새로운 중심지가 되게 되었고 때마침 이루어진 인쇄술의 발달로 인하여 이들의 사상과 저술이 보다 쉽게 보급될 수 있었다. 이렇듯 르네상스의 근원을 경제 · 사회적 제조건의 변화에서 찾을 수 있지만 좀더 깊이 생각해 보면 스콜라 철학이 개발해 준 지적 탐구정신, 대학의 팽창과 학문적 자유의 확대 등이 중요한 역할을 하였음을 간과할 수 없다.

이탈리아를 중심으로 한 초기의 인문주의 운동은 개인적 · 심미적 · 귀족적 경향을 지닌 것으로 성장하는데 이들은 개인의 폭넓은 교양과 자유의 신장에 주된 관심을 가지고 있었다. 이들은 희랍 · 로마의 고전을 통하여 교양의 폭을 넓히고 체육, 문화, 예술 등의 활동을 통하여 개성을 발현시킴으로써 전인적인 발달을 가져올 수 있다고 믿었다.

이들의 관심은 주로 중등교육에 있었는데 이러한 인문교과를 가르치기 위하여 라틴문법학교(Latin Grammar School)를 세우게 된다. 이 학교들은 고전 및 문법중심의 교육을 하는 곳으로 대학의 준비학교적인 성격을 띠었다는 점에서 오늘의 인문 중 · 고등학교의 전통을 만들었다고 할 수 있겠다.

북부 유럽의 인문주의 운동은 이탈리아의 그것과는 다른 성격을 띤 것으로 주로 사회적 · 도덕적 · 대중적 경향이 강했다. 남부 유럽에서는 개인의 충실하고도 풍요로운 삶에 주된 관심이 있었던 반면에 북부 유럽에서는 사회 전체의 충실하고도 풍요로운 삶의 실현에 더 관심이 많았다. 따라서 사회의 발전과 인류의 복지에 도움을 줄 수 있다고 믿어지는 교과에 더 강조점을 두게 되는데 이러한 북부 유럽의 인문주의를 사회적 인문주의라고 부르기도 한다. 북부 유럽의 인문주의 학교들은 고전과 성경 문학의 조화를 꾀했으며 그 외에 역사, 지리, 과학 등도 가르쳤다. 그러나 체육 · 음악 · 미술 등은 이탈리아의 학교에서만큼 중요시되지는 못했다.

인문주의 교육의 목적은 풍부한 인문적 교양의 습득을 통한 인간의 폭넓은 자아실현과 사회 및 인류의 발전과 복지에 있었으며 희랍과 로마의 고전학습을 통하여 그 목적을 달성하려고 하였다. 그러나 실제에 있어서는 고전문학, 특히 라틴어 학습 그 자체가 교육의 목표가 되어 버렸다. 이처럼 '타락한' 인문주의 교육을 시세로주의(ciceronianism)라고 부르는데 이는 로마시대의 뛰어난 웅변가이자 문장가인 시세로의 문장을 암기하고 모방하는 것을 주요 교육활동으로 삼았던 데서 유래된 것이다.

3) 자연주의적 교육전통

인문주의적 교육이 한낱 라틴어 학습과 고문의 암기에만 열중하게 되고 종교교육 또한 교리의 암송에 치우치게 되어 삶과의 관련성이 점점 멀어지자 교육은 삶의 실제에 관여하여야 한다는 반성의 소리가 높아졌다. 이러한 운동을 현실주의 혹은 실학주의(realism)라고 한다. 과학적 탐구가 진행됨에 따라 이제까지 중시해 온 문학적 · 예술적 · 종교적 · 도덕적 세계 이외에도 객관적이며 필연적인 자연법칙에 의해서 지배받는 또 다른 세계가 있음을 발견하게 된다. 이들은 자연에 대한 지식이 종래의 문예적 · 종교적 지식을 대신하여 인간의 삶에 실제적이고도 유용한 새로운 기초가 되어야 하며, 그러한 과학적 지식을 탐구함으로써 인류사회는 발전하며 인류의 복지도 향상될 것이라고 믿었다. 베이컨(F. Bacon)이 "아는 것이 힘이다"(Knowledge is power)라고 말했을 때의 아는 것이란 바로 자연과학적인 또는 객관적인 지식을 의미하는 것이었다.

자연주의 교육운동은 크게 세 가지로 나누어 볼 수 있다.

첫째, 그것은 자연의 제 법칙을 발견 · 형성하여 교육의 과정에 적용하는 것을 뜻했다. 코메니우스(J. A. Comenius) 등은 교육자들에게 자연을 열심히 관찰하여 자연의 방법을 배우고 그것을 교육에 적용하라고 당부했는데 이러한 주장은 잘못된 유추를 가져오게 되는 경우가 많았다.

둘째, 한 개인을 교육하려면 그의 성장의 자연적 법칙을 알아내어 그에 따라 교육하여야 한다는 것이다. 극단적으로는 교육의 목적도 교육의 과정도 모두 어린이의 성장 · 발달에 관한 연구를 토대로 해서 결정해야 한다는 생각이다. 이러한 입장은 19세기의 심리학적 발달론자들인 페스탈로치(1746~1827), 프뢰벨(1782~1852), 헤르바르트(1776~1841)에게서 꽃을 피우게 됐다.

셋째, 인공적인데 반대하여 자연으로 돌아가자는 것인데 이 입장이 자연주의 교육의 가장 큰 특징을 이루고 있다. 예를 들어, 루소(1712~17780)는 교육이 어린이들의 자연성을 무시하고 '마네킹' 취급을 하고 있으며, 온실 재배

식의 교육을 한다고 하여 교육의 인공성을 신랄하게 비난하였다. 루소는 유명한 교육소설「에밀」의 첫머리에서 "인간은 조물주의 손에서 나올 때는 선하나 사람의 손에 넘겨지면서 악해진다."라고 말하고 있다.

교육에 있어서의 자연주의 사상은 계속 발전하여 19세기의 심리학적 발달주의(psychological developmentalism)를 거쳐 금세기의 진보주의 교육운동과 아동중심 교육운동으로 이어진다. 사회 변천과 함께 많은 비판과 시험을 거쳐 지나오는 동안 자연주의는 여러 가지 면에서 보완되고 정리되었지만 근본의 정신은 살아 있어서 루소와 같은 낭만적 자연주의가 오늘의 교육 개혁론자들 속에서도 나오고 있다.

3. 한국 현대 교육체제의 성립

한국에 있어서는 역사에 기록된 것보다는 훨씬 이전부터 학교교육이 있어온 것으로 믿어지고 있지만, 초기 학교로 자주 인용되는 것은 고구려 소수림왕 2년(372)에 세워진 태학이다. 유생들을 모아 중국의「대학」,「중용」,「논어」,「시전」,「춘추」,「주역」,「예기」등의 고전을 중심으로 교육했다. 이는 중국 고전에 숨어 있는 유교정신으로 계몽된 지도자와 관리들을 교육해 내기 위한 것이었다. 전통 유지, 고전중심이었다는 점에서 고대 동양의 교육과 맥을 같이 한다. 이와 같은 정신교육 내지 인격교육과 고전중심이었다는 점에서는 후에 발달한 향교나 서민의 기초교육을 맡았던 서당에 있어서도 마찬가지였다.

이와 같은 교육 전통은 실학사상의 비판적 이론과 실제적 원리들에 의해 약간 도전을 받기 시작하여 개화기에 들어와서 서구체제에 의해 전면 대치가 시작될 때까지 면면이 지속되어 왔다. 그 기나긴 세월 동안에 한국인의 의식과 생활양식을 결정지어 주던 전통적 교육체제가 서구 교육체제에 의해서 대치되는 기간은 놀라울 만큼 짧은 시간이었다. 1880년 중반에 시작하여 일제 식민지 시대를 거치는 사이에 전통적 교육체제는 거의 완전히 자취를 감추고 말았다. 서양문물을 우리의 주체적인 노력에 의해 소화하고 수용할 여유도 없이 서양제도를 일방적으로 강요받은 결과였다. 여기에 일본의 식민지 정책이 강하게 작용하였음을 우리는 간과할 수 없다. 이와 같은 우리의 체제 전환에다가 식민지 교육 정책의 강요로 인해 우리는 한국인을 위한 교육체제 발전의 창조적 작업을 전혀 하지 못한 채 이질 체제의 규모를 키워 온 셈이다. 엄격히 따지면 해방되고부터 실질적인 교육체제 정비의 시기를 얻은 셈이지만 일본요소의 제거, 정치적·사상적 혼란, 6·25 동란 등의 격동기를 지나서 1950년 중반에 이르러서야 비로소 평온을 찾기 시작했다. 사회적·정치적 안정과 함께 위세를 떨치기 시작한 교육열의 폭발은 또다시 체제 정비의 여유를 주지 못한 채 교육인구의 배가만을 거듭하게 하였다.

이렇듯 강요된 이방체제의 과대화는 그 체제의 구조적 결함에서 오는 심각한 문제들을 우리의 교육현상 속에 낳게 하였다.

우리가 가지고 있는 교육체계는 사실상 전 세계의 모든 나라들의 교육체제와 그 근본 성격에 있어서 크게 다를 것이 없다. 그런데 그 체제의 원형은 앞서 언급했듯이 희랍·로마시대 및 중세학교 체제의 그것이다. 극소수의 지배계급을 위한 고전 및 교과중심의 교육을 위해 발생되고 형성된 체제이다. 그 체제를 대중을 위한 교육, 냉혹한 현실생활을 위한 교육에 그대로 적용시켰다는 데서 구조적 모순에 빠지기 시작한 것이다. 수없이 많은 심각한 문제들과 역기능이 현대 학교 교육체제에서 나타나고 있는 것이다. 과격한 논자들은 탈학교사회를 주장하기에 이르렀지만 신통한 대안이 나오지 못하고 있다. 구조적 모순을 안은 채 오늘의 교육체제는 현대 국가들의 복잡한 사회조직의 구석구석까지 스며들고 있으며 현대인의 삶의 방식 그 자체가 되어버리고만 것이다.

오늘날 한국에서 경험하는 허다한 교육문제들도 이와 같은 체제적 시각에서 볼 때 좀더 쉽게 이해될 수 있을 것 같다. 우리의 사람다운 삶을 보장해 주는 새로운 인간들과 새로운 사회질서의 실현을 위해 우리의 교육체제를 창조적으로 혁신·개조해 나가야 할 책무를 우리 교육자들과 온 국민이 나누어 지고 있는 것이다.

제 2 절 교육의 철학적 기초

교육은 각 시대가 이상으로 삼고 있는 삶의 형태와 그 이상 실현에 효과적인 지식 및 기능을 자라나는 세대에 전달해 주는 활동이다. 따라서 교육이 올바르게 이뤄지기 위해서는 '삶'이란 무엇이며, '가치'란 무엇인가, 또 계승해야 할 참다운 '지식'이란 무엇이며 그것은 어떠한 것인가에 대한 탐구과정을 거쳐야만 한다.

철학은 '삶'과 '앎'과 '탐구'에 대한 이러한 근본적인 문제들을 그 연구대상으로 하고 있기 때문에 교육에 있어서 철학적 기초가 없다면 참다운 교육을 받을 수도 없고 할 수도 없게 된다.

1. 철학의 영역

철학은 그 연구 영역에 따라 존재론(ontology, metaphysics)과 인식론(epistemology), 가치론(axiology) 그리고 논리학(logic) 등 네 가지로 구분이 된다(김종서 · 이영덕, 1995).

1) 존재론

존재론이란 이 우주의 궁극적인 본질 혹은 실체(substance, reality)란 무엇인가를 파악하려는 철학적 노력이라고 할 수 있다. 이 세계에는 변화하지 않고 그대로 있는 것은 하나도 없다. 그러나 이렇게 변화하는 세계를 가능하게 하는, 그리고 변화하는 세계 너머에 있는 변화하지 않는 존재 또는 실재는 무엇일까? 이것이 바로 존재론이 가지고 있는 가장 중요한 질문이다. 이 세계의 모습은 무한히 다양하지만 실재는 하나라고 보는 입장을 일원론(monism)이라고 하는데, 그것이 정신(mental) 혹은 영혼(spiritual)이라고 보는 입장을 관념론(idealism)이라고 하고 물질(physical) 또는 객관적으로 파악할 수 있는 것으로 보는 입장을 실재론(realism)이라 한다. 또한 우주의 본질이란 끊임없는 변화와 발전 그 자체이며 그 너머에 어떠한 본질이 따로 있는 것이 아니라는 입장을 실용주의(pragmatism)로 표현하고 있다.

2) 인식론

인식론은 진리 또는 지식의 근거와 그 특징을 밝히려는 철학적 노력인데 '진리와 비진리를 어떻게 구별하며, 안다는 것과 모른다는 것을 어떻게 구별하는가?'라는 질문이 인식론의 큰 과제이다. 도대체 '안다'(know)는 말의 의미는 무엇인가? 과연 우리는 참다운 '앎'에 다다를 수 있는가?

참다운 앎에 도달할 수 있다고 보는 입장을 독단론(dogmatism)이라고 하는데 이들은 자명(self-evident)하고 확실한(certain) 지식이야말로 의심할 수 없는 지식이며 이러한 지식을 근거로 하여 연역되거나 발견된 지식들도 의심할 수 없다고 주장하고 있다. 따라서 그들은 모든 지식이 그 기초로 삼을 수 있는 자명하고 확실한 지식이 무엇인가를 찾으려고 노력하게 된다. 그러한 종류의 지식들로서는 "A=A이다", "전체는 부분보다 크다" 또는 "나는 생각한다. 그러므로 존재한다" 등을 예로 들 수 있다.

참다운 앎에 결코 도달할 수 없다는 입장을 회의론(skepticism)이라고 하는데 이들은 지식은 단순히 의견(opinion)에 불과한 것이며 자명하고 확실한 지식은 없고 단지 우리가 그렇게 생각하고 있을 뿐이라고 주장하고 있다. 그들은 "사람들은 자신들이 모르고 있다는 것을 모르고 있다"라고 말하고 있는데 만약 회의론을 받아들이려면 회의론만으로는 어림없다는 것을 인정해야 하기 때문에 진정한 의미의 회의론은 성립되기가 어렵다.

"알 수 있다. 그러나 그 앎이란 불변하며 절대적이며 확실한 것이 아니라 개선 가능하며 상대적이며 확률적인 것"이라고 하는 입장을 취하고 있는 오류가능성론의 경우 인간의 지식이란 광석을 발굴해 내듯이 어디엔가 숨겨져 있는 것을 찾아내는 것이 아니라 이 세계 안에서 이루어지고 있는 현상을 설명하기 위해 인간이 만들어낸 인식의 도구 또는 설명의 도구에 불과하다는 것이다. 따라서 그것은 인간의 이해와 경험의 범위, 또는 설명하고자 하는 현상의 복잡성 여하에 따라 상당한 제한을 받게 되며 인간의 이해와 경험의 폭이 확대됨에 따라 얼마든지 개선될 가능성을 가지고 있는 것이다.

그러면 우리는 어떻게 알게 되는가? 이에 대한 독단론의 대답에는 세 가지 입장이 있는데 직관론(intuitionism)과 합리론(rationalism), 그리고 경험론(empiricism)이 그것이다. 절대불변의 확실한 지식은 직관에 의해서 파악되는 것이라는 입장이 직관론이고, 인간이 가지고 있는 이성의 추리에 의해 발견된다는 것이 합리론이며, 인간의 감각기관을 통해 확인할 수 있는 것만이 절대로 확실한 지식이라는 입장이 경험론이다. 이에 반하여 오류가능성론은 인간의 이성도 인간의 감각도 다 불확실한 것이며 잘못될 가능성이 있는 것으로 본다. 따라서 각각의 지식은 실제로 실행한 결과가 그렇다는 것이 증명되는 만큼 확실한 것으로 이 입장을 실용주의자들이 취하면서 일명 실험주의라고 하기도 한다. 그러나 과연 유용성의 기준을 어디에다 또 얼마만큼 두어야 하는 것인지 정하기 어렵다는 문제점이 있다.

3) 가치론

가치론은 선과 악, 의와 불의, 목적과 수단, 미(美)와 추(醜)의 문제와 관련지어 그 기준과 판단의 과정 및 그 대상 등을 밝히려는 철학적 노력인데 윤리학(ethics)과 미학(aesthetics)으로 구분되어진다. 윤리학이란 도덕성의 본질과 도덕적 행동이란 무엇인가를 밝히려는 것이고, 미학이란 예술과 인간의 삶과 경험 속에 들어 있는 아름다움의 본질과 그 대상을 밝혀 내려는 것이라고 할 수 있다. '가치'란 사람에 따라 서로 달라질 수 있는 것인가, 아니면 객관적으로 존재하는 것인가 라는 질문에 대한 답변에 따라 객관주의(objectivism)와 주관주의(subjectivism)로 구분되어진다.

객관주의에는 직관론과 합리론이 있는데, 객관적 가치는 직관에 의해서 파악된다는 입장이 직관론이고, 이성에의 추리에 의해 밝혀진다는 것이 합리론이다. 주관주의에는 자연론(naturalism)과 정의론(emotionalism)이 있는데, 가치란 인간 및 사회의 본질과는 별도로 존재하는 것이 아니라 인간이 공유하고 있는 삶의 경험과 이상 그리고 필요 및 욕구에 의해서 형성되는 것이며 따라서 가치란 절대적이거나 불변적인 것이라기보다는 개선 가능하며 제한적인 것이라고 보는 입장이 자연론이고, 가치란 단순히 개인의 호악(好惡)의 감정적 표현의 하나에 불과하다고 보는 입장이 정의론이다. 자연론에 의하면 가치란 발견되는 것이 아니라 시험과 시련을 거치면서 형성되어 나가는 것이라고 볼 수 있다.

4) 논리학

논리학이란 우리가 어떤 철학적인 결론에 도달하였을 때 그 결론에 도달하기까지의 사고의 과정이 과연 타당한 것이었는가를 검토하는 여러 가지 규칙과 기준을 밝히려는 철학적 노력이라고 할 수 있다. 논리학에는 크게 연역법(deductive method)과 귀납법(inductive method)이 있다. 연역법이란 보편적인 원리로부터 구체적인 사실에 대한 지식을 이끌어 내려는 추리의 과정이고, 귀납법이란 개개의 구체적인 사실들에 대한 관찰을 통하려 어떤 보편적인 법칙이나 원리를 이끌어 내는 추리의 과정이다. 그러나 현대에 이르러서는 어떤 주장의 타당성을 논리학에만 의존하는 철학적 탐구 방식에 회의를 갖게 되었다. 왜냐하면 어떤 결론에 도달하기까지의 추리과정이 아무리 논리적이라고 하더라도 그 결론이 근거 삼고 있는 전제가 진(truth), 위(false)를 검증할 수 없는 종류의 것이라면 그 결론도 진인지 위인지 밝혀낼 수가 없으며 따라서 그 결론은 무의미한(meaningless) 주장이라는 것이다. 이러한 입장을 취하는 것이 논리적 실증주의(logical positivism)인데 이러한 입장의 큰 문제점은 어떠한 진술(statement)이 단지 진・위를 검증하기가 어렵다는 사실만으로 과연 무의미한 것이라고 볼 수 있겠는가 하는 점이다. 따라서 오늘날에는 단순히 어떤 문장이 그 진・위를 검증하기 어렵다고 해서 무의미한 것으로 단정하기보다는 하나의 진술이나 개념이 그 인간과 그 사회 및 문화 등의 맥락 안에서 어떠한 의미를 갖는 것인가 하는 것을 밝히려고 하는 방향으로 기울어지고 있다. 이러한 입장에 서 있는 것을 분석철학(analytic philosophy)이라고 하는데, 이것은 철학의 이론 체계이기 보다는 철학적 방법론으로 여겨지고 있다.

교육철학에는 철학의 각 연구 영역에서의 탐구 결과를 교육적 상황에 적용시켜 보려는 입장과 철학적 방법으로서의 분석적 방법으로 교육의 중요한 개념들의 의미를 밝혀 보려는 입장의 두 가지 경향이 있다.

2. 교육철학의 의의와 기능

교육철학(philosophy of education)이란 철학적인 연구 성과들을 교육적 문제에 의의 있는 형태로 바꾸거나, 철학적인 방법을 사용하여 교육적 문제의 해결에 기여하는 노력이라고 할 수 있다. 교육철학은 철학적 방법과 견해를 교육이라고 부르는 분야에 적용하는 것이라 할 수 있다(P. H. Phenix, 1958, 14). 김정환(1994)은 교육철학에 대한 레인(W. Rein, 1912)과 브라운(L. W. Brown, 1966), 그리고 長田 新(1967)의 견해를 고찰하는 가운데 교육철학에 대한 정의를 다음과 같이 내리고 있다.

교육철학은 교육 현상을 꿰뚫고 있는 몇 가지 대전제로 교육현상을 체계적으로 고찰하며, 교육학에 쓰이는 언어 및 전제를 다듬어 체계적(수학적)으로 교육학을 구축하며, 교육작용의 본질을 탐구하는 것이다.

이렇게 볼 때 결국 교육철학은 교육의 기능 · 목적 · 의미 · 내용 등을 밝혀줌으로써 교육에 있어서의 구체적인 실천 원리들, 즉 교육활동의 방향과 기준을 제시함은 물론 교육의 본질에 대한 객관적이고 철저한 의미들을 밝히는데 관심을 가지고 있다고 하겠다.

오천석(1992)은 교육자가 교육철학을 공부하여야 하는 이유와 그 연구의 가치가 어디에 있느냐에 대한 답을 다음과 같이 제시하고 있다.

첫째로, 교직이 단순한 생계수단이 아니라, 바람직한 인간의 형성에 주도적인 역할을 하는 동시에, 인간 사회의 개선에 기초적 공헌을 하는 중대한 사업이라면, 교사는 마땅히 그가 종사하고 있는 교육이 내포하고 있는 중요한 문제에 대한 올바른 이해가 필요하다. 교육을 통하여 우리는 무엇을 성취하려는 것인가? 교육과정에서 야기되는 문제들이 무엇인가?

교육철학은 이러한 문제에 대한 해석을 제공한다고 생각한다.

둘째로 교육철학은 인간 생활과 사회 전체에 있어서의 교육의 위치와 그들과의 관계를 파악하는데 도움이 된다고 생각한다. 자칫하면 교육은 인간의 모든 관심사, 사회의 전면적인 이해관계에서 고립된 불모지대가 되기 쉽다. 교사의 임무가 인간 생활 전반적인 판도 안에서 어떠한 역할을 하고 있는가를 전망할 때, 이는 그 참된 생명을 찾고, 그 역사(役事)의 중대성을 보게 된다. 이것이 교육철학 연구에서 얻는 결실이다.

셋째로, 교육철학은 현행하는 잡다한 교육 이론을 비판적으로 검토함으로써 교사와 교육에 대한 신념을 확정하고 원리를 수립하는데 기여한다. 20세기에 들어서면서 교육을 둘러싼 논의는 실로 갈피를 잡을 수 없을 만큼 분분하다. 따라서 교육이 지향하는 바가 구구하여 교육자가 취하여야 할 길을 어둡게 한다. 여기에 대한 확고한 견해와 판단이 서지 않는 한, 교사는 혼미 속에서 방황하지 않을 수 없다. 적어도 교육철학은 이러한 상태에 명확한 사려의 자료를 제공함으로써 교사가 가야 할 길에 어느 정도 광명을 주리라고 믿는다.

넷째로, 교육철학은 교사의 지성과 비판 정신을 자극하여 교육의 새로운 경지를 개척하는데 중요한 구실을 할 것이다. 교육철학의 궁극적 기능은 현존한 문제에 해답을 주기보다는 새로운 문제를 제기하는데 있다고 하겠다. 우리는 한국에 교육철학이 없다는 비평을 자주 듣는다. 아마도 우리나라의 독자적인 교육철학이 없다는 말일 것이다. 학문은 국경을 초월한다. 우리가 희구하는 것은 한국에만 국한되어 있는 편협한 교육철학이기 보다, 더욱 폭넓은 교육적 안목이다. 이러한 탐구는 교육철학의 연구 없이는 기대하기 어렵다. 철학연구의 기능은 사고를 도발하고 자극하는데 있다. 이것이 결여되어 있는 한 새로운 교육철학의 발전은 불가능한 일이다.

3. 현대의 교육철학

흔히 현대의 교육철학으로는 대체로 브라멜드(T. Brameld)가 구분한 네 가지 미국의 현대 교육사조를 생각하는 경향이 있다. 그것은 우리 교육에 미친 영향이 크기 때문이다. 또한 현대철학이 교육에 끼친 영향도 간과할 수 없다. 따라서 여기서는 현대의 교육사상, 즉 진보주의, 항존주의, 본질주의, 그리고 재건주의적 교육철학 및 현대철학의 2대 주류라 불리는 실존철학과 분석철학적 입장에서 본 교육적 인간상에 관해 고찰해 보기로 한다.

1) 진보주의

진보주의 교육사상은 고대 그리스의 교육사상에서 그 근원을 찾아볼 수 있고, 14・5세기를 대표하는 인문주의 사상에서, 17세기의 실학주의 교육자 코메니우스의 사상에서 엿볼 수 있다. 그러나 계몽적으로 영향력을 준 사상은 18세기 자연주의를 대표하는 루소의 아동중심 교육사상, 그리고 그 뒤를 이어 일어난 19세기의 계발적 심리주의 교육자 페스탈로치, 헤르바르트, 프뢰벨 등의 교육사상이라고 할 수 있다.

진보주의 교육은 영국의 경험론과 공리주의 그리고 다윈의 진화론과의 결함에 의하여 이루어진 실용주의(pragmatism)에 철학적인 기반을 두고 있다.

진보주의는 종래의 교사중심적이며, 교과목 중심적인 교육에 대해 불만을 품고 아동중심적이며 생활중심적인 교육을 할 것을 주장하고 나섰는데, 1918년 듀이(Dewey)를 중심으로 한 진보주의 교육철학자들은 진보주의 교육협회(Progressive Education Association)를 결성하여 교육을 아동중심으로 전화시키고자 다음과 같은 7개 조항을 강령으로 채택했다(A. E. Meyer, 1949 ; 김정환, 1982, 119~120에서 재인용).

① 학습자는 외적 권위에 의하지 않고 자신의 사회적 필요에 의하여 자연스럽게 발전할 자유를 누려야 한다. (Freedom to develop naturally.)

② 모든 학습활동의 동기는 흥미라야 한다. (Interest the motive of all work.)

③ 교사는 학습자의 모든 활동을 고무하고 적절한 정보를 제공하여 주는 안내자다. (The teacher a guide, not a taskmaster.)

④ 학습자의 평가는 학과에 대한 평가뿐만 아니라 학습자의 신체 · 지성 · 덕성 · 사회성을 포함하는 넓은 것으로서, 학습자의 지도에 도움이 되는 것이어야 한다. (Scientific study of pupil development.)

⑤ 가장 중시해야 할 것은 학습자의 건강이며, 따라서 학교의 시설 · 환경 · 인적 조건은 명랑해야 한다. (Greater attention to all that attects the child's physical development.)

⑥ 학교는 학습자의 교육을 학부형과의 긴밀한 협조 관계 하에 수행해야 한다. (Cooperation between school and home to meet the needs of child life.)

⑦ 진보주의 학교는 좋은 전통 위에다가 새것을 첨가하는 실험학교로서 교육개혁 운동의 중핵이 되어야 한다. (The progressive school a leader in educational movement.)

진보주의 교육의 원리는 다음과 같은 여섯 가지로 요약이 된다(G. F. Kneller, 48~52).

첫째, 교육은 현재의 생활 그 자체이며, 미래의 생활을 위한 준비가 아니다.

둘째, 교육은 어린이의 흥미와 직결되어 있어야 한다.

셋째, 교과를 가르치지 말고 문제해결 방식을 통한 학습이 이루어지도록 한다.

넷째, 교사는 학생을 지시하는 입장에 서지 말고 도와 주는 입장에서야 한다.

다섯째, 학교는 경쟁을 시키는 곳이 되지 말고 협동을 장려하는 곳이 되어야 한다.

여섯째, 오직 민주주의만이 진정한 성장에 필요한 사상의 교류와 인격의 상호작용을 허용한다.

이렇게 볼 때 진보주의 교육에서는 '일상생활', '흥미를 중시한 자기 활동', '문제해결', '교사의 원조(援助)', '협동정신', '민주 방식' 등의 여섯 가지를 기본 원리로 하고 있다고 하겠다.

이와 같이 진보주의 교육사상에서는 아동중심 운동으로 진행되다가 차츰 적극적인 각계의 호응을 얻게 되자 사회개혁 운동으로까지 발전하게 되었으며, 특히 킬패트릭(H. K. Kilpatrick)의 교과개혁안은 일체의 교육활동을 프로젝트화해서, ① 구성・창조적 프로젝트 : 보트 만들기・편지쓰기・연극 등, ② 감상・음미적 프로젝트 : 옛 이야기 듣기・교향곡 감상・그림 감상 등, ③ 문제해결적 프로젝트 : 이슬은 왜 내리나, 뉴욕이 커져 버린 이유 등, ④ 연습・특수훈련 프로젝트 : 글씨를 고르게 쓴다, 덧셈을 어느 수준까지 익힌다. 등 넷으로 나룰 수 있다고 하였다.

이 이론에서 한 걸음 나아간 올센(E. G. Olsen)의 지역사회 학교운동은, 학교는 사회의 중심이며, 지역사회의 자료를 충분히 활용해야 하며, 교육과정은 지역사회 문제와 관련시켜 학교가 사회교육의 리더가 되어야 한다고 주장하여, 학교와 지역사회를 잇는 열 개의 다리를 구상하였다. 즉 문서이용・시청각 교구・전문가 초빙・면접・현장 견학・조사・여행・야영・봉사활동・현장실습이 그것이다.

이러한 진보주의 교육운동은 단순히 프래그머티즘의 영향뿐만 아니라 당시 미국이 누렸던 순탄하고 긍정적이었던 문화·경제적인 발전의 상황이 더욱 크게 뒷받침되었다. 그러나 이러한 진보주의 교육운동은 사회 문화적 상황의 변동으로 전면적인 도전을 받게 되어 1944년 진보주의 교육협회는 해산하게 되고, 미국교육협회(American Fellowship)로 개편되면서 빛을 잃게 되었다. 그러나 진보주의 교육의 원리는 철학적 기반이 프래그머티즘에 있음을 말할 여지가 없다.

진보주의 교육은 1930년대의 가장 힘찬 이념으로서 미국의 공공교육에 큰 영향을 끼쳤다. 그러나 일찍부터 진보주의에 대한 비판이 본질주의와 항존주의 계통에서 끈질기게 제기되어 왔고, 드디어 1957년 소련이 미국을 앞질러 인공위성을 우주에 쏘아 올림으로써 이른바 스푸트니크(Sputnic Shock) 충격으로 말미암아 극에 달한다. 이 사건을 계기로 미국의 교육에 허점이 있었지 않았나, 또 그것이 진보주의 교육이론 때문이 아니었나 반성의 물결이 일었다.

2) 본질주의

교육은 인류가 그동안 얻은 쓸모 있는 경험을 다가오는 세대에 전하여 주어 그러한 문화 유산을 지니게 함으로써 앞으로 다가올 위기를 극복할 수 있는 정신적 자세와 과학적 지식을 지니도록 하여 주는 일이다. 본질주의(essentialism)란 한 마디로 현대문화가 물려받은 전통적인 신조라든가 제도는 실재적일 뿐만 아니라 진리이며 동시에 선하다는 입장에서, 교육의 목표를 인류의 과거의 핵심적 경험, 즉 문화유산 중에서 가장 본질적인 것을 조직적인 학교 교육을 통해서 다음 세대에게 계승시켜야 한다는 교육사조이다.

실제로 본질주의가 하나의 교육과정으로 나타난 것은 1938년 베글리(W. C. Bagley)를 중심으로 '미국교육 향상을 위한 본질주의자 위원회'가 조직되고 동시에 베글리 교수가 기초한 〈미국 교육 향상을 위한 본질주의자의 강령〉이 발표된 때부터라고 할 수 있다.

이 운동에 참여한 학자들은 베글리를 비롯하여, 데미아쉬비치(M. Demiashevich), 모리슨(H. Morrison), 브리그스(T. Briggs), 캔들(I. L. Kandel), 핀네이(R. Finney) 등이다.

1938년의 〈미국 교육 향상을 위한 본질주의자 위원회(The Essentialist Committee for the Advancement of American Education)〉의 편성 이후 본질주의자의 전통은 「학교와 사회」(School and Society)의 편집자인 브릭맨(Brickman)의 저서에서 그대로 계속되었다.

원래 본질주의는 교육에 있어서 교양이 있는 사람들이라면 당연히 알아야 할 핵심적인 어떤 본질적 요소 등이 있다고 전제하고 있기 때문에 본질주의는 교과목을 재검토하고 학교 프로그램 중의 본질적인 것과 비본질적인 것을 구분하며 교사의 권위를 재수립하는 등에 그 특징이 있다.

닐러(G. F. Kneller, 1971, 58~61)는 본질주의의 기본 원리를 다음의 4 가지로 설명하고 있다.

첫째, 학습은 필연적으로 강한 훈련을 수반하는 것이어야 하고, 학생들이 싫어하는 경우에도 시켜야 하며 또한 응용시켜야 한다.

둘째, 교육에서의 주도권은 학생에게 있는 것이 아니라 교사에게 있다.

셋째, 교육과정의 핵심은 소정의 교과를 철저하게 이수하고 거기에 몰두하도록 하는데 있다.

넷째, 학교는 전통적인 정신적 훈련 방식으로 되돌아가야 한다.

이렇게 볼 때 본질주의 교육에서는 '학습의 훈련성', '교사의 주도성', '경험·문화 유산의 계승', '교육내용의 조직성' 등을 강조하고 있으며, 본질주의의 교육적 인간상은 기본적인 교과를 성공적으로 습득하고 문화 전통을 잘 이어받아 생활을 위한 준비를 철저히 한 사람이라 하겠다.

따라서 초등교육에 있어서는 읽기, 말하기, 쓰기, 산수 등의 학과가 중요시되는데 이러한 교과들은 앞으로 문화적 유산들을 학습할 때에 기초가 되는 여러 능력이기 때문이다. 또한 역사, 지리, 자연과학과 외국어의 기초도 배우게 되며 음악, 체육, 미술 등과 같은 창작적 교과와 직업교과 그리고 과외 활동들은 덜 중요시되게 된다. 중등교육에서는 초등교육에서 배운 교과들이 좀 더 광범위해지고 전문화되어진다. 따라서 교사는 이러한 교과들에 익숙해 있어야 하며 그 사회의 문화적 전통을 대표하는 하나의 모형이 되어야 한다.

3) 항존주의

항존주의(perennialism)는 보수적 입장이면서도 같은 보수주의인 본질주의에도 반대를 하고 있다. 본질주의자들은 자연과학이나 사회과학 교과들을 중요하게 여기는데 반하여 항존주의자들은 자유인문 교과를 중요시하므로 항존주의는 고전적 인문주의(classic humanism)이라고 불리기도 한다.

항존의 뜻은 영원·불변이란 뜻인데, 항존주의는 앞서의 본질주의·진보주의가 과학주의·세속주의·물질주의적 성향을 강하게 나타내는데 비하여 전적으로 종교적 세계관 위에서 철저한 반과학주의·탈세속주의·정신주의로 일관하고 있다.

항존주의의 대표자인 허친스(R. M. Hutchins)는 현대문명은 물질지상주의로 인간을 파멸로 몰고 가고 있기에 교육에서는 마땅히 과학숭배주의·활동숭배주의·사회밀착주의를 추방해야 한다고 하였다. 그는 예일대학에서 시카고 대학 총장으로 초빙되어 100여 권의 고전을 선정하여 「위대한 회화」(The Great Conversation), 참다운 교육은 과거의 위대한 인간의 고전사상을 접함으로써 위대한 진리를 깨닫게 하는데 있다고 강조하였다. 이는 교육사상가들에 의해서 줄곧 지녀 내려온 것으로서 이른바 세속 지향적 교육을 극복한다는 관점에서 비교적 깊은 종교적 배경을 지닌 전문학자들의 호응을 얻고 있다.

교육의 목적은 절대적·보편적이어야 한다는 관점에서 교육이란 영원불변한 진리를 과거의 위대한 고전에서 찾아 이것을 모든 아동들에게 똑같이 알게 하고 또 각자가 이러한 진리에 입각하여 경건하게 사는 자세를 갖게 한다는 것이다. 항존주의자 사이에도 유파가 없는 것은 아니지만 이들의 공통적인 교육원리는 다음과 같다(G. F. Kneller, 1971, 42～46).

첫째, 환경의 변화에도 불구하고 인간성은 변하지 않으므로 교육의 본질도 변하지 않는다.

둘째, 인간의 뛰어난 특성은 이성에 있으므로, 교육은 이성을 발달시키는데 집중되어야 한다.

셋째, 교육의 과업은 보편적이고 일반적인 진리에의 깨달음(앎)이다.

넷째, 교육은 생활의 복사가 아니고 생활을 위한 준비이다.

다섯째, 학생에게는 세계의 영원성에 접하도록 하기 위하여 일정한 기본적인 교과를 배우도록 해야 한다.

여섯째, 오랜 세월 동안 인간들 속에서 거대한 야망과 성취로 드러난 과학, 역사, 철학, 문학의 위대한 업적을 배워야 한다.

결국 항존주의에서는 현대교육과 현대 문명의 약점을 파헤치면서 종교적 입장에서 교육의 영원성을 주장하고 있다고 하겠다.

4) 문화재건주의

본질주의와 항존주의 등 보수주의적 세력이 진보주의와 철학적 논쟁을 거듭하는 가운데에서, 카운츠(George S. Counts), 브라멜드(Brameld) 등의 실용주의자들은 재건주의(reconstructionism)라는 입장에서 항존주의와 본질주의의 주장들을 실용주의의 철학적 개념으로 재해석하였다. 즉 본질주의가 문화적 유산과 인간의 지적 경험을 교육에서 중시해야 한다는 것을 강조한 것이라면, 항존주의는 인간의 궁극적 목적을 교육적으로 중시하고 우주와 세계의 질서를 교육의 원리에서 강조한 것이라고 이해하면서 듀이가 말한 경험의 재구성과 성장의 개념으로 재해석한 것이다. 말하자면 경험의 재구성을 사회적 관점에서 해석하여 문화유산의 재건에 적용한 것이다.

재건주의를 배경으로 하는 교육목적은 새로운 사회질서의 구성을 위한 교육의 선도적 역할을 강조하는 것이다. 다시 말하자면 문화와 사회는 변화하는 실체인데 교육은 이들 문화와 사회를 인간 성장에 도움을 주는 방향으로 개조·재구성할 수 있는 능력을 길러야 한다는 것이다.

브라멜드는 1950년에 「교육철학의 제 형태」(Pattern of Educational Philosophy)라는 책을 저술하여 사회적·문화적 재건주의의 기초를 이루었다.

문화적 재건주의는 교육의 가장 중요한 목적이 현대와 같은 문화적 위기를 해결하기 위해서 사회를 재구성하도록 하는 것이다. 물론 종래의 교육, 즉 진보주의, 본질주의, 항존주의에 기초를 둔 교육으로서는 이를 극복할 수 없다는 주장이다.

이에 대해 닐러(G. F. Kneller, 1981, 62～65)는 문화재건주의의 기본 원리를 다음과 같이 5가지로 정리하고 있다.

첫째, 교육은 현대 세계의 경제력과 사회의 기초를 이루며 동시에 그것을 조화시킬 수 있으며, 우리 문화의 기본적 가치를 충분히 발휘하도록 새로운 사회적 질서를 창조토록 해야 한다.

둘째, 새로운 사회 질서는 진정하게 민주적인 것이어야 하며, 주된 법령과 재원은 국민들 스스로에 의해서 조정되어야 한다.

셋째, 어린이·학교·교육은 크게는 사회적·문화적 힘에 의하여 형성되어야 한다.

넷째, 교사는 재건주의 사상의 긴급성과 타당성을 민주적인 절차를 통하여 학생들에게 확신시켜야 한다.

다섯째, 교육의 방법과 목적 등은 현재의 문화적 위기에 대처하기 위하여 모양을 바꾸어야 하며, 특히 이것은 행동과학의 연구 성과를 이용하여 이룩되어야 한다.

이런 문화재건주의의 교육원리를 생각해 볼 때 문화재건주의자들은 인류가 현대 문명의 위기를 극복해 내기 위해서는 뚜렷하게 짜여진 문화의 이상을 설정하고, 이러한 이상에 입각하여 사회의 구원이란 인간의 마음과 행동을 교육을 통해서 재조직해야 함을 강조하고 있다고 하겠다.

한편 브라멜드는 자신의 입장을 다른 유파의 입장과 비교하면서 문화연속체란 도표를 제시하고 있는데, 그에 의하면 항존주의가 과거를, 진보주의가 현재를, 본질주의가 과거와 현재의 중간적인 위치를 중시하는데 비해 재건주의는 미래를 지향하고 있다는 것이다.

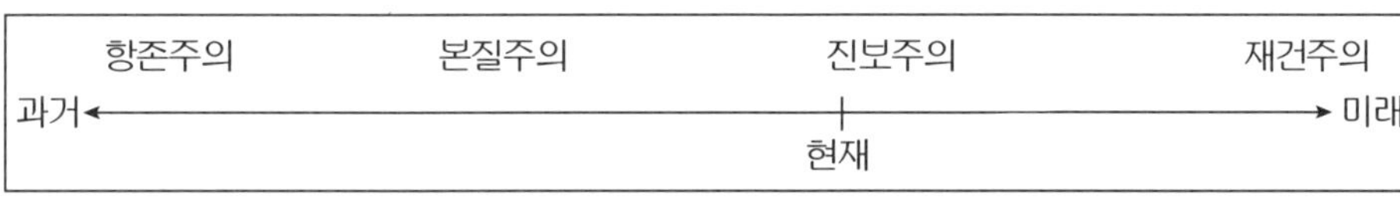

[그림 3－1] **문화연속체 이론**

결국 문화재건주의에서는 교육의 주된 목적을 명확하게 짜여진 사회 개혁 프로그램을 추진하는 '교육의 사회 개혁성'에 두고 있다고 하겠다.

5) 실존주의 분석철학

실존주의(existentialism)는 그 이름이 뜻하는 바대로 존재(existence), 특히 인간 존재에 관한 철학이다. 20세기로 넘어오면서 오늘의 실존주의의 지도적 대변자로 나타난 사람은 철학자인 동시에 작가인 샤르트르(Jean Paul Sartre)이다. 노벨 문학상에 추천을 받았으나 이를 거절하기도 한 그는 저서 「존재와 무」(Being and Nothingness)와 「실존주의」 및 「실존주의와 인간정서」에서 그의 사상을 피력하고 있다. 그는 철저한 무신론자로서 존재가 본질에 선행한다는 것을 강조하였다. 신은 없으며 인간 생활을 규정하는 외적 세력이나 미리 책정된 계획이 있을 수 없다는 것이다. 따라서 사람은 독립된 존재로서 의지할 것은 자신 밖에 없으며, 생활을 스스로 형성하는 자유를 가지고 있다는 것이 그의 지론이다.

존재가 본질에 선행한다는 말은 "최초의 사람은 존재하고, 출생하며, 현장에 나타나고, 그 다음에 자신을 확정(define)한다"는 것을 의미한다.

인간은 이러한 독존을 깨닫게 될 때 깊은 고독감(aloneness)에 빠지게 되는데 이러한 고독감을 극복하는 최선의 길은 자신의 삶에 대하여 책임을 질 수 있는 능력과 의지를 갖추는 일이며 다음으로는 대화와 참여와 만남(Begegnung)을 통해 서로 격려해 주는 일이다.

따라서 교육은 단순히 지식을 전달하는 것만으로는 무의미하고, 학생들 각자가 자신의 독존을 깨달을 수 있다. 또 그것을 잘 감당할 수 있도록 도와 주는 것이어야 하며, 교사는 지성적이기 보다는 학생들의 심적 갈등과 어려움을 깊이 공감하고, 그들을 도울 수 있는 정열(passion)을 소유한 사람이어야 된다. 결국, 실존주의 교육철학은 지적인 교육보다는 도덕교육 분야에, 그리고 교과주의적인 교육방법보다는 인간주의적인 교육 방법에 보다 많은 강조점을 두고 있음을 알 수 있다.

분석철학(analytic philosophy)은 교육에 대한 어떤 구체적인 실천원리들을 제시하려고 하기보다는 교육에서 쓰이고 있는 중요한 개념(예를 들면, 교육의 개념, 교육의 목적, 인격, 이해, 성장, 경험, 태도, 흥미, 동기, 습관 등)의 의미가 무엇인지를 밝힘으로써 교육현상에 대한 참다운 이해를 도우려 하고 있다. 그리고 나아가서는 이러한 이해를 바탕으로 해서 실제 교육현장에서 쓰이고 있는 교육의 실천원리들이 과연 교육적으로 얼마나 타당한 것인가를 평가할 수 있는 비평적 안목도 갖도록 해준다. 따라서 분석철학자들은 교육에 대한 그들의 주장을 체계적으로 전개시키려고 하기보다는 교육적 개념들이 쓰이는 또는 적용되는 경우와 상황들을 논리적 규칙에 어긋나지 않는 범위 안에서 다양하게 검토함으로써 그 개념의 의미를 특징짓는 여러 가지 개념 조건들을 분석해 내려고 애쓰게 되는데 이러한 과정을 분석적 과정이라고 한다.

그리고 분석의 결과로서 얻어진 개념의 조건들을 토대로 하여 현재의 교육상황을 평가하기도 하는데 이러한 과정을 평가적 과정이라 한다. 또한 이러한 분석과 평가를 바탕으로 하여 보다 타당한 교육의 원리와 방향을 제시하는 것을 사변적 과정이라고 한다. 한편 하나의 교육적 개념을 분석할 때에 그 개념과 다른 교육적 개념들과의 관계를 살펴보려고 하거나 교육의 전체적 맥락 속에서 그 개념의 위치를 파악하려고 노력하는 경우도 있는데 이러한 과정을 통합적 과정이라고 한다.

분석철학은 이러한 네 가지 과정을 통해 교육적 개념들의 의미를 탐구해 나감으로써 교육철학의 새로운 학문적 경향과 영역을 개척하여 나가고 있다.

제 3 장

교육의 심리적 기초

제 1 절 교육의 심리학적 접근방법

교육의 심리학적 접근방법은 크게 정신분석학적 접근방법과, 행동적 접근방법, 인지적 접근방법, 생물학적 접근방법, 인간적 접근방법이 있다.

1. 정신분석적 접근방법

정신분석적 접근방법은 프로이드(Sigmund Freud)의 인간의 정신세계의 구조와 작용에 관한 이론과 인간의 심층심리의 이해에 초점을 두고 있다. 그는 인간의 정신구조가 빙산과 같다고 본다. 그에 의하면 인간의 전신은 크게 나누어 빙산에 있어서 수면 위에 뜬 부분에 해당하는 10%의 의식의 세계와 물 속에 잠긴 부분에 해당하는 90%의 무의식의 세계로 구성되어 있다. 따라서 인간의 대부분의 행동은 무의식 세계의 지배를 받는다고 할 수 있다. 그는 무의식에 있는 두 가지 본능이 인간의 행동의 동기로서 중요한 역할을 한다고 보았다. 인간의 본능에는 삶의 본능과 죽음의 본능이 있다. 삶의 본능은 우리에게 성 에너지, 즉 리비도(libido)를 주고 죽음의 본능은 우리의 공격성이나 파괴성의 원인이 된다. 인간행동은 대부분 이 두 가지 본능의 상호작용의 결과인데 그 결과가 꿈, 헛소리, 신경증적 증후, 문학 및 예술작품 등에 나타나므로 인간의 심층심리의 이해를 위해서는 그러한 것들을 분석해야 한다고 했다.

이와 같은 그의 정신분석적 접근방법은 인간의 성격의 구조가 원초적 충동(id), 자아(ego), 초자아(superego)로 구성되어 있다고 본다. 또한 인간의 성 심리가 발달할 때 구강기, 항문기, 남근기, 잠복기, 성기기의 다섯 단계를 거친다고 설명하고 있다. 또 그는 인간이 자신의 자아가 위협을 받을 때 취하는 여러 가지 조처를 자아 방어기제라고 하여 발표했는데, 예를 들면 합리화, 승화 등이 이에 해당된다.

정신분석적 접근방법은 어렸을 때의 초기 관계와 경험을 중시한다. 따라서 프로이드의 이론이 알려진 뒤로 조기교육의 중요성이 강조되고 그 방법에 많은 변화가 일어났다. 또한 이 접근방법에 따르면 효과적인 학습은 아동의 에너지와 욕구가 적절하게 수용되었을 때만 일어난다는 것이다. 따라서 아동의 욕구를 충족시켜 주는 것이 교육에 있어서 중요한 관심사이다. 또 정신분석가와 환자 사이에 전이가 일어나듯이 교사와 학생 사이에도 전이가 일어난다. 따라서 교사와 학생 사이의 인간관계가 대단히 중요하다. 그리고 교사는 부모의 대리인과 같은 역할을 하므로 그 자신 가능한 한 충분히 성숙한 인격의 소유자여야 한다. 성숙한 인격의 소유자가 사랑으로서 아동을 다루는 것이 올바른 교육방법이라고 본다.

2. 행동적 접근방법

행동적 접근방법은 심리학의 연구대상을 마음으로부터 행동으로 바꾼 접근방법이다. 행동적 접근방법의 출발은 러시아 생리학자 파블로프(Pavlov)가 개를 대상으로 타액 분비를 실험한 것이다. 그는 개가 종소리만 들어도 침을 흘리는 것을 보고하였다. 이 때 종소리라는 자극을 조건 자극이라 하고 타액 분비라는 반응을 조건 반응이라 한다. 이와 같이 자극과 반응이 연결되는 것을 조건화(conditioning)라 하는데 다음에 언급하는 조건화에 비해 이는 초기에 이루어진 것으로 고전적 조건화라 한다. 이러한 고전적 조건화의 원리를 미국의 왓슨(Watson)이 행동주의라 명명하고 유기체의 학습현상을 설명하는데 적용한 뒤로 각 분야에 많은 영향을 주었다.

조작 또는 작동(operant)은 유기체가 능동적으로 환경에 대해 어떤 행동, 즉 반응을 가하는 것을 말한다. 조작적 조건화는 이와 같이 유기체가 먼저 어떤 행동을 하면 이를 강화(reinforcement)하여 그러한 행동의 빈도가 높아지도록 하는 것을 말한다. 이때 강화는 환경 속의 자극의 역할을 한다. 따라서 조작적 조건화에서는 특히 강화의 역할이 중요하다고 할 수 있다.

고전적 조건화에서는 자극이 반응을 유도해 내고 이 반응은 수동적인데 비해 조작적 조건화에서는 능동적 반응이 먼저 나오고 이것이 환경 속의 자극과 연합이 된다고 본다. 이러한 조작적 조건화는 스키너(Skinner)에 의해 체계화되었다. 그는 이러한 원리를 유기체의 학습 현상을 설명하는 데 널리 활용하였는데 특히 교육계에 그가 미친 영향은 매우 크다.

행동주의에서는 모든 행동은 학습된 것으로 본다. 따라서 바람직한 적응 행동뿐 아니라 바람직하지 않은 부적응 행동 또한 학습의 결과라는 것이다. 그래서 조건화의 원리를 이용하면 바람직한 행동은 형성시키고 부적응 행동은 수정시킬 수 있다.

최근까지 행동주의는 전 세계의 교육계에서 가장 강력한 영향력을 발휘하였다. 행동주의를 이용한 대표적인 것에는 아주 간단한 쉬운 내용부터 점진적으로 학습해 나가 결국에는 목표에 도달하도록 되어 있는 프로그램 학습자료, 이를 기계장치 속에 넣어 두고 학생 스스로 작동해 가면서 공부하도록 되어 있는 교수기계, 그리고 문제 행동을 없애고 바람직한 행동으로 대치하는 행동수정기법 등이 있다. 그 외에도 많은 교육방법이나 수업 모형이 행동주의의 영향을 받았다.

3. 인지적 접근방법

인지(cognition)란 머리에서 일어나는 일련의 지적 과정을 말한다. 따라서 인지적 접근방법은 행동주의와는 달리 우리 눈으로 직접 관찰 가능하지는 않지만 우리 두뇌 속에서 벌어지는 외부 감각적 자극의 변형, 기호화 또는 부호화(encoding), 파지(retention), 재생 또는 인출(recall)이라는 일련의 정보처리과정을 연구한다. 인지적 접근방법에서는 행동적 접근방법이 방법론적 약점 때문에 인간의 심리 연구에 핵심적인 두뇌 연구를 간과하였다고 비판한다. 그리고 나서 그들은 인간의 두뇌의 작용도 직접 관찰하지는 않더라도 얼마든지 객관적・과학적 연구가 가능하다고 하였다. 그래서 그들은 심리학의 연구대상의 초점을 다시 행동에서 마음으로 바꾸어 놓은 셈이다.

현대의 인지적 접근방법에는 크게 인지발달론과 정보처리론이 있다. 인지발달론은 인간의 지적 발달이 어떠한 단계를 거쳐 이루어지는가를 연구한다. 이러한 측면의 연구자로는 스위스의 생물학자이며 심리학자인 피아제(J. Piaget)를 들 수 있다. 그는 인간의 인지를 생물학적 적응의 한 형태로 본다. 그에 의하면 인간은 태어날 때는 유전에 의해 아주 기본적인 것만을 가지고 태어나지만 환경과 상호작용하는 가운데 연령이 증가함에 따라 발달한다고 보았다.

정보처리론은 인간의 인지를 정보처리 과정(information-processing)으로 보고 이를 특히 컴퓨터에 비유하여 객관적・과학적으로 연구한다. 정보처리론은 인간의 지각, 기억, 상상, 문제해결, 사고 등 인지의 가설적 과정을 설정하고 연구하는 데 특히 지식의 획득과정에 관심이 많다. 이러한 접근을 택한 인물로는 초기의 밀러(M. Miller), 뉴웰(N. Newell), 네이서(P. Neisser), 그리고 최근의 앤더슨(J. Anderson) 등을 들 수 있다.

이러한 접근방법은 특히 인간의 학습이나 기억현상을 연구하는 데 많은 시사점을 주어 교육심리학자들의 관심을 끌어 왔다. 인지적 접근방법은 특히 교육적 시사점이 많다. 피아제의 이론은 특히 구 소련의 인공위성 발사로 인해 1960년대 미국 교육이 위기에 처했을 때 브루너(J. Bruner), 콜버그(J. Kohlberg), 플라벨(J. Flavell) 등에 의해 미국에 소개된 뒤로 미국 교육에 많은 영향을 주었다. 특히 많은 유아교육 프로그램이 그에 힘입은 바 크다. 피아제의 인지발달론에 따라 자라나는 유아들의 지적 발달을 도모하는 프로그램이 대단히 많이 개발되었다. 그 후 피아제의 이론은 미국의 국세와 함께 세계적으로 교육계에 큰 영향을 주게 되었다.

그리고 정보처리론은 1980년대 이후 교육계의 관심이 사고력 교육으로 흐르게 되자 많은 영향을 주게 되었다. 최근 각국의 교육적 관심은 사고력을 개발하는 것이다. 그런데 사고력 교육은 초기에는 일반적 문제해결력 육성 차원에서 이루어졌으나 그 효과가 별로 없음을 발견하고 최근에는 교과영역별 지식교육을 통한 사고력 육성으로 방향을 돌리게 되었다. 정보처리론은 지식의 획득에 관심이 많으므로 자연히 교육적 시사점이 많은 것이다.

4. 생물학적 접근방법

신경생물학적 접근방법은 인간의 행동과 정신작용을 우리 두뇌와 신경계 안의 신경세포들 사이에서 일어나는 생리학적 과정으로 설명하려는 접근방법이다. 예를 들면, 어떤 새로운 과제, 즉 영어 단어나 수학 공식을 학습했을 때 뇌의 어떤 부분에서 변화가 일어나는가, 또는 우리 두뇌의 어떤 부위에 전기 자극을 주면 기쁨, 슬픔, 공포, 또는 분노와 같은 정서적 반응을 얻을 수 있는가 등을 실험을 통해 연구한다. 따라서 이는 가장 자연과학적인 접근방법이라고 할 수 있다. 이러한 접근방법을 택한 인물로는 로젠츠바이크(M. R. Rosenzweig)를 들 수 있다.

이러한 접근방법이 발달하려면 인간의 두뇌의 작용에 관한 가장 정확한 정보를 제공하게 될 것이라고 기대할 수 있다. 그러나 인간의 두뇌는 약 150억개나 되는 뇌세포로 구성되어 있어 그 하나하나의 기능을 밝히기도 어렵거니와 그들 간의 상호작용까지 알려면 아직 까마득한 현실이라고 할 수 있다. 더구나 산 사람을 대상으로 실험하기 어려울 뿐만 아니라 대부분의 교육심리학자들은 교실 내에서 일어나는 교수-학습과정에 일차적 관심이 있기 때문에 이러한 접근방법을 취한 학자들은 그렇게 많지 않다.

교육에 대한 신경생물학적 접근방법은 교육에 있어서 중요한 지각, 기억, 인지, 학습, 동기, 정서 현상과 뇌세포상의 변화의 관계를 설명해 준다. 또한 우리의 행동과 두뇌 및 신경계의 관계에 대해서도 밝혀 준다. 따라서 이러한 분야는 교육심리학에 대한 다른 접근방법의 기초가 된다고 할 수 있다. 이러한 접근방법이 발달될수록 우리는 교육과 관련된 현상에 대해 더욱 정확한 답을 할 수가 있다.

공부를 잘한 학생, 예를 들면 수학을 잘한 학생은 우리의 두뇌의 왼쪽 부분이 발달된 반면, 미술을 잘한 학생은 오른쪽 부분이 많이 발달되어 있다. 그 외에도 이러한 접근방법은 두뇌의 어느 부위의 기능상의 장애로 인해 어떤 교과의 학습에 지장이 있는가를 밝혀 준다. 따라서 이러한 접근방법은 더욱 효과적인 교육적 처방을 할 수 있는 길을 열어 준다.

5. 인간적 접근방법

인간적 접근방법은 인문과학적 접근방법을 취한다. 따라서 자연히 인간에 대한 객관적 탐구보다는 문학, 예술, 역사, 철학 등의 영향을 받아 인간의 주관적 세계의 탐구를 강조한다. 이 접근방법은 후설(E. Husserl)의 현상학(phenomenology)의 영향을 강하게 받았기 때문에 현상학적 심리학이라고도 하고 인간주의 심리학이라고도 한다. 또한 그 당시 심리학계에서 받은 영향력이 막강한 정신분석학이나 행동주의에 대항하여 제3세력의 심리학이라고도 한다.

현상학에서는 인간은 똑같은 사건에 대해서도 사람에 따라 경험하고 해석하고 의미를 부여하는 바가 다르다고 본다. 그런데 그 중요성이나 의의는 그 사람의 관점에서 보아야지 다른 사람이 마음대로 판단할 수 있는 성질의 것이 아니다. 예를 들어, 어떤 현상이 어떤 사람에게는 목숨을 바칠 만큼 중요한 반면 다른 사람에게는 그 현상이 전혀 의미가 없을 수도 있다. 따라서 우리는 각 개인의 주체적 경험들을 모두 소중하게 다루어야 한다. 현상학은 그 후 실존철학, 해석학 등에 큰 영향을 주었다.

이러한 접근방법을 택한 심리학자는 대단히 많다. 우선 인간에 대한 개성기술적 연구를 강조한 올포트(Allport), 인간의 동기를 위계화하고 자아실현 욕구를 강조한 매슬로우(Maslow), 내담자 중심의 비지시적 상담이나 학생중심의 교육을 강조한 로저스(C. Rogers) 등을 들 수 있다. 이들은 모두 각 개인은 나름대로의 꿈과 잠재력과 이상과 소중한 자아를 가지고 있으므로 이를 실현시켜 주는 방향으로 교육이 나아가야 한다고 본다.

인간적 접근방법은 그 단어가 시사하듯이 특히 요즈음에 강조되고 있는 인간교육에 대한 시사점이 많다. 그 동안의 학교교육이 서구 중산층의 합리주의 지적 전통에 따라 너무 지식 위주의 교육에 치중해 그에 적응하지 못한 많은 아동들을 소외시켜 왔다. 또한 학교에는 학업성적 외에도 빈부, 출신지, 성별 등 다른 이유로 인해 소외되기 쉬운 아동들이 많다. 인간적 접근방법에서는 이러한 현행 학교교육의 문제점을 직시하고 그 대안을 제시한다.

인간적 접근방법은 인간이란 누구나 평등한 존재라고 가정한다. 따라서 학교에서는 여러 가지 이유로 부당하게 소외시킬 수가 없다. 또한 인간은 저마다 소중한 자아를 가지고 있고 이를 실현시킬 권리가 있으며 자신의 자유의지에 따라 주체적으로 행동하고 잠재력을 개발할 수 있는데 학교는 이러한 일을 도와야 한다.

인간적 접근방법에서는 또 인간의 감정을 소중하게 여긴다. 자신의 감정뿐 아니라 남의 감정에도 민감해지도록 하고 그 결과 지적으로 뿐만 아니라 정서적 · 행동적으로도 성숙한 전인 또는 자아실현인으로 학생들이 자라도록 교육해야 한다고 본다. 우리가 인간교육이라 할 때는 바로 자아실현인을 양성시키는 교육을 말한다. 그러기 위해서는 학생의 지적 호기심을 최대한 존중하는 학생중심의 교육을 해야 한다.

제 2 절 학습자의 발달적 특징

1. 인간발달과 교육

교육학은 인간을 대상으로 하는 학문이다. 그러므로 교육의 효율성은 교육의 주체인 교사가 교육의 객체인 아동을 얼마만큼 정확하게 이해하느냐에 따라 좌우된다고도 할 수 있다. 또한 교육은 '대인간 활동'이기 때문에 교사가 인간의 변화(성장·발달)에 대해 얼마만큼 이해하고 있느냐의 여부가 성패를 좌우할 수도 있다. 따라서 교사는 인간의 성장·발달 가능성에 대한 확고한 신념과 수정에서부터 죽음에 이르기까지 정지됨이 없이 부단한 변화를 지속하는 한 개체에 대한 정확한 지식을 가지고 있어야 한다.

한 개체가 수정되는 순간부터 죽음에 이르기까지 끊임없이 변화되는 과정을 발달(development)이라 한다. 발달이라 하면 크기(size)에 있어 작은 것에서 큰 것으로 변화하는 과정을 뜻하며, 기능(function)에 있어 미숙하고 낮은 수준에서 원활하고 높은 수준으로 이행되어 나가는 과정을 의미한다. 그러나 발달심리학에서 사용하는 발달이란 개념은 단순히 이러한 양적 가운데 기능적 변화만을 의미하는 것이 아니라, 신체적·심리적 측면에 있어서 구조적 변화를 가져오는 질적 변화도 포함된 것을 뜻하고 있다.

이런 의미에서 코프카(K. Koffka)는 발달에 대해 다음과 같이 정의를 내리고 있다.

발달이란 유기체와 그 기관이 양에 있어서 증대하고 구조에 있어서 정밀화되고 기능에 있어서 유능화되는 것을 말한다.

종래에는 발달이란 용어가 좁은 의미로 사용되어 수태에서 아동기 내지 청년기에 이르는 상승적 변화만을 의미했으나, 근래에는 넓은 의미로 사용되어 청년기 이후 노년기에 이르는 하강적 변화까지도 포함한다. 다시 말해 수태에서 사망에 이르는 전 생애에 걸친 모든 연령적 변화를 망라하는 것이다.

그리고 발달은 경험 및 학습 또는 훈련과 같은 외적 작용에 의한 연령적 변화와 함께 유전인자에 의한 내적 작용에 의한 생리적 변화를 모두 포함한다. 이 두 형태의 변화가 함께 이루어지면서 유기체가 새로운 여러 가지 자극과 생활에 보다 효율적으로 대처해 나갈 수 있게끔 분화와 통합이 교호적으로 야기되는 과정이 곧 발달인 것이다.

2. 발달단계와 그 특징

발달은 연속적인 과정이지만 그 속도는 일정하지 않다. 어느 시기에는 매우 빠르고 어느 시기에는 몹시 느리다. 또한 한 단계에서 다음 단계로의 이행에 명확한 구별이 있는 것도 아니다. 따라서 발달단계(development stage)란 한 개체가 수정의 순간부터 죽음에 이르기까지의 전 과정을 몇 개의 단계별로 구분하여 그 단계마다 성질과 특성을 종적(시간적)으로 연구하는 하나의 방법론적인 문제라고 할 수가 있다.

많은 학자들은 발달이 양적 변화일 뿐만 아니라 질적 변화이기도 하다는 점에서 한 개체의 성장·발달을 몇몇 단계로 나누어 놓고 있는데 다음과 같다.

1) 프로이드(S. Freud)의 정신분석학적 성격발달론

정신분석학에서의 인간관은 비관적이고 결정론적이며 환원적이다. 프로이드는 인간의 행동은 무의식적 동기와 생물학적 욕구와 충동, 그리고 생후 5년간의 경험에 의해 결정된다고 보았다. 그러나 현재 신정신분석학파에서는 프로이드의 결정론적 인간관에 반기를 들고 있다. 융(Jung), 애들러(Adler), 랭크

(Rank)와 이들의 동조자인 호네이(Horney), 프롬(Fromm), 설리번(Sullivan) 등은 프로이드의 생물학적·결정론적인 입장에 반대하고, 인간의 행동에는 사회적·문화적·대인관계적 요인들도 포함되어 있음을 강조하고 있다.

정신분석학에서는 성격이 id, ego, super ego로 구성되어 있다고 본다.

id는 심리적 에너지의 원천이자 본능이 자리잡고 있는 곳으로 쾌락원칙(pleasure principle)에 따라 본능적 욕구를 충족시키기 위하여 비논리적이고 맹목적을 작용한다. id는 욕망 실현을 위한 사고 능력은 없으며, 단지 욕망 충족을 소망하고 그것을 위해 움직일 뿐인데 이 과정은 무의식적으로 이루어진다.

ego는 id의 본능과 외부 현실 세계를 중재하고 통제하는 역할을 하는데 현실원칙(reality principle)의 지배를 받아서 현실적이고 논리적인 사고를 하며 환경에 적응한다. id가 맹목적으로 욕구의 충족을 꾀하는데 비해 ego는 주관적 욕구와 외부의 현실을 구별할 줄 아는 현실검증(reality testing)의 능력을 지니고 있다.

super ego는 쾌락보다 완전을 추구하고 현실적인 것보다 이상적인 것을 추구하는데 여기에는 부모로부터 전해 내려오는 전통적 가치관과 사회적 이상이 자리잡고 있다. 따라서 super ego는 도덕에 위배되는 id의 충동을 억제하며 ego의 현실적 목표를 도덕적이며 이상적인 목표로 유도하려고 한다.

정신분석학에서는 인간의 발달단계에서 생의 초기인 유아기와 아동기를 매우 중요시하고 있는데 프로이드는 인간의 발달단계를 5 단계로 나누어 설명하고 있다. 이들 발달단계와 주요 특징은 다음 〈표 3-1〉과 같다.

2) 에릭슨(E. H. Erikson)의 자아발전 단계론

에릭슨은 프로이드의 전통을 이어받아 발달에 주요한 역할을 하는 정신 기능에 따라 다음과 같이 8단계로 구분하고 있다.

〈표 3-1〉 프로이드의 성격발달 단계론

단계	명 칭	나이	성격상·행동상의 특징	비 고
1	구강기 (oral stage)	0~1	· 수유를 통한 성격 형성 -입과 입술의 만족 · 자기의 주변 세계에 대한 불신감 및 고립 · 입술을 통한 Libido의 방출	· pre-occupation · mouthing · 자기 중심성 · 의존성
2	항문기 (anal stage)	1~3	· 대소변 유보와 배설 · 배변훈련의 방법과 성격 형성 · 항문을 통한 Libido의 방출	· ambivalence · miser · 강박적이고 의존적인 성격
3	남근기 (phallic phase)	3~5	· 이성에 대한 구별 의식 · Oedipus, Electra Complex · Identification, Imitation · Libido가 성기에 집중	· 초자아의 발달 · penis envy · castration anxiety
4	잠복기 (latent period)	5~12	· 도덕성과 양심의 형성 · 개별의식, 사회의식 · 동성애 및 우정의 형성 · Libido가 내면화됨	· home-sex · 동성끼리의 응집력 · 부모로부터의 해방감
5	성기기 (genital phase)	12~	· 종족 본능의 욕구가 왕성 · 제2의 Oedipus Complex · 성욕도착의 경우가 발생 · Libido가 성기에 집중	· hetero-sex

(1) 제1단계 신임 대 불신임

출생과 동시에 유아가 어머니의 유방에 의하여 최초로 갖게 되는 타인과의 입술을 통한 접촉이 곧 신임과 불신임으로 양분된다. 이것은 무의식 내로 자리하면서 차후 성격 성격형성에 크게 작용한다. 만일 신임에 실패한 유아는 성장 후에 정신분열적 성격이나 편집병(paranoia) 환자로 되기 쉽다. 한편 자신과 타인에 대한 기본적인 불신감이 생겨난다.

(2) 제2단계 자율성 대 수치와 의심

프로이드의 항문기에 해당하는 심리적 현상으로, 특히 대소변의 습관과 훈련에 의하여 상반된 성격이 형성된다는 것으로 방출은 자율화로써 쌓인 불만을 해소하는 카타르시스(katharsis)이지만, 참는 것(holding)이나 훈련이 너무 엄할 때는 이 Holding on과 Letting go 간의 갈등이 생겨 인내가 결국은 분노와 파괴작용으로 번지게 되고 따라서 수치심이나 타인을 의심하게 된다는 것이다. 이것이 성격상으로 굳어지면 강박관념이나 피해망상으로 나타난다.

(3) 제3단계 선도성 대 죄책감

성기에 대한 인식이 생겨나면, 활동(locomotor)이 유목적적으로 되면서 기대와 책임감을 어느 정도 느끼게 된다. 이러한 활동에 대한 성취욕은 곧 주도권을 찾게 되고 자기 또래에서나 형제들에 대한 대결의식도 가져온다. 목적물에 대한 적극적 · 공격적인 시도는 자기의 능력을 벗어나 실패함이 예사이나 그때마다 그는 죄책감이나 외부 주시에 대한 불안감을 갖게 된다. 이 경우 과잉 보상행위나 히스테리로 이상성격이 형성될 우려도 있게 된다. 프로이드의 남근기의 단계와 상통한다.

(4) 제4단계 근면성 대 열등감

프로이드의 잠복기에 해당되는 시기로써 초등학교의 과정이다. 이 때까지의 가정이나 부모의 이미지가 완전히 바뀌면서 학교와 사회에서의 자기 위치와 임무를 발견하게 된다. 구체적인 창작물에 의하여 자아를 정립하기 때문에 성취욕이 생기면서 일의 쾌락을 맛본다. 여기에서 근면성이 형성되지만, 실패 또는 몰입할 수 없을 때는 열등의식과 위축감을 갖게 된다.

(5) 제5단계 주체성 대 역할 혼미

처음으로 자아의식이 수립되면서 자타의식(自他意識)이 구체화되고 아동기에서 청년기로 이행된다. 자기 확인을 타인에 의해서, 사회 속에서 찾게 되면서 자기 주체성이 생성되나 아동기의 심리상태나 성인들의 심리상태와의 과도기에서 오는 가치기준의 혼란으로 자기의 역할과 기능에 일시적으로 방황을 하게 된다. 한편 이성과의 구체적인 사랑에 빠지며 이를 통해 자기 확인을 더욱 강조하려고 하여 "Love is conversation"으로 나타난다. 한편 주변인(marginal man)이 된다.

(6) 제6단계 친화 대 소외감

청년기에서 성인기로 접어들 즈음, 대인관계와 이성교제가 원만한 경우는 친근감과 그렇지 못한 경우의 소외감이 바로 이 단계의 특성이다. 즉, 자아 대 사회성원 간의 적응과 부적응이라고 보겠다. 이 단계의 대인관계란 성교 등의 남녀 간의 묘한 심리교류가 주로 주류를 이룬다.

(7) 제7단계 생성감과 침체감

자녀를 낳고 그들을 지도하며 양육하는 데서 자기에 대한 하나의 성취감 내지는 생성의 보람을 갖게 되며 자기 몰두에 빠져서 생의 의욕을 찾는다. 그렇지 못한 경우엔 생의 의욕을 잃고 자아개념이 사라져 침체 속에서 강박관념과 반발심이 일게 된다.

(8) 제8단계 자아통일 대 절망

장년기에 들어서서 자아의 주체성과 환경과의 융합은 곧 삶의 충족감을 가져오지만, 실패했을 경우는 절망과 허탈감에서 자기 상실을 갖게 된다.

3) 피아제(J. Piaget)의 인지발달 단계론

피아제는 동화(assimilation)와 조절(accommodation)에 의해서 스키마(schema)가 변화하고 정교해짐으로써 외부와 환경에 적응하는 과정을 놓고 인지발달 단계론을 펴고 있다.

(1) 감각운동기(sensory-motor stage)

감각운동기는 출생에서부터 약 2세 사이로 영아가 자신과 주위의 세계를 잘 구별 못하는 시기이다. 주된 인지활동은 반사행동이며, 이 반사행위를 계속하고 통합함으로써 의도적 행동이 가능해지는데 이때 초보적인 기억이나 기대감도 보인다. 이 시기가 끝날 때쯤에는 자아개념이 나타나고 내면화된 감각운동 스키마에 의해서 세계를 상징적으로 조작할 수 있는 능력을 가지게 된다.

감각운동기에 나타나는 가장 중요한 개념이 외부대상물에 대한 대상영속성(object permanence)이다. 이는 어떤 대상이 감각의 범위에서 없어진다고 하더라도 그 대상이 계속 존재한다고 보는 것이다. 출생 후 4개월 정도된 영아는 손에 닿는 곳에 있던 장난감이 천에 가려 보이지 않으면 놀라거나 기분 나빠하지 않고 찾지도 않으며 마치 대상이 없어진 것처럼 포기한다. 그러나 10개월 정도의 영아는 대상이 눈에는 보이지 않더라고 스크린 뒤에 있다는 대상의 영속성을 가지고 대상의 존재를 알며 찾으려고 하며 어떤 물건이 있었는지를 기억하기도 한다.

(2) 전조작기(pre-operational stage)

전조작이라는 말은 발달의 불완전한 단계를 의미한다. 2세에서 7세까지인 이 시기에는 언어발달이 급속하게 이뤄지고, 상징적 사고의 발달, 개념 획득 능력이 있어서 빠르게 성장한다. 2세가 지나면서 아동은 감각 운동기적 행동에만 의존하던 것을 차츰 새로 습득한 언어로 대치할 뿐만 아니라 언어 이외의 다양한 상징적 능력도 발달하게 된다. 그러나 아직 개념의 형성은 충실하지 못하다. 이 시기 발달상의 특징은 자기중심성, 자신의 조망에 의해서 사물을 지각하므로 타인의 관점에서 사물을 이해할 수 없는 직관적 사고(그림 3-1 참조), 생명이 없는 대상에게 생명과 감정을 부여하는 물활론적(animism) 사고, 자신이 꾼 꿈의 내용이 실제로 일어났을 뿐만 아니라 실재하고 있다고 생각하는 꿈의 실재론(realism), 행동의 결과 부모나 주위 어른들에게 승인받고 칭찬받으면 옳은 일, 거부당하고 꾸중받으면 나쁜 일로 생각하는 도덕적 실재론 등이 있다. 전조작기의 또다른 특성은 자기중심성(ego-centrism)과 마법적 전능성(magic almightiness) 등이다.

(3) **구체적 조작기**(concrete operational stage)

이 시기는 7~12세에 해당하는 연령으로 보존개념들을 이해하게 되고 다른 논리적 조작도 하기 시작한다. 일련의 연속된 행위를 마음 속에 표상할 수 있으며 물체를 높이나 무게에 따라 순서대로 나열할 수도 있다. 그리고 이 때는 자아중심성이나 물활론적 사고와 같이 전조작적 사고의 특징은 점차 사라지고 보다 어른스러운 사고를 하기 시작한다. 그러나 대상에 대해 구체적 조작에 의해서만 사고가 가능하고 구체적 대상이 없는 추상적 사고는 아직도 미숙하다.

(4) **형식적 조작기**(formal operational stage)

이 시기는 12세 이상에 해당되며 이 시기에 이르러서야 어린이는 비로소 상징적 용어로 추론할 수 있게 된다. 어떤 실험을 위하여 가설을 설정하고 그 설정된 가설에 따라 검증하며 추상적인 개념을 사용하여 한 상황으로부터 다른 상황으로 일반화하고 비판적, 논리적인 사고가 가능해진다.

조 작	제 1 단계	제 2 단계	전조작적 사고(오답)	보존개념 획득 연령
수	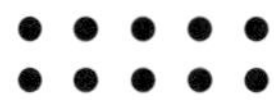 두 줄의 점들이 동일한 간격으로 놓여 있다.	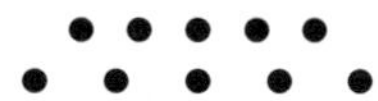 아래줄의 점을 사이의 간격을 넓힌다.	아래가 많다.	6세
길이	 두 개의 막대기	 막대기를 엇비슷하게 놓았다.	길이가 다르다.	6～7세
면적	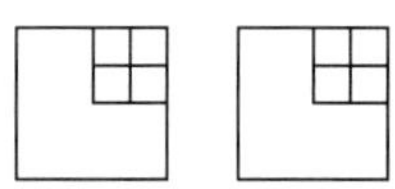 큰 사각형 속에 4개의 작은 4각형이 있다.	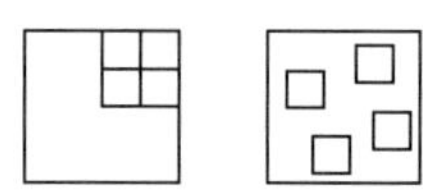 한 개의 큰 사각형의 작은 4각형을 흩어 놓았다.	왼쪽이 넓다.	7～8세
액체(양)	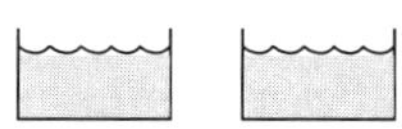 동일한 2개의 유리컵에 동일한 양의 물이 담겨 있다.	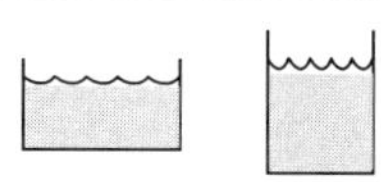 하나의 컵에 있는 물을 길고 가는 컵에 옮겨 붓는다.	오른쪽이 많다.	7～8세
크기	 공모양의 같은 크기의 찰흙	 한 개를 납작하게 한다.	하나가 더 크다.	7～8세
무게	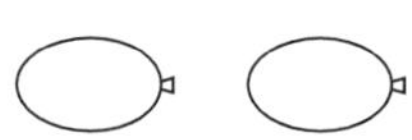 두 개의 풍선이 동일한 무게를 갖는다.	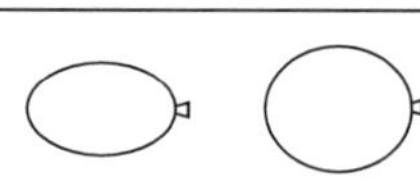 하나의 풍선에 공기를 첨가시킨다.	한쪽이 더 무겁다.	8～10세
부피	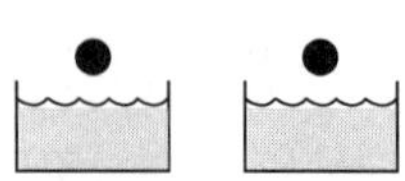 두 개의 알루미늄 공은 액체의 부피를 동일하게 변화시킬 것이다.	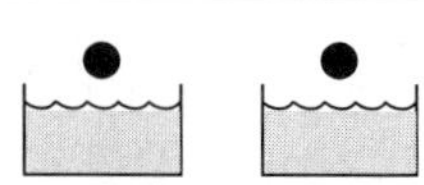 같은 크기의 놋쇠공을 오른쪽의 알루미늄 공과 바꿔 놓았다.	서로 다르게 변화시킬 것이다.	11～12세

* 참조 : Sarafino & Armstrong, 1986.

[그림 3-1] 구체적 조작기 동안의 보존개념 획득

4) 발달과업론

발달과업이란 각 시기에 획득하여야 할 행동 형태, 즉 이것을 획득하면 그 시기에 잘 적응할 수 있고 획득하지 못하면 적응이 잘 안 되어 다음 시기의 행동발달에까지 지장을 가져오게 되는 행동 형태를 말한다. 이 발달과업은 문화에 따라, 계층에 따라, 또는 지위에 따라, 직업에 따라서 크게 차이가 있다. 그리고 사회에서 생활해 나갈 때 적절한 적응행동으로 살아 나가려면 반드시 지켜야 할 과업이며 교육목표로서도 중요성을 가진다.

헤비거스트(Havighurst)가 밝힌 발달과업의 내용은 다음과 같다.

(1) 유아기의 발달과업

① 보행을 배운다.
② 단체로 음식을 먹는다.
③ 말을 배운다.
④ 배설통제를 배운다.
⑤ 성별을 구분하고 이에 따른 성 예의를 배운다.
⑥ 생리적인 안정을 유지할 줄 안다.
⑦ 사회적 · 자연적 현상에 관한 단순개념이 형성된다.
⑧ 부모 · 형제 · 자매 · 타인과의 정서관계를 맺는다.
⑨ 선악을 판단할 수 있으며 양심이 발달된다.

(2) 아동기의 발달과업

① 일상적인 활동에 필요한 신체적 기능을 배운다.
② 성장하는 자기 자신에 대한 건전한 태도를 형성한다.
③ 같은 연령의 친구와 사귀는 법을 배운다.
④ 읽기 · 쓰기 · 셈하기의 기본 기술을 배운다.
⑤ 일상생활에 필요한 개념을 발달시킨다.

⑥ 양심 · 도덕 · 가치 척도가 발달한다.
⑦ 적절한 성 역할을 배운다.
⑧ 사회 집단 제도에 대한 태도가 발달된다.

(3) 청년기의 발달과업

① 자기 체격을 인정하고 자기의 성 역할을 인식한다.
② 남녀 동년배의 친구와 새로운 관계를 갖는다.
③ 부모, 또는 다른 성인으로부터의 정서적 독립을 이룬다.
④ 경제적 독립의 필요성을 절실히 느낀다.
⑤ 직업 선택을 하고 그에 맞는 준비를 한다.
⑥ 시민생활에 필요한 지식과 태도를 키운다.
⑦ 사회적으로 책임 있는 행동을 원하고 이를 실천한다.
⑧ 결론과 가정생활의 준비를 한다.
⑨ 행동의 지침으로써 적절한 과학적 세계관에 따라 가치체계를 형성시킨다.

(4) 성인기 · 노년기의 발달과업

1 성인 전기의 과업

① 배우자를 발견하여 안정된 결혼생활에 적응하고 자녀를 양육하며 가족관계를 원만히 유지한다.

② 최소한의 경제적 생활을 제대로 유지 · 운영하고 직장 생활 등에 능력 있는 사회인으로 참여한다.

③ 급격히 변화하는 지식 및 문화에 익숙해지고 그것을 받아들임으로써 자기 성장의 욕구를 유지한다.

2 성인 중기의 과업

① 청년기에 이른 자녀를 보다 자율적이고 책임감이 있으며 행복한 성인이

되도록 도와 준다.

② 보다 안정된 가정을 유지하고, 직장에서는 성취감을 얻고 능률을 절정에 이르도록 하며 성인으로서의 여가 활동을 발전시킨다.

③ 성인으로서의 시민적 · 사회적 · 직업적 역할을 다한다.

④ 가족관계 · 부부관계 · 자녀관계 · 사회관계에서 조화로운 자아개념을 발달시키고 적응한다.

⑤ 자신에게 찾아온 신체적 변화를 인정하고 이에 적응한다.

3 성인 후기의 과업

① 자기가 신체적인 면에서 힘과 건강이 노쇠해 가고 있는 것을 받아들이는 자아개념이 형성된다.

② 자기의 능력과 또한 성격에 맞는 새로운 사회적 · 시민적 역할을 찾아 호응한다.

③ '텅 빈 보금자리'에 적응하고, 부부관계를 원만하게 유지하며 배우자가 사망했을 때 그 상황에 적응한다.

④ 성인이 된 자녀를 성인으로서 대우할 수 있는 태도를 형성한다.

⑤ 만족할만한 신체적 생활 조건을 수립하며, 새로운 취미와 사회활동 · 여가 이용의 방법을 찾는다.

4 노년기의 과업

① 감소된 수입에 적응하며, 노인생활을 위한 적절한 준비를 한다.

② 부부가 서로 이해하고 배우자의 사망에 대처한다.

③ 자녀 및 손자녀들과 적절한 관계를 가지며 나이 많은 친척을 돌보아 준다.

④ 적절한 여가 선용의 방법을 찾으며 인생의 참된 의미를 찾는다.

5) 공자의 인생목표론

공자(B.C. 551～478)의 유언들을 후학들이 집대성한 「논어」의 〈위정 제 2〉

에 보면 다음과 같은 글이 실려 있다.

> "子曰 吾十有五而志于學 三十而立志 四十而不惑 五十而知天命 六十而耳順 七十而從心所欲不踰矩

풀이를 하면, 나는 나이 15세가 되어서 학문(聖人의 학문)에 뜻을 두었고(志學), 30세가 되어 입지(인격적 · 도덕적인 자기 확립)를 했으며, 40세에 이르러 불혹(마음에 어떠한 흔들림도 없음)하고, 50세가 되어 천명(인간의 도덕적 사명)을 알았고, 60이 되어서 귀로 듣는 것은 모두 그 이치를 알게 된다는 이순이 되며, 끝으로 70의 나이에는 자기가 하고 싶은 어떠한 일을 해도 도리에 어긋나지 않게 된다는 뜻이다.

이것은 곧 남아 일생의 주요 과업론으로 유교의 전통적 사상에서 출발에서 출발한 삶의 정도(正道)와 당위성을 나타낸 일면이라 하겠다(김동규, 1991, 197～199).

15세에 자기 결정이란 곧 에릭슨(Erikson)이나 헤비거스트(Havighurst)가 의미한 자아 발견의 개념과 상통하며 30세가 되어서 공자가 내세운 불혹이라는 것도 게젤(Gesell)이나 코흐(Kroh) 등이 말한 자아확립의 경지와 내용이 같다.

공자가 인생의 각 단계를 10년씩 간격을 두고 점차 도덕적 양심에 따라 인격의 발달을 논하고 있음은 마치 칸트(Kant)를 비롯하여 헤겔(Hegel)로 발전되는 인성의 이성화 과정과도 일치되고 있다. 50세의 지천명(Kant의 定言命令)이라든지 60의 이순에서 이론이성(理論理性)의 최고 경지에 도달하게 된다는 것은 칸트나 헤겔의 절대정신과도 연관되는 측면을 찾아볼 수가 있다.

한편 공자의 70에 있어서 사통팔달의 입장은 곧 주체의 객관화이며 자연화이므로 칸트의 실천이성으로서의 자기입법이요 무아지경이라고도 해석된다. 즉, 자기질서가 곧 우주질서인 것이다.

제 3 절 개 인 차

1. 지 능

지능이란 무엇인가? 지능은 발달하는 것인가? 인간은 왜 지능을 중요시하는가? 인간의 능력을 지능으로 보아야 하는가?

1) 지능의 개념

지능(intelligence)은 환경 속의 여러 사상을 지각하고 인지하며 거기에 내포된 문제를 해결하는 일반적 능력을 말하는데, 명석함, 사물을 이해하는 능력, 문제해결 능력, 경험을 통하여 학습하는 능력 등을 모두 포함한다(이성진, 1996, p. 47).

여러 심리학자들의 지능에 대한 정의를 제시해 보면 다음과 같다.

비네(A. Binet, 1905)는 지능을 "일정한 방향을 설정 · 유지하는 경향성, 소망하는 결과를 성취할 목적으로 순응하는 역량, 그리고 자기 비판의 힘"이라고 보았다.

터만(Terman, 1916)은 지능을 "추상적인 사고를 하는 능력"이라 하였고, 웩슬러(D. Wechsler, 1942)는 "유목적적으로 행동하고, 합리적으로 사고하여 환경을 효과적으로 다루는 개인의 종합적 능력"이라고 정의하고 있다.

미국에서 1921년에 〈Journal of Psychology〉의 편집장이 14명의 지능전문가에게 지능의 특성을 물어 보았는데(Sternberg, 1985) 이들이 내린 지능의 정의를 종합해 보면 지능에는 다음과 같은 내용들이 포함되어 있었다.

① 사실에 근거하여 올바른 반응을 하는 능력

② 추상적 사고를 할 수 있는 능력
③ 환경에 적응하는 것을 학습할 수 있는 능력
④ 새로운 사태를 해결하는 능력
⑤ 새로운 지식을 습득하는 능력과 이미 소유한 지식을 재생산하는 능력
⑥ 경험으로부터 유익한 것을 학습하는 능력 등이다.

이와 같이 종합된 정의를 중심으로 요약하면, 지능은 지식획득 능력, 새로운 사태에 적응하는 능력, 창조력 등으로 정의할 수 있다.

2) 지능의 요인과 구조

'지능이 어떤 요소로 구성되어 있는가?' 지능의 요인에 대한 이론은 지능이 유전적으로 규정되어 있다는 유전론적 입장과 환경조건에 의해 규정되어 있다고 보는 환경설과 그 중간의 입장을 취하는 입장으로 나누어진다.

(1) 스피어만(C. E. Spearman)의 2요인설

스피어만은 여러 종류의 성취검사와 정신작업 검사 사이의 상관계수를 조사하여 일정한 계층적 질서를 발견하고, 공통적이고 기본적인 지적 능력을 나타내는 일반적인 능력(General factor : G)과 G요인만으로는 해결 못하는 특수한 지적 상황에 요구되는 특수분야의 능력인 S요인(Special factor)으로 구성되어 있다고 보았다. 그는 또한 특수요인에 공존하는 요인으로서 언어, 수, 정신속도, 주의, 상상 등 5가지 요인을 찾아내었다(박아청, 1993).

(2) 손다이크(E. L. Thorndike)의 다요인설

손다이크는 지능을 어떤 공통요인이 아니라 무수히 많은 요인으로 구성되어 있다고 본다. 문장완성력(Sentence completion : S), 산수추리력(Arithmetic reasoning : A), 어휘력(Vocabulary : V), 지시에 따를 수 있는 능력(Direction : D)

등이다.

(3) 서스톤(Thurstone, 1947)의 군집요인설

서스톤은 지능의 공통적인 요인으로 기본정신능력(Primary Mental Ability : PMA)을 제시하고 있으며, 그 내용에는 언어요인(Verval factor : V), 수요인(Number factor : N), 공간요인(Spatial factor : S), 추리요인(Reasoning factor : R), 지각요인(Perceptual factor : P), 기억요인(Memory factor : M), 언어유창성 요인(Word fluency factor : W) 등이 있다.

(4) 길포드(J. P. Guilford)의 3차원적 지능구조설

길포드는 지능을 정보처리의 과정이라 보고 지능의 구조를 정보의 내용, 정보처리의 조작, 결과에 따른 산출이라고 나누고 있다.

길포드는 지능을 기억력과 사고력으로 나누고 사고력을 다시 인지적 사고력, 생산적 사고력, 평가적 사고력으로 분류하고, 생산적 사고력을 다시 분류하여 수렴적 사고와 발산적 사고력으로 나누고 있다.

인지적 사고력은 지식을 발견하거나 획득하는 능력이고, 생산적 사고력은 지식을 어떻게 사용하는가를 판단하여 새로운 지식을 만들어 내는 능력을 말한다.

평가적 사고력은 인지되고 생산되어 얻은 지식이 적합하고, 정확하게 쓰여졌는가의 여부를 결정할 필요가 있을 때 작용하는 능력이다.

수렴적 사고력은 관습적인 지식의 제한 내에서 새로운 것을 만들어 내는 사고력이고, 발산적 사고력은 지금까지 없었던 것을 새롭게 생각해 내는 능력을 말한다.

길포드의 지능구조 모형은 다음과 같다(그림 3－2).

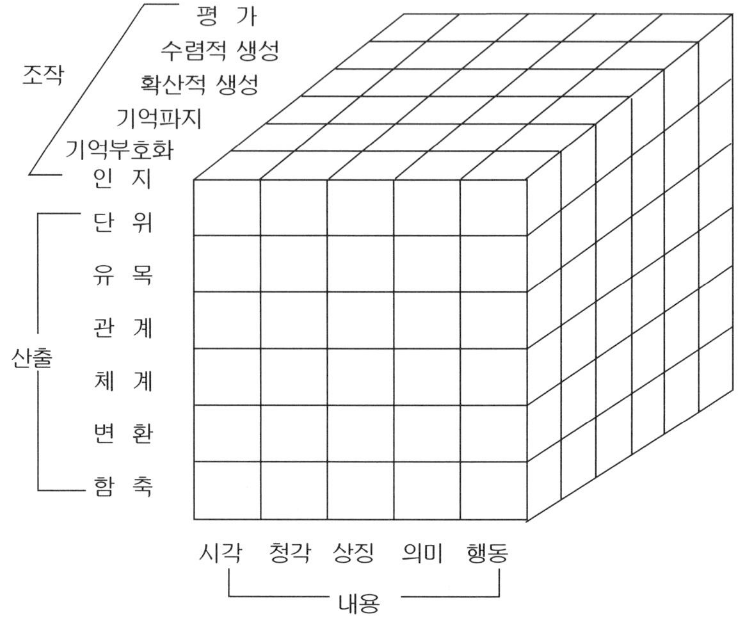

[그림 3-2] Guilford의 지능의 구조
(Guilford, 1988에서 인용)

(5) 가드너(Gardner)의 다중지능이론

가드너(1983)는 각종 검사간의 상관관계의 연구를 기초로 하여 심리측정적 지능이론을 보충하는 다중지능이론(multiple intelligence)을 제시하였다. 그는 다중지능이론을 구성하는 7가지 지능, 즉 ① 언어학적 지능 ② 음악적 지능 ③ 논리·수학적 지능 ④ 공간지능 ⑤ 신체적·근육감각적 지능 ⑥ 개인내적 지능 ⑦ 대인간 지능 또는 사회지능을 제안하였다(표 3-2 참조).

(6) 스턴버그(Sternberg)의 삼원지능이론

스턴버그(1985, 1986)는 지적 기능과 사고기능은 분리하기 어렵지만 지능에 더 비중을 두면서 삼원이론(triachic theory of intelligence)을 제안하였다.

〈표 3-2〉 Gardner의 다면적 지능이론

지능의 유형	내 용	진 로
① 언어적 지능	단어의 의미와 소리에 대한 민감성 ; 문장 구성법의 숙련 ; 언어 사용법에 대한 이해	시인, 정치 연설가, 교사
② 논리 · 수학적 지능	사물과 상징, 그 작용 및 작용간의 관계에 대한 이해 ; 추상적 사고능력 ; 문제를 인지할 수 있는 능력과 이유를 찾으려는 능력	수학자, 과학자
③ 공간적 지능	시각적 세계를 정확하게 지각하는 능력 ; 지각된 것을 변형할 수 있는 능력 ; 물리적 자극없이 시각경험을 재생할 수 있는 능력 ; 균형, 구성에 대한 민감성 ; 유사한 양식을 감지하는 능력	예술가, 항해사, 기술자, 건축가, 외과의사
④ 신체운동적 지능	표현하거나 목적을 직접 나타내기 위해 자신의 신체를 숙련되게 사용 ; 사물을 능숙하게 다루는 능력	무용가, 외과의사, 운동선수, 공예인, 배우
⑤ 음악적 지능	개개의 음과 음절에 대한 민감성 ; 음과 음절들을 더 큰 음악적 리듬이나 구조로 결합하는 방법에 대한 이해 ; 음악의 정서적 측면에 대한 이해	음악가, 작곡가
⑥ 개인간 지능	타인의 기분, 기질, 동기, 의도를 파악하고 구분짓는 능력 ; 타인에 대한 지식에 따라 행동할 수 있는 잠재력	정치가, 종교인, 부모, 교사, 사업가, 행정가
⑦ 개인내 지능	삶에 대한 자신만의 감정에 대한 접근 ; 행동을 주도하고 이해하기 위해 감정을 유도하는 능력	소설가, 임상가

* Hetheringon & Parke, 1993에서 인용.

이 이론의 골자는 지능의 역할이 ① 성분적(compotential) ② 경험적(experiental) ③ 맥락적(contextial) 요소로 구성되어 있다는 것이다.

성분적 요소는 ① 상위성분(정신 · 신체를 조정하는 고등제어 과정) ② 수행성분(과제수행의 정신과정) ③ 지식습득과정(정보를 가려내고 학습하는 정신과정) 등으로 나눈다.

경험적 요소에는 경험을 통해 문제를 해결하는 통찰력이 있다. 통찰력은 선택적 부호화, 선택적 결합, 선택적 비교능력으로 구성된다(Trotter, 1990 ; 이성진, 1955).

맥락적 요소에는 외부환경에 대응하는 능력, 즉 현실 상황에의 적응력을 강조한다(Sternberg, 1986). 스턴버그는 실제적 지능을 일상의 문제해결 능력, 실제적인 적응 능력 그리고 사회적 유능성을 포괄하는 것으로 보고 있다.

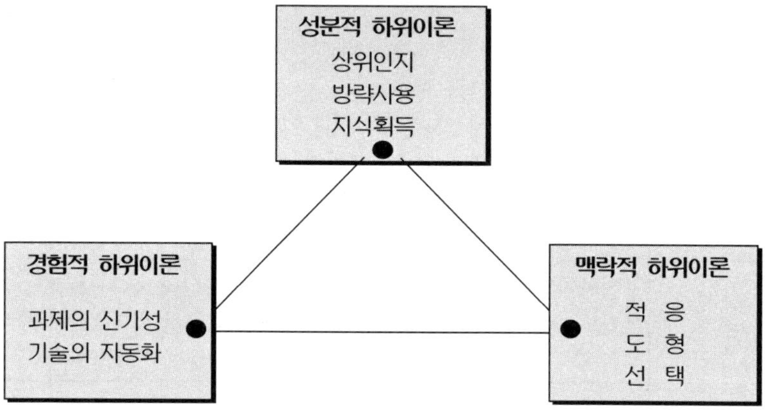

[그림 3-3] Sternberg의 삼원이론
(Berk, 1994에서 인용)

3) 감성지능

요즈음 학교나 사회에서 임의적으로 평가하기를 학생들의 좋은 성적과 높은 지능(IQ)을 가진 사람이 결코 인생에서의 성공을 보장하지 않는다는 학설이 점차 보편화되면서 그 원인을 규명하려는 학자들의 논의가 활발해지고 있다.

학교에서의 우등생이 어떻게 사회에서는 열등생이나 낙오자가 되는지 또는 학교에서는 낙제생으로 유명한 아인슈타인이 어떻게 위대한 과학자로서 상대성이론을 발견하고 노벨상 수상자가 될 수 있으며, 한때 2류 배우 출신의 레이건이 어떻게 하여 세계의 지도자로서 미국의 대통령이 될 수 있었는지에 대한 불가사의한 원인을 규명하려는 연구가 최근 몇년 전부터 심리학자들 사이에 이루어지고 있다.

이와 같은 연구결과의 하나가 바로 감성지능(Emotional Intelligence : EI)

과 감성지수(Emotional Quotient : EQ)이다.

우리는 교육을 논의할 때 우선적으로 전인교육이 이루어져야 한다고 강조한다. 전인교육이란 인지적 영역과 정의적 영역, 신체・기능적 영역의 조화를 이루는 것을 의미한다. 이것이 바로 요즈음에는 인성교육의 강조를 의미한다.

정서 또는 감정이 인간의 삶에 큰 영향을 미친다는 인식은 꽤 오래 전부터 있어 왔다. 다만 감성지능에 대한 체계적 접근과 정당한 자리매김이 이제서야 있다고 보아야 한다.

감성은 이성(reason)보다 더 근원적이고 포괄적이며, 더욱 강력한 힘을 갖는다. 뇌기능의 진화과정을 보아도 이성을 맡은 부분보다 정서를 담당하는 부분이 먼저 나타난다.

(1) 감성지능의 개념

감성지능은 이성능력인 사고능력, 즉 기억력, 계산력, 추리력 등을 발휘하거나 또는 그런 능력을 억압하고 제안하기도 하는 감성 능력을 말한다.

미국의 교육심리학자 터만이 1916년 Stanford-Binet 지능검사를 만들고 IQ (Intelligence Quotient)라는 개념을 사용한 이후 거의 90년이 지났다. 그 동안 IQ는 미국을 비롯한 전세계 문화권에서 인간의 지적 능력을 객관적으로 파악하는 방법으로 권좌를 차지해 왔다. 지능지수(IQ)는 인간의 학문적 능력, 즉 논리적・수학적 능력과 언어능력, 추리능력, 지각속도, 공간적 사고, 기억요인, 언어의 유창성 등으로 포함하는 기본정신 능력을 지능으로 보아 왔다(Terman).

그러나 1995년 기자 출신 심리학자인 골드만(D. Goldman)의 저서인 「감성지능」이 단행본으로 소개되면서 우리 사회에 큰 충격을 주었다. 감성지능이란 인간의 감성적 능력을 말한다. 포유류 중에서도 오로지 인간에게만 있는 감성지능은 샐로비(P. Salovey)와 메이어(J. Mayer)가 6년 전에 처음 사용하였다. 감성지능은 자기이해와 자기조절, 타인이해와 대인관계, 인격과 사회적 능력을 말한다. 그래서 감성지능을 지식과 기억의 차원에서 머무르는 능력이 아니라 마음과 행동의 능력이다. 즉, 감성지능이라는 패러다임은 머리와 가슴이 균형을 이룬 상태를 지향한다.

골드만이 감성지능을 개념화하게 된 동기는 종전의 IQ나 학업성취도, SAT(미국학업성취검사)가 인생의 성공적인 예언을 하는데 20% 정도밖에 기여하지 못하고 있고, 나머지 80%는 사회계층, 운(運) 등 다른 요인이 지배한다는 것이 밝혀지면서이다(Daniel Goldman, 1995). 골드만은 이들 다른 요인 중 감성지능을 가장 핵심이 되는 요소라고 보았다.

골드만이 제시한 감성지능은 인간의 능력이 다음과 같은 요인을 포함하고 있다고 주장한다. 즉, 자기 자신을 스스로 동기화하고, 좌절에 직면해서도 꿋꿋하게 인내하며, 여러 가지 내적 충동을 통제하면서 만족을 지연하고, 자기의 기분과 감정을 조절하면서 생각에 몰두하고, 늘 공감성(empathy)과 희망을 가지고 살아갈 수 있는 능력이다.

감성지능의 중요성을 강조하는 연구자들은 비단 골드만이 적극적으로 종합하여 책을 내놓기 전에 손다이크의 사회적 지능(Social intelligence), 스턴버그의 사회적 능력(Social competence), 가드너의 대인지능·개인내 지능(Interpersoanl Intelligence & Intrapsychic Intellgence) 등의 개념이 감성지능을 구체적으로 형성하는 데 기여해 왔다고 한다.

감성지능의 영역을 구체적으로 보면 다음과 같다.

1 자기인식

자신의 감정을 느껴지는 그대로 인식하는 것이다. 순간순간 자신이 느끼는 감성적인 반응를 인식하면 그것을 적절하게 다룰 수 있는 상위기분(mata-mood)이 생겨서 자신의 감정과 객관적인 거리를 둘 수 있게 된다.

현재의 감정에 빠져들지 않고 '내가 느끼는 것이 분노구나'하고 감정을 모니터하는 것은 자기통제(self-control)의 첫단계이다. 자기인식은 감성지능의 기반이며 다른 대부분의 감정들이 이에 의존하기 때문에 심리적인 통찰과 의사결정을 위해 절대적으로 중요하다.

2 충동조절

자신의 감정을 통제하는 힘이다. 이러한 힘은 자기 인식에 기초하여 생겨난다. 즉, 충동조절이란 자신의 감정적인 반응들을 대상, 시기, 정도에 알맞게 조절하는 것을 의미한다.

3 감정을 다루는 능력

자기인식과 자기통제에 근거하여 생기는 능력과 감정이 유능하게 되면, 삶의 여러 가지 곤경과 싸움에서 그렇지 못한 사람보다 훨씬 빠르게 고통스러운 순간들을 극복한다.

4 자기효능감

자신의 과제수행 능력에 대한 신념이다. 이것은 자신의 실제적인 능력 발휘에 심오한 영향을 끼친다. 자기효능감을 가진 사람들은 실패에서 재빨리 회복하며, 일이 잘못될까봐 걱정하기 보다는 그것을 조절하는 방법에 입각하여 사태에 접근한다.

5 과제집중력

과제에 집중하도록 하는 작동기억을 활성화하고 유지시키는 능력이다. 작동기억(working memory)은 정신생활에서 집권행정부의 기능을 한다. 문장을 이루어 말하는 것에서부터 까다로운 논리적 명제를 논박하는 것에 이르기까지의 모든 지적 능력을 가능하게 한다.

6 스스로를 동기화하기

목적을 향해 감정을 다스리는 것이다. 개인으로 하여금 주어진 과제 및 창조에 몰두할 수 있게 해 주는 집중, 숙련, 창조력을 위해 필수적이다.

7 공감능력

타인의 감정을 인식하고 공유할 수 있는 능력이다. 공감을 잘하는 사람은 타인의 필요와 욕구를 민감하게 알아차려 부드럽게 대인관계를 형성하고 유지해 나간다. 타인의 긍정적인 정서와 부정적인 정서를 공감하는 능력은 도덕성을 기반으로 타인을 배려하고 선(善)을 베푸는 원동력이 된다.

이와 같이 감성지능의 주요 요인은 지적인 요인보다 문자 그대로 정서적 또는 감정적 요인이다. 이러한 요인이 인간의 사회적 행동에 크게 영향력을 행사할 때 인생의 성공과 행복을 가져오는 데 중요하게 작용한다.

이상에서 샐로비가 제시한 감성지능의 영역에서 우리는 감성지능이 다음과 같은 요소로 되어 있음을 알 수 있다. 즉, ① 감정을 인식하고 표현하는 능력 ② 감정을 조절하는 능력 그리고 ③ 감정들을 적절한 방법으로 이용하는 능력이다.

그리고 감정을 인식하고 표현하는 능력과 감정을 조절하는 능력에는 자신의 감정에 대한 것과 타인의 감정에 대한 것으로 나눌 수가 있으며, 감정을 표현하는 능력에는 언어적 능력과 비언어적 능력이 있으며, 감정을 이용하는 능력에는 또 세부적으로 보면 ① 융통성 있는 계획을 수립할 수 있는 능력과 ② 창의적 사고를 할 수 있는 능력 ③ 재 조정된 주의력을 가질 수 있는 능력과 ④ 동기유발하는 능력 ⑤ 창의적 사고를 할 수 있는 능력이 상정될 수 있을 것이다. 이를 도식화하면 [그림 3-4]와 같다.

(2) 감성지능이 우리 생활에 미치는 영향

감성지능이 우리 일상생활에 영향을 미치는 영역은 다음과 같다.

① 성공을 결정하는 것은 'IQ'라기 보다는 감성지능이다. 성공을 결정하는 요인 중 IQ의 기여도는 20%에 불과하다.

골드만은 성공적인 삶을 이끄는 요소는 감성지능, 즉 스스로를 동기화하는 능력, 좌절감을 극복할 수 있는 의지력, 충동을 조절하고 즐거움을 찾을 수 있

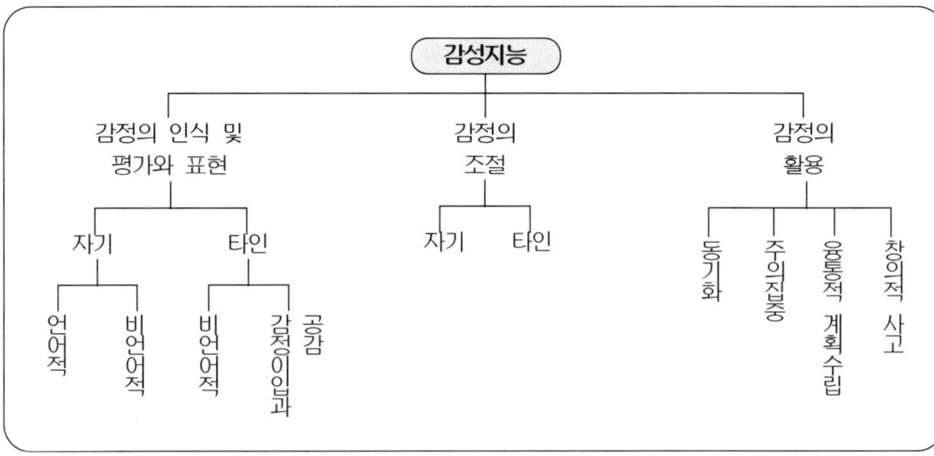

[그림 3-4] 감성지능의 구성요소

＊ 자료 : 김창대(1997) 감성지능 프로그램 개발, 교육학연구 제14권 1호, 계명대학교, 교육연구소, p. 130.

는 능력, 공감하고 희망을 가질 수 있는 능력, 감정을 조절하는 능력, 사고의 늪에 빠지지 않는 능력, 공감과 희망을 가질 수 있는 능력에 있다고 본다.

② 정서적으로 불안하면 제대로 사고할 수 없다. 정서불안은 인간의 지적 능력에 손상을 일으키며 학습할 수 있는 능력을 저하시킨다. 걱정을 많이 할수록 학업성취도가 낮다. 기분이 좋을 때 긍정적인 일을 더 잘 기억하고 적극적으로 생각하고 모험이나 위험을 따르는 일을 더 잘 감당한다.

③ 우울을 조절하면 좌절을 극복하여 최고의 창의력을 발휘한다. 따라서 우울감을 극복하기 위해서는 외식이나 영화관람, 운동경기, 자원활동, 종교생활 등이 효과적이다.

④ 낙관적인 사고는 위대한 동기촉진제이다. 낙관적인 생각과 삶은 어떤 일을 긍정적으로 보기 때문에 실패를 이겨낼 수 있다.

⑤ 분노를 억압하지 마라. 그러나 그것에 따라 행동하지도 말라. 분노조절은 휴식이나 운동으로 신체적 흥분상태를 식혀 줌으로써 분노감정이 이완되고 건설적이고 주장적인 방법으로 사람들과 이야기한다.

⑥ 미래의 지도자는 감성지능이 높은 사람이다. 감성지능이 뛰어난 사람이

능력있는 미래의 지도자가 될 수 있다. 그러므로 감성지능이야말로 우리 일상생활에 크게 영향을 미치고 있음을 인식하고 여기에 현명하게 대처하는 능력을 키워야 하겠다.

인간은 누구나 정서적인 삶을 산다. 사람의 정서는 대략 7가지로 분류되는데 희로애락애오욕(喜怒哀樂愛惡慾), 즉 기쁘고, 노하고, 슬프고, 즐겁고, 사랑하고, 싫어하고, 욕심을 내는 감정을 말한다. 이러한 감정을 어떤 강도로 표현하고 억제하며 자제할 수 있는가 하는 능력을 감성능력이라고 한다. 우리는 이러한 감성능력을 잘 통제할 줄 알아야 가정・학교・사회 생활에 잘 적응하는 유능한 인간이 될 것이다.

4) Cattell의 유동적 지능과 결정적 지능

카텔(Cattell, 1963)은 서스톤(Thurstone)이 제작한 기본정신능력 검사 등을 분석하여, 지능에 관한 두 개의 일반요인인 유동적 지능(fluid intelligence/gf)과 결정적 지능(crystallized intelligence/gc)을 추출해 내었다.

유동적 지능은 유전적, 신경생리적 영향에 의해 발달되는 지능으로, 뇌와 중추신경계의 성숙에 비례하여 발달한다. 따라서 유동적 지능의 발달은 청년기까지는 증가하나 생리적 발달이 쇠퇴하는 성인기 이후에는 점차 쇠퇴한다.

유동적 지능은 속도(speed), 기계적 암기(rote memory), 지각력(perception), 일반적 추리력(general reasoning) 등의 능력에서 잘 나타난다.

결정적 지능은 환경적・경험적・문화적 영향을 받아 발달하는 지능이다. 따라서 결정적 지능의 발달은 가정환경, 교육 정도, 직업 등의 영향을 받는다. 그리고 결정적 지능은 성인기 이후에도 계속 발달하지만 환경의 질에 따라 차이가 있다. 지속적으로 지적 자극을 추구할 때 결정적 지능은 발달된다. 결정적 지능을 나타내는 능력은 언어능력(verbal comprehension), 문제해결력(problem solving), 논리적 추리력(logical reasoning), 상식(common sense) 등이다.

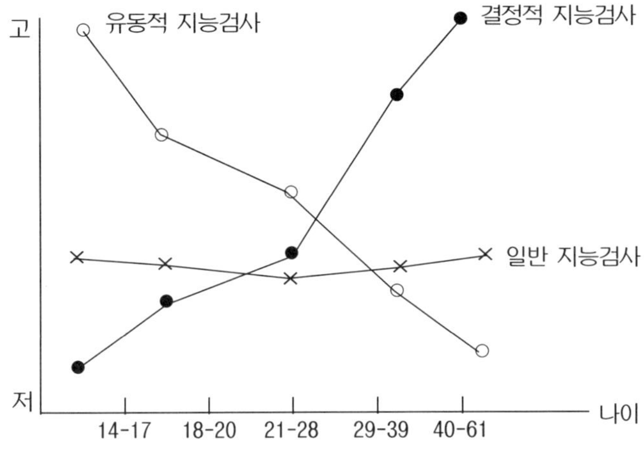

* Horn, J. L.(1970). Organization of data on life span development of human abilities. In L. R. Gonlet & P. B. Baltes(Eds.). Life-Span Development Psychology : Research and theory. N.Y : Academic Press. p. 63에서 인용.

[그림 3－5] **발달에 따른 유동적 지능과 결정적 지능**

2. 창의성

1) 창의성의 의미

창의성(Creativity)이란 라틴어의 Creo(만들다)를 어근으로 하는 Creatio라는 말에서 유래되었으며, '무에서, 또는 기존의 자료에서 새로운 것을 발견하고, 새로운 것을 만들고 산출하는 것'을 뜻한다.

길포드(Guilford, 1959)는 창의성을 새롭고 신기한 것을 낳는 힘이라고 정의하였고, 타일러(Taylor, 1961)는 생산적 사고와 창조적 사고를 표현하는 복잡한 심리적 과정으로서 인내성과 성취, 변화, 개선을 구하는 태도, 그리고 소신을 낳게 하는 정열 같은 것이라 하였다. 윤종건(1994)은 창의성을 기존의 요소들로부터 자기 자신에게 새롭고 유용한 결합을 이루어 내는 능력이라고 정의하였다.

토렌스(Torrance, 1971)는 창의성을 개인과 사회에 가치롭고 참신한 산물,

기존 아이디어의 수정 또는 거부를 요구하는 비판 습성, 강한 동기와 비싼 지적 에너지의 사용 등으로 특정지어지며, 최초에는 막연하고 혼란스러운 문제 때문에 야기되는 특별한 문제해결 방식이라고 정의하였다. 갤러거(Gallagher, 1985)는 새로운 아이디어나 산물을 창출해 내거나 또는 기존의 아이디어와 산물을 참신한 방법으로 재생산해 내는 정신적 과정으로 정의하고 있다. 이처럼 창의성은 인지능력을 강조하는 정의, 산출물을 강조하는 정의, 창의적 과정을 강조하는 정의 등 다양하게 정의되고 있다.

이러한 여러 정의에 기초해 볼 때, 창의성이란 기존의 지식, 경험, 산물에 근거하여 놀랄만한 새로운 발명이나 생산적, 독창적 사고 및 착상 등의 고차원적인 사고 능력을 포함하며, 일상생활에서 당면하는 여러 사태나 문제를 새롭고 참신한 방식으로 재생산해 나가는 과정이다.

이 정의에서 핵심 요소는 '새로움'이다. 새로움이란 창의적 사고의 가장 궁극적인 목표이면서 결정적 특성이다. 특정한 사고 과정이 아무리 고상하고 신기하다고 해도 새로움이 없으면 의미가 없다. 새로움의 준거는 사회, 인류에 있어서 새로운가를 기준으로 보는 경우와 개인에게 새로운가를 기준으로 보는 경우가 있다. 전자는 과학자, 발명가, 예술가 등에서 볼 수 있는 특별한 재능의 창의성이고, 후자는 누구나 가지고 있는 창의성이다.

2) 창의성의 구성요인

길포드는 창의성의 구성요인을 다음과 같이 제시하였다.

(1) 민감성

주변의 상황 변화를 재빠르게 파악하는 활동이다. 상식적이지 않은 것을 금방 알아차리거나, 미세한 변화를 포착하는 활동자료를 이용해 자극할 수 있다.

(2) 유창성

아이디어의 풍부함에 대한 양적인 측면이다. 주어진 자극에 대하여 제한된 시간 동안 어느 정도 반응을 보일 수 있는가의 능력으로 언어의 유창성, 연상의 유창성, 표현의 유창성, 관념의 유창성 등이 있다.

1 언어의 유창성

주어진 문자를 조합하여 언어를 만든다든지 하는 능력을 말하는 것이다.

2 연상의 유창성

동의어를 몇 개나 답하는가에 관한 검사에 의하여 측정되는 기능으로서 작문을 위해서 중요한 것으로 확인되고 있다.

3 표현의 유창성

문장을 만드는 검사 등에 의해서 조사되며 이 득점은 다른 방법에 의한 창의성 측정치와 높은 상관을 나타낸다.

4 관념의 유창성

단단하고, 희고, 먹는 것은 무엇인가의 질문에 답하도록 하거나 이야기의 제목을 생각하도록 하는 검사에 의해서 조사되는 것으로서 질보다는 양이 문제가 되는 것이다.

(3) **융통성**

변화하는 상황에 적응할 수 있도록 현상을 변화시키는 능력이다. 즉, 질적으로 서로 다른 방안을 산출하는 능력으로서, 자발적 융통성과 적응적 융통성으로 세분화된다.

(4) **독창성**

기존 지식의 단순한 통합이 아닌 새롭고 흔히 볼 수 없는 반응을 도출하는 능력을 의미한다. 독특하고 희귀한 아이디어를 산출하는 활동이다. 기발하고 지금까지와는 다른 아이디어를 산출하는 활동 자료를 이용해 자극할 수 있다.

통계적으로 다수인의 응답과 상이한 응답을 하는 것, 그리고 다음과 같이 응답하는 성질에 의해서 채점되는 기능이다.

1 비범성

언어 연상 검사에서 정상이면 평범한 것이고 비정상적이면 비범한 것이다.

2 원격연합

두 개의 낱말을 주고서 그 관계를 나타내도록 했을 때 아주 멀리 떨어진 낱말을 나타내는 능력이다.

3 교묘성

이야기 줄거리를 주고서 제목을 붙이게 하는 검사에 의해서 답의 내용에 흡사한 정도를 채점한 것이다.

(5) 치밀성

아이디어가 어떤 대상의 기능, 위치에 대한 행동, 목표에 어느 정도 정확하게 접근하고 있는가에 관계한다(임창재, 2000 ; 임규혁, 2003 ; 장선철 외, 2003, p. 94에서 재인용).

3. 자아개념

1) 자아개념의 의미

주어진 물적, 심리적 환경 속에서 오랜 시간에 걸쳐 누적된 성공과 실패의 경험은 '나는 어떤 사람인 것 같다'는 자기 자신에 대한 관점, 즉 자기 지각을 갖게 한다. 자기 지각은 각 개인의 특이성과 주관적 현실 세계를 구성하여 일상생활에서의 사고와 행동에 많은 영향을 미친다. 이와 같이 자신에 대해 가지는 생각, 감정, 태도를 의미하는 자기 지각의 총체를 자아개념(self concept)이라고 한다. 즉, 자아개념이란 나는 누구인가, 어떤 능력을 가지고 있는가, 나의 장·단점은 무엇인가, 가정·학교·사회에서의 나의 위치와 역할은 무엇인가 등에 대한 자기 지각의 총체이다.

로저스(Rogers, 1951)는 자아, 자아개념, 자아 구조를 동일한 개념으로 사용했다. 로저스는 자아개념이란 '개인의 의식 속으로 들어올 수 있도록 용인된 자아지각의 조직된 형태'이며, 각 개인은 이러한 자아개념을 계속 유지하고 환경적 요인이 허용하는 한 그 자아를 실현하고 신장하려는 경향이 있다고 주장하였다.

콤스(Coms)는 '개인이 그의 경험을 통하여 그 자신이라고 생각하는 바'를 자아개념으로 규정하고 개인은 예외 없이 자신의 의미(meaning) 또는 준거체제(frame of reference)로서의 자아개념에 의존하여 모든 행동을 하며, 계속적으로 자아를 유지, 확장하려는 기본적인 욕구(need)가 있다고 강조하고 있다.

이러한 여러 정의 속에는 자아개념이란 '자신에 대한 지각, 신념, 태도'라는 의미가 담겨 있다. 이 중 지각과 신념은 인지적 속성이며 태도는 정의적 속성이다. 결국 자아개념은 인지적 속성과 정의적 속성을 모두 포함한다. 따라서 자아개념이란 "개인이 자신에 대해 가지는 지각, 관념(ideas), 태도의 독특한 체계"를 말한다. 자아개념은 한 개인의 행동과 태도를 결정하며, 다른 사람과의 관계에 영향을 미친다.

2) 자아개념과 학업 성취

자아개념과 학업 성취의 관계를 규명하려는 움직임은 1960년대를 기점으로 꾸준히 진행되었다. 그 결과 자아개념은 다른 인성적, 정의적 특성 중 학업

성취에 가장 크게 영향을 미치는 주요 요인임이 알려졌다. 아동이 학교에 입학하면 학습 과제나 시험으로 자신의 능력을 평가받을 기회가 많아진다. 이때, 교사나 부모, 그리고 친구들에게서 좋은 평가를 받게 되면 학습자는 자신의 능력을 높게 지각하게 되지만, 반대로 시험에서 낮은 성적과 함께 주위 사람들로부터 나쁜 평가를 받게 되면 학습자는 자신의 능력을 낮게 지각한다. 즉, 전자의 학습자에게는 긍정적인 자아개념이, 후자의 학습자에게는 부정적인 자아개념이 형성된다.

학습자의 이러한 자아개념에 가장 큰 영향을 미치는 변인은 교사의 태도이다. 패터슨(Patterson, 1996)은 이에 관하여 "교사가 학습자에 대하여 가지는 지각은 그대로 학습자 자신에 대한 지각이 되어버린다."고 말하고 있다.

이에 대한 실례로 키퍼(Kiper, 1973)는 1학년부터 8학년까지의 학문적 자기개념과 교사 평점의 관계를 추적하였다. 교사의 평점으로 자기 반에서 최상위 1/5권 내의 학생들과 최하위 1/5권 내의 아동들을 뽑아, 이 두 집단의 학생들에게 능력 자기개념 검사를 실시하여 그 결과를 비교하였다. 연구 결과는 2학년이 끝났을 때 성공한 아동과 실패한 아동 사이에는 극히 작은 자아개념의 차이가 있었지만 4학년이 끝날 무렵에는 그 차이가 약간 벌어지고 학년이 올라갈수록 그 차이가 크게 나타났다. 즉, 학업 능력에 대한 자아개념은 학습자가 학교에서 이룩한 학업 성취에 대한 교사의 평정에 좌우된다. 나아가 학업 성취에 대한 교사의 평정을 받는 기간이 길어질수록 학업 능력에 대한 자아개념이 긍정적으로 또는 부정적으로 고착된다.

이런 결과를 근거로 블룸(Bloom, 1976)은 "학문적 자아개념은 학업성적을 예언하는 데에 있어서 가장 강력한 정의적 측정치이다. 그것은 학교 성적 편차의 25%를 설명해 준다."고 결론을 내리고 있다.

푸케이(Purkey, 1970)는 650명의 초등학교 학생을 대상으로 지능검사를 실시하고 전체 학생의 약 1/5에 해당하는 아동을 무작위로 추출하여 교사에게 '유능한 아동'이라고 일렀다. 사실 이 아동들은 특별히 유능한 학생이 아니었다. 수개월 뒤, 지능검사 등 여러 검사를 실시한 결과 소위 '유능한 아동'들이 다른 아동들보다 훨씬 높은 점수를 땄다. 이러한 결과는 교사들이 이 아동들에 대해서 특별히 잘 할 것으로 기대했고, 또한 그 기대감이 실제로 교사의 얼굴 표정, 태도, 언어 등을 통해 전달되었기 때문이었다. 이러한 현상을 로젠탈(Rosenthal)과 쟈콥슨(Jacobson)은 '자기충족적 예언' 또는 '자성적 예언'이라고 불렀다.

한편 학습자의 부정적인 자아개념은 학습 태도, 학교생활의 부적응과 상관이 있는 것으로 나타났다.

자아개념의 발달은 양육과정, 신체적, 성장과 발달 및 학교경험에 의해 크게 영향을 받는다.

(1) 양육의 과정

쿠퍼스미스(Coopersmith)는 높은 자아개념과 관련이 있는 양육 조건으로 아이에 대한 부모의 수용, 부모가 행동의 한계와 규율을 분명히 알도록 지도하는 것, 주어진 한도 내에서 아이의 자유를 존중해 주는 것을 들고 있다.

(2) 신체적 성장과 발달

남녀 모두 자기의 신체에 대한 이미지와 자기 자신에 대한 이미지간에는 높은 상관이 있다. 즉, 좋은 신체 조건을 가지는 것이 자기평가의 중요한 요인이 되고 있는 것이다. 빈약한 몸매를 가진 청소년들이 밤새워 고민하며 그 고민으로 학업부진까지 가져오는 경우가 그 증거이다.

(3) 학교에서의 경험

학생의 자기 능력에 대한 개념은 주로 학업을 통해서 형성된다. 교사가 학생을 이해하고 우수한 학생과 비교함이 없이 그 개인의 입장에서 학습상황을 판단하고 작은 성공이라도 인정하며 격려하는 것은 학생들의 긍정적인 자아개념의 발달에 많은 영향을 미친다.

4. 불 안

1) 불안의 개념

불안(anxiety)은 내적·외적으로 감당하기 힘든 자극에 의해 마음 속에서 일어나는 초조, 긴장, 두려움, 걱정 등으로 특징지어지는 정서 반응의 하나이다. 불안은 뚜렷하지 않은 대상에 의해 생겨나는 심리적 반응이란 특성을 갖고 있다. 즉, 구체적인 대상이 없다는 점에서 공포와 구분이 된다. 불안 자체는 누구에게나 불쾌한 정서적 경험이기 때문에 계속되는 불안은 감내하기 힘들고 행동상에 여러 가지 영향을 미치게 된다.

불안은 특성 불안과 상태 불안으로 나누어진다. 특성 불안(trait anxiety)은 일반 불안(general anxiety)이라고 하며 개인에게 내재되어 있는 불안을 의미한다. 특성 불안을 지니고 있는 사람들은 훨씬 넓은 범위에서 좀더 강하게 불안을 느끼게 된다. 불안을 느끼는 상황에서는 손에 땀이 배기도 하고 심장박동이 빨라지기도 하며, 강박적인 행동을 하거나 불길한 예감을 갖는 등의 신체적·정서적 특징을 보인다(Woolfolk & McCune-Nicolich, 1984). 상태 불안(state anxiety)은 특수 불안(specific anxiety)이라고도 하며, 특수 상황에서 느끼는 불안을 의미한다. 특성 불안을 가지고 있지 않은 사람들도 어떠한 특수 상황에서 상태 불안을 경험할 수 있다.

2) 시험 불안

학생들의 학교생활에서 쉽게 관찰할 수 있는 불안은 시험 불안이다. 시험은 학생들에게 보람과 도전감을 주기도 하고, 현재의 자기를 평가하고 자기를 이해하는 데 도움이 되기도 하지만, 좌절과 갈등의 원인이 되기도 한다. 학생들은 종종 자신의 능력 때문이 아니라 시험에 대한 불안으로 인하여 학습 효과나 성취 수준이 낮아지는 경우가 있다. 이처럼 평가 또는 시험과 관련된 불안을 시험 불안(test anxiety)이라고 한다. 시험 불안은 시험이라는 특수한 상황에서 불안이 생기는 것이므로 상태 불안의 일종이라 할 수 있다(이용남 외, 2000).

Gaudry와 Spielberger(1971)의 연구결과에 따르면, 높은 불안 상태를 보이는 학생들은 일반적으로 자기 비하가 심하고 모험을 좋아하지 않으며 백일몽에 빠지는 행동 양식을 자주 보인다. 또한 Good와 Brophy(1991)는 저학년 학생들은 승낙과 거절 등으로 인해 불안이 조절되며, 고학년 학생들은 불안을 느끼면 교실에서 공격적인 행동을 나타낸다고 한다.

또한 미국의 천만 명의 초·중등 학생이 학업 상황 속에서 심각한 시험 불안증에 시달리고 있으며, 불안을 가진 학생의 20% 정도가 학업에 실패하는 반면, 불안을 덜 가진 학생들은 6% 정도가 실패한다고 한다(Hill & Wigfield, 1984).

적절한 불안은 학업 성취에 좋은 영향을 주고 학습의 동기 유발체가 될 수 있지만, 지나치게 불안을 느끼거나 혹은 불안을 전혀 느끼지 못하는 것은 모두 학생들의 학업 성취에 부정적으로 작용한다.

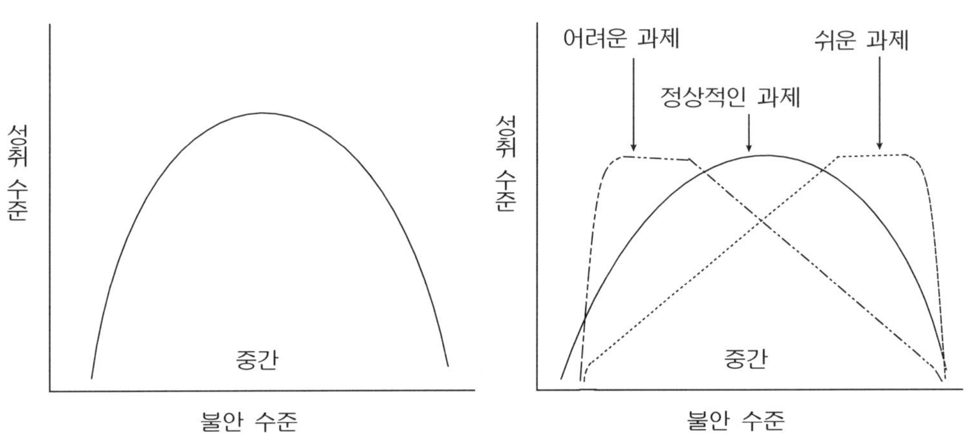

[그림 3-6] 불안 수준과 성취 수준과의 관계

[그림 3-6]과 같이 적정 수준의 불안을 느낄 때 학습 활동이 가장 활발하다. 불안이 아주 높거나 낮을 때는 학습에 열의가 없고, 아주 높은 경우에는 흥분하고 서두름으로 인하여 사고 작용이 흐트러지기 때문에 학습효과가 떨어진다. 또한 [그림 3-6]에서 알 수 있듯이, 불안이 낮은 경우 학생들은 주의가 산만하고 과제에 집중하지 않기 때문에 성취 수준이 낮아진다. 또한 불안이 지나치게 높으면 자기비하감이 인지 능력의 일부를 차지하게 되어 과제 수행에 필요한 정보처리 용량이 부족해지므로 성취 수준이 떨어진다. 따라서 시험 불안은 복잡한 인지 과정을 요구하는 과제나 문제를 해결할 때 더 높아지고 더 부정적인 영향을 미친다고 할 수 있다.

불안 수준은 기억에도 영향을 미친다. 즉, 기억하는 데 실수의 가능성이 적은 학습과제에서는 불안 수준이 높은 학생들이 유리하나, 점차 복잡해져서 실수의 가능성이 많아질수록 불안 수준이 높은 학생들은 불리하고 불안 수준이 낮은 학생들이 유리하다.

위에서 살펴본 여러 연구 결과를 종합해 볼 때, 불안 수준은 단순히 과제 수행을 방해할 뿐만 아니라 학습 과정이나 학습 전략과 과제 집중력에도 영향을 주는 주요 요인임을 알 수 있다.

5. 성 격

1) 성격의 정의

성격은 말, 행동을 통해 개인의 특질 또는 그 자체가 지닌 태도의 본질적 특징, 일관성이 있는 경향, 고유의 성질로 한 개인을 다른 개인들로부터 지속적으로 구별지워 주는 개인의 독특한 심리적 특징을 말한다.

성격 정의에 가장 중요한 두 가지 핵심개념은 일관성과 독특성이다. 일관성이란 시간과 상황에 관계없이 나타나는 행동의 안정성을 말하고 독특성이란 동일한 상황에 대한 개인의 반응 차이를 의미한다. 따라서 성격이란 '일관성 있는 행동특성의 독특한 조합'이라고 정의할 수 있다.

영어의 personality는 그리스어의 persona로부터 유래하였다. 본래 이 말은 고대 그리스 연극에서 배우들이 쓰던 가면을 지칭하던 말에서 배우들의 역할을 나타내는 말로 사용되었는데, 배우가 가면을 쓰고 무대에서 연극을 하듯이 사회 장면 속에서 피상적으로 표출되는 사람들의 사회적 이미지(public personality)를 뜻한다. 즉, 사회라는 커다란 무대에서 개개인이 나타내 보이는 외형적인 행동 양식을 말한다.

성격의 특성은 다음과 같다.

① 성격은 일관성과 지속성이 있어 성격적 특성에 따라서 고유하고 일관된 반응양식을 나타낸다.

② 성격적 특성은 대인관계에서 나타나는 개인의 인상이다.

③ 성격은 환경에 적응하는 반응양식을 결정해 주는 생리적, 정신적 측면이 있다.

④ 성격은 성장함에 따라 형성되며 환경이나 학습 등의 조건에 따라 변화될 수 있다.

2) 성격이론

다양한 성격이론들은 크게 2가지로 분류할 수 있는데, 이미 형성된 성격 형태들을 인정하고 이들의 각기 유사성과 차이점에 따라 분류하고, 분류된 성격들이 어떠한 특성을 갖고 있는지에 관심을 갖는 성격이론인 특성이론과 성격이 어떻게 형성되고, 발달하고, 기능하는지를 알고자 하는 과정이론이다.

특성이론에는 유형론과 특질론이, 과정이론에는 무의식과 어린 시절의 경험을 강조하는 정신분석, 개인에게 주어지는 환경 자극과 반응간의 관계성을 강조하는 행동주의, 개인의 주관적 경험과 자기 실현을 강조하는 인본주의 이론이 있다

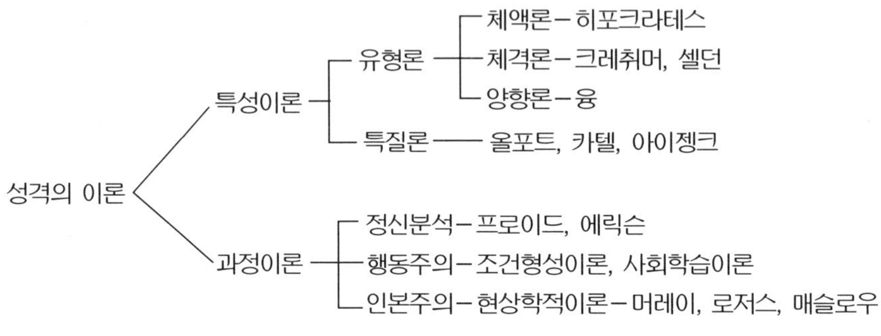

[그림 3－7] **성격이론**

제 4 절 동기유발

1. 동 기

1) 동기의 개념

동기란 행동을 일으키고, 어떤 행동을 할 것인가를 마음먹고, 그 행동을 지속하게 하는 심리적 기제를 설명하는 가상적인 개념이다. 동기란 말은 라틴어의 'moveers'에서 온 것으로 '움직인다'(move)를 뜻한다. 이렇듯 동기란 움직임(movement)을 가져오는 과정이며, 이 움직임은 맹목적인 것이 아니고 방향이 있는 것이다. 또한 동기는 행동에 활력을 주며 어떤 목표를 향하도록 방향을 제시할 뿐만 아니라 목표 달성을 위해 효과적인 행동을 하도록 강화한다. 동기(motive)는 행동을 유발하고, 방향을 제시하고, 유지시키는 신체적, 심리적 상태이다.

동기는 '목표지향적인 행동'인데, 여기에서 행동이란 보이는 행동 뿐만이 아니라 보이지 않는 기쁨, 사랑, 공포, 분노 등과 같은 정서적 상태도 포함하는 개념이다. 동기는 외현적으로 관찰할 수 없는 추상적인 개념인 반면 행동은 직접 관찰할 수 있다. 그러므로 관찰 가능한 행동의 변화를 설명하기 위하여 이 변화에 영향을 주는 심리적, 생리적 변인들을 추론할 수밖에 없게 된다. 이러한 추론들이 개인의 목표라던가 욕구, 필요, 의도, 목적과 같은 동기의 개념에 포함되어 있는 것들이다.

동기는 학습 장면에서 학습자의 학교생활의 성공과 실패에 영향을 주는 중요한 변인 중의 하나이다. 학습자가 목표를 향해서 그의 에너지를 동원하기 위해서는 교사가 학습자의 동기화 과정을 정확히 이해하고 적절한 동기 유발의 방법을 사용하는 것과 학습자 스스로가 자신의 욕구와 동기에 대한 자각을 하는 것이 필요하다.

2) 동기의 종류

'무엇이 우리의 행동을 이끌어 가고 활기차게 하는가?' 이런 질문에 대한 대답인 동기의 종류는 1차적 동기와 2차적 동기, 일반 동기와 특수 동기, 내재적 동기와 외재적 동기로 분류할 수 있다.

(1) 1차적 동기와 2차적 동기

학습되지 않은 1차적 동기(primary motives)는 생득적 성향을 말하는데, 신체적 · 생리적 평형 상태를 유지하고, 유기체의 생명보존, 종족보존에 필요한 동기를 가리킨다. 이를테면 갈증, 수면, 휴식, 반사 및 활동, 배설, 성욕 등을 들 수 있다. 이에 대하여 2차적 동기(secondary motives)인 사회적 동기는 1차적 동기를 제외한 후천적 학습 및 경험으로서의 동기를 가리키며, 상벌, 경쟁, 우월, 독립, 소속감, 사회적 인정 등을 들 수 있다.

대표적인 1차적 동기 가운데는 '성동기'와 공격성(aggressiveness)이 있다.

사회가 발전하고 복잡해질수록 인간행동의 동기화 과정에서 생리적인 1차적 동기보다는 학습된 2차적 동기가 더욱 중요한 역할을 한다. 환경적 요인이나 상황요인에 의해 학습된 동기, 특히 대인관계 속에서 형성되는 사회적 동기는 모두 2차적 동기의 범주에 속하는 예이다.

대표적인 2차적 동기의 예는 권력 동기와 성취 동기이다. 권력 동기는 타인으로부터 인정을 받고 타인이나 집단을 통제하거나 그들에게 영향을 미치려는 욕구를 의미한다. 개인이 어떤 성취행동을 할 때 금전이나 명예 때문이 아니라 그 일 자체에 즐거움과 의미를 부여하는 동기에 의해 그 일을 성취하는 경우 이를 성취 동기(achievement motivation)라고 부른다. 즉, 어떤 보상을 위해서가 아니라 성취를 위해서 한 영역에서 뛰어나고자 하는 사람들은 높은 성취 동기가 있는 것으로 간주한다.

(2) 일반 동기와 특수 동기

동기는 학습과 관련하여 일반 동기와 특수 동기로 구분할 수 있다. 학습에 대한 일반 동기(general motivation)란 학습 상황에서 지식의 습득, 기능의 숙달을 위해 노력하는 지속적이고 폭넓은 경향을 말한다. '지속적'이라는 뜻은, 일반 동기는 일단 형성되면 초등학교, 중등학교, 대학, 직장, 그 밖의 사회생활에까지 계속 유지된다는 것이다. 또한, '폭넓은' 이라는 뜻은 일반 동기가 교육과정 전반에 영향을 준다는 것을 말한다. 즉, 과목에 따라 약간의 차이가 있을 수는 있겠지만 긍정적인 동기유발은 특정 과목이나 주제 영역을 뛰어넘어 광범위한 영역에서 활성화될 수 있다.

이에 반해 특정 영역이나 내용의 학습에 관해서만 동기화되는 것이 특수 동기(specific motivation)이다. 학습에 있어서의 특수 동기는 특정 과목 혹은 특정 수업시간의 학습에서만 학생들의 학습을 촉진한다. 따라서 특수 동기는 교사의 통제 범위 안에 들어 있으며 특정 전략에 의해 변화될 수 있다.

(3) 내재적 동기와 외재적 동기

동기는 보상의 유형에 따라 두 가지로 구분된다. 보상에는 자발적으로 행동의 과정이나 결과에 대해 만족을 느끼는 내적 보상과, 외부로부터 주어지는 외적 보상이 있으므로, 이에 따라 동기 역시 내재적 동기와 외재적 동기로 구분된다.

욕구, 흥미, 호기심, 즐거움 등 내적이고 개인적인 요인, 즉 내부적인 요인들에 의해서 유발되는 동기를 '내재적 동기(intrinsic motivation)'라고 한다. 내재적으로 동기화되어 있는 경우에는 활동 그 자체가 보상으로 작용하기 때문에 그 활동을 하도록 하기 위해서 어떤 유인물이나 처벌이 필요하지 않다. 내재적으로 동기화된 사람은 주어진 과제 자체나 그것이 가져다 주는 성취감을 즐긴다. 학습과 관련하여 내재적으로 동기화된 사람은 학습활동 그 자체를 좋아하기 때문에 아무도 학습을 강요하지 않는 상황에서도 자발적으로 학습활동에 몰두한다. 이는 활동 그 자체가 보상받는 것이므로, 외부의 별다른 보상을 필요로 하지 않는다.

반면, 외적이고 환경적인 요인, 즉 보상, 사회적 압력, 처벌 등에 의해 유발되는 동기를 '외재적 동기(extrinsic motivation)'라고 한다. 외재적으로 동기화된 사람은 활동 그 자체에는 흥미가 없으며, 그것이 가져다 줄 보상에만 관심이 있다. 성적이나 보상, 교사나 부모의 처벌에 관심이 있다.

특정 행동이 내재적으로 동기화된 것인지 혹은 외재적으로 동기화된 것인지는 어떤 활동을 하는 '원인의 소재(locus of causality)', 다시 말해서 원인의 위치가 그 활동을 하는 사람의 내부에 있는가 혹은 외부에 있는가에 의해서 구분되어질 수 있다.

브루너(Bruner, 1960)는 내재적 동기유발의 중요성을 크게 강조하면서 수업 활동을 통해 교사는 다음 네 가지의 내재적 동기유발에 힘쓸 것을 권유한 바 있다.

① 학습의욕의 고취

② 다른 학생들과 협동하려는 본질적인 충동의 고무

③ 호기심 유발과 확실한 것으로의 탐색 권장

④ 능력 향상에 대한 충동의 고무

그러나 내재적 동기 유발이 학습에 매우 효과적이긴 하지만, 학교 학습에서는 양자의 동기가 모두 중요하다. 학습 활동의 상당 부분은 흥미나 호기심을 자극하는 등 내재적 동기를 장려함으로써 이루어질 수 있다. 그러나 문법, 3R's, 암기 과목 등 많은 학습 내용이 재미와는 관계없이 수행되어야 한다. 따라서 외재적 동기 역시 무시할 수 없다.

교사는 상황에 따라서, 과제의 성격에 따라서, 그리고 학습자의 특성에 따라서 그에 알맞는 동기유발을 시켜야 한다. 교사는 외재적 동기가 적절한 수준에 이르렀다고 판단되면 내재적 동기를 격려하고, 촉진하는 것이 바람직하다(Brophy, 1988). 마지못해, 아니면 매우 어렵게 진행된 학습의 결과에 대해 보람과 자부심을 갖게 되면 이는 출발은 외재적 동기에서 비록 되었더라도 결국은 내재적 동기화되는 것이며, 교사는 이러한 좋은 기회의 포착을 놓쳐서는 안 될 것이다.

이와 유사한 심리적 현상을 올포트(Allport, 1961)는 기능적 자율(functional autonomy)이라는 말로 표현하고 있다. 한 아동이 존경하는 선생님이나 사랑하는 부모의 인정을 받기 위해 독서를 하기 시작했는데, 후에는 책을 읽는 그 자체가 재미있어서 독서를 계속하는 현상 같은 것이 기능적 자율이다.

3) 동기유발 : 교실에서의 적용

교실에서 학생들의 학습 효과를 증진하기 위해서 계획적으로 활용할 수 있는 학습 동기유발 방법은 학습자의 요구, 흥미, 태도, 목적 등에서 이루어지는 내재적 동기와 점수, 승인, 상, 벌 등에 의하여 이루어지는 외재적 동기로 구분할 수 있다. 그러나 내적 동기와 외적 동기는 대단히 근접되어 있으므로 엄밀하게 구분하기가 힘들다.

여기에서는 Wlodkowsky가 소개하고 있는 수업 전, 수업 중, 수업 후의 활동으로 구분한 동기유발 방법을 소개한다.

(1) 수업 전의 동기유발 방법

① 학습의 목표를 명백히 제시하고, 목표를 분명히 이해하도록 돕는다. 또한 달성 가능한 목표를 제시한다.

학습의 목표는 구체적이고, 학습이 끝났을 때 어떠한 행동의 변화, 즉 학습이 일어났는지를 분명히 알 수 있도록 제시하는 것이 동기유발에 효과적이다. 학급 구성원의 선수 학습 수준에 따라 달라지기는 하겠지만, 어느 정도 노력하면 대다수의 학생들이 달성할 수 있는 목표를 제시하는 것이 바람직하다. 구성원의 이질성이 큰 경우에는 기본 학습과제, 진보 학습과제, 심화 학습과제 등으로 나누어 각자의 수준에 맞는 목표를 달성하도록 자극, 고무시킨다.

② 학습의 목표를 개인적 욕구와 결부시킴으로써 관심과 흥미를 갖게 한다.

호기심에 대한 자극, 남에게 인정받으려는 자존의 욕구 자극, 이 문제는 꽤 머리를 써야 풀 수 있는 문제라는 식의 도전의욕 고취가 필요하다. 입시를 염두에 둔 중, 고생의 경우 이 문제는 어느 해 입시시험에 출제된 문제라든가, 출제 가능성이 많은 문제, 이 과제를 해결해야 다음 단계로의 진입이 가능하다는 등의 안내도 효과적이다.

③ 교사가 학습에 대해 갖고 있는 기대감의 수준이 적정해야 하며, 이것이 학생들에게 전달되어야 한다.

교사는 학생의 학습능력을 정확히 파악하고, 이에 맞추어 적절한 수준의 과제를 학생이 성취해 줄 것을 기대한다는 느낌을 학생들이 느낄 수 있도록 해주는 것이 바람직하다.

④ 교과목이나 학습과제에 긍정적인 태도를 가질 수 있도록 지도해야 한다. 교사의 태도 역시 학생들에게 전달되는 것임을 유념해야 한다.

교과목의 성격에 따라 학생들이 좋아하는 과목도 있고, 그렇지 않은 과목도 있다. 경우에 따라서는 선생님에 대한 유쾌한 경험, 또는 불쾌한 경험이 과목에 대한 오해의 원인이 되기도 한다. 열심히 가르치는 교사로부터는 그 태도를 학생들이 본받아 학습에 좋은 태도를 갖기도 한다. 따라서 교사는 학생들에게 혐오감을 줄지도 모르는 행동은 삼가야 하며, 열심히 가르치는 인상을 주어야 하며, 유쾌한 학습 분위기를 조성하는 한편, 학과목의 오해에 대한 원인이 어디에 있는가를 파악하여, 이를 수정하는 조처를 취해야 한다. 이를테면 "수학은 참 어렵고 하기도 싫지요?"라는 반문을 통해 "네"하는 학생들의 동의를 얻어낸 후 재미있는 수학상식 몇 가지를 들려주는 등의 조처를 취할 수 있다.

⑤ 학습하기에 적절한 환경을 마련해 주어야 한다.

실내의 온도, 채광의 정도, 책걸상의 상태, 소음통제, 단정한 자세, 피로 상태 등을 고려하여 쾌적한 학습분위기를 조성해야 한다. 학생들이 지나치게 피로를 느끼는 경우라면 피로를 푸는 간단한 심호흡, 체조, 이완 동작, 다소의 수면 등의 조처를 취한 후 학습에 임하는 것이 좋다.

(2) 수업 활동 중의 동기유발 방법

① 교사가 수업 전체를 주도하지 말고, 학생들의 직접적 참여를 유도한다.

가급적 흥미로운 질문을 던져 호기심을 자극하는 한편, 적절한 힌트를 주어 학생들이 스스로 문제를 해결했다는 성취감을 자주 느끼게 하는 것이 좋다. 아주 간단한 것으로는 "식물이 성장하는데 필요한 것은 물과 토양과……"라고 교사가 답변을 유도하면, 학생들이 '공기와 햇빛'이라고 답하는 수준에서부터 토의법의 활용에 이르기까지 그 수준은 다양할수록 좋다.

② 학생들에게 성취의 기회를 자주 부여하고, 바람직한 반응, 성취에는 즉시 강화한다. 칭찬, 보상이 벌보다 효과적이다.

교사가 문제를 처음부터 끝까지다 풀어주는 것보다는 학생들 스스로가 풀거나, 거의 다풀었을 때까지 기다렸다가 강화(칭찬)를 해 주는 것이 효과적인 동기유발 방법이다. 작은 것이라도 각자의 수준에 맞게 과제를 제시하고 이를 성취하게 하는 것이 좋다. 이러한 성취감은 자신감을 갖게 하며, 아울러 긍정적 자아개념을 갖게 하는 데에도 효과적이다. 또한 이러한 성취가 있으면 즉각적으로 강화를 해 주는 것이 좋다. 벌은 일시적으로 그 반응을 중단케 하는 효과만 있으므로 교육적으로 꼭 필요하다고 생각되는 경우(학업이 아닌 태도, 성격 등 생활지도적인 특면에서만)에만 가하고, 칭찬이나 그 밖의 보상을 주는 것이 효과적이다.

③ 학습의 진전의 정도를 수시로 알려 주는 것이 효과적이다.

학습의 진전의 정도를 즉시 알려 주는 일은 학습의 효과를 증진시킬 뿐만 아니라 학습자의 동기를 강화시키는 데에도 매우 효과적이다. 이를 통해 학생들은 잘못한 것에 대한 자극을 받기도 하고, 잘한 것에 대해 고무되어 학습을 촉진시키게 된다. 또한 교사가 학생에게 늘 관심이 있다는 것도 느끼게 됨으로 학습태도를 좋게 하는 데에도 도움이 된다.

④ 동료들 간에 협동적인 분위기를 조성하되, 경우에 따라서는 적절한 경쟁심을 유발시키는 것도 효과적이다.

학교 학습은 교사와 학생간의 1 : 1적인 관계도 성립되지만, 대부분의 학습과정은 전 학습 구성원의 강화 작용을 통해 이루어진다. 집단토의나 집단 브레인 스토밍(group brain storming)을 통해 과제를 해결하는 것도 효과적이며, 분단별로 토의 결과를 발표케 함으로써 협동과 경쟁을 아울러 도모함으로써 동기유발의 효과를 극대화시킬 수 있다. 이러한 과정은 비단 동기유발의 측면에서 뿐만 아니라, 민주시민의 교육을 위해서도 필요한 일이다.

⑤ 과제나 문제해결에 다양한 방법을 동원하고, 이를 기억케 하기 위한 다양한 통로를 마련해 줌으로써 학습자가 다소간의 감탄과 더불어 학습에 흥미를 느끼게 한다.

교사는 그 과제에 정통해 있으므로 조금만 신경을 쓰면 그 과제를 쉽게 해결하는 방법, 다른 방식의 해결법, 이의 변형, 쉽게 기억하는 방법 등을 제시할 수 있다. 이렇게 하면 학생들은 그 과정에 흥미를 느낄 뿐 아니라 교사에 대한 신뢰심과 존경심도 아울러 갖게 되는 일석이조의 효과가 있다. 초·중·고에서의 교재연구는 이러한 측면을 개발하는 데 더 많은 시간을 할당하는 것이 바람직하지 않나 생각된다.

(3) 수업 후의 동기유발 방법

① 학습 결과에 대해 긍정적인 평가를 해 주고, 미흡한 점에 대해 언급해 주는 것이 바람직하다.

학습이 일단락되면, 처음의 목표에 비추어 이러이러한 진전이 있었음을 알리고, 이런 점은 참 좋았다고 일단 긍정적 평가를 해 주는 것이 차후의 동기 유발에 효과적이다. 미흡한 점에 대해서는 차시에 다룰 것을 언급하면서 핵심적인 문제를 한두 개 택해 과제로 내주는 것도 좋다.

② 학습 결과에 대해서는 반드시 그 정보를 알려 준다.

시험의 결과는 물론이거니와 간단한 퀴즈, 숙제 등에 대해, 이러이러한 점이 썩 좋았다든가, 이 점은 이렇게 하는 것이 더 좋겠다든가 등의 촌평을 해 주는 것이 바람직하다.

③ 촌평을 하는 경우 우선 학생이 잘했다는 점을 밝혀 학생의 능력과 노력을 인정해 주고, 미흡한 점은 학생의 능력이 부족해서가 아니라 노력이 부족했거나 보는 관점이 달랐다는 등 노력이 중요하다는 점을 부각시키는 것이 바람직하다(안범희 저, 1996, pp. 241～244).

2. 성취동기

1) 성취동기의 이해

Murray(1948)는 인간이 지니고 있는 많은 동기를 분류하면서 성취욕구라는 특수한 동기를 포함하였다. Murray 이론에 의하면 인간의 행동을 결정하는 요인은 욕구와 압력의 두 가지로 요약되고 20여 개의 심리적 욕구 중에서 성취욕구는 장애물을 극복하고 권력을 행사하며 가능한 한 훌륭하고 신속히 어려운 일을 하기 위해 노력하려는 욕망, 또는 가능성이라고 정의하였다. Murray

에 의해서 처음 소개된 성취욕구는 그 후 McClelland와 그의 동료들에 의해 성취동기라는 개념으로 더욱 발전하였다(정범모 · 박용헌, 1969).

McClelland(1961)는 Murray에 의해 착상된 동기를 "감정적 색조를 띤 연상적 망조직"이라고 정의하고 이것이 타인과의 경쟁이나 자신의 탁월성에 대한 기준과의 경쟁, 독특한 업적, 장기적인 목표에의 자아와 관여하여 감정을 유발시킬 때 이를 성취동기라고 정의하였다. McClelland, Atkinson, Clark 및 Lowell(1953)은 성취동기가 행동을 일으킬 수 있는 이유는 성공적인 행동이 유쾌한 경험을 가져오기 때문이며, 개인내의 모든 동기들은 학습된 것이기 때문에 각 개인마다 서로 다른 내용의 동기들을 지니게 되고, 따라서 각 개인마다 지니고 있는 동기들이 행동에 영향을 미치는 강도도 다르다고 하였다. 성취에 대한 이러한 개념을 토대로 성취동기를 측정함으로써 성취지향적 행동경향이 높은 자를 가려 내어 이들의 성취행동을 예언할 수 있을 뿐만 아니라 새로운 성취경험을 갖도록 훈련함으로써 학습을 통한 성취동기의 육성이 가능하다고 주장하였다.

McClelland와 함께 성취동기의 개념을 발전시키는 데 공헌한 핵심인물인 Atkinson(1966)은 성취동기란 어떠한 우월성의 기준과의 관계에서 볼 때 성공이나 실패로 평가되는 과제에 대한 강하고 지속적이고 목표 지향적인 행동과 통하는 내적 상태라고 했다. 그는 성취행동을 설명하는데 있어서 외부환경 요인이 성취동기와 상호작용함으로써 최종적인 성취행동이 결정되며, 개인은 과거의 학습을 통하여 성취하려는 일정한 수준의 동기를 갖는다고 주장하였다.

Atkinson(1965)은 성취지향적 활동을 학습과제에서 성공하려는 요구와 실패하지 않으려는 요구에 아주 밀착된 것으로 보았다. 또한 성격이론가들에 의하면 성취동기란 수행이 우수하다고 평가받고자 기대할 때 개인의 포부수준, 지구력 및 노력 등을 결정짓는 요인이라고 정의되므로 성취와 관련된 행동이 실생활의 여러 측면에 밀접히 관련됨을 알 수 있으며, 이는 현장 및 실험실에서 이루어진 연구들에서 높은 성취동기를 지닌 자의 수행이 높다는 연구 결과와 일치한다. 이상에서 살펴본 바와 같이 성취동기는 개인은 물론 국가의

발전을 위해서도 중요한 정의적 특성이라 할 수 있다

2) 성취동기와 행동 특성

(1) 성취동기와 학습 행동

성취동기란 훌륭한 일을 이루어 보겠다는 내적인 의욕이며 도전적이고 어려운 문제를 해결하려는 과정에서 만족을 얻으려는 기대로 정의할 수 있다. 다음의 물음에 대하여 긍정적으로 대답하는 학생은 일반적으로 성취동기가 높은 학습 행동을 보인다.

① 교사에게 집중하는가?
② 수업 중에 자발적으로 대답하는가?
③ 과제를 즉각적으로 하는가?
④ 과제가 완성될 때까지 주의를 집중하는가?
⑤ 어려운 문제가 나타났을 때 스스로 문제를 해결하도록 노력하는가?
⑥ 자율적으로 공부하는가?
⑦ 진실로 도움이 필요할 때 도움을 청하는가?
⑧ 정해진 시간에 숙제를 제출하는가?
⑨ 기회가 주어졌을 때 성공이 어려울지라도 도전적인 과목과 과제를 선택하는가?
⑩ 과제해결시 완성된 것으로 보기보다는 부족하다고 인정하는가?
⑪ 과목에서 요구하는 것 이상으로 학습활동에 관여하는가?
⑫ 학습상황 속에서 행복하게 자랑스럽게 열정적으로 열망하는가?
⑬ 지침을 따르는가?
⑭ 다른 친구들에 비하여 나은 성적을 받았을 때도 더 효과적인 학습방법을 강구하는가?
⑮ 스스로 도전적인 학습활동을 주도하는가? 성적과 관계없는 과제에 대

하여 열심히 하는가?

(2) 성취동기와 행동

일반적으로 성취동기가 높은 사람은 다음과 같은 행동 특성을 보인다.

1 과업 지향적 행동

성취인은 어렵고 힘든 일, 자신의 능력을 과시할 수 있는 일에 흥미를 가지며, 그 일을 끝냄으로써 얻을 수 있는 보상이나 자립보다는 일 그 자체를 성취해 나가는 과정을 즐기고 만족스럽게 여기는 성향을 가지고 있다.

2 적절한 모험성

성취인은 어느 정도의 모험성이 포함되는 일에 도전하여 자력으로 성취해 내는 과정을 크게 만족해 한다. 그는 아무런 모험성도 곤란도 내포하고 있지 않는 일에서 흥미를 갖지 않는다. 그러나 성취인은 과업이 자기 능력에 비해 너무 어렵거나 지나치게 모험적일 때도 역시 흥미를 갖지 않는다.

3 자신감

성취인은 그렇지 못한 사람에 비해 과업수행에서 보다 높은 자신감을 갖고 있다. 즉, 그는 그의 짐작을 정당화할 수 있는 사실적 근거가 뚜렷하지 않은 경우, 과업의 성취가능성에 대한 주관적 판단, 즉 자신감을 더욱 높이 갖게 된다. 이전에 전혀 경험해 보지 못한 일에 대해서는 성취동기가 높은 사람은 낮은 사람에 비해 일단 높은 자신감을 갖게 된다.

4 정력적 · 혁신적 활동

성취동기를 탁월한 성취를 하려는 의욕이라 한다면, 성취동기가 높은 사람은 보다 정열적으로 그리고 열심히 일하는 사람이라고 할 수 있다. 성취인은 성취동기가 낮은 사람에 비해 자기가 하는 일에 보다 열중하고 더 많은 새로운 과업을 찾고 계획하여 이를 성취해 나가기에 온갖 정력을 총동원한다.

5 자기 책임감

성취동기가 높은 사람은 성취하려는 과업이 결과적으로 어떻게 되었건 자기가 계획하고 수행하는 일에 대해서 일체의 책임을 자기 자신이 진다. 자기의 과업이 실패했을 때에도 성공했을 때와 같이 자기의 책임으로 여기며 남에게나 여건의 탓으로 돌리지 않는 것이 성취인의 행동성향이다. 성취인은 남에게 의뢰하려 하지 않고 책임을 회피하려 하지 않는다.

6 결과를 알고 싶어하는 성향

성취인은 그가 수행하는 일의 종류를 불문하고 그 일이 어떻게 진행되고 있으며, 예상되는 결과를 어떠한 것인가에 대하여 구체적이고 객관적인 정보를 계속 추구하여 정확한 판단을 한다. 예상되는 결과가 성공적이건, 실패적이건, 결과를 보다 정확히 알고 있을 때 성취인의 성취활동은 더욱 강화된다.

7 미래지향성

성취인은 새로운 일을 이룩하기 위하여 언제나 장기적인 계획을 세우고 미래에 얻게 될 성취만족을 기대하면서 현재의 작업에 열중한다. 그는 미래에 이루어 놓을 성취과업과 성취만족을 기대하면서 현재 당하는 고통 및 갈등과 끈기 있게 싸워 나간다.

위와 같이 성취동기가 높은 사람은 과업 지향적 행동, 적절한 모험성, 자신감, 정력적 · 혁신적 활동, 자기 책임감, 결과를 알고 싶어하는 성향, 미래지향성 등의 특징을 지닌 사람이기 때문에 남들이 이룩하지 못한 분야에서 성공적으로 목적한 일을 무난히 달성할 수 있게 된다.

국내외적으로 성취인의 배경을 보면 모두가 성취동기가 강한 사람들이었음을 피부로 느낄 수 있을 것이다.

3) 성취동기 육성 방안

성취동기의 육성 방안은 다음과 같다.

첫째, 학생들이 성공적으로 학습 과제를 수행할 수 있다는 기대를 높여 준다. 매우 가치 있고 보람 있는 목표일지라도 그러한 목표에 도달할 방법이 없다고 생각할 때, 누구든지 성취하려는 시도조차 하지 않으려고 한다. 또한 성취동기도 생기지 않는다. 과제 수행의 성공에 대한 기대의 가능성을 높여 주는 방법으로는 과제를 현재보다 더 쉽고 용이하게 다룰 수 있도록 몇 개의 하위단위로 나누거나, 과제 수행에 요구되는 기술, 훈련, 도움을 학생들에게 제공하는 것이다.

둘째, 학생들이 주어진 과제를 성공적으로 수행하였다면 이는 자신들의 능력과 노력으로, 만일 실패하였다면 자신의 노력 부족으로 귀인하도록 훈련해야 한다. 즉, 교사는 학생들이 과제 수행에 성공하였을 때마다 성공의 원인이 그들 자신의 능력과 노력에 있었음을 상기하게 하며, 실패하였을 때마다 노력이 부족하였음을 깨닫게 해 주는 것이다.

셋째, 교실 내에서 각 학생들이 가지고 있는 기본적인 성취동기를 높여주어야 한다. McClelland(1965)는 성취동기를 높여 주는 네 단계를 설명하고 있다.

① 목표설정 단계이다. 각 학생들이 현실적이고 실제적인 학습목표를 정하도록 교사가 도와 준다.

② 성취지향적인 사람으로 생각하도록 돕는다. 교사는 학생들이 어느 정도 어려운 과제에 도전하도록 격려하며, 자신의 능력에 대한 자신감을 갖고, 성공이란 노력에 의하여 성취되는 것으로 생각하도록 가르친다.

③ 자기 자신을 성취지향적 사람으로 보게 한다. 교사는 학생들이 자신은 어느 정도 어려운 과제에 도전하고, 성취에 가치를 두는 사람이며, 자신의 노력으로 성공하기를 원하는 사람이라는 생각을 갖도록 격려한다.

④ 학생들이 성취하려는 노력을 할 때, 집단적 지원을 한다. 동료 학생들과 협동적으로 학습 목표를 세워 같이 공부하도록 함으로써 자기 동료 학생과 교사가 모두 자기의 성취 노력에 보조한다는 사실을 깨닫게 한다.

제 5 절 학습이론

학습이란 과거 경험의 결과로 인한 행동의 비교적 영속적인 변화의 과정이다. 이 정의에는 학습의 세 가지 전제조건이 나타나 있다. 첫째, 행동의 변화는 경험, 연습, 혹은 훈련을 통해 이루어져야 하며, 자연적인 성장이나 성숙에 의한 변화는 학습으로 간주되지 않는다. 둘째, 변화된 행동은 비교적 오랫동안 유지되어야 한다. 약물이나 피로에 의한 행동변화는 일시적인 변화이기 때문에 학습된 변화라고 볼 수 없다. 셋째, 행동의 변화는 좋은 행동으로 변화와 나쁜 행동으로 변화가 있으나, 모두 학습에 의한 행동의 변화에 속한다.

학습이론은 크게 행동주의 학습이론과 인지론적 학습이론, 인본주의 학습이론으로 구분된다.

1. 행동주의 학습이론과 적용

행동주의는 관찰될 수 있는 행동에 초점을 두고 인간의 내적 구조, 통찰, 과정, 요구에 관심을 두지 않는 입장이다. 행동주의에서는 학습은 자극과 반응의 결합에 의해 일어난다고 본다. 행동주의 학습이론은 학습을 자극에 대한 반응의 관계로 보는 자극－반응 학습이론이다. 대표적으로 손다이크(Thorndike), 파블로프(Pavlov), 스키너(Skinner)의 이론을 들 수 있다.

손다이크는 고양이를 문제상자에 넣고 탈출하는 행동을 관찰, 연구하여 대표적인 세 가지 학습의 법칙으로서 효과의 법칙, 연습의 법칙, 준비성의 법칙을 제시했다.

효과의 법칙이란 만족이 뒤따르는 반응은 자극과 결합이 잘 되고, 다른 반응보다 더 잘 발생하며, 불쾌 혹은 불만족이 뒤따르는 반응은 잘 발생하지 않는다는 법칙이다. 연습의 법칙이란 자극반응의 관계를 반복하면 결합이 견고해지고, 반복하지 않으면 결합이 약화된다는 법칙이다. 준비성의 법칙이란 효과의 법칙에 대한 생리적 기초를 제공하는 원리로서, 학습할 준비가 되어 있을수록 결합이 용이하다는 법칙이다.

파블로프는 개를 대상으로 조건반사를 연구하여, 고전적 조건형성이론을 제시하였다. 스키너는 비둘기와 쥐를 대상으로 기계 장치 속에서 먹이를 구하는 행동을 연구하여 조작적 조건형성이론을 제시했다.

조건형성이론에서 학습과정의 가장 중요한 관건은 강화(reinforcement)이다. 강화란 어떤 특정한 반응이 일어날 가능성을 증가시키는 모든 사상을 말한다. 강화물에는 정적 강화물과 부적 강화물로 나눌 수 있는데, 전자는 행동이 나타나거나 증가되도록 학습자에게 가하는 사상을 가리키며, 음식, 과자, 칭찬 등이 여기에 속한다. 후자는 어떤 나쁜 조건이나 물건을 없애 줌으로써 행동이 더 증가되도록 하는 사상을 가리킨다.

강화를 주면 행동이 증가하거나 혹은 유지되고 강화가 중단되면 그 강도가 떨어진다. 강화를 주는 조건에 따라 강화의 강도가 달라진다. 우리의 생활 속에는 매번 연속적으로 강화되는 경우보다 간헐적으로 강화되는 경우가 많다. 간헐적 강화는 행동소거에 대한 저항이 강하기 때문에 학습된 행동을 유지하는데 유용하다.

행동주의 학습이론이 나타내는 교육적 시사점은 다음과 같다.

① 벌보다는 강화를 사용한다.

② 강화물을 조심스럽게 선택한다.

③ 일반화와 변별을 증진시킨다.

④ 적절한 강화계획을 사용한다.

⑤ 칭찬을 현명하게 사용한다.

⑥ 정보적 피드백을 사용한다.

⑦ 요구되는 행동을 조성한다.

⑧ 적합한 행동에 대한 단서를 제공한다.

2. 인지론적 학습이론과 적용

인지론적 학습이론은 학습을 '인지구조의 변화'로 설명한다. 초기의 인지이론은 형태심리학의 학습이론에서 출발한다. 쾰러(Köhler)의 통찰이론과 레빈(Lewin)의 장이론이 여기에 속한다. 그 후에 톨만(Tolman)은 기호형태설을 제시하여 인지론적인 학습법칙을 제시하였다. 이후 인지론은 정보처리이론으로 발전하였다.

정보처리이론은 인간의 인지활동을 컴퓨터의 정보처리 과정과 유사하다고 보고, 학습자가 과제의 정보를 수용하고, 저장하고 인출하는 과정과 처리과정에 작용하는 기제를 밝혔다. 정보처리 과정은 감각등록 장치, 단기기억 장치, 장기기억 장치로 구성된다고 본다(그림 3－8).

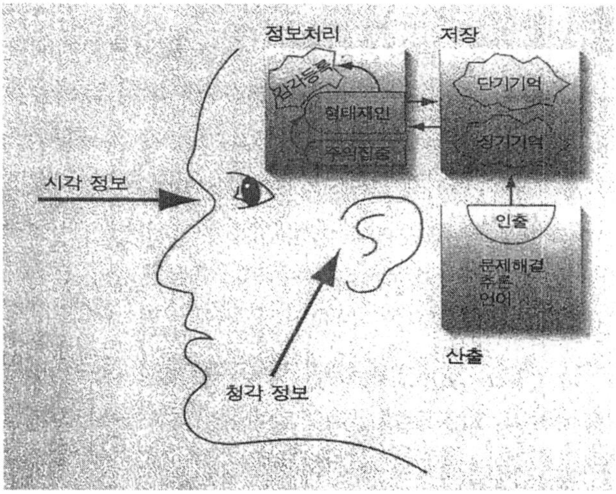

[그림 3－8] 인간의 정보처리 과정

외부에 유입되는 정보는 감각기관에 등록되어 아주 짧은 시간동안 머물다가 그 중에서 주의집중된 정보는 단기기억 장치로 전이되고 나머지는 소실된다. 단기기억은 약 15~30초 동안 머물다가 시연활동(rehearsal)에 의해 장기기억으로 전이되고 그렇지 않으면 소실되어 버린다. 시연활동이란 정신적 암송을 말하며, 장기기억에 전이된 기억은 일반적으로 우리가 말하는 지식을 가리킨다. 장기기억은 마치 도서관에 비유된다. 체계적으로 잘 정리되어 기억되면, 나중에 인출이 잘 이루어지고, 인출단서가 불분명하면, 저장되어 있으나, 인출실패가 나타난다.

인지론적 학습이론이 나타내는 교육적 시사점은 다음과 같다.

① 학습은 이해하는 것이 중요하다.

② 스스로 발견하는 학습이 되도록 한다.

③ 학습자의 외적 동기보다 내적 동기를 강조한다.

④ 학습자의 지적 수준에 적절한 과제를 학습하도록 한다.

3. 인본주의 학습이론과 적용

인본주의 심리학자들은 행동주의 심리학과 정신분석의 문제점을 비판하면서 새로운 접근방식을 발전시켰다. 그들은 학습자의 행동을 관찰자가 아니라 행동자의 관심으로 이해하려고 하였다. 그들은 학습에 있어서 학생의 감정과 관심을 학습자료의 조직과 제시와 함께 동일한 비중을 두고 있다.

대표적인 인본주의 심리학자는 매슬로우(Maslow), 로저스(Rogers), 프롬(Fromm), 그리고 콤스(Combs) 등이 있다.

인본주의 심리학자는 학습을 새로운 정보의 획득과 이들 정보자료의 개인화(personification)의 두 부분으로 본다. 학습자료가 잘 조직되어 학습자에게 제시되면 학습을 잘 할 수 있다는 것은 잘못된 것이다. 학습자료에 포함된 의미는 본래 있는 것이 아니라 학습자 개인이 그 교과목에 의미를 주입시키는 것이다.

그러므로 학습자료를 어떻게 제시하는가가 문제가 아니라 학습자가 학습자료로부터 어떻게 개인적 의미를 이끌어 내도록 도울 것인가가 중요하다.

인본주의 심리학자들은 교육에 보다 넓은 목표를 세운다. 학생들이 자신에 대해 더 많이 배우도록 도와 주고 그들이 다른 사람들과 관계를 맺도록 도와주며, 그들에게 미래의 사회를 준비시켜 주고 스스로 생각하고 스스로 결정을 내리도록 고무시켜 준다.

인본주의 심리학의 학습원리는 다음과 같이 요약된다.

① 인간은 학습에 대한 자연적 잠재능력이 있다.

② 학습자료가 학습자 자신의 목적에 관련되게끔 학습자에 의해 인식될 때 의미있는 학습이 이루어질 수 있다.

③ 모순에서 일어나는 학습은 위험하다.

④ 학습은 자아에 대한 외적인 위협이 최소일 때 더욱 용이하게 지각되고 동화된다.

⑤ 자아에 대한 위협이 낮을 때, 경험은 분화된 방식으로 지각될 수 있으며 학습은 진전될 수 있다.

⑥ 매우 의미있는 학습은 행함으로써 습득된다.

⑦ 학습은 학습자가 학습과정에 책임있게 참여할 때 촉진된다.

⑧ 지력 및 감성을 소유한 전인으로서 학습자가 적극 개입하는 자기주도적 학습은 가장 오래 지속되고 파급된다.

⑨ 독립심, 창의성, 그리고 자기 신뢰는 자기 비판과 자기 평가가 기초가 되고 다른 사람에 의한 평가가 이차적으로 중요성을 내포하고 있을 때, 모두 촉진된다.

⑩ 현대 세계에 있어서 가장 사회적으로 유익한 학습은 학습과정의 학습이며, 그것은 경험에 대한 계속적인 개방이며 자신의 변화과정에로의 통합이다.

인본주의 교육자들은 학습자 중심적이고 교수-학습의 발견적 방법을 지향하는 상황을 더 바란다. 그들은 교수방법 보다는 학생들과 학습과정에 있어서 조력자들로서의 그들의 역할과 인간적 관계에 더 관심을 둔다.

제 4 장

교육의 사회적 기초

제 1 절 교육의 사회적 기능

교육은 사회적 현상의 한 형태이다. 교육의 과정도 사회현상의 제 요소로부터 영향을 받으면서 또 반대로 사회현상에 적극적으로 영향을 주기도 한다. 따라서 교육은 사회현상에 대한 종속 변수인 동시에 독립변수로 작용하게 되므로, 교육은 사회문화의 존속 · 유지의 기능과 함께 사회문화를 개혁 · 창조하는 기능도 있는 것이다.

교육의 사회적 기능에 대한 수많은 논의를 참조해 보면 크게 세 가지 관점으로 집약된다. 즉, 과거의 문화유산을 더 중요시하는 보수주의적 관점, 현재의 사회적응을 더 중요시하는 진보주의적 관점, 그리고 사회변화를 유도 · 촉진하고 미래를 위한 사회개조를 강조하는 사회개선주의적 관점이다.

학자에 따라서는 다양한 관점에서 교육의 기능을 제시하고 있는 바, 앤더슨(C. A. Anderson)은 교육의 사회적 기능을 ① 미래에 대비한 직업의 준비, ②

좁은 문화로부터의 전체문화의 확대 참여, ③ 개인적 성장·발달 도모, ④ 사회적 선발, ⑤ 지식의 보존과 개방의 다섯 가지라 하였다. 한편 박용헌(1980)은 ① 문화전승, ② 사회혁신, ③ 사회통합, ④ 사회충원, ⑤ 사회 이동 등으로 제시하였다.

한편, 학교의 사회적 기능을 중심으로 사회화 기능, 사회개혁적 기능, 사회이동 및 선발의 기능, 사회통합적 기능 등으로 구분한 경우도 있다(차경수, 1985 ; 김종서·황종건, 1987).

이상에서 살펴본 바와 같이 교육의 사회적 기능은 보는 관점과 기준에 따라 여러 가지로 나누어질 수 있다. 여기에서는 이러한 사회적 기능을 수행하는 다양한 교육 중에서 특히 문화유산의 전달 기능, 학교교육을 중심으로 사회통합의 기능, 그리고 사회창조 및 개혁의 기능을 중심으로 살펴보기로 한다.

1. 문화유산의 전달 기능

이 기능은 일종의 교육의 사회화(socialization) 기능이다. 사회화 과정이란 한 개인이 사회의 구성원으로 성장·발달해 감에 있어서, 그가 소속한 사회의 사고, 행동, 습관, 감정 등을 내면화하고, 그 사회가 요구하는 생활양식에 따라 행동하게 되는 과정을 의미한다. 이런 사회화 과정은 인간이 출생하여 사회생활을 하는 인생의 전 과정을 통하여 계속되어진다. 유아기로부터 노년기에 이르기까지 가정, 학교, 사회교육을 통하여 평생 영향을 받는 사회문화의 습득과정인 것이다.

이것은 사회구성원으로 하여금 그 사회가 인정하고 요구하는 언어, 사고, 감정, 가치, 태도, 행동의 제 양식을 학습하게 하고, 건전한 사회생활을 할 수 있게 하는 교육적 과정인 것이다.

사회의 존속을 위하여 문화적으로 전승된 지식, 기술, 가치, 규범, 언어 등의 제반 생활양식과 행동양식을 모든 사회구성원이 계승하게 된다. 문화내용을 전승받음에 있어서 사람마다 다른 의미와 행동규범에서의 차이를 나타내게 되면 사회의 질서·안정이 불가능해질 것이다. 따라서 사회 구성원의 행동규범의 동질성 유지를 위하여 문화전달 기능은 매우 중요하다.

문화가 제공하는 지적인 유산을 젊은 세대로 하여금 터득하고, 과거로부터 전수받고, 현 사회가 공인하는 제반 행위양식을 습득하여 생활 일반에 적용할 수 있게 하는 교육적 과정이 바로 문화전달 기능을 수행하는 교육이라고 할 수 있다.

따라서 문화전달 기능은 사회화의 기능과 사회적응적 기능, 그리고 사회 안전과 유지의 기능과도 같은 의미를 갖는다(박용헌 등, 1980, 74).

이와 같은 문화전달을 위한 사회화는 가정과 학교가 중요한 기관이 된다. 인간은 가정교육을 통하여 사회의 규범, 가치, 예절을 배우며 학교교육을 통하여 지식과 기술 그리고 집단질서와 문화가치를 배우게 된다. 사회에서 인정받고 요구하는 생활양식과 행동양식은 거의 대부분이 문화로부터 전승된 것이며, 전달되는 것은 바로 문화를 전승하는 길이 된다.

이와 같이 사회화를 통하여 다른 세대로 하여금 사회에 적응하게 하는 것이, 바로 사회의 안전과 유지를 위해 필요한 교육의 중요한 기능인 것이다.

한편, 학교에서의 사회화는 크게 두 가지 형태로 나누어진다. 하나는 인지적 사회화인데 이것은 지식이나 기술을 습득시키는 것이다. 다른 하나는 규범적 사회화로서 가치관이나 행동양식을 형성시키는 사회화 기능이다.

또 사회화는 집단적 의미와 개인적 의미로 생각해 볼 수 있다. 전자는 하나의 사회로서의 통일성을 유지하면서 존속, 발전하기 위하여는, 그 사회구성원 간에 일정한 공통된 가치관이나 행동양식이 존재하지 않으면 안 된다는 것이다. 다른 한편, 개인적 강조점은 민주주의 사회는 다양성이 요구되기 때문에 많은 사람들이 학교교육을 통하여, 독자성과 개성 있는 인간으로 육성되어야 하는 것을 뜻한다.

2. 사회통합의 기능

교육이 갖는 사회통합적 기능이란 사회의 여러 이질적 요소들이 각기 고유의 기능을 유지하면서, 전체적으로는 모순과 갈등이 없이 조화를 이루면서 발전해 가는 기능을 의미한다(박용헌 외, 1980, 77).

이 사회통합적 기능은 사회화를 통하여 공인된 사회 가치관, 규범, 태도 등의 생활양식이나 행동양식을 육성하게 하고, 사회의 총의를 형성하게 하는 점에 있어서는 문화전승의 기능과 같은 의미를 갖는 것이다. 이를 토대로 통합의 기능은 점차 전문화되고 특수화되어 분화되는 모든 사회기관들의 관계를 조정하고, 부문문화와 특수문화 간의 모순과 갈등을 해소하여, 조화를 이룰 수 있게 하는 기능이다. 이러한 조화를 이룰 수 있게 하기 위하여, 사회통합적 기능은 보다 강제성을 띠는 사회적 통제(social control) 또는 사회적 규제의 기능을 수반하는 의미에서 문화전승 기능과 구분된다.

학교교육을 통하여 개인은 시간과 규율을 지키고 순종, 근면성 등의 생활태도를 배우며, 그 사회가 요구하는 중핵가치, 규범, 태도 등을 습득함으로써 사회 일원으로서의 자격과 역할을 잘 수행할 수 있다. 모든 국가들이 의무교육제도를 통하여 국민의 지적 수준과 문화수준을 향상시킴으로써 새로운 국가목표를 일반화시키고, 국민형성(national building)을 꾀하는 것도 이러한 맥락으로 해석할 수 있다(석태종, 1985, 55~57).

교육도 어느 정도의 강제성을 띠면서 개인의 행동을 통제하여 바람직한 방향의 행동을 육성하며, 공통분모에 해당하는 행동을 형성하게 하여 사회적 통합이 이루어지도록 공헌하고 있는 것이다. 그러나 이러한 사회적 통합을 형성한다는 것은 다양화, 복잡화되는 현대사회에서는 매우 어려운 일이며, 교육의 힘만으로는 불가능한 과제로 되고 있다. 따라서 현대사회에서는 다양한 조직과 기능의 분화와, 이질 요소의 통합을 위하여는 다양한 사회기제(social mechanism)를 활용하게 된다. 사회질서 유지를 위하여는 법과 공권력을 발동하는 것이 그 예가 된다. 그러나 사회적 통합을 형성하는 보다 능동적이고, 바람직한 방법은 교육을 통한 공통의 사회의식과 사회의 총의를 형성하는 것이며, 이런 의미에서 교육의 사회적 기능을 더욱 강화하는 일이 중요하다.

사회통합의 기능은 사회와 국가의 여러 기관에서 담당하는 것이지만 가정과 학교의 사회화 기능이 일차적으로 중요하다. 교육의 과정에서 교사나 부모는 칭찬, 벌이나 상을 주는 것 등을 통하여 바람직한 행동을 권장하고, 정상에서 벗어나는 일탈행동에 대하여는 제재를 가한다. 그러나 오늘날 가정의 교육적 기능은 전통사회에 비하여 매우 약화되어 가고 있으며, 학교교육에 있어서도 과거에 비하여 훈육적 통제기능이 점차 약화되어 가는 경향이 짙다. 그러나 다른 기관과는 달리 교육기관은 미래지향적인 가치관과 태도를 강조하고 벌과 제재에 의한 소극적, 부정적 방법보다는 칭찬과 상에 의한 적극적이고 능동적인 방법을 통하여, 심층적 인격구조의 변화를 가져오게 하는 노력이 필요하다.

이러한 노력은 학교가 교육을 통하여 학생들에게 공통의 이념과 사상, 그리고 가치관 형성을 통하여 사회적 통합이 이루어지도록 하는데 필요하다.

3. 사회충원의 기능

교육은 사람을 길러 사회의 적재적소에 배치하는 역할을 한다. 학교교육이 수행하는 기능 중 가장 현실적이고 구체적인 기능이 선발 및 충원의 기능인 것이다. 이것은 인력의 선발·분류·배치의 기능을 말한다.

이 세상에는 수많은 직업이 존재한다. 캐나다 직업사전에 의하면 세상에는 2만 여 종의 직업이 있고, 우리나라만 해도 현재 1만 2천 여 종의 직업 종류가 있다고 한다. 직업의 종류에 따라 지위와 역할이 달라지며, 지식과 기술 등의 자질이 다르게 요구된다. 교육은 이러한 사회적 요구를 인력의 선발, 분류, 배치 등을 통하여 충족하게 된다.

사회가 고도산업사회화되면서 학교교육을 통한 인력양성은 매우 중요한 역할로 부각되었다. 더욱이 산업구조와 사회구조의 급격한 변화는 인력수급의 요구를 점차 심화시키고 있다. 학교 수준과 학력은 사회적 선발과 배치에 매우 중요한 기준이 되고 있다. 오늘날과 같은 개방사회에서는 학교의 졸업증서가 사회적 선발과 지위의 배분에 결정적인 요인으로 작용하고 있는 예가 일반적인 현상이다. 따라서 대개 전문직이나 관리직에서는 고학력자를 배치하고,

미숙련 단순노동직에는 저학력자를 배치하게 되었다.

우리나라의 사회충원은 과거와는 달리 신분과 같은 귀속적 요인에 의하기보다는 교육성취와 같은 업적 요인에 의해 이루어진다. 그리고 직업적 지위나 배분은 교육수준에 따라서 그 부여조건이 제한되는 경우가 일반적이다.

이러한 학력위주의 사회적 선발과 기회 제한의 문제는, 능력사회(meritocracy)의 이념에 배치되는 일인 바 능력이나 업적보다는 졸업장, 학위의 소유 여부가 더 중요시되는 데에서 기인한다.

학교교육의 사회적 선발과 충원의 기능은 보는 시각에 따라 상반된 견해가 제기된다. 기능주의적 관점에서는 고학력자가 더 좋은 사회적 지위를 배분받는 것이 더 정당한 것으로 보는가 하면, 갈등론적 입장은 학교교육은 업적주의적 사회정의 실현보다는, 계층의 재생산 도구로 전락되었다고 보고 있다. 이러한 갈등론적 입장은, 사회적 선발과 배분은 개인의 귀속적 요인, 즉 부모의 사회·경제적 지위, 위광, 권위 등에 따라 상당한 정도의 영향을 받고 있다는 것이다.

보올즈와 진티스(Bowles & Gintis, 1976)의 연구에 의하면 중·상류계층의 자녀들은 전문직, 고급관리, 경영직에 많이 진출하고 있으나, 근로직 부모를 가진 학생들은 기능직 및 준전문직에 많이 진출하는데, 이러한 사회적 충원은 가정·학교·사회가 서로 연계되어 자본주의 사회의 요구에 부합된 교육의 사회충원 기능의 문제로 제기되고 있다.

미국 사회의 경우 교육의 사회적 선발 및 배분은 학교의 교육제도 및 운영과정과 밀접히 연계되어 있다고 한다. 중등학교의 교육과정은 부모의 사회적 배경에 따라 인문, 상업, 공업 등으로 갈라지게 되며(이것을 tracking system 이라고 함) 백인계 중류 이상의 배경을 가진 학생은 대학진학(college track) 과정으로 속하고, 비백인계 하류계층 학생은 직업과정이나 비진학(non-college track) 과정으로 구분되어, 동일학교에서도 다른 교육과정에 따라 교육을 받는 것이 일반적이다.

학교교육의 사회적 충원기능을 보다 충실히 수행하기 위하여 교육기회균등, 학생의 선발 및 분류, 인력 수급, 산업구조와 고용문제 등에 관한 많은 연구와 개선이 수반되어야 한다.

4. 사회적 지위이동의 기능

근대사회에 있어서 어느 지역사회에서든 교육은 사회적 지위이동의 통로로 간주되어 왔다. 우리나라의 경우 오래 전부터 교육은 개인과 가문의 사회적 지위, 권위, 위광을 나타내는 기준이라는 것이 일반 사회의 통념으로 되었다.

특히, 학교교육은 개인의 사회적 지위를 결정해 주는 데 가장 중요한 요인이 된다고 믿어 왔고, 현실적으로도 그 효과는 매우 크게 나타나고 있다. 이에 대한 실증적 연구결과에 의하면, 개인의 사회적 성취를 결정해 주는 요인으로 학교교육은 가정 배경이나 개인적 능력 요인에 비하여 개인의 사회적 성공이나 지위 획득에 가장 중요한 것으로 밝혀졌다(김병성 외, 1982).

물론 학교는 학생의 능력과 소질에 따라 학생을 분류, 선발하는 기능도 하지만 또 한편 장래의 직업적 정치(定置), 사회적 지위, 경제적 분배를 예언해 주거나 보장해 주는 역할을 하기도 한다.

사회적 지위이동은 크게 수직적 이동(vertical mobility)과 수평적 이동(horizontal mobility)의 두 가지 형태가 있다. 전자는 사회계층이 상 · 하로 변동하는 것을 의미하고, 후자는 직종이나 지역적으로 이동하는 형태를 의미한다. 지금까지의 교육의 기능은 사회계층의 수직적 이동에 공헌하였으며, 수직적 이동 중에서 상승이동(upward mobility)에 큰 영향을 주었다고 할 수 있다.

인간은 누구나 사회적 지위나 계층의 상승을 원한다. 지위 내지 계층의 상승이란 권한, 권위, 재산, 대우 등에서 남보다 유리한 위치에 놓이게 됨을 뜻한다. 이러한 동기로 인하여 사회 상승의 기회를 얻고자 노력하며, 그 상승의 기회는 교육수준과 학업성취의 수준과 비례하게 되는 것이 일반적인 사례이다.

우리 사회 일반인들이 자녀교육에 대하여 과도한 교육열을 보이는 것도 이러한 이유에서 연유된다고 하겠다. 따라서 부모는 자신의 사회적 상승을 위한 노력도 하지만, 자녀에게 사회적 상승의 기회를 주려고 높은 수준과 교육을 강요하게 된다. 이러한 교육수준에 대한 동기도 교육이 사회적 상승이동의 척도가 되고, 그 가능성이 높기 때문이다.

농민이나 노동자의 자녀가 사무직, 전문직에 종사하게 되면 이것은 세대간 지위이동(intergenerational mobility)이며, 상승이동에 해당된다. 반대로 전문직 종사자의 자녀가 사무직이나 근로직에 종사하면 이는 전 세대보다 사회적 지위가 낮아지게 되어 흔히 하강이동(downward mobility)이라고 지칭한다. 이렇게 사회적 지위이동의 변화는 교육적 요인이 가장 큰 변수로 작용하게 된다.

5. 사회개혁의 기능

교육은 기존 사회의 계승·유지를 위한 기능과 함께 현존 사회를 개혁하고 혁신하여, 새로운 문화를 창조하는 기능도 함께 수행하여야 한다. 특히, 미래 사회에서 주인공이 될 학생을 교육하는 학교교육은 변화와 혁신에 대한 가치와 신념을 그들에게 길러 주어야 한다.

교육의 사회변화와 개혁의 주도적 역할에 대한 주장은 미국의 교육학자인 브라멜드(T. Brameld)에 의하며 잘 제시되고 있다. 그는 말하기를 "우리는 전 세대로부터 물려받은 그대로의 문화적 과정을 다만 물려주는 것이 아니라 옛 생활방식을 개선하고, 새로운 문제와 혼란을 해결할 수 있는 능력을 통하여 항상 우리의 문화를 변용하고 있다. 한편으로는 문화를 보존시키고 전달하고 유지하며, 이를 보충하는 과정인 동시에 다른 한편으로는 전 세대로부터 물려받은 제특성을 시정하고 개선하고 교환하는 과정인 것이다."라고 하였다. 따라서 학교는 학생들에게 사회개혁을 할 수 있는 지식, 기술, 태도, 신념을 형성해 주는 기능을 수행해야 하는 것이다. 이것은 사회를 어떤 방향으로 변화·개혁시킬 수 있는 학교교육의 진보적인 기능을 강조하는 것이다.

교육의 사회개혁의 기능은, 교육의 사회변화를 유도하고, 어떤 방향으로 변화를 촉진하고, 보다 적극적이고 능동적인 역할을 의미한다. 이러한 교육의 능동적 기능도 창의력과 태도의 개방을 비롯하여 새로운 문화의 창조와 문화의 분화를 통해서 이루어질 수 있다.

먼저, 교육의 창의력 및 태도 개방의 역할은 비과학적인 사고방식이나 미신에서 벗어나, 과학적이고 합리적인 사고를 할 수 있게 하고, 보다 합리적인 사회생활을 위한 가치관과 태도, 지식과 기능의 함양이 필요하다. 과학적인 지식과 기술의 발달은 먼저 개방적인 가치와 태도에서부터 시작된다. 새로운 지식과 기술을 받아들이려면 우선 가치관, 신념을 포함하는 태도의 개방이 이루어져야 하며, 이러한 태도의 개발을 위한 노력은 교육의 중요한 과제이다(박용헌, 1980, 54~55).

태도의 개방과 아울러 과학적 · 합리적 사고와 창의력의 육성은 사회현상의 여러 측면을 변화시키고, 혁신을 초래하는 원동력이 된다는 점에서 교육이 사회변화를 촉진하는 능동적인 요소가 된다.

다음으로 교육은 문화와 사회현상으로부터 영향을 받을 뿐만 아니라, 새로운 문화를 창조하는 능동적인 힘을 갖는다. 사회변동 내지 문화 변화가 이루어지는 직접적인 요소는 과학 · 기술의 발달이 사회 및 경제기관의 생성을 가져오고, 이것이 사회가치의 변화 또는 창조를 초래하는 과정을 거쳐 결과적으로 사회현상의 전 영역에 변화를 유발하고 촉진하게 된다.

이러한 사회 및 문화발전의 과정으로 볼 때, 개인의 창의적인 능력과 과학적인 사고능력 그리고 개방적인 태도 등을 육성하게 하는 교육의 힘이 그 전 과정에 불가피하게 작용하게 된다. 또한 문화의 변화과정에 작용하는 문화전파와 문화접변(acculturation)도 교육의 과정을 통하여 이루어지는 현상이기 때문에, 교육은 문화변화와 문화창조에 적극적이고 능동적으로 작용하는 요소인 것이다.

사회개조를 위한 교육의 당면과제는 문화를 어떤 방향으로, 어느 영역의 문화를 중심으로 창조할 것인가 하는 것과 또 어떤 방법으로 수행할 것이냐 하는 것 등의 계획에 관한 것이다.

제 2 절 교육사회학적 접근방법

1. 교육사회학적 접근

교육사회학의 연구는 크게 두 차원에서 형성되어 왔다. 첫째는 연구의 대상 및 범위에 초점을 두는 분석수준을 중시하는 것이다. 이것은 거시적 수준과 미시적 수준으로 대별하여 형성되어 왔다. 거시적 수준에서는 투입－산출 모형에 따라 학교체제와 사회체제와의 관련 속에서 학교교육을 파악하려 했으며, 미시적 수준에서는 학교에서 가르치는 교육 내용이나 교사와 학생의 구체적인 경험 등 주로 학교 및 교실에서 일어나고 있는 교육의 내적인 측면에 초점을 두고 교육현상을 파악하려 했다.

둘째는 패러다임의 문제이다. 교육사회학은 사회학과 밀접한 관련을 맺으며 발전하였기 때문에 중요한 문제에 봉착할 때마다 사회학 이론을 적용하여 교육현상을 설명하고자 하였다.

1950년대부터 활기를 띤 교육사회학 발전은 스펜스－뒤르껭－베버－파슨스를 거치면서 거시적 접근을 통한 사회제도·조직－구조 등을 체계적으로 연구하면서 기능이론의 토대가 형성되어 왔다. 그 후 기능이론에 대한 비판이 제기되면서 갈등이론(그리고 신교육사회학 관련 이론들)이 나타나기 시작했다. 70년대에 들어서 사회현상에 바탕을 두고 교육의 사회에 대한 전체적 현상에 관점을 두는 거시적 접근 이론체계보다는 학교사회, 교실사회 등 작은 집단을 분석하여 현상 그 자체를 밝히려는 미시적 접근방법이 성행하기 시작하였다.

미시적 접근은 사회현상을 설명하는 데 있어서 그 현상이 나타나게 된 원인, 즉 내면적 현상을 분석·설명하려는 것으로서 체제와 구조의 개념보다는 과정과 상호작용을 강조하고 있다.

2. 규범적-해석학적 패러다임

앞에서 제시한 거시적 접근이론인 기능이론과 갈등이론은 주로 규범적 패러다임에 의하나, 미시적 접근이론에 관련된 상징적 상호작용, 민속방법론, 신교육사회학 이론들은 보다 해석학적 방법에 더 깊게 연관되어진다.

규범적 패러다임은 19세기부터 지배적으로 강조되어 온 실증주의에 크게 영향을 입었다고 할 수 있다. 실증주의는 콩트에 의해 체계화되었으며, 그에 의하면 지식이란 감각적 관찰에 의하여 발전된다는 것이다. 즉, 개념이나 이론이 경험주의에 근거를 두고 있지 않으면 모두 관념적 형이상학이라고 비판하였다.

실증주의 입장에서는 자연과학적 방법론이 유일하게 과학적이라 주장하고 사회현상이 계량적이고 통계적인 자연과학적 방법으로 설명되어야만 과학으로서의 정당성을 보장받는다는 것이다.

따라서 규범적 패러다임은 기본적으로 인간행위가 규칙 지배적이고, 인간의 행위에 대한 사회학적 설명이 자연과학의 연역적(deductive)인 형태를 띠고 있다는 점이다. 이러한 종래의 실증주의 사회학이 객관적이고 비주체적인 과학론임을 주장하고 그 대안적 관점으로 제시된 것이 해석학적 패러다임이다.

이 새로운 관점은 자연적 세계와 사회적 세계가 본질적으로 상호 다르다는 점을 강조하고 일상생활을 이해하고자 하는 데 일차적인 관심을 두고 있다. 이러한 관점을 채택하고 있는 이론으로 현상학, 상징적 상호작용론, 그리고 민속방법론 등이 있다.

규범적 패러다임과 달리 해석학적 패러다임은 인간의 행위와 상호작용이 공유된 일정한 규칙에 지배되지 않는다고 본다. 따라서 해석적 패러다임은 의미부여에 관심을 두고 있으며, 상호작용을 하나의 해석적 과정으로 파악하고 있기 때문에 그 연구방법 또한 연역적 설명에 의한 것이 아니라, 상호작용이 실제로 일어나고 있는 일상생활 세계를 구체적으로 이해할 수 있는 해석적 기술(interpretive description)을 강조하고 있다.

또한 사람들의 상호작용에 의하여 사회적으로 구성되는 것으로 파악되고 있으며, 인간과 사회와의 관계는 변증법적으로 이루어지고 있으며, 본질적으로 역동적 관계라고 생각하고 있다.

해석학적 관점에 의한 교육연구는 기능주의에 의한 선행연구에 대하여 단순히 비판적이라기보다는 오히려 보완적인 성격을 지니고 있다. 즉, 기능주의와 갈등이론 중심의 교육사회학 논의에 상징적 상호작용론적인 관점을 부가함으로써 학교 내의 상호작용 분석, 조직분석 그리고 역학연구 등으로 수행하게 되어 교육과 사회관계의 거시적인 문제뿐만 아니라 미시적인 문제까지도 연구할 수 있는 기회를 제공할 가능성을 내포하고 있다.

3. 기능이론과 갈등이론

오늘날 교육사회학의 연구에서 중심과제로 부각된 교육의 사회적 기능, 교육의 기회균등, 사회변동, 계층이동, 교육계층, 직업의 배분 등에 관한 학자들의 시각은 매우 대립적이다. 기능주의와 갈등주의는 그 강조점에 따라 크게 다르게 나타난다. 물론 기능주의 관점이 주된 흐름이라면 갈등주의 관점은 기능주의 시각에 대한 비판, 도정으로 전개되어 온 것이다. 그들은 각기 자기들의 관점에 대한 장점을 제시하고 있으며, 교육문제에 접근하는 방식에서도 매우 대조적이라고 할 수 있다.

그러므로 우선 이 대립된 패러다임의 성격을 개략적으로 살펴보고자 한다.

기능이론은 발전과정으로 볼 때, 구조기능주의이론(structural-functional theory)을 간략하게 명명한 것으로서, 근래에 와서 학자의 취향에 따라서는 합의이론(consensus theory) 또는 균형이론(equilibrium model) 등으로 불리고 있다. 갈등이론 역시 최근에 와서는 급진주의이론(radical theory), 사회재생산이론(social reproduction theory), 종속이론, 저항이론으로까지 연결짓는 경향이 나타나고 있다.

기능이론은 사회학의 아버지로 불리는 꽁트(A. Comte)나 사회유기체설을 제시한 스펜서(H. Spencer)까지 연유하며, 그 이론적 기초를 찾을 수 있다. 그러나 보다 이론적 근거를 발전시킨 사람은 뒤르껭(E. Durkheim)이었으며, 사회학이론으로의 구축은 파슨스(T. Parsons)에 의하였다.

한편, 갈등이론은 마르크스(K. Marx)나 베버(M. Weber) 등의 이론과 사상에 그 지적 뿌리를 두고 있으나, 기능이론에 대한 도전과 비판적 관점은 신마르크스주의(Neo-Marxism)자들에 의하여 활발하게 전개되었다. 그 이론적 발전은 다렌도르프(R. Dahrendorf), 밀즈(C. W. Mills), 코저(L. A. Coser) 등에 의하였다. 60년대를 거쳐 70년대에 들어오면서, 미국 사회에서의 현대 갈등이론은 고도의 사회적, 인종적 갈등과 관료주의화 · 산업화 · 도시화를 통한 억압에 회의를 느끼면서 유럽사회학적 사고방식에 친숙한 지식인들의 반응으로 그 출발점을 찾았다. 이는 현존 사회구조의 현상 유지를 합리화하는 데 주력하는 기능주의를 비판하면서, 그 동안 등한시해 온 '사회변화'와 '집단갈등'이라는 중요한 사회현상을 교육문제와 관련시키려는 노력이다.

사회는 생물 유기체와 같이 부분(parts 또는 segments)이나 기관(organs)으로 구성되어 있는 바, 이러한 부분과 부분의 상호관계를 어떠한 시각에서 보느냐 하는 것이 두 이론의 쟁점이다. 기능이론은 그 부분간의 상호의존성을 중심으로 질서 · 균형 · 안정을 위주로 잘 통합된 관계구조나 전체 생존의 목표지향에 강조점이 있다. 반면에 갈등이론은, 그러한 부분이나 구성요소들이 서로 갈등 · 경쟁 · 와해의 관계를 가지고, 계속적인 변화나 새로운 질서를 찾는 데 강조점을 두고 있다.

기능이론자들은 사회를 생물학적 유기체에 비유하여, 상호의존적인 여러 기관이나 부분이, 전체의 생존과 존립에 공헌하고 있는 관계를 보고 있다. 때문에 기능론자들은, 한 사회를 구조와 기능이라는 측면에서 분석하고 이해하려고 하며, 그 지속과 번영을 위하여 질서 · 균형 · 안정을 추구하며, 더 나아가 사회 구성원 또는 구성요인간의 합의(consensus)와 통합을 이루게 된다.

예컨대, 우리 사회의 직업구조의 부분(종류)은 만 여 종에 달하고 있으나, 그 각 부분은 전체 직업체제의 안정과 질서를 위하여 각 분야, 각 직종에서

담당하는 기능은 다르지만 서로 조절되고 보충되어, 전체 직업구조가 통합되어 유지・발전되어진다. 또 연령, 능력, 사회계층 등 사회의 수많은 사회적 구조의 하위요인도 마찬가지로 상호의존적으로 조정되고 보완되어 전체 생존의 유지에 공헌한다.

뒤르껭은 모든 사회가 해체되지 않고 응결, 지속되고 있는 이유는 사회질서 때문이라고 생각했고, 이 사회질서의 기초는 사회 구성원간의 상호의존성과 합의에 있다고 하였다.

갈등이론은 모든 사회집단은 그 구성요인의 각기 다른 목적과 이해관계를 가지고, 상호관계를 유지하는 것으로 보고 있다. 기능이론이 변화를 제대로 설명하지 못하고, 권력투쟁, 계층갈등, 일탈행위 등을 소홀히 다루고 있다고 비판하면서, 사회의 강제적인 속성과 사회변동의 확산성에 그 초점을 둔다. 그리고 한 집단의 목표는 다른 집단의 목적에 일치되지 않는다고 믿으며, 이러한 갈등현상은 외면적으로는 조용하게 보일런지 모르나, 내면적으로 활기차게 움직임을 가지며, 때로는 표면화하거나 폭력화되기도 한다고 보고 있다.

사회는 권력투쟁에서 승리한 자, 강한 힘을 가진 집단에 의해 운영되는 것이 일반적인 사례이지만 한편으로 계속적으로 변동하고 급격한 혁신도 가능하다고 본다. 갈등이론은 사회제도를 지배집단과 피지배집단으로 나누고, 지배집단이 모든 사회가치의 중심체 역할을 하여 현 상태를 계속 유지하기를 바라며, 반대로 피지배집단은 언제나 그 체제의 안정을 위협하고 있다는 것이다. 따라서 지배집단은 설득, 교화(indoctrination), 선전(propaganda) 등의 방법으로, 피지배집단에게 자신들의 입장을 정당화한다.

갈등론적 시각에 의한 현대의 학교교육제도는 하나의 사회적 불평등을 재생산하는 수단에 불과하다고 본다. 학교교육 내용은 특정계층의 지식과 가치를 형식적 교육과정에 의하여 주입하고 있다는 데 의견을 모으고 있다. 기능주의 이론이 교육의 사회화 기능을 통하여, 사회구성인의 지식, 신념, 태도, 이념 등의 공동가치나 공민성 계발에 두고 있는 반면, 갈등이론가들은 교화, 억압 등에 의한 잘못된 사회화를 교정할 수 있는 인간성 회복에 그 강조점을 두고 있다.

제 3 절 문화와 교육

1. 문화의 개념

문화의 개념은 여러 가지로 설명되어 있고 또 그 정의에 따라 그 내용도 매우 다양하게 나타난다. 그러나 대체로 문화란 오랜 세월에 걸쳐 한 세대에서 다음 세대로 전수되어지는 인간 사회에서 형성된 지식과 기술의 실체로 정의 내려진다.

C. Kluckholn에 의하면 문화란 인간이 만든 모든 환경적인 요소들을 포함하는 것으로서 전체적이고 포괄적인 현상을 뜻하는데 인간의 언어, 그의 믿음, 태도, 그의 현대적이거나 원시적인 생산의 방법, 그의 교육적 체계 및 그 밖의 인간에 속한 모든 것들이 다 이 문화에 포함하게 된다고 한다.

또한 J. F. Cuber는 문화가 학습된 인간 행동의 유형(learned behavior pattern)이며 계속적으로 변화하는 것임을 강조하면서, 문화란 사회 성원에 의하여 분유(分有)되고, 계승·전달되는(태도, 가치관, 지식, 물질적 요소 등을 포함한) 학습된 행동의 소산이며, 학습된 행동이 계속적으로 변화하는 유형(continually changing pattern)이다 라고 정의 내리고 있다.

이와 같은 정의를 놓고 볼 때 문화는 일반적으로 다음과 같은 여섯 가지의 특성을 가지고 있음을 알 수가 있다.

첫째, 문화는 축적되어지는 것이다.

둘째, 문화는 습득되어지는 것이다.

셋째, 문화는 변화되는 것이다.

넷째, 문화는 확산적이다.

다섯째, 문화는 연구를 위해 구분되어 생각할 수 있다.

여섯째, 문화는 같은 민족의 소집단이라도 상이하다.

문화의 기능은 개인에 대한 기능과 사회에 대한 기능으로 나누어 생각할 수 있다. 먼저 개인에 대한 기본적 기능을 살펴보면 다음과 같다.

① 문화는 모든 개인이 어떤 사회적 상황에서 느끼고, 생각하고, 행동하는 법칙을 제시해 준다. 인간은 태어나면서부터 가정·이웃·학교 등에서 의식적이든 무의식적이든 문화의 법칙에 따라 생활하게 된다.

② 문화는 개인의 생리적 욕구를 충족시키는 방법을 가르쳐 준다. 사람은 누구나 먹어야 하고, 성적 충동도 느끼고, 잠도 자야 하는 생리적 욕구를 가지고 있다. 문화는 이 생리적 욕구를 충족시키는 방법을 가르쳐 준다.

③ 문화는 개인에게 가치·목표·희망·포부 등을 갖게 해 준다. 개인이 갖는 윤리성·도덕성·심미성·중요성 등도 문화에서 도출된다. 사람마다 지향하는 목표나 행위가 다른 것은 문화가 다른 사회배경에 의해 영향을 받기 때문이다. 예를 들어, 어떤 사회에서는 의사나 변호사가 선호의 대상이 되는가 하면, 다른 사회에서는 정치가나 실업가가 그 대상이 될 수도 있다.

④ 문화는 인간의 양심을 결정해 준다. 인간의 양심은 한 집단이 가진 선악에 대한 규정을 내면화한 결과로 나타난다. 따라서 인간의 한 행동은 어떤 문화에서는 양심의 가책을 받지만 다른 문화에서는 양심의 가책을 받지 않는 경우도 있다.

⑤ 문화는 개인에게 소속감을 갖게 한다. 문화를 공유하는 사회의 구성원들은 서로 친밀감을 가진다. 이러한 친밀감은 '우리'라는 공동체 의식을 갖게 하고, 공동체 의식을 같이 하는 사람들끼리 모이게 된다.

⑥ 문화는 개인의 인성형성에 영향을 준다. 개인의 인성은 그 사회의 문화를 내면화함으로써 형성되기 때문에 개인이 어떤 문화환경 속에서 자라났느냐가 중요하다. 그래서 어릴 때의 육아방법과 사회적 환경이 중요시되는 것이다.

문화의 기능은 개인에 대한 기능으로서 뿐만 아니라 사회에 대한 기능으로서도 중요하다. 문화는 한 사회의 집단과 개인의 행동양식을 규정하고 모든 사회구성원을 이에 맞게 행동하도록 함으로써 사회의 질서를 유지하여 한 사회가 통합·유지·존속되게 한다. 이런 점에서 볼 때 사회에 대한 문화의 기능은 바로 사회통제 기능이라고 할 수 있다. 사회통제 기능은 주로 그 사회의 문화적 규범에 의해 수행되며, 이 규범은 비교적 강제성이 적은 민습과 보다 강제성이 큰 관행과 사회통제 수단인 법률 등의 형태로 나타난다.

그런데 한 나라에 있다고 해서 그 나라에 살고 있는 모든 사람들이 그 고유의 문화가 시사하는 신념과 행위의 유형에 똑같이 동조하는 것은 아니다. 소수자 집단(minority group)들은 다수 강자 집단(majority group)들이 가지고 있는 것과는 현저하게 다른 신념과 행위를 나타내기도 한다. 다수 강자 집단이 누리고 있는 문화를 중핵문화(core culture)라고 하고 소수자 집단이 누리고 있는 문화를 주변문화(subculture)라고 한다. 중핵문화는 확고하게 토착화되어 있으며 전통적이고 비교적 안정성을 가지고 있는데 반해, 주변문화는 중핵문화를 둘러싸고 있는 불완전 지대를 이루면서 상당히 유동적인 것이 특징이다. 중핵문화와 주변문화 사이에서 일어나는 갈등을 문화갈등(cultural conflict)이라고 한다.

2. 문화변동과 교육

문화의 특성은 하나의 끊임없는 변동의 과정을 거치고 있다는 것이다. 어떠한 문화가 하나의 유형에서 다른 유형으로 변화하는 것을 문화변동(cultural change)이라고 한다.

문화변동은 보다 높은 가치를 인정하기 때문에 이루어지기도 하며 문화의 혁신(innovation)이 이루어짐으로써 나타나기도 한다.

문화변동의 양상을 논리적으로 어떻게 구명하든 간에, 한 가지만은 일반적으로 규정되고 있다. 즉, 문화 각 요인 사이의 변화의 속도 · 율(rate)은 균일하지 않다는 것이다. 문화의 어떤 부분이 연관된 타부분의 변화에 뒤떨어지는 정도, 현상, 내용 등을 표현하는 포괄적인 개념을 문화의 지체(cultural lag, culture lag)라고 한다.

그런데 문화의 변동에 관한 문제는 바로 교육의 중요한 과제가 된다. 예컨대, 사회발전의 중심과제를 경제에 두었다고 할 때에, 그 경제발전의 실무를 담당하는 것은 인간이며, 교육은 인간의 형성, 인간 행동의 변화를 다루는 것이다. 이렇게 생각하여 보면 문화변동이란 결국, 인간행동의 변화의 촉진을 전제로 하지 않고는 생각될 수 없는 것이다. 국가발전이란 국민들이 지지할 수 있는 가치관, 국민 생활이 지향하는 방향 등을 전제로 하는 것이기 때문에 언제나 규범적 의미와 관련되어 있으므로 교육의 과정을 선행조건으로 하게 된다. 다시 말하면, 교육의 작용이 없으면 인간의 행동은 변화될 수 없고, 인간의 심신양면에 있어서의 변화 없는 문화변동이란 존재할 수 없는 것이다. 문화는 인간이 만든 것이고, 인간의 것이며, 인간의 삶을 위한 것이다. 문화의 변동에 관한 교육적 의의는 다음과 같다.

① 문화적 주체성의 확립은 교육의 발전에 의하여서만 가능하다. 특히, 개발도상국가에 있어서는 외래문화의 이입은 불가피한 필요조건이므로 교육을 통한 선진문화의 급속한 수용 없이 문화적 주체성만을 관념적으로 강조하는 것은 잘못된 일이다. 다만 주체의식을 송두리째 버리고 외래문화에 탐닉하는 태도는 옳지 못한 것이라고 할 수 있겠다.

② 일반적으로 문화의 변동이나 지체의 문제에 있어서, 물질적(기술적) 문화와 비물질적 문화(정신적 · 가치적 · 규범적)를 분별하여 생각하는 바, 모든 문화요인이 복합적 의존의 관계에 있다는 점을 등한하게 생각하여서는 안 된다. 다른 요인이나 국면들과의 관련에 대한 타당한 설명 없이 어떠한 문화요인이나 국면의 변화가 강조될 때 그 교육은 파행적이다.

③ 일반적으로 문화적 지체(lag)의 현상은 물질적 요인과 비물질적 요인 사이의 문제로서만 논의되는 경향이 있으나 문화적 지체의 사실은 언제, 어느 사회의 문화에 있어서나 모든 문화 요인 사이에 존재할 수 있다는 데에 주의할 필요가 있다. 즉, 문화적 지체의 현상은, 첫째, 물질적 요인과 비물질적 요인의 사이, 둘째, 물질적 요인과 물질적 요인의 사이, 셋째, 비물질적 요인과 비물질적 요인의 사이에 존재할 수 있다. 따라서 지체현상은 단일적인

것이라기보다는 복합적인 현상으로 나타나기 마련이다. 지체의 존재로 인하여 야기되는 불안·무질서(disorder), 부적응상태(maladjustment), 문화의 통합성의 분해 등을 해소 또는 재조정하고 합리적인 균형(equilibrium)을 회복함은 용이한 일이 아니다. 여기에 교육이 담당한 중요한 사회적 책무의 한 국면이 있다.

④ 문화적 변동이나 지체는 양적 및 질적 양면에서 일어난다. 본래 양과 질의 문제는 연관성이 있는 것이다. 그런데 변화의 과정에 있어서 양과 질 사이의 적정관계가 걷잡을 수 없이 흐트러질 가능성은 언제나 존재한다.

교육 내적 관점에서 또는 교육 외적 관점에서 양적 팽창에 따르는 질적 보장의 문제는 언제나 교육의 노력에 대한 평가의 핵심이 되는 것이다.

제 4 절 사회변동과 교육

1. 사회변동의 원인과 과정

사회변동은 사회구조(social structure)와 사회 관계(social relationship)가 변화해 가는 것을 말한다. 사회 관계 혹은 사회구조는 사회를 이룩하고 있는 여러 가지의 요소들이 서로 결합하여 있는 유형이다. 계급구조, 권력구조, 경제구조 등은 그 예들이다. 일정한 연령층의 분포, 출산율의 변화, 노동조합의 출현으로 노동자와 고용자의 관계 변화, 핵가족의 출현에 따른 남편과 아내의 지위 및 역할의 변화 등은 사회의 구조 및 관계의 변화를 나타내는 사회변동의 모습들이다.

사회변동은 발명, 발견 및 이들의 전파에 의해 일어난다. 발견은 이미 존재하고 있는 사실이나 관계의 인지이다. 혈액순환이나 만유인력과 같은 것은 발견이다. 발명은 기존의 문화적 관념을 새롭게 이용하거나 새로이 종합하는 것이다. 20세기에 발명된 것이라도 관념적으로는 이미 오래 전부터 인류사회에 존재하였다. 이런 의미에서 볼 때 새로운 발명이라 할지라도 완전히 독창적인 것은 아니다. 가령 텔레비전은 진공관과 전파조절장치 등 이미 존재하고 있었던 기술들에 종합적이고 독창적인 사고를 더한 결과인 것이다.

발명이나 발견이 한 사람의 개인에서 다른 개인으로 또는 하나의 사회에서 다른 사회로 전달되어 가는 것을 전파(diffusion)라고 한다. 전파는 새로운 발명이나 발견이 전달되는 과정이기 때문에 주는 쪽과 받는 쪽의 이중 과정이다. 또 여러 가지의 새로운 것을 모두 받아들일 수는 없고 자기들에게 필요한 몇 가지를 받아들이기 때문에 선택적이다. 미국의 백인은 인디언에게 말과 가축, 무기 등을 주었고, 인디언으로부터 감자, 담배, 카누 등을 받고 이와 관련된 기술을 배웠다. 발견, 발명, 전파는 기존의 사회에 새로운 것을 추가한다는 점에서 사회변동을 초래하는 요인이 된다. 이와 같이 타문화가 전파되면 서로 다른 문화가 접촉함으로써 본래의 문화 유형이 달라지게 되는 문화접변(acculturation) 현상이 일어나게 된다. 따라서 문화접변 현상이 나타나면 그 사회의 문화는 해체되거나 재구조화된다.

그러나 우리는 아직도 발명이나 발견이 일어나는 원인이 무엇이냐고 물을 수 있다. 이런 면에서 볼 때, 발견이나 발명은 사회변동이 일어나는 과정이기는 하지만 사회변동의 원인은 아니다. 원인은 예상하고 있는 결과를 초래하는 필요하고 충분한 조건이다. 그러므로 우리는 다음과 같이 물을 수 있다. 발명과 발견이 일어나는 이유, 즉 사회변동의 원인은 무엇인가? 이 문제에 대하여 학자들은 아직 뚜렷한 하나의 이론을 제시하는데 의견의 일치를 보지 못하고 있다. 프로테스탄트의 윤리와 같이 정신적이고 관념적인 것이 문명 발달의 원인이라고 하는 이론으로부터 기후조건이 사회변동의 원인이라는 이론에 이르기까지 여러 가지이다(예컨대, Weber, 1958 ; Huntington, 1915). 이런 다양한 이론 가운데서도 사회변동에 관심 있는 학자들이 의견을 모으고 있는 점이 있다. 그것은 사회변동이 어느 하나의 요인에 의하여 일어난다고 보기보다는 복합적인 몇 개의 요인들이 서로 얽혀서 나타나는 현상으로 보는 점이다. 이제 이러한 몇 개의 요인들을 분석하고자 한다(Horton & Hunt, 1968).

외국 문명과의 빈번한 접촉은 사회변동을 가지고 온다. 교통의 요지에 위치하고 있어서 다른 사회와 빈번한 접촉을 했던 지중해와 중앙아시아의 여러 나라들은 찬란한 문명의 꽃을 피웠다. 우리나라 조선시대의 근대화가 늦은 것은 아마도 조선조 말엽의 쇄국정책에도 많은 원인이 있을 것이다.

현존하는 문명의 수준, 즉 과거로부터 내려오는 지식이나 기술의 축적이 변동을 가지고 오는 원동력이 된다. 이 이론은 특히 오거번(Ogburn)의 연구에 의해 널리 알려졌다(Ogburn, 1922, 150～190). 옛날 희랍의 아리스토텔레스가 풀지 못했던 수학문제를 오늘날에는 평균 수준의 학생들이 척척 풀어 나가지만 그것은 그들이 아리스토텔레스보다 우수해서라기보다 그 동안 축적된 지식 덕분일 것이다. 사실 라디오가 발명된 사회에서는 텔레비전을 발명해 내는 것이 그리 어려운 일이 아니지만 라디오의 발명 없이 텔레비전의 발명은 불가능하다. 이러한 이론은 현재 축적되어 있는 과학 및 문화의 수준이 앞으로의 계속적인 변동의 원인이 된다는 것을 시사하고 있다.

사회구조와 사회구성원의 태도 및 가치관도 사회변동의 속도에 많은 영향을 준다. 정치, 경제, 종교, 학문 등 사회의 여러 부분이 구조적으로 서로 얽혀 있는 경우에는 덜 얽혀 있는 사회보다 변화가 느리다. 예를 들면, 종교, 결혼, 직장, 학교, 가족 등이 서로 밀접하게 얽혀 있는 사회에서는 종교나 학교 등이 변하려고 하여도 다른 요소들이 저항하기 때문에 변하기가 어렵다. 전통적인 인도사회는 사회생활이 계급제도와 얽혀 있었기 때문에 사회변동이 나타나기가 어려웠다. 그러나 미국사회는 요소들이 각각 분화되어 있기 때문에 변화는 그만큼 저항을 덜 받는다.

또 사회구성원의 태도나 가치관이 얼마나 권위주의적이고 폐쇄적이냐? 또는 민주적이고 개방적이냐? 하는 것도 사회변동의 속도에 영향을 미친다. 권위주의적이고 폐쇄적인 사회에서는 새로운 변동이 잘 전파되지 못하는 데 비하여 개방적이고 비판적인 민주사회에서는 새로운 변화가 환영을 받는다. 반면 유교적인 사회는 연령에 권위가 부여되고 과거를 존중하는 과거지향적인 사회이기 때문에 새로운 변화가 나타나기에 적합치 않다.

사회변동은 사회가 새로운 변동을 얼마나 절실하게 인지하느냐에 달려 있다. 사회가 필요를 심각하게 느끼면 느낄수록 주의를 집중하며 사회변동은 촉진된다. 제2차 세계대전 중 맨하탄 프로젝트(Manhattan Project)에 의해 원자탄이 발명되었다. 또 1973년부터 세계를 휩쓸고 있는 석유파동, 산업화의 진전에 따라 화석원료의 과다 사용으로 인한 환경오염과 대기오염 등으로 새로운 에너지 개발을 위한 법률이 만들어졌으며, 그린라운드(GR : Green Round)에 의한 무역 보복이 가속화될 전망이다. 따라서 가까운 미래에 새로운 에너지원이 개발될 것이 기대된다.

이상과 같이 외부 문화와의 접촉, 현재의 문화 수준, 사회 구성원의 가치관이나 태도 및 특수한 문제해결을 위한 사회 구성원들의 집중적인 노력 이외에도 자연환경의 변화, 인구의 증가, 새로운 자원의 공급 등이 사회변동을 초래한다. 천재지변은 사회를 파멸로 이끌기도 하고, 중동지방의 석유자원은 정체되어 있던 중동 세계를 급격하게 변화시키기도 하는 것이다. 인구의 증가는 이민, 사회구조, 학교, 상품의 수요공급에 심각한 영향을 미친다.

2. 사회변동의 효과와 영향

위에서는 주로 사회변동의 원인과 그 과정에 대해 고찰해 보았다. 사회변동과 같이 복잡한 문제는 몇 가지 요인들이 한데 얽혀져 일어나는 다변인적인 현상(multivariate phenomenon)이다. 오늘날 한국 사회에서 경험하고 있는 외부 문화의 영향, 과학기술의 발달과 보급 및 농업사회로부터 산업사회로, 다시 정보화사회로의 전환 등으로 미루어 보아 한국사회는 앞으로도 계속 변동을 경험할 것으로 생각된다.

사회변동을 고찰하는 주요한 이유의 하나는 이러한 급격한 변동이 우리의 생활에 어떤 영향을 줄 것인가 하는 문제이다. 사회변동이 부분적으로 나타날 때에 문화적 지체 때문에 사회에 긴장과 갈등을 초래하고 사회적 및 개인적 해체를 가져오기 쉽다. 또 이미 가지고 있는 지식과 기술을 무용하게 만들어 청소년 문화를 발생시키는 요인이 된다. 모든 사회변동은 몇 개의 특징을 가지고 있다.

첫째, 사회변동은 사회의 모든 구성 부분에 똑같이 일어날 수는 없다. 외부 문화의 접촉이 과학기술의 영향을 많이 받는 부분이 먼저 변하고, 그렇지 못한 부분이 나중에 변한다. 즉, 농촌, 노인, 인간의 정신적인 면 등은 잘 변하지 않고, 도시인, 젊은이 등은 빨리 변한다. 이것을 사회변동의 부분성이라고 한다.

둘째, 사회변동은 부분적으로 찾아오면서도 일부분에 변동이 나타나면 그것은 반드시 다른 면에 영향을 미친다. 경제 부분의 변화는 경제에만 영향을 미치는 것에 그치지 않고 예술, 문화, 도덕, 정치 등 여러 부분에 영향을 미친다. 이것을 사회변동의 역동성이라고 한다.

사회변동의 상이한 속도, 부분성 및 역동성으로부터 갈등과 긴장의 원인을 찾을 수 있다. 급격한 사회변동으로 인한 갈등과 긴장의 크기는 변화의 속도와 변화가 얼마나 부분적인가에 달려 있다. 만약 변화가 사회 구성원들 사이에 똑같은 비율로 나타난다면 변화로 인한 갈등과 긴장은 심하지 않을 것이나 변화가 부분적이면 의견의 불일치가 생기고 긴장이 싹튼다. 그러므로 변화가 부분적일수록 갈등은 커진다는 가설을 세울 수 있다.

다음은 변화의 속도이다. 변화의 속도가 빠를수록 변화로 인한 갈등과 긴장은 커진다. 변화는 가치관이나 행동양식이나 의견이 달라진다는 것을 의미하기 때문에 변화가 빠를수록 의견의 차이도 커지기 마련이다. 그 예로 우리는 경제 성장의 속도를 들 수 있다. 경제 성장이 이룩되는 과정에서 그 자체가 사회불안이나 불만의 한 원인이 될 수 있다. 사회 구성원의 경제능력은 동일한 비율로 성장하지 않고, 대개의 경우 일부층에서 먼저 빠른 소득의 증가가 나타나고 그것이 사회로 전파될 것이다. 그러므로 적어도 경제가 성장하는 과정에서는 빈부의 차이가 더 커지고 이로 인한 갈등과 불만이 커지기 쉽다. 그리고 속도가 빠를수록 더 심할 것이다. 올슨(Olson)은 경제성장이 사회불안에 미치는 요소를 다음과 같이 적절히 요약하고 있다.

① 경제발전은 가족, 씨족 및 계급과 같은 전통적인 사회집단을 붕괴시키

고, 가족과 씨족의 속박에서 벗어나서 혁명이 용이한 환경에 놓인 개인을 증가시킨다.

② 현존하는 사회질서에 불안정하게 동화되고 적응해 있는 벼락부자를 만들어 내는데, 이들은 대개의 경우 그들의 경제적 능력에 상응하는 사회적, 정치적 권력을 장악하려 함으로 긴장이 따른다.

③ 사회적 유대를 약화시키는 지리적 이동성을 증가시키는데, 특히 농촌에서 도시로의 이동이 촉진된 결과, 소외와 정치적 극단주의의 한 원인이 되었다.

④ 생활 수준이 낮은 사람의 수를 증가시킴으로써 빈부의 차이를 증가시킨다.

⑤ 많은 사람들의 수입률을 절대적으로 증가시키거나 상대적으로 감소시킴으로써 현존 질서에 대한 불만을 증가시킨다.

⑥ 투자의 증가를 위하여 일반적으로 사회는 소비절약 운동을 벌이고 이것이 대중의 불만의 한 원인이 된다.

⑦ 문자해독률, 교육, 매스컴에 대한 노출이 증가하면서 그들의 능력을 넘어서는 꿈을 꾸게 한다.

⑧ 투자와 소비의 분배에 있어서 지역적, 인종적 갈등을 증가시킨다.

⑨ 집단조직이 강화되어 정부에 대한 여러 집단의 요구는 증가하지만 그들의 요구를 충족시킬 능력이 없는 경우가 많다(Olson, 1963, 532 ; Huntington, 1968, 290).

급격히 변하는 사회에서 새로운 이론과 기술의 출현 때문에 구성원이 직업과 관련하여 과거에 배웠던 기술이 무용하게 됨으로써 신기술을 재빨리 습득하지 못하는 사람은 무능한 인간이 되어 버리기 쉽다. 급격히 변화하는 사회에서는 어렸을 때 배운 것들이 머지않아 낡은 것이 되어 버리는 경우를 흔히 본다. 가장 간단한 예로서 최근 초등학교의 개정된 교육과정에서 배우게 된 집합의 이론이나 컴퓨터 언어에 필요한 선형대수학(lineal algebra)의 도입, 사회과학에 자연과학적 연구 방법의 도입 등을 들 수 있는데, 이러한 내용을 배우지 못한 기성세대는 사회나 자신이 속한 집단에서 무능한 인간으로 취급될 수 있다.

사회변동에 따라서 소용없이 낡아지는 것은 기술적인 부분에 한정된 것은 아니다. 어렸을 때 배운 가치관이나 행동과 관련된 사고방식 등 정신적인 면도 새로이 변화하는 사회에서는 유용한 것이 되지 못하는 경우가 많다. 환경의 변화는 필연적으로 정신생활의 변화를 가져오기 마련이다. 농업사회에서는 연륜이 쌓임에 따라서 생기는 교육수준의 향상 등이 인간의 자율성과 병행하기 때문에 생기는 교육 수준의 향상 등이 인간의 자율성과 병행하기 때문에 자율성이 사회질서 유지의 기초가 된다. 따라서 복종을 높이 평가하는 교육자가 자율성을 존중하는 시대의 학생들과 대화할 때 긴장과 갈등이 발생하는 예를 주위에서 가끔 볼 수 있다. 자율을 위한 권위에의 도전은 우리 주위에만 있는 현상은 아니다. 1960년대에 세계의 거의 대부분의 지역에서 새로운 세대는 대학교, 가정의 부모들, 미국의 법질서, 구소련의 공산당, 심지어 로마 가톨릭 교회에 이르기까지 기존의 권위라고 생각되는 모든 것에 대하여 의문을 제기하고 도전하고 경멸하여 거부하였다(Benson, 1968, 17).

우리는 이러한 현상을 단순한 무질서라고 해석하기보다는 여러 가지 명분으로 사회의 구성원들을 명령하고 통제하는 방식에 대한 항거를 분석해야 할 것이다.

문화의 여러 가지 측면들은 서로 밀접한 관련을 가지고 얽혀 있기 때문에 그 중 한 부분이 변하면 문화의 유대 관계가 약하게 된다. 이것을 사회적 해체(social disorganization)라고 한다. 사회적 해체 상태에서는 사람들은 사회가 나아가야 할 방향의식과 인생의 일관성 있는 목적의식을 상실한다. 또한 사회의 규범이 약화되어 통제력을 잃고, 보통 때 억제하고 있는 욕망을 비정상적인 방법을 통해서 달성하는 등 도덕적 의식이 희박해진다. 이러한 상태를 아노미(anomie)현상이라고 말한다.

미국의 인디언과 물소와의 관계는 흥미 있는 사례이다. 물소는 인디언들에게 있어서 먹이와 은신처로서의 집과 옷감을 위한 가죽을 제공할 뿐만 아니라 물소의 사냥은 인디언 세계의 영웅을 만들고, 입신 출세의 경로가 된다. 또 물소는 종교생활의 의식과도 깊은 관계가 있었다. 물소가 없었다면 인디언들은 물질적으로 고통을 받을 뿐 아니라 정신적으로 생활의 의의를 잃게 된다.

이 점에 착안한 미국의 백인들은 물소를 없앴으며 결국 인디언 사회를 붕괴시켰다(Sandoz, 1954). 사회변동은 사회적 해체를 가져오기 쉽다. 사회적 해체는 전통적 통제의 약화, 역할갈등, 도덕적 혼란을 수반한다. 사람들은 일관성 있는 가치체계를 내면화하는데 실패했고 행동에 대한 통제력을 상실한다. 이렇게 해서 멸망한 사회는 인디언 이외에도 세계 역사상 얼마든지 찾아볼 수 있다.

3. 사회변동에 따른 교육의 역할

사회변동은 가치관의 변동, 사회적 해체 및 문화적 지체 등으로 안정적인 사회생활을 방해한다. 변화가 가하는 충격을 되도록 적게 받으면서 단기간에 적응할 수 있는 교육을 실시함으로써 변화가 미치는 바람직하지 못한 영향을 어느 정도 극복할 수 있을 것이다.

교육은 변화의 충격을 줄이기 위하여 되도록 전통적인 것과 새로운 것의 균형을 취해 가르칠 필요가 있다. 급격히 변동하는 사회에서 학교가 너무 전통적인 가치관만 고집하는 경우 혁신이 말살되어 변화에 적응하지 못하게 되고, 사회 구성원들은 갈등을 느끼게 되어 사회는 불안과 긴장에 휩싸이게 된다. 이러한 문화적 지체가 매우 심각해지면 사회는 점진적인 수정이 불가능해질 정도로 전통적 규범 및 가치관과 새로운 것 사이의 갈등이 증폭되어 혁명과 반혁명의 연쇄적 악순환 상태에 돌입하는 경우가 생긴다. 한편 변화에 적응하지 못한 사회가 외부의 압력으로 문화가 개방되었을 때 붕괴되기 쉽다. 조선왕조가 망한 것은 이러한 예로 볼 수 있다. 조선왕조가 망한 이유를 적절한 사회화 과정의 결핍이라는 교육사회학적인 면에서 고찰하면 퍽 흥미로운 연구가 될 것이다.

그러나 반대로 사회가 갑자기 새로운 것만 강조하는 경우에도 사회화의 결핍이 발생하여 사회조직이 붕괴할 위험성이 있다. 사회에는 구성원 대부분이 동의하는 기본적인 규범과 가치관이 있어 이질적인 개인을 사회의 지배적인 행동양식이나 가치관으로 이끌어들여 개인을 통제하고 통합할 수 있다. 전통적인 규범과 새로운 규범 사이의 단절은 이것을 불가능하게 한다.

학교는 기본적인 사회화의 역할이 흔들리지 않을 만큼 전통적인 문화유산을 전달하고, 한편으로는 문화적 지체가 나타나지 않도록 혁신적인 것을 가르침으로써 변화의 충격을 줄일 수 있다. 학교가 문화유산의 전달과 변동의 촉진이라는 두 개의 상반된 기능면에서 적절한 균형을 취할 때 교육은 현존하는 체제 속에서 점진적인 변화를 모색하는 데 도움이 된다. 부분적으로 일어나는 변화가 되도록 사회 전반에 걸쳐 일어나도록 전파시킴으로써 변화에서 오는 갈등을 최소화시킬 수 있다. 갈등은 변화하는 과정에서 오는 의견의 차이에 주로 기인한다고 보는 것이므로 변화가 급격하게 나타나지 않는 전통사회에서나 또는 근대화가 달성된 서방국가에서는 변동이 심한 사회보다 갈등이 적다.

변화를 전 사회에 전파시키기 위해서는 매스컴의 역할이 크다. 신문, 라디오, 텔레비전 등은 어떤 변화가 일어나고 있는가를 전체 사회 구성원에게 알려 줌으로써 부분적인 변화를 사회 전체의 변화가 되도록 해 주므로 긴장과 갈등의 해소에 도움이 된다. 여기에서 우리는 결국 사회교육의 중요성을 인정하게 된다.

교육은 변화에 적응할 수 있는 능력을 기르는 데 힘써야 한다. 사회가 급격하게 변화하는 경우에는 하나하나의 사실이나 구체적 지식을 가르치는 것은 별 도움이 되지 않는다. 그러한 지식은 변동이 없는 농업사회에서 유용하다. 지식의 본질은 과거에 경험한 것을 그대로 재생하는 것이므로 지식의 활용은 그 지식이 필요했던 환경이 그대로 나타나지 않을 경우 활용할 수 없다. 또 망각하기도 쉽다. 따라서 구체적인 사실에 대한 지식보다는 생각하는 힘을 길러 주어야 한다. 이것을 일반적으로 비판적 사고력 또는 문제해결력(critical thinking or problem solving ability)이라고 부른다. 이를 위해서는 구체적 사실이나 지식, 특수한 가치나 행동양식보다도 일반적인 원칙(generalization), 기본적 가치(basic values norms) 및 개념(concepts), 의사결정력(decision making) 등을 가르쳐야 한다(Hunt & Metcalf ; Banks, 1990 ; Martorella, 1991). 이러한 수업의 형태가 발견학습법(discovery method), 탐구학습(inquiry learning), 개념학습(concept teaching)으로 불려진다.

변동하는 사회는 새로운 학교의 출현을 요청하고 있다. 학교에는 두 가지 개혁이 시도되기 시작했다. 하나는 학교 안에서의 개혁(reform within formal schooling)이요, 또 하나는 정규 학교를 도외시하려는 개혁(reform without formal schooling)이다. 학교 안에서의 개혁은 다시 개념학습, 모방학습 및 일반적 원칙의 교수, 공개학교 및 초학과 조직의 개편을 들 수 있다. 이들 중 개념학습, 모방학습 및 일반적 원칙의 교수는 과거에 중요시되던 구체적 사실의 공통점이나 차이점을 분류하여 범주화시킴으로써 몇 개의 개념을 가르치거나 (사회계급, 국가권력의 정당성 등) 문제의 파악－가설의 설정, 자료수집, 자료분석, 결론의 절차를 거쳐 일반적 원칙의 파악에 중점을 두는 수업의 형태이다.

초학과별 조직은 특히 고등교육기관의 개혁이다. 학문적 영역을 중심으로 학과별로 조직되어 있는 학과단위(departmentization)는 학과별 사이에 존재하는 장벽 때문에 학문적 고립을 가져올 뿐만 아니라 현대사회가 당면하고 있는 문제를 다루기에 적합하지 않다. 따라서 변동하는 사회에서 문제를 해결하는 능력을 기르기 위해서는 학제적 연구 방법(interdisciplinary approach)이나 초학과별 연구소(trans-departmental institute), 학부제 중심으로 대학을 개편하는 것이다. 개방학교(open school)는 비공식학교(informal school) 또는 자유학교(free school)라고도 하는데 학교에서 하는 획일적 교육 대신에 개인 학습과 교육과정의 적합성(relevance)에 중점을 두어 자유스러운 분위기에서 학습하는 형태를 취한다. 영국의 니일(A. S. Neill)에 의한 섬머힐(Summerhill)이나 오늘날 미국에 있는 많은 자유학교들은 이러한 경향을 나타내고 있다(Neill, 1960).

자유학교가 그 교육의 원리로 내걸고 있는 원칙의 하나는 명령과 지도 대신에 대화를 통한 학습이다. 학교는 학생 스스로가 적극적으로 참여하지 않는 한 충분한 교육적 효과를 거둘 수 없다. 대화는 바로 이러한 적극적인 참여를 뜻한다. 대화는 교사와 학생의 쌍방이 평등해야 한다. 불평등한 경우 대화가 성립할 수 없다. 또 대화는 대화를 하는 양쪽이 모두 관심 있는 문제를 가지고 있을 때에 성립한다. 한쪽에만 관심 있는 문제는 대화를 성립시키기 어렵다. 대화는 사랑과 이해를 기본으로 해야 하며, 사랑과 이해가 없다면 어떠한 관계라도 마음 속으로부터의 협조를 기대하기 어렵다. 대화는 비판을 전제로 한다. 비판이 허용되지 않는다는 것은 이러한 민주사회의 기본적인 가치관을 무시하는 것이다. 이런 상황에서는 대화가 성립할 수 없다.

끝으로 전통적인 학교교육을 떠난 교육개혁 운동으로 탈학교운동(deschooling movement)과 사회교육(community education)을 들 수 있다. 멕시코에 있는 일리치(Ivan Illich)의 연구소(CEDOC)에 세계 각국의 많은 교육비판가들이 모여 약 6주간의 세미나를 개최하면서 형식적인 학교교육체제가 지양되어야 한다고 주장했다(Illich, 1970, 1~36). 또 정규 학교교육을 보충하거나 정규 학교교육에서 하지 못한 부분을 위하여 가정교육, 직장의 재교육, 매스컴, 노동자 교육, 청소년 교육, 부녀교육 등을 내용으로 하는 사회교육 또는 평생교육의 중요성이 커지고 있다.

제 5 절 학력과 학력사회

1. 학력의 의미와 기능

학력이란 학업성취에 관한 이력이며 직업력이나 거주력과 마찬가지로 개인의 생애에 걸친 생활의 역사, 즉 경력을 측정하는 하나의 지표이다. 성이나 연령 등 생득적인 속성이 아니고 사회적으로 획득되는 속성으로 시대에 따라서 그 속성이 다르게 나타난다.

헤비거스트(Robert Havighurst)에 의하면, 교육에는 기능적 가치와 상징적 가치가 있다. 가령 어떤 사람이 공과대학의 기계공학과 교과과정을 수료한 후 기사가 되었다면 그가 받은 교육은 기능적 가치를 갖게 되는데 그것은 업무에 필요한 능력을 나타내기 때문이다. 이에 반하여 어떤 사람이 개인 비즈니스를 통하여 많은 돈을 벌어 자녀가 가업을 이어받기 전에 일류학교에 보낸다면 그 자녀가 받은 교육은 상징적 가치를 갖게 된다. 다시 말해서 교육 자체가 지위상징으로서 작용하는 것이다. 이 두 가지 측면은 실질로서의 학력과 상징으로서의 학력을 나타내고 있다.

학력을 취득한다 함은 당연히 어떤 학교교육을 받는다는 것을 의미하기 때문에 그 결과로서 개인은 새로운 지식, 기술, 태도를 습득하게 된다. 이렇게 교육의 결과를 습득하는 것이 실질이다. 이를 실질로서의 학력이라 부른다. 한편 학력을 존중하고 평가한다고 할 때 학력 획득으로 얻게 되는 실질적인 내용이 아니라 획득된 학력 자체가 갖는 의미가 거기에 존재한다.

학력이란 실현된 능력을 나타내는 하나의 업적에 지나지 않는다. 그러나 그러한 실력 내지는 능력과는 상관 없이 형식적 자격으로서 학력이 직장에서 의미를 갖는 경우도 있다. 이런 의미에서 학력은 성이나 연령과 같은 일종의 귀속적 지위(ascribed status)가 된다. 여기서 이른바 '학력의 신분화'가 일어나게 된다. 그렇다면 사람들이 이러한 학력증서로부터 이미지를 만들고 능력이란 것은 과연 무엇인가?

학력이 갖는 의미는 실력과 잠재능력의 어느 것이 중시되느냐에 따라 달라진다. 실력을 중시한다면 학력은 무엇을 할 수 있는가를 말하는 것이고 잠재능력을 중시한다면 학력은 잠재능력, 즉 고도의 지적 능력을 뜻하게 된다. 다시 말해서 일정한 사회에서 지배적인 능력관이 학력의 의미를 규정하는 경향을 볼 수 있다.

미국의 경우, 학력이란 개인이 가진 직무수행 능력의 종류와 정도의 지표이며 증명서인데 반해 독일에 있어서는 무엇을 어느 정도 받고 있는가에 따라 직업인이면 일을 실제로 어느 정도 할 수 있는가 하는 실태적 능력을 기대할 수 있는 것을 의미한다. 우리의 경우에는 학력이란 특정 능력의 표출보다는 일반교양의 수준과 사물을 이해할 수 있는 가능성에 초점이 있는 것으로 보인다.

학력의 기능은 도구적 기능과 질서적 기능으로 설명될 수 있다. 학력의 도구적 기능이란 일정한 학습 결과로서의 학력이 직업적 역할 수행에 유용하다는 측면을 가리킨다. 가령, 의사의 역할수행에 있어서 의학에 관한 지식과 기술은 도구적 기능을 가진다고 볼 수 있다. 학력이 도구적 기능을 갖는 한편 취득한 학력은 그 사람에 대하여 일정한 자격을 평생 동안 보장하게 된다. 이런 의미에서 학력은 개인에게 자신의 힘으로 어떻게 할 수 없는 특정의 신분을 부여하게 되어 일종의 귀속적 지위를 보장하는 보증서가 되는 셈이다. 이를 학력의 질서적 기능이라고 볼 수 있다.

학력은 그 자체를 높고 낮음에 따라 사람을 높게 또는 낮게 분류하는 기능을 가지고 있다. 이와 같이 학력은 사람들을 계층화시키는 한 요인이 되기도 한다. 도어(R. Dore)에 의하면 교육은 졸업장이라는 학력따기 경쟁으로 변질되었다고 지적하고 있다. 교육과 '학력따기'의 차이점은 그 과정에서 나타나고 있다. 지식이란 습득 자체를 목적으로 추구하는 경우도 있지만 실리를 목적으로 추구하는 경우도 있다. 그 어느 경우에 있어서도 그것이 교육인 이상 목표는 지식의 습득 그 자체인 것이다. 이에 반하여 학력경쟁의 경우, 학생들의 관심사는 지식의 습득 그 자체가 아니라 습득했다고 하는 증명을 받는데 있는 것이다. 다시 말하면, 교육이 어떤 일을 하기 위한 학문이라면 학력따기란 직업을 얻기 위한 경쟁일 것이다.

2. 학력사회의 구조와 과제

학력사회란 사람들의 사회적 지위를 결정하는 데 있어서 학력의 힘이 상대적으로 큰 사회라 정의할 수 있다. 개인의 사회적 지위는 그 지위를 점하고 있는 사람이 가지고 있는 속성(예를 들면, 직업, 수입, 학력, 재산, 주거공간 등)의 요인에 의하여 결정되는 것이다. 일반적으로 이들 요소 중에서도 학력이 차지하는 비중이 상대적으로 큰 경우에 이를 학력사회라 한다.

학력사회의 구조와 전개를 설명하는 데 있어서 연구의 초점은 고학력화 현상이 주로 대학학력의 수요 증대와 이에 따른 학력경쟁, 그리고 대학학력 소비자의 급증 현상을 지칭하는 것으로 보인다.

고학력화 현상은 인적 자본론에 바탕을 두고 설명되기도 한다. 우리나라에서 학력은 선진기술의 훈련 가능성을 나타내는 지표로서 높이 평가되고 있다고 본다. 즉, 산업화가 수입된 기술에 크게 의존하고 있는 상황에서 수입기술을 획득할 수 있는 고등교육 수준의 학력이 높이 평가되었다는 것이다. 그리하여 고등교육 수혜자는 채용, 승진, 임금 등에서 유리한 위치를 차지하게 되었다.

그 동안 우리 사회가 산업화되는 과정에서 사회적 지위분배를 위한 장치로서 학력이 크게 이용되고 있다는 사실은 이미 많은 사람들이 지적해 왔다. 다시 말해서, 상위계층은 그들의 학력 수준을 높임으로써 특권적 지위를 유지하고자 하며 하위계층은 학력 수준을 높여 계층성장을 실현하려 한다. 그리하여 학력 수준은 점차로 상승하고 있으며 결국 학력이 지위경쟁 수단으로 활용되어 과잉학력 현상으로 나타나고 있다.

고학력화 현상과 관련된 학력사회의 구조와 전개는 교육체제의 내적 요인과 외적 요인으로 나누어 생각해 볼 수 있다. 교육 외적 요인은 가치관, 교육관, 산업구조 및 계층이동 형태, 학력인구 변화, 취업, 임금구조 등이 있고 내적 요인으로는 단선형 학제의 구조와 그 경직성, 단순성, 인문계 고등학교 위주의 교육과정 운영과 진로지도 미비 등이 있다.

이러한 교육체제 내외적 요인들은 복합적인 상호작용에 의해 학력경쟁을 유발하고 학력경쟁은 학력의 상승, 즉 고학력화 현상을 초래하고 있다. 고학력 획득에 의한 학력경쟁 과정에서 각종 사회문제가 유발되며 이러한 문제를 해결하기 위해 고학력 기회를 확대한 결과 고학력 실업이라는 문제가 발생하게 된다.

고학력 현상을 부추기는 가장 중요한 요인으로 지적되고 있는 학력간 고용과 임금 격차는 학력사회를 형성시켜 사람들로 하여금 고학력을 추구하도록 하는 요인으로 작용하고 있다. 그리고 우리 사회의 뿌리 깊은 학력주의는 학력위주의 고용과 임금 관행을 조작시켜 왔다고 볼 수 있다.

학력위주의 고용과 임금 관행과 가치관 및 교육관은 해방 이후 붕괴된 계층구조가 새롭게 정착되어 가는 과정에서 교육의 계층상승 효과를 증대시켰으며 이러한 현상에 의해 전통적인 학력주의 가치관은 더욱 강화된 면이 없지 않으며 학력위주의 사회적 관행은 중등학교의 교육과정이 대학입시 위주로 운영되게 할 뿐만 아니라 다양한 진로지도를 가로막는 요인으로 작용하기도 한다.

제 5 장

교육과정

제 1 절 교육과정의 개념

교육과정이란 단어는 제2차 세계대전 이전에는 교과과정 또는 학습과정이라고 불리워져서 학교의 교과내용이나 시간 배당을 뜻하였으나 제 2차 세계대전 이후 커리큘럼(curriculum)을 번역한 교과활동과 교과 외의 활동을 모두 포함하는 단어로 사용하게 되었다.

원래 curriculum은 라틴어의 'currere', 즉 '달린다', '뛴다'라고 하는 동사에서 유래한 것으로 교육적으로는 학생들이 일정한 교육목표를 향해 달리는 코스(course of study)를 의미하게 되었다. 따라서 어원적으로는 교육과정(curriculum)이란 학생들이 '교육을 받는 과정', '학습을 하는 과정'(course of study)을 의미하게 되었고 그것은 다시 학생들의 학습의 과정에서 필요한 교육내용의 전체 구조를 의미하게 되었다.

F. Bobbit는 이를 교육에 적용하여 "청소년들이 성인생활을 영위할 때 있게

될 여러 일들을 보다 잘 처리할 능력을 개발시킬 그런 방법하에서 경험하지 않으면 안 될 일련의 일들이다"라고 말하고 있다.

이와 같은 뜻을 지닌 커리큘럼이라는 용어를 교육용어로서 써 오게 되자 이 뜻은 학습 또는 학습하는 그 자체의 뜻으로 전의(轉義)되었고 이것은 다시 교과과정 또는 교육과정이라는 말로 그 뜻이 옮겨지게 되었다.

J. G. Saylor와 W. A. Alexander(1974, 2~7)는 수많은 교육과정의 정의를 ① 교과로서의 교육과정, ② 경험으로서의 교육과정, ③ 목표로서의 교육과정, ④ 계획으로서의 교육과정의 4군으로 분류하고 있고 Hosford는 ① 교육과정을 일어난 경험의 총체로 보는 정의군(定義群), ② 교육과정을 제공한 경험의 총체로 보는 정의군, ③ 교육과정을 목표와 방법(수단)의 계획으로 보는 정의군, ④ 교육과정을 목표의 계획으로만 보는 정의군으로 분류하고 있다.

이렇듯 교육과정을 정의하는 방식이나 교육과정을 보는 견해가 학자에 따라서 다름을 알 수 있다.

이렇게 볼 때 교육과정이란 결국 다음의 3가지의 정의가 다 포함되어 있는 개념이라 하겠다.

① 교육목적을 달성하기 위하여 적절한 교육 내용(학습내용)을 선정하고 조직하고 배열하는 교육의 전체 계획

② 학교의 지도하에서 이루어지는 아동·학생의 학습활동의 총체 또는 여러 가지 경험의 총체

③ 교실 안에서든지 운동장에서든지 또는 학교 밖에서든지 학습에 영향을 주기 위하여 학교가 행하는 모든 노력의 총체

제 2 절 교육과정의 유형

1. 교과중심 교육과정

교육과정의 가장 오래된 개념이 바로 교과중심 교육과정(the subject-centered curriculum)으로 1920년 경부터 교육학자들의 관심의 대상이 되어 왔다. 교과중심 교육과정에서의 교육내용은 문화재 전달을 최저 요구수준(minimum essentials)으로 삼고 있는데 그 특징은 다음과 같다.

첫째, 교육이란 문화유산을 전달하는 것이며, 문화유산의 전달이 곧 교육의 내용이 된다.

교과란 인류의 문화유산을 체계적으로 조직해 놓은 것이며 교과중심 교육과정에서는 문화유산을 전달하는 것을 교육의 내용으로 삼기 때문에 교과중심 교육과정이란 곧 문화유산 중심 교육과정이라고 할 수가 있다.

둘째, 교사중심의 교육과정이며 설명위주의 교수법을 요구한다.

교과중심 교육과정에서의 교사는 학생보다 월등히 많은 지식과 기술이 있어야 하며 이 지식과 기술을 학생들에게 전달하여야 한다. 따라서 교사는 이러한 지식과 기술을 학생들에게 상세히 설명할 수 있도록 교사의 자질 중 '설명력'이 요구가 된다.

셋째, 각 교과는 그 자체의 논리를 가지고 있으며 교과의 난이도를 중시하고 있다.

넷째, 한정된 교과 영역 안에서만 학습활동이 이루어진다.

교과중심의 교육과정에서는 교과의 선을 중시하기 때문에 모든 학습활동은 이런 선 내에서 이뤄지며 선을 넘어서 다른 교과에까지 침범하는 것을 싫어한다.

2. 경험중심 교육과정

1930년대의 전후를 맞아 미국에서는 진보주의 교육사조가 나타나게 되었고, 자연히 교육계에서는 교과중심 교육과정의 개념에 회의를 나타내게 되었다. 즉, 교과중심 교육과정으로는 학생들이 급변하는 사회에 적응할 수 없으며 그 교육내용 자체가 현실생활과는 거리가 너무 멀다는 것이었다. 이러한 교과중심 교육과정의 회의는 그 당시의 미국사회의 경제대공황으로 인해 더욱 심화되었으며 교육계에서는 '교육과정 개정(curriculum revision)' 작업을 추진하게 되었다.

이러한 교육과정 개정 작업에서는 교육과정을 비교적 단절된 교수요목으로 보기보다는 '학교의 지도하에 학생들이 가지게 되는 모든 경험'으로 정의하게 되었다. 교육과정을 '교수요목'으로 보는 견해와 '학생들의 경험'으로 보는 관점간에는 큰 차이가 있다. 즉 전자가 '모든 학생들에게의 공통된 문서'를 의미한다면 후자는 '학생 개개인에 따라서 다르게 나타나는 경험 자체'를 의미한다고 하겠다.

따라서 교과중심 교육과정에서는 한 학급 아동이 80명인 경우나 20명인 경우를 막론하고 획일적인 하나의 교육과정이 있을 뿐인데 비하여 경험중심 교육과정에서는 학급 아동 수만큼의 교육과정이 존재한다. 왜냐하면 경험형 교육과정에서는 경험의 개별성을 존중하기 때문이다.

그러나 흔히 생각하듯이 경험중심 교육과정이 교과중심 교육과정을 배격하는 것은 아니다. 김종서 외 3인(1985, 241)은 경험형 교육과정에 있어서 교과와 아동의 경험 사이의 간격을 없애야 한다는 것과 교육과정의 조직에 있어 교과목을 중요시하지 않는 것이 아니라 그보다는 인간생활의 제영역에서의 문제점들을 중심으로 조직하는 방식을 채택하여야 한다는 것을 강조하고 있다고 설명하고 있다.

이상에서 살펴본 바와 같이 경험중심 교육과정은 교과중심 교육과정을 배격한 것은 아니지만 교육과정을 생각하는 관점에는 큰 차이가 있음을 알 수 있으며 그 특징을 들면 다음과 같다(김종서 · 이영덕 · 정원식, 241∼242).

첫째, 교육활동 못지않게 과외활동을 중시한다.

교과중심 교육과정에 있어서는 교실학습 제일주의의 입장을 취한다. 그러나 경험중심 교육과정에서는 교실학습에 못지않게 소풍, 여행, 전시회, 자치활동, 클럽활동도 중시한다. 교육은 학교의 전 생활에서 이루어진다는 신념 밑에 다양한 학습활동을 전개한다.

둘째, 생활인의 육성을 목표로 하고 있다.

경험중심 교육과정이 1930년 전후에 나타나게 되었음은 이미 지적한 바 있지만 이 무렵이 미국에서는 경제대공황으로 인하여 시련을 겪던 시기이다. 경제대공황은 교과중심 교육과정에 큰 회의를 느끼게 하였으며 교육은 자아실현, 인간관계, 경제적 능률, 공민적 핵심이라는 점에서, 잘 사는 사람을 육성하는데 역점을 두어야 할 필요를 절감하게 되었다.

셋째, 아동중심 교육을 강조한다.

교과중심 교육과정에서는 '교과를 가르친다'는 입장을 취한다. 즉, 국어를 가르치고 산수를 가르친다는 입장이다. 그러나 경험중심 교육과정에 있어서는 '아동을 가르친다'는 입장을 취한다. 따라서 교육은 아동의 필요, 흥미, 능력에 그 바탕을 두어야 한다고 믿고 있다.

넷째, 사회의 급격한 변화에 적응하는 인간을 육성코자 한다.

오늘날의 사회는 급격히 변하고 있다. 그렇기 때문에 장래생활을 예측하기 어렵게 되었다. 내다보이지 않는 미래를 위한 준비교육을 하는 경우 어디에 기준을 설정할지가 막연해진다. 따라서 교육은 아동들이 현재 생활에 충실을 기하도록 하는데 중점을 두어야 한다고 주장한다. 즉, 급변하는 사회에 보다 잘 적응하는 인간육성을 강조한다.

다섯째, 문제해결력의 함양을 강조한다.

사회가 급속히 변하고 지식과 기술이 폭발적으로 증가함에 따라 계속적으로 새로운 문제가 나타나며 이러한 새로운 문제는 고정된 가치관이나 지식에 의하여서는 해결할 수 없게 되었다. 사회적응을 그 특징의 하나로 하고 있는 경험중심 교육과정에서는 개인적 또는 집단적으로 부딪히는 문제들을 가장 현명하게 해결할 줄 아는 능력을 배양코자 한다.

여섯째, 전인교육을 강조한다.

생활인 육성을 그 목적으로 하는 경험중심 교육과정에서 전인교육을 강조함은 논리적으로 당연하다. 지·덕·체의 조화적인 발달을 이룩한 인간이 생활을 올바르게 영위할 수 있기 때문에 전인교육을 강조하고 있다. 특히 교과중심 교육과정이 지식교육에 치중하는 것을 비판하고 있는데 전인교육은 이런 점에서 교육자 및 사회인의 지지를 받고 있다.

이상에서 살펴본 바와 같이 경험중심 교육과정은 '과외활동의 중시', '생활인의 육성', '아동중심 교육', '현재 생활의 강조', '문제해결력의 함양', '전인교육의 강조'의 6가지 특징을 가지고 있으며 교과중심 교육과정을 무작정 배격하는 것이 아니라 교육내용을 '경험'과 '생활'에 둘 것을 강조하고 있다고 하겠다.

3. 학문중심 교육과정

경험중심 교육과정의 입장은 1950년대에 이르러 상당히 확고하게 확립된 듯하였으나 1960년대에 와서 교육과정의 개념은 또 하나의 변천을 겪게 되었으니 그것은 흔히 학문중심 교육과정(discipline centered curriculum)이라는 말로 대표된다. 이와 같은 변천에는 다음과 같은 몇 가지의 동기가 있었다.

첫째, 1950년대 이후의 사회적 · 경제적 · 인구적인 변동과 과학기술의 혁신적인 발전과 지식의 폭발적인 증가는 새로운 교육과정을 요구하게 되었다.

오늘날 지식과 기술의 발달 속도는 매십년마다 배증하고 있다고 한다. 따라서 한정된 학교교육 기간 동안에 무엇을 가르칠 것이냐 하는 것이 심각한 문제로 제기되었다. 그 많은 지식과 기술 중에서 골라서 가르쳐야 할 터인데 선정의 기준이 무엇이냐 하는 것이 문제된 것은 논리적으로 당연하다. 이 선정기준은 각 학문에 내재해 있는 전이가(轉移價)가 높은 지식과 기술이 되어야 한다는 것이다. 이와 같은 전이가가 높은 지식을 '지식의 구조'라고 한다. 날로 팽창하는 지식을 모두 가르칠 수 없기 때문에 이들 지식들 중에서 가장 '핵심적인 지식', '기본적인 지식'을 선정할 수밖에 없으며 이에 따라 학문중심 교육과정이 등장하게 되었다.

둘째, 경험중심 교육과정에서는 지식의 체계성이 너무 소홀히 되고 학문적이고 체계적인 사고와 연구를 하는 데 필요한 능력이 소홀히 되는 폐단이 나타나므로 이를 극복하기 위한 새로운 교육과정의 움직임이 나타나게 되었다.

셋째, 지식의 폭발적인 증가의 현상도 있지만 보다 더 교과를 잘 가르치는 방법이 없느냐에 대한 교육학계의 모색은 '지식의 구조화'란 적극적인 방법으로 나타나게 되었다.

넷째, 1957년 소련의 인공위성 스푸트니크(Sputnik) 발사로 인해 미국은 국가 안보에 위협을 받게 되었으며 과학교육을 진흥시켜야 한다는 자극을 받음에 따라 학문중심 교육과정은 급속도로 발달하게 되었다.

이상에서 학문중심 교육과정이 등장하게 된 배경을 간단히 살펴보았는데 학문중심 교육과정의 특징은 다음과 같다

첫째, 학문중심 교육과정에서는 교육내용을 '지식의 구조'에다가 핵심을 둔다.

학문중심 교육과정의 사조에 의하면 '교육과정은 각 학문에 내재해 있는 지식의 탐구과정의 조직'으로 정의되며, 교육과정은 곧 각 교과의 전문가들이 각 교과가 나타내고 있는 지식의 본질(즉, 구조)을 가장 명백히 표현할 수 있도록 그 지식을 체계적으로 조직해 놓은 것을 가리키는 것이다.

여기에서 '지식의 구조'라고 함은 '학문의 이면에 숨어 있는(underline) 기본적 아이디어', '지식의 기본 개념', ' 지식의 기본 원리', '지식의 핵심 개념', '일반적 아이디어', '지식의 탐구과정' 등과 동의어로 쓰이는 개념이다. 그것은 각 학문을 이루고 있는 기본 요소들 및 이 요소들이 서로 얽혀 있는 것을 나타낸다.

브루너(J. Bruner, 1978, 23~26)는 '지식의 구조'의 중요성을 다음과 같이 설명하고 있다.

① 기본적인 원리를 이해하면 훨씬 쉽게 교과를 이해하게 된다.

② 인간의 기억에 관련된 것이다. 아마 1세기 동안의 집중적인 연구로 오늘날 인간의 기억에 관하여 우리가 알고 있는 기본적인 것은 잡다한 사실은 그것이 전체적으로 구조화된 형태 안에 위치하지 않는 한 곧 잊어버려진다는 것일 게다. 기억 속에 잡다한 사실이 보존되는 것은 그것을 단순한 형태로 표현함에 있다. 이 단순화된 표현은 '재생성시킨다(regenerative)'는 성격을 띠고

있다.

③ 앞에서 살펴본 바와 같이 기본적인 원리나 개념을 이해한다는 것은 적절한 '훈련의 전이(transfer of training)'를 나타내게 하는 가장 좋은 방법이다.

④ 교수(teaching)에서 구조와 원리를 강조하는 것은 초등학교와 중등학교에서 가르치는 학습자료가 어떤 기본적인 성격을 나타내는가를 쉬임 없이 재조사함으로써 우리는 고등지식과 기초지식과의 간격을 좁히자는 데 있다. 오늘날 초등학교에서 고등학교, 대학에 진학하는 동안에 생기는 교육과정상의 문제는 앞서서 배운 내용이 그 학문의 발전에 비해 너무나 뒤쳐져 있기 때문에 이미 낡았거나 그릇될 가능성이 상당히 크다는 것이다. 발전된 학문과 학교의 교과 사이에 있는 이런 간격은 앞에서 강조한 바와 같은 방향으로 교육과정이 재구성됨으로써 훨씬 좁아질 수 있을 것이다.

결국 브루너(J. Bruner)는 지식의 구조는 학습의 전이를 용이하게 하여 결과를 쉽게 이해하게 하고, 또한 학습된 내용에 대한 기억을 오래하게 하며 고등지식과 기초지식 사이의 간격을 좁혀 준다는 것을 강조하고 있다.

둘째, 나선형 교육과정(spiral curriculum) 이 되어야 한다.

학문에 내재해 있는 지식의 구조, 즉 기본적 개념, 일반 아이디어, 핵심개념은 각 학문 분야에 따라 그렇게 많지 않을 것 같지는 않다. 이와 같은 교과내용은 학년이나 발달의 정도와 관계없이 가르칠 수 있다는 가정이 성립되어야 한다. 즉, 초등학교 아동부터 고등학생에 이르기까지 동일 내용을 가르치되 다만 그 수준을 달리해야 한다는 입장이다. 즉, 어린이들로 그들의 사고방식에 맞게 그들이 알아듣는 말과 자료를 써서 가르치면 어떤 교과 내용도 이해할 수 있다는 것이다. 이 교과 내용은 고등학교 학생에 해당되며 초등학교 아동에게는 너무 어려워서 가르칠 수 없다는 말은 성립되지 않는다. 동일교과 내용을 발달단계와 관계없이 가르치되 다만 발달단계가 높아짐에 따라 그 내용의 깊이와 폭은 달라질 뿐이라는 것이다. 마치 달팽이의 껍질의 선이 위로 올라갈수록 점점 크게 되는 것과 같은 비유이다.

즉, 나선형 교육과정은 교과가 가장 완벽한 상태를 가정하고 일찍부터 그 교과에 담겨진 기본 개념을 그들의 사고 방식에 알맞게 가르치며 학년의 진전에 따라 점차로 심화 확대해 나가는 교육과정을 말한다. 이와 같은 나선형 교육과정의 생각이 나타남에 따라 교육과정에 변혁이 나타났다. 예를 들면, 수학에서 집합이라는 수학의 기본 개념을 종전에는 고등학교에서부터 취급하였으나 학문중심 교육과정이 나타남에 따라 초등학교 1학년 교과서에 수록하게 되었다. 집합이라는 교과내용은 초등학교 1학년부터 고등학교 3학년까지 동일하되 학년의 진전에 따라 그 수준이 달라지도록 되어 있다.

셋째, 탐구과정을 중시한다.

앞에서 학문중심 교육과정을 '각 학문에 내재해 있는 지식 탐구과정의 조직'이라고 정의한 바 있다. 그리고 그 특징으로 '지식의 구조'와 '나선형 교육과정'에 대하여 언급하였다. 이렇게 볼 때 학문중심 교육과정의 또 하나의 특징으로 탐구과정을 들지 않을 수 없다.

학문중심 교육과정에서는 교과를 가르칠 때 그 교과에 내재해 있는 '기본원리', '핵심개념'을 교사가 찾아내어 이것을 학생들에게 제시하고 주입하는 것이 아니라 해당 분야의 학자가 한 것과 같이 '눈'과 '방식'으로 이를 찾아내도록 한다. 즉, 물리학을 공부할 때는 물리학자가 한 것과 동일한 일을 학생들에게 하도록 한다. 물리학자는 해당 분야의 학문을 탐구하고 있기 때문에 비록 그 수준은 다를지언정 학생들도 물리학의 구조를 탐구하는 활동을 하도록 한다. 즉 물리학을 올바르게 공부하려면 물리학자가 되어야 한다는 뜻이다.

4. 인간중심 교육과정

1980년대의 교육문제를 교육계획이라는 입장에서 취급한 한국교육개발원의 〈교육발전의 전망과 과제〉에는 경제사회 발전의 장기 전망과 교육을 ① 고도산업사회의 도래, ② 고급인력 수요의 격증, ③ 경제사회의 국제화 및 개방화, ④ 민간부문의 성장과 자율화, ⑤ 인구구조의 변화와 지역간 이동, ⑥ 인간교육의 강화와 민족문화의 육성 발전이라는 여섯 가지로 보고 있다(한국교육개발원, 1978). 특히 인간교육에 관하여서는 다음과 같이 말하고 있다.

경제의 지속적인 고도성장에 따른 고도 산업사회의 도래는 필연적으로 풍요한 사회가 갖는 특징적인 사회문제를 수반할 것으로 보인다. 예컨대, 물질만능의 풍조, 인간소외, 청소년 문제 등의 사회 병리 현상이 사회의 관심을 끌게 될 것이다. 이러한 문제에 대처하기 위하여 교육은 지식과 기술을 획득하기 위한 수단으로서만 이용될 것이 아니라 인간 형성 그 자체와 인류의 가치 실현이라는 점에 중점을 두어야 할 것이다. 인간교육의 강화는 산업사회의 중요한 과제가 될 것이다.

미국의 전국교육협회(N.E.A)의 수업연구센터(Center for the Study of Instruction)에서는 1969년 12월에 1970년대 및 그 이후의 학교(Schools for the 70's and Beyond)'에 관한 세미나를 개최한 바 있다. 이 세미나에서 얻은 결론은 "학교를 인간미가 있는 기관으로 한다"라고 하는 것이었다(Report, 1970). 또한 이 세미나의 예비보고서에서 포쉐이(Foshay)는 "지금까지의 교육의 중심적 기능은 사회의 필요에 봉사하는 것이었다……교육에서 새로운 요구가 첨가되고 있다……그것은 교육은 자기실현을 촉진시키지 않으면 안 된다."라고 말하고 있다.

이와 같은 인간교육의 추세는 이념적 관점과 현실적 관점에 의하여 그 필요성이 더욱 부각되고 있다.

이념적 관점이라 함은 교육의 기능에 관한 관점이다. 교육의 기능을 어떻게 보느냐에 따라서 교육의 실제는 크게 달라진다. 교육의 수단관에 있어서는 교육은 사회 및 경제발전에 필요한 인재를 육성하는 것을 그 기능으로 보아야 한다고 주장한다.

즉, 고도산업화를 촉진하기 위한 인력의 개발과 사회발전에 기여하는 인간을 육성하는 것을 교육의 기능으로 본다. 그러나 교육의 본질관에 있어서는 교육은 인간의 삶 그 자체에 충실해야 하며 자기 충족감이 넘치는 인간 육성을 그 기능으로 보고 있다.

교육은 오직 인간의 '삶' 자체에만 충실하고 인간의 '삶' 자체에 충실한 결과가 경제 및 사회 발전에 어떻게 영향을 미치는지를 살피는 일이 교육과 경제 및 사회와의 관련에서 중요하게 취급되어야 한다고 본다. 왜냐하면 만일 경제발전이 빠르고 산업이 고도화될수록 인간성의 상실이 심해진다면 그 경제발전은 누구를 위한 경제발전인지 모르기 때문이다. 오히려 교육이 인간의 자아실현을 최대한도로 도와 주는 경우에 경제발전의 방향이 정해지고 산업구조의 모습이 결정된다는 생각도 있을 수 있다. 환언하면 교육은 경제 및 사회발전의 수단이 아니라 교육은 인간 자체에만 충실한 '목적'으로 취급되어야 한다는 것이다.

20세기에 들어서면서 과학기술이 급속도로 발달하고 고도산업화가 이루어짐에 따라 교육의 수단관이 팽배하였으며 그 결과 국가적인 부를 초래하였다. 그러나 20세기 후반에 이르러 교육의 수단관에 회의를 느끼고 본질관에 보다 적극적인 관심을 두게 되었으며 교육의 본질관은 곧 인간교육관임을 감안할 때 오늘날 및 앞으로의 교육은 인간교육에 치중될 것으로 전망된다.

현실적 관점에 의한 인간교육의 필요는 고도산업화에 따라서 나타나는 인간성의 매몰과 비인간화 경향이 심각한 문제로 제기되고 있다는 점이다.

오늘날의 고도산업화를 촉진하는 과학기술의 발달은 그 어느 때보다도 가속화되고 있으며 매 10년마다 배증의 현상을 나타내고 있다. 이와 같은 과학기술은 인간번영에 이용될 수도 있지만 인간의 비인간화, 인간 소외현상을 초래하는 동시에 인류멸망이라는 극단적 생각을 갖게 한다. 그런데 과학기술의 발달속도에 비추어 인간성의 발달이 과연 어느 정도 이루어지고 있는지가 문제이다. 30년, 40년 전에 비하여 물질문명은 크게 발전하였지만 인간의 됨됨이가 어느 정도 성실하여지고, 정직하여졌으며 봉사적으로 되었는지는 의문의 여지가 많다. 만일 과학기술은 극도로 발달하는데 인간성의 발달이 이에 미치지 못하면 인간행복에 기여하기 위하여 발달시킨 과학기술은 인간을 멸망시킬지도 모른다.

이와 같은 인간교육에서 요구하는 교육과정, 즉 인간중심 교육과정은 "학생이 학교생활을 하는 동안에 가지는 모든 경험"이라고 정의 내려진다. 이 정의를 얼핏 보면 경험중심 교육과정의 정의와 같은 것 같다. 그러나 경험중심 교육과정의 정의보다도 훨씬 넓다. 즉 경험중심 교육과정에서는 '학교의 지도하에 학생들이 가지는 모든 경험'이라고 하였지만 인간중심 교육과정에서는 '학생들이 학교생활을 하는 동안에 가지게 되는 모든 경험'이라고 하였다. 학생들이 학교생활을 하는 동안에 가지게 되는 경험은 이를 둘로 나누어서 생각할 수 있는데 그 하나는 학교의 지도, 계획, 의도에 의하여 가지게 되는 경험이며, 다른 하나는 학교의 지도, 계획, 의도가 없는데도 가지게 되는 경험이다. 인간중심 교육과정에서는 이러한 모든 경험을 포함한다.

즉, 학생이 학교생활을 하는 동안에 사람의 됨됨이에 영향을 주는 모든 경험을 인간중심 교육과정에서는 중시한다. 따라서 경험중심 교육과정보다는 그 범위가 훨씬 넓어진다.

인간중심 교육과정의 개념을 좀더 명확히 하기 위하여 그 특징이라고 생각되는 몇 가지를 들면 다음과 같다.

첫째, 인간중심 교육과정에서는 잠재적 교육과정(latent curriculum)을 표면적 교육과정과 똑같이, 경우에 따라서는 더 중시한다.

인간중심 교육과정은 학교의 지도, 계획, 의도에 의하여 학생들이 가지는 경험과 학교의 지도, 계획, 의도가 없거나 또는 이런 것들과 관계없이 학생들이 경험하는 것을 모두 포함시킨다고 하였거니와 전자를 표면적 교육과정 또는 노출된 교육과정이라고 부르고 후자를 잠재적 교육과정 또는 숨은 교육과정이라고 부른다. 흔히 표면적 교육과정은 학생들의 지식, 기능의 신장에 영향을 미치며 잠재적 교육과정은 학생들의 사회적 발달, 정의적 발달에 영향을 미친다. 오늘날의 학교교육에서 문제되는 것이 지식, 기술의 발달보다 가치관, 도덕성 발달의 소홀임을 생각할 때 잠재적 교육과정이 인간중심 교육과정에서 차지하는 비중을 짐작할 수 있을 것이다

둘째, 학교환경의 인간화를 위하여 노력한다.

인간중심 교육과정은 그 정의 자체가 '학교생활을 하는 동안에 학생들이 가지는 모든 경험'이기 때문에 학교환경 전체를 인간중심적으로 조성을 해야만 비로소 학생들이 인간적인 경험을 할 수 있다. 그런데 학교의 인적, 물적 환경 중에는 인간교육을 저해하는 요인이 허다하다. 예를 들면, 대규모 학교, 과밀 학급, 체위에 맞지 않는 책상과 걸상 등은 인간소외 현상, 반항심, 정서적 불안과 같은 문제를 야기한다. 또한 금지, 체벌, 강요와 같은 학교의 풍토는 자아실현에 결정적인 악영향을 미친다.

셋째, 자아실현을 목표로 설정한다.

인간중심 교육과정의 개념은 아직도 뚜렷하게 정립되지는 않았지만 C. H. Patterson(장상호 역, 1980)이나 윤팔중(1980) 등에 의하면 그 목표를 자아실현에 두고 있음을 알 수 있다. 결국 인간중심 교육은 자아실현을 위한 교육이라고 할 수 있는데, 자아실현이란 인간의 내면에 숨겨져 있다고 상정되는 신성을 발견하여 그에 합일되도록 자신의 역량을 발휘함으로써 소명을 수행하는 것, 사회·문화적인 세력과의 조화를 통하여 인간성을 발전시키는 것, 가치 있는 과업을 성취하는 것, 혹은 인간에게 잠재되어 있는 가능성을 가시화하는 것 등으로 설명되어질 수 있다.

넷째, 인간중심 교육과정에서는 인간주의적인 교사를 가장 필요로 한다.

교육과정의 결정자는 교사이다. 교육부, 각 시도 교육위원회, 학교의 행정가 또는 전문가들은 교육과정에 대한 결정을 문서상으로 할 수 있다. 그러나 그것이 아동의 경험으로 번역되려면 교사가 결정적인 역할을 한다.

인간중심 교육과정에서는 '가르친다는 것은 하나의 체제나 방법들을 이용하는 것은 아니고 바로 하나의 인간적인 관계'로 보기 때문에 교사의 인간적인 영향이 얼마나 중요한지를 알 수 있다. 그러면 인간주의적인 교사는 어떤 교사인지가 규명되어야 할 것이다. 패터슨은 "진실된 교사, 한 개인으로서 아동에 대한 존중, 공감적 이해 , 애정"을 그 특성으로 들고 있다. 특히 '진실된 교사'에 대하여서는 다음과 같이 말하고 있다. "교사는 하나의 인간이며 진실된 개인이기 때문에 그들은 그들이 아닌 어떤 것이 되려고 노력해서는 안 된다. 인간주의적인 교사는 솔직하고 진실하다. 그는 가면을 쓰지 않으며 신비스러운 교사의 역할을 수행하려고 하지 않으며 따라서 그가 아닌 어떤 것이 되려는 선입관에서 해방되며 그 선입관이 만들어 내는 긴장과 불안에서 해방된다."

5. 잠재적 교육과정

현대사회의 폭발적인 지식의 양과 기술의 급진적인 증가로 인해 인간성의 발달은 지연되어 있거나 역행되는 현상마저 나타나고 있으니 궁극적으로는 인류의 행복에 기여하기 위하여 만들어진 지식과 기술이 오히려 인간을 불행하게 만들거나 인류를 멸망시킬 우려마저 나타나게 되었다.

이러한 점에 착안하여 과연 학교교육이 인간의 지식발달과 기술발달에 공헌한 바가 크다 하더라도 인간교육면에서 어느 정도 공헌하였는가에 대한 회의가 오늘날 교육계에서 일어나게 되었으며, 인간성의 회복을 위한 인간교육이 실시되어야 한다는 주장이 대두되기 시작했다. 결국 오늘날의 교육의 과제는 바로 인간교육에 있다는 것이다.

인간교육의 실천이라는 관점에서 오늘날 학교의 현 여건 아래서 유력한 단서로 등장한 것이 바로 잠재적 교육과정이다.

잠재적 교육과정의 개념은 최근에 나타났는데 이는 종전의 교육과정의 개념과 대비되어 해석되고 있다. 종래의 교육과정이라고 하면 '교사가 학생에게 가르칠 내용의 주제를 열거한 교수요목', '학교의 지도하에서 학생들이 가지는 모든 경험', '구조화된 의도적인 학습의 결과'를 지칭한 것인데 이들의 공통점은 바로 '계획성', '의도성'에 있다. 즉 학교의 계획과 의도에 따라 학생들의 행동이 변화되거나 여러 가지의 행동특징을 배우게 된다는 것이다. 그러나 학교의 의도나 계획과는 아무런 상관이 없이 학생들은 여러 가지의 행동특징을 배우거나 행동이 변화되는 경우가 많이 나타난다.

이리하여 종전의 교육과정을 표면적 교육과정이라 부르고 학교의 계획과

의도와는 아무런 관련이 없이 학습하게 되는 교육과정을 잠재적 교육과정이라고 부르게 되었다.

원래 잠재적 교육과정이란 개념은 사회학자인 R. Merton의 '사회의 잠재적 기능'이라는 개념에서 비롯되었다. R. Merton(1968, 118~119)은 사회제도나 행동에 관련하여 의도된 결과를 표면적 기능이라고 하고 의도하지 않았던 결과를 잠재적 기능이라고 하면서 다음과 같은 예를 들고 있다.

미국 남서부의 애리조나 주의 원주민인 Hopi 인디언족은 심한 가뭄으로 인해 기우제를 지내는 풍습을 가지고 있다. 근대 과학의 상식에서 보면 이 기우제는 일종의 미신이나 습관에 불과하다. 표면적 기능의 관점에서 보면 기우제 그 자체가 미신에 불과할지 모르나 잠재적 기능의 관점에서는 오랜 가뭄으로 인해 삭막해진 사람들의 마음을 가라앉히고 부족원 사이의 집단 의식과 단결을 강화해 주는 역할을 한다.

이와 같이 잠재적 교육과정은 학교 및 교사가 가르치려고 계획을 세운 바가 없는데도 불구하고 학생들이 가지게 되는 경험을 뜻하는데 그 용어 역시 표면적 교육과정과 대비되어 규정되고 있다. 즉, 표면적 교육과정의 경우 표면적(manifest), 계획된(planned), 공식적(official), 외현적(over), 가시적(visible), 외적(external), 구조화된(structured), 조직화된(organized), 기대된(expected), 형식적(formal)이란 용어로 규정되는데 반해 잠재적 교육과정은 잠재적(latent), 비구조적(unstructured), 숨은(hidden), 내현적(covert), 비가시적(invisible), 비공식적(unofficial), 내적(internal), 비조직적(unorganized), 기대되지 않은(unexpected), 비형식적(informal)이란 용어로 규정되고 있다.

이런 용어를 바탕으로 김종서(1980, 84)는 잠재적 교육과정을 다음과 같이 정의 내리고 있다.

"잠재적 교육과정은 학교의 물리적 조건, 제도 및 행정 조직, 사회·심리적 상황을 통하여 학교에서는 계획한 바 없으나 학교생활을 하는 동안에 학생들이 은연중에 가지는 경험을 말한다."

또한 김종서(상게서, 84~87)는 잠재적 교육과정의 특징을 표면적 교육과정에 대비하여 다음 일곱 가지로 설명하고 있다.

첫째, 표면적 교육과정은 학교에 의하여 의도적으로 조직되고 가르쳐지는 반면에 잠재적 교육과정은 학교에 의하여 의도되지는 않았지만 학교생활을 하는 동안에 은연중에 배우게 된다. 이것은 잠재적 교육과정의 가장 중요한 특징이며 황정규가 "내현적 교육과정은 교육에서 원래 의도하지 않았던 목적이 교육과정 속에 은연중에 학습되는 내용을 말한다"라고 정의하고 있음은 바로 이점을 지적한 것이라고 볼 수 있다.

둘째, 표면적 교육과정이 주로 지적인 것과 관련이 있다면 잠재적 교육과정은 주로 비지적인 정의적인 영역과 관련이 있다. 이점은 바로 잠재적 교육과정이 인간교육과 직결됨을 뜻한다. 잠재적 교육과정은 인간의 흥미·태도·가치관과 관련되어 있다.

셋째, 표면적 교육과정이 주로 교과와 관련이 있다면 잠재적 교육과정은 주로 학교의 문화풍토와 관련이 있다.

이영덕은 잠재적 교육과정을 "교육목표에서 의도한 것 이외의 여러 가지 행동 특징을 낳게 하는 학교의 문화적 제세력"이라고 정의하고 있다.

학교의 문화풍토가 애국사상으로 가득 차 있으면 애국정신이 길러질 것이며, 학생의 인격을 존중하는 학교의 문화풍토 속에서 인간존엄성을 배우게 될 것이고, 이기적인 학교의 분위기 속에서 이기적인 인간이 길러질 것이라는 점은 쉽게 짐작할 수 있다. 학교의 문화풍토는 교풍으로 대표되며 개개 학교의 교풍이 어떻게 조성되어 있는지에 대한 분석이 필요하다.

넷째, 표면적 교육과정은 단기적으로 배우며, 어느 정도 일시적인 경향이 있는데 잠재적 교육과정은 장기적·반복적으로 배우며 보다 항구성을 가지고 있다.

표면적 교육과정은 교과와 관련되어 있기 때문에 한 번 배우면 다시 배울

기회는 없어진다. 따라서 망각하기 쉽고 왜곡되는 수가 많다. 그러나 잠재적 교육과정은 학교의 일상생활과 관련되어 있으므로, 수없이 많이 되풀이하며 경험하게 된다. 타종에 따르는 행동, 조회, 청소 등은 학년의 진전과는 관련 없이 수없이 되풀이되는 경험이다. 따라서 잠재적 교육과정은 항구성을 지니고 있다.

다섯째, 표면적 교육과정은 주로 교사의 지적·기능적인 영향을 받으나 잠재적 교육과정은 주로 교사의 인격적 감화를 받게 된다.

잠재적 교육과정에 있어서는 좋은 뜻이든, 나쁜 뜻이든 간에 학생은 교사를 동일시 대상으로 삼고 교사의 행동을 은연중에 모방하게 되므로 교사의 전인격은 학생에게 강한 영향을 친다고 볼 수 있다.

교사가 이기적이면 이는 학생에게 영향을 미친다. 교사가 담당교과에 자부심과 자신을 가지고 수업에 열중하면 학생도 그 교과에 대한 강한 학습동기가 나타난다. 즉 "열중하라, 열중은 전파된다"는 학습동기유발의 원리는 곧 이점을 말하고 있다. 또한 교사가 특정 교과에 흥미를 가지면 그 교과의 성적이 다른 교과보다 훨씬 향상됨을 볼 수 있다.

여섯째, 표면적 교육과정이 주로 바람직한 내용인데 반하여 잠재적 교육과정은 바람직한 것 뿐만 아니라 바람직하지 못한 것도 포함한다. 학교가 사회적으로 도덕적으로 용인될 수 없는 것을 계획 세워서 가르치지 않는 것은 그 제도의 설립목적상 너무나 당연하다, 그러나 잠재적 교육과정은 학교의 의도와 관계없이 배워지는 것이기 때문에 사회적으로 도덕적으로 나쁜 것도 좋은 것도 섞여 있기 마련이다.

일곱째, 표면적 교육과정과 잠재적 교육과정이 서로 조화되고 상보적 관계에 있을 때 학생행동에 강력한 영향을 미칠 수 있으며 만약 양자가 갈등상태에 놓이게 되면 잠재적 교육과정이 우세해진다.

예를 들면, 학교에서 봉사적인 것을 가르치며, 교사 자신도 봉사적이면 학생도 봉사정신을 강하게 배우나, 표면적 교육과정에서는 봉사를 강조하지만 학교의 문화풍토가 이기적이면 학생들은 이기적인 행동을 배우게 된다.

이와 같은 잠재적 교육과정에 주목하게 된 계기는 1970년대에 접어들면서 기존의 교육과정이 지닌 과학주의, 기술공학적 분석, 능률위주 사고, 기능주의적 사고와 같은 시간의 편협성 등에 대한 비판에서 출발하고 있다. 이들을 흔히 교육과정 재개념주의(reconceptualists)라고 하며, 그들은 서구의 실존주의, 현상학, 비판이론과 같은 새로운 지적 전통과 방법론을 빌리고, 또한 모든 사회현상을 갈등이라는 시각에 두고 조감하려는 새로운 비판사고를 빌려 교육과정에 관련된 현상을 재개념화하려고 했다. 학교는 전체 사회과정의 부분이며, 그러기 때문에 학교 속의 문화도 넓게는 사회의 문화와 불가분에 관계를 지니고 있다. 권력, 이데올로기, 잠재된 목적, 심층적 심리현상, 문화의 생성, 변형, 전파와 무관할 수 없다. 따라서 교육과정도 기술공학적, 행정 능률적 사고에만 집착할 것이 아니라 역사적, 정치적, 이념적, 문화적, 경제적 시각에서 조감하고 분석해야 한다고 주장한다. 잠재적 교육과정은 이 같이 교육과정을 재개념하고 있는 예를 볼 수 있다.

잠재적 교육과정을 잠재성이 지닌 의도성의 초점을 두고 조감하는 시각에는 기능론적 관점, 갈등론적 관점, 해석학적 관점의 세 가지로 분류할 수 있다(이귀윤, 1996).

① 기능론적 관점에서는 잠재적 교육과정을 학교교육의 비학문적 결과, 학교교육의 부산물 혹은 잉여물로 이해한다. 이러한 사고는 잠재적 교육과정을 학교생활 중 학생들이 갖게 되는 학습경험의 총체로 해석하고 '잠재성'의 의미에 있어서도 그 의도성을 크게 부각시키지 않는다. 이와 같은 시각에서는 잠재적 교육과정을 학교생활 자체에 초점을 맞추고, 학교 외적인 영향보다는 학교 내적인 영향에 의한 학생들의 경험을 강조한다. 이는 학교교육을 통해서 얻어지는 모든 경험 중에서 명시되지 않았던 부분에 새롭게 관심을 두는 것이며 위에 든 잭슨의 경우나 김종서의 연구도 이에 해당한다.

② 갈등론적 관점에서는 잠재적 교육과정의 '의도성'을 강조한다. 잠재적 교육과정을 학교교육의 결과라고 보는 기능론적 관점과는 대조적으로 갈등론적 관점에서는 이것을 학교교육의 의도된 원인으로 보기 때문에 자연히 의도성

의 은폐, 음모, 숨은 목적에 대해 날카로운 갈등 관계를 표출하게 된다. 그들은 잠재적 교육과정을 역사적, 정치적, 경제적 맥락이나 사회와의 관련 속에서 파악하려고 하는 것이 특징이다. 예컨대, 보울즈(S. Bowles)와 진티스(H. Gintis)는 「자본주의 미국의 학교교육」(1976)이라는 저서에서 학교교육은 보편적인 가치를 가르치는 것도 아니고 인재를 공정하게 선별하여 사회에 배치하는 것도 아니라 오히려 자본가 계층에게 이로운 태도와 가치관을 가르치고 기존의 계층구조를 정당화하고 재생산하는데 이바지하고 있다고 분석하고 있다.

③ 해석학적 시각은 잠재적 교육과정을 학교의 물리적, 사회적 구조이자 교수과정 그 자체에 의해 전달된 의도되지 않은 메시지(unintended message)라고 규정한다. 그들은 학생과 교사에 의해 수행되는 인간행동을 모두 텍스트(text)로 보고 이 같은 텍스트에 담긴 숨겨진 메시지를 해석학, 현상학, 의미론, 정신분석 등의 시각에서 탐색하고 의미를 파악하려는 입장이다. 이 같은 점에서 해석학적 시각은 주간적 이해, 질적 이해, 그리고 맥락적 이해라는 입장에서 교육적 텍스트를 해석하려고 한다.

제 3 절 교육과정의 개발

1. 교육과정 구성의 기초

클라이버드(Kliebard, 1977)는 "우리가 무엇을 가르쳐야 하나?"와 같은 교육과정 문제에 직면할 때 생기는 4가지 문제를 제시했다.

① 왜 이것을 가르쳐야 하나?

② 어떤 지식에 누가 접해야 하나?

③ 선정된 것을 가르칠 때 어떤 규칙이 지배하나?

④ 교육과정의 여러 부분이 조리 있는 전체를 만들어 내려면 어떤 관련이

있어야 하나?

흔히 교육의 3요소로서 교사, 학생, 학습내용을 들고 있다. 이러한 3요소는 교육과정에서 중요한 3가지 기초를 제시해 주고 있다. 첫째, 교사의 가치관에 따라 교육의 내용과 방법이 영향을 받으므로 이들의 가치관에 관한 철학적 기초, 둘째, 학습자의 조건에 따라 교육의 방향과 효과성이 좌우되므로 학습자의 능력과 조건에 관한 학습자적 기초, 학습내용은 모두 사회에 존재하고 있으므로 학습내용과 관련된 사회적 기초가 그것이다. 따라서 교육과정은 사회에 내재하고 있는 학습내용을 교사와 학생의 가치관에 따라 선택하고 그 선택된 내용을 학습자의 조건에 맞게 제시하는 것이라고 볼 수 있다. 이에 사회적 기초, 철학적 기초, 학습자적 기초를 간단히 살펴보자.

1) 사회적 기초

인간은 어떠한 생활양식도 갖지 않고 태어난다. 삶의 과정에서, 사회 속에서 생활양식을 학습하게 된다. 다시 말하면 생활양식의 내면화를 통하여 "인간은 사회화되어 간다. 비고츠키(Vygotsky)가 인간은 사회 그것이지 그 이상도 그 이하도 아니다."라고 한 것은 모든 학습내용이 사회 속에 내재하고 있음을 강조하고 있다. 그러므로 교육과정의 기반은 사회에 내재하고 있으므로 사회의 현상과 변화를 무시하고 교육과정을 개발한다는 것은 생각하기 어렵다.

오늘날 사회적 변화와 관련하여 그 특성을 간단히 살펴보자. 오늘날 사회의 특성으로 정보의 홍수, 과학의 발달, 인구의 팽창, 공해의 만연, 대중매체의 발달, 이념의 분화 등을 들 수 있다.

정보의 홍수는 오늘날 사회를 정보사회라고 하는 데서도 느낄 수 있다. 정보의 홍수는 두 방향으로 교육과정에 영향을 준다. 하나는 모든 것이 일시적이라는 생각을 가지게 만들어 무엇을 선택하여 교육과정으로 구성할 것인지 혼란스럽게 만든다. 둘은 인터넷의 발달로 인하여 자유롭게 된 정보탐색 활동은 학교라는 울타리를 무너뜨리고 있으므로 교육과정 개발을 학교를 중심으로 한 기관의 전유물에서 벗어나게 만들고 있다. 이제 교육과정 개발은 누구나 관심을 기울여야 할 과제로 만들고 있다. 과학의 발달, 공해의 만연 등은 교육과정 개발에서 무엇을 중시해야 할 것인가를 시사해 주고 있다. 1999년이 저물어 가고 있는 지금 지구의 인구는 60억을 넘어서고 있다. 이러한 인구의 증대는 과학의 발달과 함께 인간의 가치를 약화시키고 있으므로 인간의 존엄성을 중시하는 교육의 필요성을 제기하고 있다. 특히 오늘날 지구상에서 나타나고 있는 이념의 대결과 이로 인한 무고한 사람의 희생은 인간존중 교육의 필요성을 더욱 부각시키고 있다.

미첼(Mitchell)은 "사람들로 하여금 교육기회 중의 하나로서 자기계발의 기회에 접할 협조체제를 만드는 것이 학교교육의 사명이어야 한다"고 제안하였다. 변화가 급격한 사회에서 현상태에 맞도록 사람들을 교육하는 것은 퇴화하도록 가르치는 것이라고 한다. 이는 예측할 수 없는 미래를 위해 현재 필요한 지식을 가르치는 것만으로는 적합하지 않다는 것이다. 여기서 학교교육은 자기주도적 학습자를 만들어야 한다고 한다.

2) 철학적 기초

교육의 철학적 기초는 학생에게 어떠한 내용을 선정하여 가르칠 것인가 하는 문제와 관련된다. 교육과정을 개발하는 사람이 어떠한 가치관을 가지고 있느냐에 따라 선택되는 학습내용과 방법이 달라진다. 여기서는 실험주의, 고전적 실재주의, 실존주의 등의 세 관점을 제시하고자 한다.

실험주의는 실용주의, 도구주의라고도 하며 듀이(Dewey)의 관점에 바탕을 두고 있다. 듀이에 의하면 인간은 관념적 존재가 아니라 항상 충동으로서의 생명체이다. 그러므로 타인의 지시 통제가 없어도 항상 행동하는 것이 인간이다. 듀이는 지식을 생활의 도구로 보면서 상대적 진리관을 가졌다. 따라서 삶의 필요에 의한 교육, 경험에 의한 교육을 강조하였다. 이러한 관점에 의하면 교육은 교사중심이기보다 아동중심이며, 정해진 지식보다 아동의 활동을 더 중시하며, 아동의 충동을 조정하는 환경 조성에 관심을 기울인다.

고전적 실재주의는 학습자보다 인식 대상인 사물을 중시하고 있다. 이 관점에 의하면 사물의 가장 중요한 부분은 형식이고, 이 형식은 실재적인 것이며, 형식을 알면 그 사물을 알게 된다. 다시 말하면 인식 대상 속에 절대적 진리가 있으며, 이러한 절대적 진리의 습득을 통해 그 사물을 알게 된다. 그러므로 아동의 활동보다 지식을 강조하게 되며, 나아가 이 지식이 담겨 있는 교과를 중시한다. 그 결과 교사중심 수업이 중시된다.

실존주의는 존재가 본질에 선행한다는 관점으로 인간을 피투성의 존재, 현존재, 변천·생성·발전의 존재, 세계 초월적 존재로 설명하고 있다. 피투성(被投性)의 존재는 자신의 의사와는 관계 없이 이 세상에 내던져졌다는 것을 의미하며, 이 내던져짐에 의해 발전을 위한 강한 에너지가 발생했다고 보고 있다. 그래서 피투성의 존재라는 의미에는 기투성(企投性)의 의미가 내포되어 있다고 보고 있다. 이러한 실존주의의 관점은 자유를 중시하며 선택을 강조한다. 따라서 교사는 아동의 자유와 선택을 촉진하기 위해 각성, 충고, 조언, 만남, 위기의식 조장 등의 방법을 사용하며, 학습내용은 기초능력 배양에 중점을 둔다.

이외에 교육과정의 개발과 철학적 관점과의 관련을 다음 〈표 5－1〉과 같이 볼 수 있다.

3) 학습자적 기초

교육과정에서 학습자를 도외시할 수는 없다. 학습자의 가치와 능력 수준에 따라 학습내용이 선정되고, 학습자의 이해 수준을 고려하여 수업이 이루어져야 한다. 그러므로 학습자의 인지발달, 선행지식 수준, 정의적 특성 등은 교육과정과 깊은 관련이 있다. 학습자 기초에서 고려할 것은 학습자의 개인차와 존엄성이다.

〈표 5-1〉 교육철학과 교육과정의 관계

태도 / 요소	항존주의	이상주의	사실주의	실험주의	실존주의
목표	· 합리성에 기초한 것 · 사유행동의 훈련	· 이상적 자아의 모방 · 여웅이나 그의 모범 인물에 대한 모방	· 자연의 법칙, 행위규칙이나 규범의 훈련	· 공적으로 시험 검증된 것 · 집단 합의, 결정	· 자유에 기초한 것 · 책임에 대한 자아 각성
내용	· 이성과 신의 세계에 있는 내용 · 훈육적 교과목	· 마음의 세계에 있는 내용 · 마음의 교과목(문학, 철학, 종교)	· 사물의 세계에 있는 내용 · 물리적 세계의 교과목(수학, 과학)	· 경험의 세계에 있는 내용 · 사회적 경험의 교과목(사회과)	· 현존 세계에 있는 내용 · 선택의 교과목(예술, 윤리, 철학)
방법	· 설교와 계시에 의함 · 연습을 통한 마음의 훈련	· 관념의 일관성을 통하여 전달 · 강의와 토론	· 보이는 그대로의 감각 수용 · 시범과 암송	· 지금 있는, 지금 작용하는 그대로의 것을 발견 · 문제해결과 탐구법	· 개인적이고 주관적인 방법으로 선택 개별적인 자극 반응의 촉진
학교의 태도	진리는 영원한 것이다. 따라서 학교는 이성과 신의 뜻 계발을 위하여 영원히 진리를 교육내용으로 채택한다. 교사는 이를 해석·설명하고 학생은 피동적으로 수용한다.	진리는 보존되는 것이다. 따라서, 학교는 심성과 지적 과정 연마를 위하여 당대의 지혜를 교육내용으로 채택하고, 교사는 이를 제시하고 모범을 보인다. 학생은 위의 내용을 받아들이고 기억한다.	변화란 완전을 향한 부단한 노력이다. 학교는 세계와 우주의 질서 개발, 이해를 위하여 물리적 실재의 법칙을 교육내용으로 채택한다. 교사는 교육내용을 전시하고 지식을 나누어 주며, 학생은 수동적으로 참여하여 조작하는 역할을 한다.	변화는 항상 있는 것, 거쳐야 하는 과정이다. 학교는 경험의 공유, 사회의 발견 및 확장을 위하여, 사회과학 등을 교육내용으로 채택한다. 이때 교사는 조직, 상담하는 역할을 하며, 학생은 적극적으로 참여 공헌한다.	변화는 절대적이고 언제나 필요하다. 학교는 학습자의 자아이해와 사회 속의 자신의 위치를 파악하도록 하기 위하여 조직되지 않은 여러 주제 영역을 교육내용으로 채택한다. 이때 교사는 질문, 조력하는 역할을 하며, 학생은 스스로 자신의 규칙을 만든다.

* 자료 : 정찬기 · 문승한(1997). 교육과정 및 교육평가. 서울 : 교육과학사.

2. 교육과정 개발과정

교육과정 개발과정을 보면 [그림 5-1]과 같다. 교육과정 개발은 인간을 변화시키기 위해서이다. 변화되기 전의 모습을 초기 모습이라고 한다면 교육을 받고 난 뒤의 모습은 변화된 모습이다. 이 변화된 모습을 진술한 것이 교육목적이다. 그러므로 교육과정 개발에서 교육목적의 설정이 가장 우선적이다. 교육목적을 설정하면 이 목적 달성을 위해 교육과정을 설계하며, 그 설계에 따라 교육과정을 실행하고, 실행된 결과로서 평가를 하게 된다. 이 절차에 따라 교육과정 개발과정을 설명해 본다.

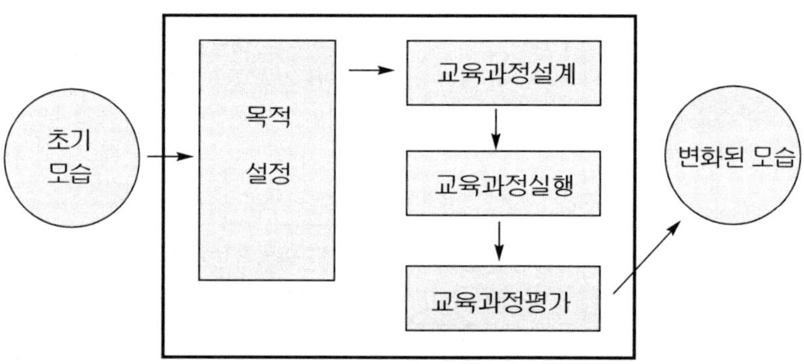

[그림 5-1] 교육과정의 개발모형

1) 교육목적 설정

교육목적 설정은 바로 교육적 의도성의 표현이라고 볼 수 있다. 따라서 교육적 의도성이 어떠하냐에 따라 학교 교육과정은 아주 다른 모습으로 경험되고 그 의미 또한 다르게 사용하게 된다.

교육적 의도성은 교육부, 교육청, 학교, 교사, 학생 모두에게 있을 것이다. 따라서 이들의 교육적 의도성이 어떠하느냐에 따라 교육과정의 개발과 그 효과성은 달라질 수밖에 없을 것이다. 교육적 의도성은 두 방향으로 크게 나누어 볼 수 있다. 하나는 사회의 의도성이며, 다른 하나는 학습자의 의도성이다. 사회적 의도성은 국가기관인 교육부의 의도성으로 나타난다. 교육부의 의도성은 사회의 질서 유지와, 발전적 사회 창조에 있을 것이고, 교육청, 학교, 교사는 이의 구현을 위한 의도성을 가지고 있다. 왜냐하면 이들은 모두 한 사회의 교육을 위하여 헌신하기로 다짐을 한 교육 집단이기 때문이다.

이에 비해 학생의 의도성은 자아실현에 있다. 자기 스스로의 의미창조에 따라 하고 싶은 일을 할 수 있는 능력을 갖기를 원하고 있다. 이 때 두 의도성을 동일 방향으로 지향하느냐 다른 방향으로 지향하느냐에 따라 학교교육의 효과는 큰 차를 보일 것이다. 수업을 위한 교육과정 개발에서 교사의 의도성은 교육목적 달성에 큰 영향을 끼친다. 교사는 사회의 요구를 수렴하여 전달하여야 하는 의무를 가진 동시에 가르치는 학생들의 요구를 수렴하여 개인차를 존중하는 역할도 가지고 있기 때문이다. 그러므로 교사는 학습자의 개인적 측면에서 중시하는 학습자의 자아실현과 사회적 측면에서 중시하는 사회의 질서 유지와 창조적 발전을 위한 의도성을 가지고 단위수업을 위한 교육목적 설정에 관심을 기울여야 할 것이다. 일반적으로 사회적 의도성과 개인적 의도성은 [그림 5-2]와 같은 관계를 유지하여야 할 것이다.

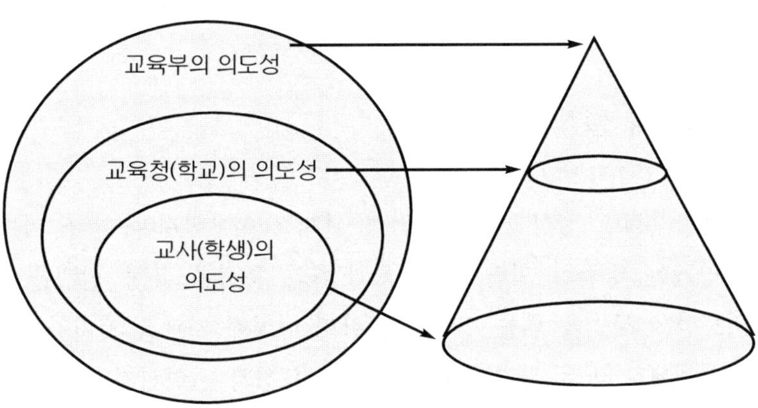

[그림 5-2] **교육부, 교육청, 학생의 의도성 간의 관계**

지금까지의 교육과정 편성은 교육부의 의도성에 따른 국가중심의 교육과정 편성이었다고 볼 수 있다. 이에 비해 6차, 7차의 교육과정 편성은 학생의 의도성을 강조하는 학습자 중심의 교육과정 편성으로 지향하는 모습을 보이고 있다. 특히 교육개혁에서 빈번히 사용하고 있는 수요자 중심의 교육이라는 용어는 이러한 경향성을 뚜렷이 보여 주고 있다.

교육목적을 설정할 때는 다양한 용어가 사용된다. 크게 교육이념, 교육목적, 교육목표 등의 용어가 사용된다. 교육이념이 추상적이고, 개념적이고, 포괄적이고, 장기적이라고 한다면 교육목표는 구체적이고, 행동적이고, 특수적이고 단기적이다. 교육목표는 그 중간 정도에 위치한다고 볼 수 있다. 결국 교육이념, 교육목적, 교육목표는 그 의미의 추상성-구체성 정도에 따라 구분되고 있다. 교육목적은 ① 수업의 방향 제시, ② 수업내용의 선정 조직 배열의 근거, ③ 학습촉진 기능, ④ 학습성과 평가 등의 기능을 가지고 있으므로 교육목적을 어떻게 진술할 것인가도 중요한 문제이다. 일반적으로 교육목적을 진술하는 방법으로 ① 구체성과 명료성, ② 포괄성, ③ 철학적 일관성, ④ 실현 가능성, ⑤ 내면화, ⑥ 변화성 등이 제시되고 있다.

교육목적의 내용을 무엇을 담느냐에 따라 블룸(Bloom)은 인지적 영역, 정의적 영역, 심리운동 영역 등으로 구분하고 있으며, 가네(Gagné)는 지적 기능, 인지전략, 언어정보, 운동기능, 태도 등으로 구분하고 있다.

2) 교육과정의 설계

교육과정의 목적이 설정되면 교육과정 설계가 이루어져야 한다. 이는 학습자에게 제공되는 일련의 학습기회(교육과정)의 특정한 유형 선택을 말한다. 교육적 의도성은 무엇을 배울 것인가와 함께 어떻게 가르칠 것인가와 관련된 교육과정 설계에도 바로 관련된다. 교육적 의도성과 관련시켜 현재 학교교육에서 사용되고 있는 교육과정을 편성할 때 굿래드(Goodlad)가 제시한 교육목표, 교육내용, 교재, 학습활동, 교수전략, 평가, 집단, 시간, 공간 등 9가지 요소는 반드시 고려하여야 할 중요 요인들로 보인다.

교육과정의 설계는 교육내용의 선정 조직뿐 아니라 수업방법, 집단 구성, 평가, 공간 등 교육의 효과와 관련된 모든 요소가 내포됨을 알 수 있다.

교육철학적 관점에 따라 선정되는 내용의 차이를 포스너(Posner)는 다음과 같이 제시하고 있다(김민식 · 박영무 · 최호성 공역, 1994).

학습기회를 설계함에 있어 계열성, 연속성, 통합성을 고려하여야 한다. 계열성은 관련된 학습경험을 수직적이고 계열적으로 배열하는 것이다. 한 경험으로부터 얻은 학습이 다음 학습을 위한 기반으로서 필요할 때 학습기회를 계열적으로 계획해야 한다. 그래서 계열성이란 목적과 학습경험과의 위계적인 관계를 인식하는 방식을 제공해 준다. 계열성이란 말은 동일한 내용의 반복으로서가 아니라, 더 진보적인 수준의 개념이나 아이디어로 돌아가는 학습경험의 반복이다. 예를 들어, 대학의 작문 수업도 단락을 쓰지만, 고등학교 작문 수업 보다 더 높은 수준이다. 나선형 교육과정이란 말은 이런 계열성에 적용된다.

연속성은 계열성과 밀접하게 관련되어 있다. 그러나 시간이 지나면서, 개인이 일련의 학습경험을 수직적으로 나아갈 때 연속성이 나타난다. 계열성은 교육과정 계획자와 교사들에 의해 배열되므로 학습자에게는 외적이지만, 연속성은 학습자에게 내적이다. 그러나 학습자를 위해서는 학습의 연속성을 촉진할 수 있다.

통합성은 학습경험의 수평적인 관계이다. 개인이 어떤 수업에서 학습한 것과 다른 수업에서 학습한 것을 관련지을 때 통합이 일어난다. 그래서 학생들이 영어 수업에서 학습한 개념이나 기능을 사회과 보고서를 준비할 때 이용할 수도 있다. 학습자가 그들의 학습을 통합할 수 있을 때 교육경험의 수준은 높아진다. 연속성과 마찬가지로 통합성은 학습자에게만 일어난다. 교육과정 계획자들이 통합을 촉진하는 방식으로 학습기회를 조직한다 해도, 여러 가지 교육경험을 통해서 학습한 것을 통합하는 사람은 학습자이다.

3) 교육과정의 실행

교육과정 실행은 설계된 교육과정을 실현하는 것이며 수업으로 나타난다. 수업에서 특히 고려하여야 할 것은 수업의 효과성, 효율성, 매력성이다. 효과성은 교육목적을 달성하는 정도이며, 효율성은 목적을 달성함에 있어 단축되는 시간의 정도이다. 매력성은 한 수업을 실시하고 난 뒤 느끼는 학습자의 만족도이다. 이 세 요인은 상호 관련되어 있어 완전히 독립적이지는 못하다. 그러나 교육과정 운영에서 특히 고려해야 할 요소는 효율성이다. 지나치게 효과성을 강조하여 학생들의 시간을 모두 주어진 학습에 투자하도록 만듦으로써 학생들의 다른 욕구를 충족할 수 있는 기회를 박탈한다든지, 지나치게 매력성을 강조하여 재미에만 치중한다면 문제가 될 것이다. 효율성은 보다 짧은 시간에 목적을 달성하도록 해 줌으로써 학생들로 하여금 여유를 갖도록 만들어 줄 수 있다. 효율성의 강조는 학습의 개별화와 깊은 관련이 있다.

4) 교육과정의 평가

교육과정의 운영은 결국 평가의 방향대로 실시되므로 교육과정에서 평가는 매우 중요한 역할을 한다.

제 4 절 우리나라의 교육과정

1. 우리나라의 교육과정 변화

우리나라의 교육과정은 정초기(1945～1949), 재전기(1950～1959), 개혁기

(1950～1969), 성장기(1970～1980), 발전기(1981～)로 구분되거나 교육부의 교육과정령의 변천에 맞추어 교수요목 강조의 시기(해방 후～1954년까지), 교과교육과정 강조의 시기(1954～1963), 생활중심 교육과정 강조의 시기(1963～1973), 학문중심 교육과정 강조의 시기(1973～1981), 인간중심 교육과정 강조의 시기(1981～현재)로 구분되고 있다. 이렇게 보면 우리나라의 교육과정 개념은 10년을 주기로 변천해 왔다. 그러나 이와 같은 시대구분은 어디까지나 그러한 개념이 주류를 이룬 것을 의미하며 결코 상호 배타적인 것은 아니다. 각 시기의 내용을 간단히 설명하면 다음과 같다.

1) 교수요목 강조의 시기(1945～1954)

해방부터 1954년 4월 20일 문교부령 제35호로 공포된「교육과정 시간배당 기준령」이 나타나기까지의 시기를 말한다. 해방이 되자 우리나라 학교교육에서 가장 심각하게 문제되었던 것은 어떤 교과를 가르쳐야 하며, 각 교과에서 가르칠 주제는 무엇으로 할 것인지였다. 1945년 9월 24일에 국민학교, 10월 1일에는 중등학교의 문을 열게 되자 군정청 학무국에서는 국민학교와 중등학교의「교과목편제와 시간배당표」를 발표하였다. 이 발표에 따르면 국민학교에서는 공민・국어・지리・역사・산술・이과・음악・체육을 가르치도록 되어 있었으며 중등학교에서는 공민・국어・지리・역사・수학・물리・화학・생물・가사(여)・재봉(여)・영어・체육・음악・습자・도서・수예(여)・실업을 가르치도록 되어 있었다. 이와 같은 교과편제는 그 후 여러 번 개정된 바 있다.

초・중등학교 교과편제와 시간배당을 정한 다음에는 각 교과별로 가르칠 내용을 정하는 일이었다. 이 때에 제정된 교수요목의 특색은 다음의 세 가지로 요약할 수 있다(중앙대, 1974).

첫째, 교과서 지도내용을 상세히 표시하고 기초능력을 배양하는 데 주력하였다.

둘째, 교과는 분과주의를 채택하였으며 체계적인 지도와 지력의 배양에 중점을 두었다.

셋째, 우리나라의 교육목표인 홍익인간의 정신에 입각하여 애국애족의 교육을 강조하였으며 일제잔재를 정신면에서나 생활면에서 시급히 제거하는 데 각별한 노력을 하였다.

2) 교과중심 교육과정의 강조의 시기(1954~1963)

교과중심 교육과정 강조의 시기라 함은 1954년 4월 20일 문교부령 제35호로 제정 공포된 「교육과정 시간배당 기준령」이 나타나면서부터 1963년 2월 15일 문교부령 제119호로 개정된 「교육과정령」이 공포되기까지를 말한다. 교육과정의 개념상 '교육요목'과 '교과교육과정'을 구분지을 수는 없을 것이다. 교과내용 자체가 학생들이 학습해 나갈 코스이며, 전자는 교과교육과정의 초기현상이며 후자는 체제를 갖춘 교과교육과정이다.

무엇을 가르칠지를 정함에 있어서 처음에는 교사 단독으로, 다음에는 학교단위 또는 지역단위로 정하였으며 후에 국가적 수준에서 교수요목을 정하기는 하였으나 졸속을 면치 못하였다. 그 후 6·25사변이 일어나 교과로서의 체제를 갖추게 하는 작업을 할 수 있는 여건이 마련되지 못하였다.

1954년의 「교육과정 시간배당 기준령」 제2조에서 보면 교육과정이라 함은 각 학교의 교과목 및 기타 교육활동의 편제를 말한다고 규정하고 있다. 그 후 1년여의 시일에 걸쳐 각급 학교의 교육과정을 연구한 끝에 1955년 8월 1일에 문교부령 제44, 45, 46호로 국민학교·중학교·고등학교 및 사범학교 '교과과정'을 각각 공포하였다. 교과과정에 따라 교과서가 새로이 마련되었으며 국정·검정·인정교과서의 종별을 명백히 하였다. 이 시대의 교육과정은 지적인 체계가 중심이 되어 있기는 하나 생활중심 교육과정의 개념이 침투되어 있음이 특색이라고 할 수 있다.

1955년부터 1958년까지 개편된 교과서 내용에서 특히 유의한 점은 다음과 같다(중앙대, 1974).

① 계통적 학습을 중심으로 하던 종래의 교과학습의 배열을 버리고, 생활중심의 단원학습으로 배열한 점

② 종래의 소단원제를 지양하고 대단원제로 시정하여 학습의 생활화와 학습의 효과를 가져오게 한 점

③ 종래의 지식과 암기를 강요하는 주입식 방향을 피하고 학생의 생활과 경험을 토대로 하여 이해와 기능 및 태도를 기르는 방향으로의 전환에 힘쓴 점

④ 아동의 흥미중심의 작업단원을 많이 설정하고 작업을 통하여 능동적으로 자기 생활과 경험을 심화 확충하는 방향으로 개선한 점

생활교육을 교과서 편찬에 반영시키기 위한 노력은 있었으나 이 시기의 교육과정의 지배적인 개념은 교과교육과정이라고 할 수 있다.

3) 생활중심 교육과정 강조의 시기(1963~1973)

1963년 2월 5일에 문교부령 제119호로 개정된 교육과정에서 특히 생활교육을 강조한 때부터 1973년 2월 14일 문교부령 제310호로 개정된 국민학교 교육과정에서 학문중심 교육과정을 강조하기까지의 기간을 경험중심 교육과정 또는 생활중심 교육과정 강조의 시기라고 이름 붙여 보았다. 이는 미국의 진보주의 교육을 체계적으로 받아들인 결과이다.

생활중심 교육과정에서는 교육과정을 비교적 서로 단절된 일군의 교수요목이나 지적인 체계로 보는 것이 아니라 학교의 지도하에 학생들이 가지는 경험의 총체로 보고 있다. 교과교육과정의 경우는 3학년 아동 70명은 하나의 교육과정을 가지고 있지만, 경험교육과정의 경우는 70개의 서로 다른 교육과정이 있는 셈이다.

6・25사변은 생활교육의 필요성을 절감케 하여, 생활교육과정에 대한 시범적 연구가 고조되었다. 생활교육과정 중 중핵교육과정에 관한 연구는 많은 교육자들의 관심의 대상이 되었다. 중핵교육과정의 실천에 대한 붐이 일었으나,

이는 곧 소멸되고 말았다. 그 까닭은 중핵교육과정을 위한 막대한 교육적 노력이 문제였고, 또 저조한 교사들의 실력으로 인해 학생들의 기초학력 저하를 가져 왔으며, 전통적인 교과교육과정에 익숙한 교사나 학부모의 강력한 반대에 부딪혔기 때문이었다. 따라서 생활경험을 중심으로 하는 교과경영을 지향하여 관련성 있는 교과의 종합지도를 강조하게 되었다.

4) 학문중심 교육과정 강조의 시기(1973~1981)

1973년 2월 14일 문교부령 제310호로 국민학교 교육과정, 1973년 8월 31일 문교부령 제325호로 중학교 교육과정, 1974년 12월 31일 문교부령 제350호로 고등학교의 교육과정이 개정되었다. 이 개정의 방향은 종래의 생활교육과정을 지양하고, 학문중심 교육과정을 강조하게 되었으니 1973년 이후 1981년까지를 학문중심 교육과정 강조의 시기라고 부르기로 한다. 1960년대에 들어서면서 우리나라의 교육이념이 재정립되어야 한다는 생각이 각계각층의 공통된 의견이었다. 학문중심 교육과정의 방향은 지식·기술교육의 쇄신이라는 항목과 기본 개념의 파악이라는 항목 속에 표명되어 있다.

5) 인간중심 교육과정 강조의 시기(1981~1999)

1973년과 1974년에 문교부령으로 개정되었던 교육과정은 1981년 12월 31일에 문교부 고시 제422호로 유치원, 국민학교, 중학교, 고등학교의 교육과정이 다시 개정되었다. 이 개정에서 주목을 끄는 내용이 전인교육이다. 즉, 종래의 교육과정은 학문중심 교육과정을 강조하였으나 개정된 교육과정에서는 지식의 구조, 연구과정 등을 종래와 같이 강조하기는 하였으나 보다 역점을 둔 것은 인간중심 교육과정이라 할 수 있을 것이다.

2. 제7차 교육과정(현재)

7차 교육과정은 사회의 변화에 따라 종전의 교육과정과는 달리 "국가 수준의 공통성과 지역, 학교, 개인 수준의 다양성을 동시에 추구하는 교육과정", "학습자의 자율성과 창의성을 신장하기 위한 학생중심의 교육과정", "교육청과 학교, 교원, 학생, 학부모가 함께 실현해 가는 교육과정", "학교교육체제를 교육과정 중심으로 개선하기 위한 교육과정", "교육의 과정과 결과의 질적 수준을 유지, 관리하기 위한 교육과정" 등의 성격을 가진다. 제7차 교육과정이 추구하는 인간상, 교육과정의 특성, 편성과 운영을 살펴보면 다음과 같다.

1) 추구하는 인간상(목적)

제7차 교육과정에서 추구하는 인간상은 공동체의 유지와 개인의 발전이라는 두 마리의 토끼를 모두 추구하고 있다. 이러한 교육목적을 제시하면 다음과 같으며 이를 그림으로 표현하면 [그림 5-3]과 같다.

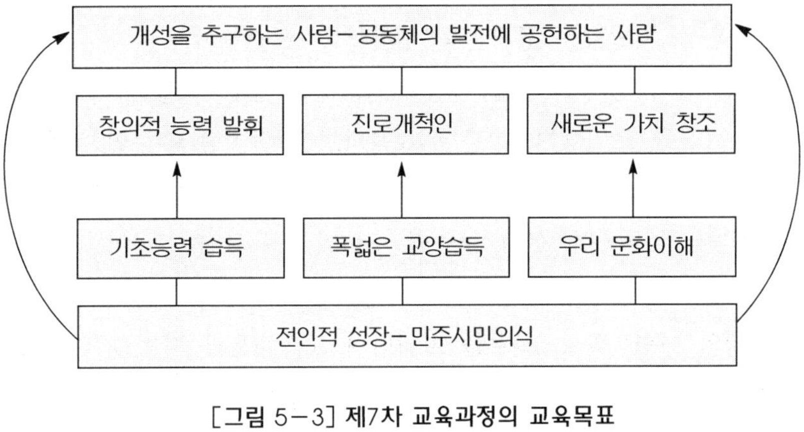

[그림 5-3] 제7차 교육과정의 교육목표

① 전인적 성장의 기반 위에 개성을 추구하는 사람
② 기초능력을 토대로 창의적인 능력을 발휘하는 사람
③ 폭넓은 교양을 바탕으로 진로를 개척하는 사람
④ 우리 문화에 대한 이해의 토대 위에 새로운 가치를 창조하는 사람
⑤ 민주시민 의식을 기초로 공동체의 발전에 공헌하는 사람

2) 교육과정의 특성

제7차 교육과정의 특성을 보면 다음과 같다.

첫째, 사회적 변화의 흐름을 주도할 수 있는 기본 능력을 길러 줄 수 있도록 교육과정을 구성한다.

둘째, 교육과정은 국민공통 기본 교육과정과 고등학교의 선택중심 교육과정으로 구성한다. 국민공통 기본 교육과정은 교과, 재량활동, 특별활동으로 편성하며, 교과는 국어, 도덕, 사회, 수학, 과학, 실과(기술・가정), 체육, 음악, 외국어(영어)로 한다. 재량활동은 교과재량활동과 창의적 재량활동으로 구분하며, 교과재량활동은 중등학교의 선택과목 학습과 국민공통 기본 교과의 심화 보충학습을 위한 것이며, 창의적 재량활동은 학교의 독특한 교육적 필요, 학생의 요구 등에 따른 범교과학습과 자기주도적 학습을 위한 것이다. 특별활동은 자치활동, 적응활동, 계발활동, 봉사활동, 행사활동으로 한다.

셋째, 교육내용의 양과 수준을 적정화하고 심도 있는 학습이 이루어지도록 수준별 교육과정을 도입했다. 수준별 교육과정은 단계형 수준별 교육과정과 심화 보충형 수준별 교육과정으로 구분한다. 단계형 수준별 교육과정은 수학과 영어 교과에 적용되며, 심화 보충형 수준별 교육과정은 국어, 사회, 과학 교과에 적용된다.

넷째, 학생의 능력, 적성, 진로를 고려하여 교육내용과 방법을 다양화한다. 민주적 절차와 과정으로 학교교육 활동 전반을 통하여 인성교육이 통합적, 체계적으로 이루어지도록 하며, 학습결손 보충을 위한 특별보충과정을 학교별로

자율적으로 운영한다. 학습방법에 있어 개별학습과 소집단학습 활동을 권장하고, 학습의 개별화에 유의한다. 또 지역사회의 인적, 물적 자원을 계획적으로 활용하며, 학생과 학부모의 요구에 따른 방과 후 또는 방학 중 프로그램을 개설・운영한다.

다섯째, 교육과정 편성과 운영에 있어서 현장의 자율성을 확대한다. 이를 위해 시교육청은 각급 학교의 교육과정 편성운영지침을 작성하고, 지역교육청은 실천중심의 장학자료를 작성하며 각급 학교에서 자신의 학교에 적합한 학교교육과정 편성운영계획을 작성한다.

여섯째, 교육과정의 운영은 교육과정 평가체제를 확립하여 교육에 대한 질 관리를 강화한다. 국가수준에서 주기적으로 학생학력을 평가하고, 교육과정 편성운영도 평가를 실시한다. 또 국가 수준의 교과별 절대평가 기준을 개발하고, 평가문항을 개발하여 보급한다.

제 6 장

수업과 교육공학

제 1 절 교수-학습 과정의 설계

지금까지 교육방법의 의미, 수업의 원리, 그리고 수업에 공학적 기술의 활용에 관한 기본적 개념과 원리들을 살펴보았다. 이상의 내용들은 수업의 실제를 위한 이론적 바탕이나 원리에 불과하다. 이 장에서는 수업의 이론적 기초와 기법들이 실제로 수업을 수행하기 위한 계획서를 작성하는 데 어떻게 적용될 수 있는지 살펴본다. 먼저 수업설계의 원리, 체제적 수업설계의 과정, 그리고 설계된 수업의 실행과 평가에 대해서 논의한다.

1. 수업설계의 원리

교육목표는 한 시간 한 시간의 수업을 통해서 달성될 수 있다. 이를 위해서 수업은 고도로 치밀하게 계획되어야 한다. 이 계획은 배우는 원리와 가르치는 원리가 정교하게 조합되도록 준비하는 과정이다. 그러나 여전히 수업은 가르치는 교사보다는 배우는 학습자에게 달려 있다는 고착된 생각 때문에 수업을 계획하는 과정에서 학습이론과 수업원리들이 무시되고 있다. 이러한 생각의 저변에는 수업의 준비과정에 대한 교사의 이해 부족도 주요한 원인으로 지적될 수 있다. 수업성과는 교사의 수업과정에 대한 이해와 계획의 정교성에 달려 있다.

수업은 학습자를 학습목표에 도달시키기 위해서 학습자의 내외적 환경을 통제하는 과정이다. 내적 환경에는 학습자의 일반적 능력, 학습적성, 선행지식, 학습동기, 학습기능, 학습양식 등이 대표적인 요소로 포함되고, 외적 환경에는 학습내용, 교사, 전달매체, 학습시간, 학습집단, 학습여건 등이 전형적인 요소로 포함될 수 있다. 수업은 이러한 요소들로 형성된 학습자의 환경을 체계적으로 분석하여 이 요소들이 유기적으로 상호작용할 수 있도록 조정하는 활동이다.

이와 같은 방법으로 수업을 계획하고 조직하는 과정을 수업의 체제적 접근(systems approach)이라고 한다. 여기서 체제(system)는 어떤 목표의 달성을 위해서 구성되어 있는 하위요소들의 집합체로 정의되고, 수업체제(instructional system)는 학습을 유발하기 위해서 수업을 구성하는 여러 가지 요소들로 구성되어 있는 집합체를 말한다.

수업을 체제적으로 접근하여 설계하는 이유를 가네(Gagné) 등(1992)은 다음과 같이 지적하고 있다. 첫째 수업은 집단을 대상으로 하기보다는 개별 학습자에게 초점을 두고 있기 때문이다. 둘째 수업은 한 시간의 계획과 함께 단원, 학기, 학년 간의 계획 가운데서 이루어지도록 설계되어야 한다. 셋째 수업은 학습이 우연이 아닌 필연적으로 일어나도록 해야 한다. 넷째 수업을 구성하는 모든 요소들은 지적으로 상호작용하도록 계획되어야 한다. 다섯째 수업은 인간이 학습하는 원리에 따라 전개될 수 있도록 해야 한다.

체제적 접근을 활용한 수업설계의 효과는 전통적인 방법으로 수업을 계획하는 효과보다 높은 것으로 확인되었다. 이러한 이유로 체제적으로 수업을 설계하기 위한 다양한 설계모형들이 개발되어 왔다. 그 중에서 딕과 카레이(Dick & Carey, 1978)의 수업설계 모형이 대표적이다. 이 모형을 활용해서 체제적으로 수업을 설계하는 과정과 기법들을 간단히 소개하면 다음과 같다(199~200, 재인용).

2. 체제적 설계의 과정

딕과 카레이가 개발한 수업설계 모형에 포함되는 일반적인 요소는 수업목표, 학습자 특성, 성취목표, 평가문항, 수업전략, 형성평가, 수업수정, 그리고 총괄평가와 같은 단계로 구성되어 있다. 수업설계를 위해서 이들 단계별로 수행하는 주요한 내용과 활동은 다음과 같다.

첫째 단계는 수업목표가 진술되면 이 목표에 대한 분석이 이루어진다. 이것을 목표분석(goal analysis)이라고 한다. 목표분석에서는 두 가지의 주요한 활동이 이루어진다. 그 중에 하나는 학습자가 도달할 이 목표는 어떤 유형의 학습내용이며, 다른 하나는 이 목표에 도달하기 위해서 학습자가 알고 있어야 하는 지식이 무엇인가를 분석하는 일이다. 전자는 학습의 유형을 밝히는 일이고 후자는 선수지식(previous knowledge)이나 기능을 찾는 일이다. 학습유형(learning domains)은 교육목표의 분류 중에서 이 목표는 어떤 유형에 해당하며, 어떤 성격의 지식이나 기능인지를 구별하는 일이다. 선수지식은 이 목표를 학습하기 위해서 사전에 알고 있어야 하는 정보나 기능이다.

둘째 단계는 학습자의 특성을 분석한다. 이 목표를 배울 학습자의 현재 능력과 상태가 어떠한지를 확인한다. 학습자의 능력은 구체적인 능력과 일반적인 능력으로 구별된다. 구체적인 능력은 학습자의 출발점 행동(entry behaviors)과 필수적 선수지식(prerequisite knowledge)이다. 이 출발점 행동은 어떤 목표를 학습하기 전에 학습자가 지닌 지식이나 태도를 말하고, 필수적 선수지식은 이 목표의 학습을 위해서 반드시 알고 있어야 하는 지식이다. 그리고 학습자의 일반적 능력은 지능, 학습적성, 학습기술과 같은 인지적 측면과 동기수준, 개인적 경험, 학습태도 등과 같은 정의적 측면이 포함된다.

셋째 단계는 구체적인 성취목표의 진술과 평가문항의 작성이다. 수업목표와 학습자에 대한 분석이 되면 이 양자를 고려해서 구체적인 성취 목표를 진술하고 이 목표의 도달을 확인하기 위한 평가문항을 작성한다. 성취목표(performance objectives)는 수행목표라고도 하며 학습자가 성취한 내용을 구체적으로 관찰 가능하도록 도달준거(criteria)와 행동동사(action verbs)가 분명하게 나타날 수 있도록 진술된다. 도달준거는 학습자가 성취목표에 도달되었는지를 분명하게 구별할 수 있는 판단기준으로, 행동동사는 학습자의 변화된 행동을 눈으로 직접 관찰 가능한 동사로 나타내어야 한다.

수행목표가 진술되면 이 목표의 도달을 실제로 검사하기 위한 문항을 작성한다. 이 문항은 성취목표에 나타난 도달준거와 행동동사를 그대로 검사문항에 나타나도록 제시해야 한다. 이와 같이 성취목표에 제시된 학습내용을 그대로 평가하도록 작성된 검사를 준거지향검사(criterion-referenced test) 또는 목표지향검사라고 한다. 이 검사의 문항수나 문항형식은 목표의 도달 정도를 가장 정확하게 평가하도록 결정되어야 한다. 이에 대한 구체적인 방법은 다음 장(교육평가)을 참고하기 바란다.

넷째 단계는 수업전략(instructional strategy)의 수립이다. 수업전략은 설정된 수업목표를 실제로 가르치는 기법과 수단이다. 종전의 일반적인 수업은 이 부분에만 초점을 두어 왔기 때문에 수업의 효과를 높이기 어려웠던 것이 사실이다. 왜냐하면 수업전략은 위에서 살펴본 수업분석, 학습자 특성의 분석, 그리고 성취목표와 평가문항의 작성과 같은 단계에서 도출되어 나오기 때문이다.

수업전략의 수립에 포함되는 일반적인 요소는 수업전 활동, 학습안내 활동, 학습자 참여활동, 학습평가 및 평가 후 활동으로 구분되어 있다. 수업전 활동은 이번 시간의 학습목표를 학습하기 전에 학습동기의 유발, 수업목표의 제시, 선행학습의 복습 등의 활동이 이루어진다. 학습안내 활동에서는 이번 시간에 학습내용의 순서에 따라 정보와 지식을 제시하는 방법과 매체를 결정한다. 학습자 참여에는 학습내용을 제시한 후에 학습자들에게 학습한 내용의 이해와 문제점을 확인하기 위해서 연습이나 발표의 기회를 주는 계획이다. 평가 후

활동은 목표의 도달 정도를 확인하기 위해서 시험이나 검사를 실시하고, 그 결과에 따라서 보충학습(supplementaries)이나 심화학습(enrichment)의 방안을 결정한다.

다섯째 단계는 형성평가의 실시와 수업의 수정 단계이다. 이 단계는 수업전략을 수립해서 수업을 실시한 후에 수업의 전반적인 효과를 확인하고, 그 결과로서 나타난 비효과적인 부분을 찾아내어 수업을 고치는 단계이다. 형성평가(formative evaluation)는 수업의 효과를 높이기 위해서 수업의 수정을 위한 자료를 수집하고 분석해서 잘못된 부분을 고치기 위한 목적으로 실시되는 평가이다. 이 평가는 일반적으로 학업성취도가 상중하에 속하는 학습자를 대상으로 수업도중에 실시하는 방법과 학습집단 전체를 대상으로 수업이 끝난 직후에 실시하는 방법이 있다. 또한 형성평가의 객관성을 높이기 위해서 수업 후에 학습자의 의견을 수집할 질문지를 배포하여 실시한다. 이렇게 수집된 평가의 결과는 개인별, 문항별, 성취목표별로 각각 분석하여 수업의 전반적 및 각 단계별 문제점을 도출하여 수업의 개선안을 마련한다.

3. 수업의 실행

수업설계를 통해서 수업자료가 개발되면 이 자료를 통해서 실제로 수업을 전개한다. 수업은 교사가 지식이나 정보를 학습자에게 단순히 전달하는 과정보다는 학생의 사고과정과 기능습득을 효과적으로 수행할 수 있도록 도와 주는 활동이다. 그러므로 수업은 학생에게서 일어나고 있는 학습의 과정과 행위에 접근된 활동으로 이루어져야 한다. 학습이 일어나는 원리의 탐구에서부터 효과적인 수업활동을 전개할 수 있는 원리와 기법을 찾아낼 수 있다. 현재 우리가 일반적으로 적용하고 있는 수업의 단계도 학습이 일어나는 원리와 과정을 기초로 하여 도출되어 나온 것이다.

인지학습이론은 인간의 정보처리 과정에 대한 연구의 결과에서 학습을 효과적으로 유도할 수 있는 수업의 단계를 도출하는데 주요한 단서를 제공하였다. 이 이론에 따르면, 인간이 외부에서 들어오는 정보를 처리하는 기본적인 과정은 감각기관을 통해서 들어온 정보가 주의를 받음으로써 단기기억에 저장되고, 여기서 다시 시연을 받은 정보가 장기기억으로 정착되며, 필요할 때 작용기억으로 인출되어서 새로운 정보와 결합됨으로써 일어난다고 주장하였다. 이 과정을 좀더 구체적으로 살펴본다.

먼저 학습자의 감각 수용기에 들어오는 외부 자극은 감각기억에 등록되고, 이 자극 중에서 주의를 받은 정보는 단기기억의 형태로 변환된다. 단기기억은 저장 용량이 매우 제한적이기 때문에 여기에 들어갈 수 있는 정보의 항목은 정신적 시연(mental rehearsal) 활동을 거쳐야 한다. 시연은 단기기억에 저장된 정보를 장기기억으로 변화시킬 수 있는 의미적 약호화(semantic encoding)를 위한 활동으로써 의미있는 연습활동이다. 의미적 약호화를 받은 정보는 의미의 강도에 따라 다양한 깊이로 처리되어 기억고(memory storage)에 저장된다. 이 때 학습될 정보의 물리적 속성으로 처리된 정보보다 의미적 속성으로 처리된 정보가 보다 깊게 처리되어 좀더 잘 기억되는 것으로 알려졌다.

다음으로 이렇게 저장된 학습내용을 바탕으로 새로운 학습활동을 수행하려면, 이에 필요한 정보나 기능이 장기기억고에서 탐색되고 인출되어서 새로운 정보와 결합될 수 있어야 한다. 여기서 인출된 정보는 사고나 행동으로 변환되어 학습활동을 통제하고 조정하게 된다. 이 때에 인출된 정보는 단기기억에 떠올라 있는 정보이지만 작용기억(working memory)으로 불린다. 이 기억은 새로이 학습될 정보와 결합되어 학습이 이루어지도록 하는 포섭자 역할을 한다. 이러한 학습과정은 강화나 보상과 같이 외부에서 주어지는 정적인 피드백에 크게 영향을 받는다. 특히 이것은 주의집중, 새로운 정보의 약호화, 그리고 저장된 학습내용의 인출 과정에 강력한 통제력을 행사한다. 이 통제력이 학습을 촉진시키기도 하고 억제시키기도 한다.

이러한 학습과정은 외부의 환경이나 조건에 크게 영향을 받을 수 있으며, 수업은 이들 환경이나 조건을 체계적 및 의도적으로 계획하고 지원하는 활동이다. 예를 들면, 학습과정의 초기에 일어나는 선택적 지각은 외부에서 주어지는 자극이나 정보에 따라 영향을 받을 수 있다. 또, 새로운 정보를 기억하는데 영향을 주는 의미적 약호화 과정도 학생에게 주어지는 약호화 단서에 따라서 약호화의 강도와 깊이가 결정되기도 한다.

가네(Gagné, 1985)는 인지이론에서 관찰될 수 있는 학습과정에 따라 수업 활동의 단계를 구분하였다. 감각기관으로부터 외부의 정보를 수용하는 과정에서는 학습자의 주의를 환기하여 집중시킬 수 있는 수업기법이 요구된다. 주의집중을 통해서 학습자의 기대감이 형성되도록 하기 위해서는 수업목표를 학습자에게 효과적으로 알리는 수업기법이 요구된다. 다음에는 새로운 정보를 학습하기 위한 준비로서 수업목표와 관련된 선행학습 정보나 내용을 장기기억에서 인출을 촉진할 수 있는 자극을 제시해야 한다. 이 자극은 선행정보나 내용이 회상되면 이를 바탕으로 학습자가 새로운 정보를 선택적으로 지각할 수 있도록 학습정보를 특징있게 제시한다. 이렇게 제시된 정보는 필요할 때에 인출을 용이하게 하는 의미적 약호화를 통하여 학습이 일어나도록 수업을 전개한다. 제시한 학습정보에 대한 학습자의 반응을 유도하고 학습자에게 연습의 기회를 제공하며, 이 연습의 결과에 대한 피드백을 적절하게 해 주어야 한다. 학습된 내용의 인출을 활성화하기 위해서 학습수행의 결과를 확인하고, 그 결과를 기초로 해서 심화학습이나 보충학습이 될 수 있는 과제를 다양하게 제시하여 학습에 대한 파지와 전이를 높이도록 한다.

이러한 수업의 단계는 모든 수업에서 정확한 순서로 일어나지는 않지만, 대부분의 수업은 이러한 순서대로 진행되어야 학습이 효과적으로 일어난다. 물론 모든 수업에서 이러한 단계가 반드시 그대로 적용되지는 않는다. 수업단계의 역할은 학습자의 내적 정보처리 과정을 자극하고 지원하는 수단에 불과하다. 어떤 학습자는 이러한 수업단계 중의 일부를 스스로 지원하고 개발하기도 한다. 이러한 경우에는 자율학습 또는 자기주도적 학습 수행이 가능하게 된다. 그러나 이런 경우에도 학습이 효과적으로 수행되기 위해서는 학습자료나 프로그램을 수업단계에 맞추어 개발하는 것이 학습에 보다 효과적인 것으로 입증되고 있다.

〈표 6-1〉은 학습의 과정과 이를 지원하기 위한 수업의 단계와 활동을 예시하고 있다.

〈표 6-1〉 학습과 수업의 과정 및 수업활동 예시

<table>
<tr><th>학습의 과정</th><th colspan="2">수업의 과정</th><th>수업활동의 예시</th></tr>
<tr><td>감각적 수용</td><td>주의집중과 동기 유발</td><td rowspan="3">도입단계</td><td>학습자의 흥미를 유발하거나 관심을 끌 수 있는 자극의 제시</td></tr>
<tr><td>기대감 형성</td><td>수업 목표의 제시</td><td>학습 후에 할 수 있는 기능이나 내용을 학생의 기대에 부풀도록 제시</td></tr>
<tr><td>선행 정보의 인출</td><td>관련 선행학습의 회상</td><td>본시 학습과 관련된 선행학습 정보나 내용의 확인과 복습</td></tr>
<tr><td>선택적 지각</td><td>학습될 정보의 제시</td><td rowspan="4">전개단계</td><td>정보의 선택에 도움이 될 수 있도록 특징 있게 학습 내용을 제시</td></tr>
<tr><td>유의미 약호화</td><td>학습 안내 활동</td><td>학습될 정보가 장기기억에 효과적으로 저장될 수 있는 정보의 조직 방략과 맥락의 제공</td></tr>
<tr><td>반 응</td><td>연습의 기회 제공</td><td>학습 내용을 연습하고 실행하여 볼 수 있는 기회의 제공</td></tr>
<tr><td>강 화</td><td>피드백 제공</td><td>연습의 결과에 대한 정보적 또는 교정적 피드백의 제공</td></tr>
<tr><td>인출(탐색)</td><td>수업목표 도달 확인</td><td rowspan="2">정리단계</td><td>형성평가를 실시하여 학습의 결과를 확인하고 추가적인 학습정보 제공</td></tr>
<tr><td>인출과 일반화</td><td>파지와 전이를 높임</td><td>이번 시간에 학습한 내용을 생활 또는 다음 시간에 학습할 내용과 관련지어서 파지와 전이를 높임</td></tr>
</table>

4. 수업의 평가

지금까지 설계하고 실행한 수업 과정이 설정된 수업목표에 어느 정도 도달되었는지를 평가함으로써 수업의 효율성과 적절성을 확인할 수 있다. 이를 위한 수업의 평가는 두 측면으로 수행될 수 있다. 하나는 수업의 계획과 실행의 전과정에 이르는 문제점을 찾아서 수업을 보완하고 개선하기 위한 측면이고, 다른 하나는 수업목표에 도달 정도를 확인하기 위한 측면이다. 전자는 형성평가(formative evaluation)이고, 후자는 총괄평가(summative evaluation)이다. 즉 형성평가는 수업을 계획하는 각 단계별로 문제점을 찾아내어 수업의 효율성을 높이는 데 초점을 두는 평가이고, 총괄평가는 수업이 끝난 후에 학습자들이 설정된 수업목표에 도달도의 적절성을 확인하는데 초점을 두는 평가이다. 수업평가에 관한 구체적인 원리와 기법은 다음 장으로 넘긴다.

제 2 절 수업공학

공학이란 각 학문 분야에서 체계화된 지식을 인간 실제생활의 효율성과 개선을 도모하기 위해 사용하는 것을 말한다. 따라서 종래에 수업공학을 수업매체의 적용이라고 보던 협의의 의미를 벗어나, 수업 분야에서 탐구된 모든 이론들을 수업실제에 효과적으로 적용하는 방안에 관한 탐구 및 그 실천을 수업공학이라고 하는 것이 마땅하다. 실제로 1960년대 이후 기반이 닦여진 수업이론 분야는 최근 수업공학 분야로 통합되어 탐구되고 있다(Saettler, 1990).

여기서는 수업이론 또는 수업공학의 발전을 지원하고 있는 심리학들이 어떠한지, 그리고 이들 심리학적 기반을 토대로 발전되고 있는 수업공학이 어떤 방향을 향하고 있는지를 간략히 설명하고자 한다.

1. 수업공학의 심리학적 기반

수업 분야의 이론 및 실제의 발전을 지원해 온 심리학 견해는 크게 행동주의, 인지주의, 구성주의의 세 가지를 들 수 있다.

행동주의는 인간의 학습을 행동성향의 변화라고 보고 학습행동은 선택적 강화에 의해 조형될 수 있다고 생각하는 견해이다. 행동주의에서는 정신작용 또는 사고과정과 같은 외적 관찰이 불가능하다고 보고 내면적 정신과정을 배제한 채 외현적 행동에 대한 강화법칙에 의거하여 학습 현상을 설명해 왔다. 바로 이점에 대한 반동으로 인지주의에 대한 선호도가 커졌다고 볼 수 있다.

인지주의는 학습자가 알게 되는 것이 무엇이며 이를 습득하는 방법이 어떤 것인지와 같은 학습의 내면적 과정에 관심의 초점을 둔 견해이다. 인지주의 초기 견해들은 내면적 학습과정에 대해 부분적 관심을 가져 왔으나, 그 후 종합적인 인간 학습과정을 설명하는 이론들로 발전하면서, 학습자의 내면에서 어떠한 내용이 어떻게 학습되고 저장되었다가 학습이나 문제해결을 위해 어떻게 인출되어 사용되는지 등을 밝혀 줌으로써 보다 정교한 수업공학의 발전을 가능케 하였다.

최근 등장한 구성주의는 행동주의 및 인지주의의 기본 전제가 객관적 지식의 존재를 인정한다는 데 공통적이라고 비판하면서, 지식은 객관적으로 존재하기보다는 개인 학습자가 각기 구성해 가는 것이라고 주장하는 견해이다 (Lebow, 1993). 구성주의는 따라서 개개 학습자가 환경과 상호작용하면서 지식의 기초가 되는 의미를 어떻게 구성해 가며 이를 최적의 수준으로 조직할 수 있는 학습환경이 무엇인지에 관심의 초점을 둔다. 이런 점에서 구성주의는 최근 학교 현장에서 강조되고 있는 학습자의 자기주도적 학습과 동일한 맥락에서 논의되고 있다.

2. 수업체제

수업이론 또는 수업공학은 전술된 세 심리학의 영향을 받으면서 발전하고 있다고 볼 수 있지만, 기술적 방법론에 있어서 가장 명료한 지침을 제시해 준 행동주의에 의해 가장 영향을 많이 받아왔다. 최초의 수업공학 사례로 널리 알려진 프로그램 수업에서부터 과제분석, 행동목표, 준거지향 평가 등은 모두 행동주의 전통을 반영하는 수업방안들이다.

그러나 가네(Gagné, 1965)가 제안한 9가지 수업사태를 비롯해 학습자의 인지과정에 토대를 둔 수업전략들이 상당히 제시되고 있어 인지주의적 영향도 수업 분야에서 무시할 수가 없다. 또한 구성주의 관점에 입각하여 상황인지, 인지적 도제 등과 같이 관련 맥락을 중시하는 수업처방 또는 학습환경의 제공도 최근 수업 분야에서 강조되고 있다.

수업 준비 및 각종 교수－학습 자료 제작의 구체적인 이론적 기초를 제공한다는 점에서 수업공학의 소프트웨어로 간주되는 수업설계는 대표적인 수업공학의 사례이다. 왜냐하면 수업설계는 수업관련 변인들에 관해 연구된 이론들을 종합적으로 적용하는 과정이기 때문이다.

제 3 절 학습환경의 변화와 교육공학

1. 교육공학의 중요성

학습환경은 학습자의 학습 효과성, 효율성, 매력성을 제고하는 중요한 요소로써 오늘날 매우 강조되고 있다. 학습이란 새로운 정보의 습득을 말하며, 환경이란 인간행동에 영향을 주는 외적 요소들의 총합이다. 따라서 학습환경이란 새로운 정보의 습득에 영향을 주는 외적 요인들의 총합이라고 볼 수 있다. 그러므로 우리가 어떠한 학습환경에 처하느냐에 따라 습득되는 정보가 달라질 것이며, 또 그 정보를 습득하는 방법이 달라질 것이다. 오늘날 학습환경의 변화에 따라 교육공학이 부각되고 있다.

오늘날 과학의 발달은 매체의 지속적인 발달을 조성하고 있다. 이러한 매체의 변화는 수업매체의 변화를 초래하고 있고, 이러한 수업매체, 즉 카세트 녹음기에서부터, 비디오(video), 카세트(cassette), 슬라이드(slide), 컴퓨터, 텔레비전 등은 학교 내외, 가정 및 작업장, 남녀노소 모두에게 학습의 이점을 즐기게 하고 있다. 특히 컴퓨터의 등장은 교육환경에 코페르니쿠스적 전환을 요구하고 있다. 비록 컴퓨터의 교육적 이용이 교실을 비인간화 획일화시키며(Cuban, 1986) 교사들의 전문적 기술을 박탈하여 그들을 단순 노동자로 전락시킨다는 부정적 견해도 있었으나, 오늘날 컴퓨터의 교육적 활용을 부정하는 주장은 찾아보기 어렵다. 보르크(A. Bork)는 "우리는 교육의 대혁명, 즉 인쇄술의 발명 이후 그 어느 것과도 비교할 수 없는 대혁명의 출발점에 서 있다. 바로 컴퓨터가 이 대혁명의 도구가 될 것이다(박승배, 1994)."라고 했다. 기업에서의 위성을 이용한 석사 과정, 시골 지역의 원격교육, 학교 현장의 LAN시설, 대학강좌의 가상교육, PC통신을 이용한 학습자료 배부 등은 우리에게 컴퓨터를 이용한 학습환경의 변화를 실제적으로 느끼게 만들고 있다.

나아가 컴퓨터 기능의 발달로 인해 홍수처럼 쏟아지고 있는 다양한 전자매체, 정보화 시대에 부응한 초고속 정보통신망, 사람의 눈을 현혹시키는 컴퓨터를 이용한 멀티미디어 등이 우리 주위에 일상생활처럼 소개되고 있다. 아동들은 여러 종류의 게임을 통하여 멀티미디어의 세계 속에 젖어들고 있다. 아동들은 시뮬레이션 게임을 통하여 생활을 배우고 있다. 은행놀이도 하고, 도시를 건설해 보기도 하고, 전략을 구상하여 전투를 벌이기도 한다. 이제 멀티미디어는 아동들의 생활이 되고 있다. 컴퓨터의 발달과 함께 날로 기세를 더하는 멀티미디어의 위력은 이제 학교교육에도 침투해 오고 있다. 멀티미디어는 단순히 복합적인 정보의 표상매체가 아니라 학교교육의 핵심적 요소로 부상되고 있다. 따라서 종전의 학습환경은 전환점에 서고 있음을 알 수 있다.

이러한 학습환경의 변화는 컴퓨터를 중심으로 이루어진 정보사회로의 변화에 연유하고 있다. 정보사회는 이른바 3탈 현상을 보여 준다. 탈학교, 탈교사, 탈학습이 그것이다. 이전의 교육은 학교에서 교사중심으로 비교적 수정과 변화가 어려운 인쇄된 교과서를 이용하여 보다 많은 내용을 학생들에게 학습시킴으로써 산업사회가 요구하는 표준화된 능력자를 대량으로 생산하는 것이 주 목적이었다. 그러나 정보화 사회에서의 교육은 가상공간이라는 새로운 학습공간에서 학습자 중심으로 수정과 변화가 용이한 디지털 교과서를 이용하여 보다 필요한 내용을 스스로 학습함으로써 정보화 사회가 요구하는 지식생성자(knowledge worker)를 양성하는 것이 주 목적이다.

이러한 변화는 결국 교과지도에서의 변화를 요구하고 있다. 결론적으로 말하면 분필과 말에 의한 수업이 아니라 컴퓨터를 수업매체로 활용하는 수업으로의 변화를 강력히 요구하고 있다. 분필과 말에 의한 수업은 그 탁월한 효용성에도 불구하고 많은 교사들은 풀기 어려운 불만을 가지고 있었다. 이른바 학생의 이해 수준에 따라 지식의 표현양식(작동적 표현, 영상적 표현, 상징적 표현 등)을 다양하게 할 수 없고, 수업의 과정에서 필요한 순간에 필요한 자료(특히 영상자료)를 제공하기 어려웠다. 이러한 변화의 결과로 교육방법상에 큰 변화를 야기하고 있다. 핀(Finn)은 현대사회의 제 특성, 즉 지식과 인구의 팽창, 컴퓨터 산업을 위시한 제2차 산업혁명의 발전, 공공철학의 필요성, 공학기술의 대규모 적용, 현대 산업사회를 이끌어 가는 과학자들의 대량양성, 시민교육에 대량으로 적용되고 있는 공학기술의 발달, 자동화로 되어 가는 사회에서 필요한 전문직업인의 재훈련, 교수과정에 공학기술의 대규모 적용 필요성 등의 요인들이 오늘날 교육에 교육공학의 도입을 요구하고 있다면서(AECT, 1977), 교육의 미래는 교육공학과 교수공학의 중요성을 이해할 수 있는 사람들에게 속할 것으로(Finn, 1964) 내다 보았다.

2. 교육공학의 의미와 발달

교육공학이란 현대사회에서 교육의 과학화 현상과 맞추어 나타났으므로 일률적으로 무엇이라고 정의하기는 어렵다. 럼스다인(A. A. Lumsdaine, 1964)은 교육공학의 개념을 기계적 차원(영화, 녹음, 슬라이드, TV, 티칭머신, 컴퓨터 등 물리적 기기를 적용하는 하드웨어 중심)과 내용적 차원(학습내용이나 프로그램 등의 소프트웨어 중심)으로 다루면서 교육공학은 단순한 기계, 기술, 장치, 즉 하드웨어만을 지칭하는 것이 아니고 교육활동 속에 포함되는 여러 요소, 즉 자료, 인원, 조직, 운영방안, 교육환경 사이의 통합적 체제인 소프트웨어를 더 강조한다고 했다. 가네(R. M. Gagné, 1968)는 교육공학은 하드웨어와 동일시 되어서는 안 되며, 교육체제로서의 학교교육을 설계, 평가, 운용하기 위한 일련의 체제적 기술과 실제적 지식을 수반하는 것이라고 하였다. 실버(K. Silver, 1970)는 교육공학이란 교수상의 문제를 해결하는 데 수업체제의 구성 요소(메시지, 인간, 자원, 장치, 기술, 환경)의 개발(연구, 고안, 제작, 평가, 활용) 및 운영(조직, 관리)을 의미한다고 했다. 미국교육공학회(AECT)에서는 교육공학이란 모든 일간학습에 포함된 문제점들을 분석하고 이에 대한 해결책을 고안하고, 실행하며, 평가・관리하기 위하여 사람, 절차, 아이디어, 기기 및 조직을 포함하는 복합적이고 통합된 과정이라고 정의하였다(김신자 역, 1982).

이상과 같은 정의들을 고려해 볼 때 교육공학이란 단순히 공학적 기기만을 활용하는 것이 아니라 인간학습에 관련된 제 문제를 해결하기 위해 공학적 기술과 지식을 모두 활용하는 것이다. 즉, 하드웨어의 활용과 아울러 소프트웨어의 제작, 활용까지 모두 포함되는 것이다. 다시 말하면 교육공학이란 학습효과의 증진을 위해 공학적 기술과 지식을 교육의 개선에 활용하는 학문이다.

교육공학을 역사적으로 고찰함에 있어 새틀러(P. Saettler)는 그리스 철학자들에게까지 거슬러 올라가고 있다. 그러나 교육공학의 모체적 역할을 하는 시청각 교육의 발전과 관련하여 보면 중세사회에서의 인쇄술 발달과 17세기의 실증주의 교육, 18～19세기의 아동중심주의 교육사상이 교육공학의 발달에 중요한 역할을 했다고 볼 수 있다. 핀(J. D. Finn)은 시각교육 운동이 본격적으로 시작된 1920년대를 교육공학의 출발시기로 보고 있다. 1938년의 프랑스에서의 사진기, 1871년의 영국의 사진용 유리판의 발명, 1888년 이스트만 코닥(Eastman Kodak) 회사의 필름 발명, 1894년 토마스 에디슨의 사진용 유리판의 발명 등은 시각교육 운동을 활발하게 만들었다. 시각교육이란 1900년 이후 인쇄물에만 의존하던 수업에서 사진, 모형, 사물, 무성 영화 등의 시각자료를 활용하여 행해진 수업을 말한다. 1930년대의 유성영화, 1932년의 색채 영화제작, 1949년 코닥회사의 천연색 필름의 보급, 1936년 영국방송협회의 텔레비전 방송국 개국, 라디오, 레코드 등의 출현 등과 1939년 제2차 세계대전으로 인한 많은 군인의 동시적 교육의 필요성 등은 시청각 교육을 활성화시켰다. 시청각 교육은 영화, 슬라이드, 녹음, 라디오, 텔레비전 등의 시청각 교재와 교구를 활용하고 시각과 청각을 동시에 사용하여 교수내용을 전달함으로써 학습활동을 효과적으로 유도하는 교육방법이다.

이 시청각 교육은 커뮤니케이션(통신학), 심리학(특히, 행동과학), 경영학 등 학문 분야의 도움으로 시청각 통신으로 나아가고, 스키너(Skinner)의 학습이론을 적용하여 교수공학으로 발전하였다. 교수공학은 교수목표를 토대로 학습이론과 커뮤니케이션이론을 적용하여 교수-학습의 전체 과정을 계획하고 실행하고 평가하는 체계적인 방법을 의미한다고 하며 교수 목표의 설정, 이에 따른 교재선택 개발, 교수방법의 선택, 평가자료 개발 등 계획, 실행, 평가의 과정을 중시하고 있다. 이러한 교수공학은 교육의 전반적인 영역으로 확대되면서 교육공학으로 나아가게 되었다. 특히 최근 컴퓨터의 보급, 발전은 학습과정이나 학교 운영의 현장에 큰 변화를 주며 교육공학의 발전에도 큰 영향을 주고 있다.

제 4 절 수업매체의 성격과 유형

전술한 바와 같이 학습환경의 변화를 주도하는 것은 수업매체의 발달이다. 그러므로 교육공학에서는 매체의 성격을 이해하는 것이 필요하다.

1. 매체의 성격

20세기 이래 다양한 매체가 활용되고 있다. 특히 새로운 기술, 공학의 발달은 매체의 활용을 더욱 확대하고 있다. 교육 현장에서 뿐만 아니라, 학교교육 이외의 현장에서도 매체는 적극적으로 활용되고 있다. 학교의 교육과정은 매우 획일적이나 훈련 프로그램은 흔히 산업에 따라 특수적이며, 학교의 교육

대상은 주로 아동이나 청소년임에 비해 훈련 프로그램은 성인이라는 관점에서 교육과 훈련에서 사용되는 매체는 차이가 있다는 견해도 있다. 그러나 수업 또는 정보의 전달이라는 관점에서 보면 매체의 활용은 학교와 산업 현장에서 차이가 없다고 보아야 할 것이다. 매체가 수업목적의 달성을 위하여 내용을 전달할 때 수업매체(instructional media)라고 한다. 수업매체의 성격을 알아보면 다음과 같다.

첫째, 매체의 기본적 속성이 학습에 있다. 매체란 원래 between의 의미로써 맺어 주는 역할, 다리의 의미를 가지고 있다. 다시 말하면 정보의 원천과 수신자간의 정보를 전달하는 매개체, 의사소통의 채널을 의미한다. 따라서 매체의 기본적 속성은 정보의 전달에 있음을 알 수 있다. 학습이란 새로운 정보의 습득을 말하므로 정보의 전달은 학습을 야기할 수밖에 없다. 그러므로 매체를 접하는 개인은 의식적으로 또는 무의식적으로 새로운 정보를 접하게 되고 이를 통하여 학습이 이루어지고 있다. 또 새로운 정보를 전달하는 사람도 의식적이든 무의식적이든 전부 매체를 활용하고 있다.

둘째, 매체의 기본적 목적이 의사소통을 촉진하는 데 있다. 우리가 학습자의 정보 습득을 위하여 수업, 학습이라는 용어를 강조하고 있다. 그러나 수업과 학습에서의 정보의 습득은 의사소통을 통하여 이루어지고 있다. 학습은 정보가 습득된 결과를 말하며 수업이란 학습을 생성하기 위한 정보의 정돈에 불과하다. 의사소통이란 정보를 가지고 있는 사람으로부터 정보가 필요한 사람에게 전달되는 과정을 말한다. 따라서 의사소통이 어떻게 이루어지느냐에 따라 학습의 효과성, 효율성이 좌우된다. 매체란 바로 이러한 의사소통을 촉진하는 것을 기본 목적으로 하고 있으므로 정보 습득과 깊은 관련성을 가지고 있다. 최근 게시물, 광고 등에서 증대하고 있는 시각적 메시지는 의사소통을 촉진하기 위한 것이다. 사람들은 약 10%를 들음으로써 배우고 80% 이상을 봄으로써 배운다. 더 중요하게, 그들은 들은 것의 약 20%만을 기억하나 보고 들은 것은 약 50% 이상을 기억한다(Heinich, Molenda, Russell, 1989). 모든 정보를 시각적 메시지로 전달 가능하도록 만들고 있는 것은 바로 매체인 것이다.

셋째, 매체의 활용을 통하여 수업방법에 관한 기법이 개발된다. 매체가 학습효과를 직접적으로 재고하는가에 관하여 논란이 있다. 슈람(Schramm)은 학습은 매체 유형에 의하기보다 매체에서의 수업 전략과 내용에 의해 더 영향을 받는다고 했다. 또 클라크(Clark)도 "매체는 어떤 조건하에서 학습에 영향을 주지 않는다. 오히려 매체는 수업을 전달하는 단순한 매체이다. 식료품을 전달하는 트럭이 우리의 영양분을 변화시키는 원인이 될 수 없듯이 매체는 학생의 성취도에 영향을 주지 못한다"고 하면서 매체의 직접적인 학습 효과를 부정하고 있다. 그러나 식료품이 어떠한 트럭에 실리느냐에 따라 그 신선도가 달라질 것이고 달라진 신선도는 우리의 건강에 큰 영향을 주게 될 것이다. 따라서 매체의 활용은 정보의 효율적인 전달 수단과 전달 방법을 강구하게 될 것이고 이를 통하여 더 다양한 수업기법이 개발될 것이다.

매체의 속성은 학습하게 될 정보의 특징과 결합하여 매체 선택의 기준이 된다. 매체가 가진 속성은 상징적 속성, 내용적 속성, 기술적 속성, 상황적 속성 등이다(권성호, 1995).

상징적 속성(symbolic attribute)이란 내용을 구성하고 있는 문자, 음성, 기호 및 언어 등을 말하며 이 상징을 크게 나누어 보면 실제 그대로 나타내는 실물계(objects and events), 그림의 형태로 나타내는 영상적 체계(iconic systems), 동작으로 포상되는 활동적 체계(analogue symbolic systems) 등이 있다. 이러한 다양한 상징체계는 발전하는 테크놀로지와의 상호작용을 통해서 나타난다.

내용적 속성(content attribute)이란 매체 속에 담겨져 있는 전달하고자 하는 내용(message)이다. 내용과 매체는 동일한 것은 아니다. 동일한 내용일지라도 전달매체에 따라 영향력이 달라진다. 내용은 흔히 교과 내용이나 학습지침일 수 있고, 내용에 대한 질문, 반응의 적절성에 대한 피드백, 또는 다른 정보일 수도 있다.

기술적 속성(technological attribute)이란 내용을 전달하는 장치 및 시스템을 말한다. 이러한 기술적 속성을 어떻게 사용하는가에 따라 매체에 담겨 있는 내용을 풍부하게 얻을 수 있느냐 없느냐의 영향을 받는다.

상황적 속성(contextual attribute)이란 메시지가 전달되는 사회적 환경을 말한다. 매체가 어떤 상황에서 사용되느냐 하는 것도 내용의 습득에 영향을 준다.

2. 매체의 유형

수업매체는 다양하게 분류되고 있다. 자료의 투사성 여부에 따라 비투사매체(사진, 도표, 전시, 모형, 실물 등), 투사매체(slides, filmstrips, overhead transparencies 등)로 구분할 수 있고, 자료의 상징체계에 따라 시각매체(괘도, 실물, 도형, 칠판, 그림 사진, slide, filmstrips, overhead transparencies 등), 청각매체(녹음기, 라디오, 음반), 시청각매체(녹음기가 있는 슬라이드, 유성영화, 비디오 등)로 나눌 수 있고, 학습자와의 상호작용성 여부에 따라 상호작용매체(상호작용 비디오 시스템, hyper-text 등), 비상호작용 매체(괘도, OHP, 비디오 등)로 나눌 수 있다. 탐색의 방법에 따라 계열적 탐색매체(video, slide 등), 비계열적 탐색매체(hypermedia)로 나눌 수 있다.

또 매체가 수업에서 어떻게 활용될 수 있는가에 따라 교사의존매체와 교사독립매체로 나누어 볼 수 있다. 교사의존매체는 교사의 의도에 전적으로 활용되는 방법이다. 이른바 교사의존(instructor-based)수업에서의 활용이다. 교사의존수업에서는 수업내용의 전달이 주로 교사의 언어에 의해 이루어지고 있으나 다양한 형태로 학습 내용을 표상하려는 교사의 필요성에 의해 매체가 사용된다. 이 때 매체의 학습효과성은 수업매체의 특성에도 영향을 받지만, 그 효과성은 주로 교사에 의존한다. 교사독립매체는 교사독립(instructor independent)수업에서의 활용이다. 교사독립수업은 수업내용의 전달이 교사에 의해 직접적으로 이루어지지 않고 주로 매체를 통하여 이루어진다. 이 경우 흔히 학습자 중심 수업이라고 불린다. 이 때, 수업은 매체를 고안한 사람에 의해 인도된다. 매체는 교사가 없거나 학생들끼리 공부하는 형식적 교육상황에서 효과적으로 사용될 수 있다. 또한 비형식적 교육에서도 널리 활용될 수 있다.

3. 매체의 발달

일반적으로 매체의 발달은 교육공학의 발달과정과 맥을 같이 하고 있다. 처음으로 교육에 큰 영향을 준 매체는 중세시대 활판 인쇄술의 발명으로 나타난 인쇄매체라고 볼 수 있다. 이로 인하여 종전에 구두로 제시되던 학습자료가 활자로 인쇄되어 대량으로 제시할 수 있게 되었다. 그 후 문자로 된 인쇄자료가 주 수업매체가 되었다. 17세기에 이르러 코메니우스(Comenius)에 의하여 매체의 변화가 시도되었다. 그는 지식의 시초는 감각으로부터 이루어진다고 하면서 실물에 의한 교육을 강조하면서 이것이 어려우면 그림과 영상을 보여 주는 것이 좋다고 하였다. 이에 따라 단순히 문자에 의한 전달보다 그림에 의한 전달이 강조되었다. 그러나 그림을 효과적으로 전달할 수 있는 매체는 개발되지 못하고 여전히 종이에 기록된 매체(㉩ : 인쇄된 그림이나 괘도 등)로서 그림을 나타내었다. 실물자료의 중요성이 19세기 아동 중심주의 교육자에 의하여 더욱 강조되었고, 20세기 발달된 과학의 힘을 입어 그림과 같은 시각적 자료의 제시가 보다 용이해졌다. 즉, 사진기와 무성영화의 등장은 시각자료의 제시를 보다 용이하게 만들었고, 과학은 더욱 발전되어 청각자료의 제시를 용이하게 만들었다. 즉, 녹음기의 발명과 유성영화의 등장은 매체의 성격을 더욱 변화시켰다. 여기에 컴퓨터의 등장은 매체의 속성을 크게 변화시켰는데 컴퓨터는 자체적 기능의 발달은 물론 멀티미디어, 통신공학과 결합함으로써 수업매체로서의 중요성이 더욱 강조되었다. 따라서 매체의 발달은 컴퓨터와 독립하여 논할 수 없게 되었다. 여기서는 컴퓨터의 등장을 중심으로 매체의 발달을 세 가지 방향에서 살펴볼 수 있다.

첫째, 컴퓨터의 발달을 통하여 매체는 교사에 의존하는 매체에서 교사로부터 독립한 매체로 발달하고 있다. 교사에 의존하는 매체란 교사의 의도적 조작과 활용 없이는 교과내용을 효율적으로 전달할 수 없는 매체를 말한다. 이에는 칠판, 괘도 등은 물론 slide, OHP, opaque, video 등이 포함된다. 이에 비해 교사로부터 독립한 매체란 교사의 의도적 조작이 없더라도 학습자와의 상호작용을 통하여 스스로 교과내용을 효율적으로 전달할 수 있는 매체를 말한다. 이에는 컴퓨터를 이용한 프로그램 등이 내포된다.

둘째, 단일 매체에서 멀티미디어로 발달하고 있다. 브루너(J. Bruner)는 수업이론에서 학습자에게 주어지는 수업은 직접경험(활동적)에서 시작하여 경험의 영상적 제시(예 : 그림 필름 등)를 거쳐 상징적 또는 디지털적 표상(단어로서)으로 진행되어야 한다고 제안했다. 자료의 표현형태는 과제숙달의 성취도에 직접적인 영향을 준다. 즉 구체적 경험은 추상적 상징의 유용성, 획득, 파지를 용이하게 한다. 따라서 바람직한 수업을 위해서는 보다 구체적이거나 현실적인 자료를 제시하는 것이 바람직하다. 수업매체는 필요한 구체적 경험을 제공할 뿐만 아니라 학생이 이전 경험을 통합하는 것을 도와 준다. 이에 따라 교사는 OHP, 녹음기, 슬라이드, 비디오 등의 매체를 이용하여 다양한 형태의 정보 제공을 시도하였으나 수업 현장에서는 크게 활용되지 못하였다. 그 이유는 경제적인 면, 자료제작의 어려움, 사용의 불편성 등을 들 수 있지만 그보다 더 큰 이유는 이러한 매체로서는 다양한 형태의 정보표상이 불편하였기 때문이다. 이전의 매체들을 단지 매체혼합(media mix)으로 보는 것도 같은 맥락이다. 그러나 컴퓨터는 바로 이러한 다양한 형태의 정보제공을 무척 용이하게 만들었다. 이른바 멀티미디어의 등장이다.

셋째, 시간과 공간의 제약을 받는 매체에서 제약을 벗어나 매체로 발달하고 있다. 컴퓨터와 결합된 통신매체의 발달은 매체의 속성을 더욱 자유롭게 만들고 있다.

제 5 절 수업을 위한 주요 매체

1. 칠 판

사실 칠판에 의한 수업은 지금까지 가장 많이 활용되었다. 또 칠판에 의한 수업은 분필과 교사의 말을 주로 활용하고 있으므로 그 학습 효과성도 높은 것으로 인식되어 왔다. 교육이란 것이 인간행동의 계획적 변화이고, 먼저 태어난 사람들이 나중에 태어난 사람들에게 먼저 경험한 내용들을 체계적으로 전달하여 학습에 소요되는 시간을 단축시켜 주는 것이라고 한다면 교사의 분필과 말에 의한 수업은 가히 그 효과가 기적적이라고 볼 수 있다. 말을 사용하는 것은 바로 교사의 지식을 허공 중에 무궁하게 표현할 수 있어 지식의 표현공간에 제약을 받지 않는다. 더구나 교사의 지식을 즉시적으로 학생들에게 청각적으로 전달해 줄 수 있을 뿐만 아니라 학생과의 직접적인 상호작용이 가능하므로 상호간에 적합한 피드백이 오고 간다. 분필을 사용하는 것은 교사의 지식을 칠판이라는 공간에 시각적, 체계적으로 제시할 수 있어 학습내용을 구조화할 수 있다. 또 내용을 표상하는 데 소요되는 시간과 표현된 학습 내용을 지우기 전까지의 지속 시간은 개별 학습자의 인지 수준의 차에 따른 이해속도의 차이를 감안할 수 있다. 따라서 분필과 말은 시각적 통로와 청각적 통로, 즉각적 대화와 지속적 대화, 다양한 설명과 구조화 등 상호 보완적 기능을 발휘하면서 수업 효과를 극대화하고 있다. 더구나 다른 매체와는 달리 분필과 말은 쉽게 활용할 수 있고 경제적이다.

2. 컴퓨터를 이용한 매체

1) 컴퓨터의 발달과 새로운 수업매체의 등장

1945년 세계 최초의 전자식 컴퓨터인 ENIAC(Electronic Numerical Integrator and Calculator)이 나타난 이래로, 지금까지 컴퓨터의 기능은 크게 발전하였다. 컴퓨터 사고의 핵심인 CPU는 초기의 8비트에서 지금은 64비트로 발달하였으며 그 보급도 더욱 확산되고 있다. 종전에는 인텔이 독점적으로 생산하였으나 이제는 AMD사에서 인텔에 버금가는 칩을 개발하고 있고 IBM, 애플, 모토롤라 3사가 합작하여 파워 PC란 칩을 생산함으로써 CPU의 기능향상과 보급이 더욱 확산되었다. 또 주기억장치인 RAM도 640KB에서 8MB, 16MB, 32MB, 64MB, 128MB로 끝없이 증대되고 있다. 보조기억장치인 하드디스크의 용량도 종전의 10MB 정도에서 오늘날 20GB를 넘어섬으로써 방대한 양의 정보를 용이하게 저장하고 활용할 수 있게 되었다. 이러한 CPU와 보조기억장치의 발달, 프로그램의 개발은 컴퓨터로 하여금 정보의 저장, 재생, 융통성, 상호작용성 등의 교사의 수업능력을 모방할 수 있도록 하였다. 종전의 시청각매체들은 아무리 발전하더라도 상호작용성을 구비할 수 없으므로 교사에 의한 수업을 요구할 수밖에 없었으나 컴퓨터의 등장은 상호작용 능력을 구비함으로써 교사없이도 수업을 가능하게 만들었다. 이에 따라 컴퓨터 보조수업(CAI), 하이퍼텍스트(hypertext), 하이퍼미디어(hypermedia), 멀티미디어(multimedia), 가상현실(virtual reality) 등이 부각되었다.

2) 하이퍼텍스트와 하이퍼미디어

오늘날 컴퓨터를 이용한 학습 또는 인터넷을 통한 학습을 보면 페이지 단위로 학습 내용이 넘어가는 것이 아니라 특정 내용에서 바로 관련 내용으로 넘어간다. 이것은 바로 하이퍼텍스트 기법을 적용한 것이다. 하이퍼텍스트란 학습정보가 네트워크 형태로 제시되는 다차원적 컴퓨터 기초 텍스트(computer-based text)(박승배, 1994)이며, 종이에 인쇄된 엄격한 계열적 매체를 극복하기 위해 컴퓨터의 무작위 접근 가능성의 장점을 취하는 전자적 교재(Marchioni, 1988)이다. 글자의 구성으로 보면 hypertext는 ~이상, 넘어서, 한 단계에서 다음 단계로의 확장이란 의미를 가지고 있는 hyper와 언어로 된 정보의 집합이란 의미를 가지고 있는 text의 결합이다. 따라서 하이퍼텍스트(hypertext)는 방대한 문자정보를 컴퓨터를 이용하여 신속 정확히 구조화하여 제시하고, 학습자의 인지구조에 따른 비순차적 탐색이 가능하다. hypermedia는 text에서 더 나아가 여러 매체(media)를 이용한 것이다. 다시 말하면 사용자에게 문자, 그래픽, 오디오/비디오 파일 등을 자유롭게 항해(navigation)하면서 필요한 정보를 얻도록 하는 소프트웨어 프로그램의 한 부류(조은순, 1994)이다. 하이퍼텍스트와 하이퍼미디어 간에는 포함되는 정보 유형의 차를 제외하면 원리상의 차이는 없다.

유사용어와 그 의미를 비교해 보면 뉴미디어는 전화회선을 이용하여 문자, 도형, 정보 서비스를 하는 하드웨어 중심인데 비하여 하이퍼미디어는 어떻게 사람의 지적 활동을 도와 주느냐 하는 소프트웨어 중심이다(김희진 역, 1994). 데이터베이스는 책의 제목 등 모든 사람이 알 수 있는 정해진 키워드로 검색하나 하이퍼미디어는 검색루트가 개인에 따라 다르다. 이들은 학습자에게 컴퓨터가 지원하는 상호작용적인 학습환경을 제공해 준다(김희진 역, 1994).

하이퍼미디어가 학습에서 중요한 의미를 가지는 것은 학습자가 자신의 인지구조에 따라 학습 내용을 탐색할 수 있다는 것이다. 즉 학습을 조정하고 통제하는 선택의 자유를 가지며 그 결과 각 학습자는 개인별로 적합한 학습을 할 수 있다.

3) 멀티미디어

요즘 개발되고 있는 학습용 CD를 보면 그림, 소리, 문자, 동영상 등이 함께 제시되고 있다. 이에 따라 학습자들은 학습에 보다 흥미를 가지게 된다. 이러한 다양한 형태로 학습내용을 표상할 수 있도록 한 것이 바로 멀티미디어이다.

멀티미디어란 두 가지 이상의 미디어가 결합된 것으로 문자, 음성, 정지화상, 동화상 등을 통일적으로 취급하는 미디어 테크놀로지이다(김희진 역, 1994). 이는 단순히 두 가지 이상의 매체를 결합하는 것이 아니고 컴퓨터를 이용하여 매체들을 통합한 형태이다. 존스톤(Johnston)은 멀티미디어란 "다양한 종류의 매체, 예를 들면 문자(text), 그래픽(graphics), 그림(still images), 애니메이션(animation), 비디오(video), 소리(audio) 등을 동시에 같은 컴퓨터상에서 제시할 수 있는 기능"(조은순, 1994)이라고 했고, 가예스키(Gayeski)는 멀티미디어를 "컴퓨터에 의한 상호작용 의사소통체계의 하나로서, 문자정보, 그래픽 정보, 청각적 정보 네트워크를 만들고, 저장하고, 전송하며 받을 수 있는 것"(Boling, 1995)이라고 정의 내리고 있다. 다시 말하면 멀티미디어란 문자, 음성, 화상 등을 모두 디지털 정보로 전환하여 융합한 것이다. 이 디지털로 인해 쌍방향간의 대화가 가능하다.

멀티미디어는 자료를 크게 시각적 형태와 청각적 형태로 표현해 준다. 시각적 형태는 문자, 그래프, 정지화상, 동화상 등으로 나타나고, 청각적 형태는 보통 언어, 음악, 음향효과 등으로 나타난다. 그러므로 멀티미디어의 구현을 위해서는 자료를 시각적 형태와 청각적 형태로 표현할 수 있는 장치와 이를 동시에 구현해 주는 프로그램이 필요하다. 오늘날 멀티미디어는 음향, 영상을 구현할 수 있도록 사운드 카드, 비디오 카드와 저작도구 등이 발달되어 있다.

멀티미디어가 학습에서 중요한 의미를 가지는 것은 두 가지이다. 하나는 학습자의 인지 수준에 적합하도록 학습내용을 표상할 수 있도록 해 준다는 것이고, 다른 하나는 학습자와 학습내용 간에 상호작용이 가능하도록 해 주는 것이다.

4) 가상현실

요즘 영화를 보면 무슨 야구 헬멧 비슷한 것을 쓰고 현실이 아닌 세계에서 현실처럼 행동하고 있는 장면이 많다. 이것이 가상현실이다. 가상현실은 데이터 글로브, 헬멧, 조이스틱 등과 같은 주변기기를 통해 사용자의 움직임을 감지하도록 컴퓨터와 연결시켜 가상적인 실제상황을 제공해 주는 시스템(조은순, 1994)이다. 이를 통해 사용자는 입체영상을 즐기고 더 나아가 실제로 그 상황에 참여하는 것이 가능하게 된다. 가상현실은 교육에서보다 오락에서 더 현실화되고 있다. 미국 로스엔젤레스 인근 유니버설시에 위치한 유니버설 스튜디오, 일본 요코하마의 조이폴리스 등은 여가생활에서 가상현실을 체험하도록 해 주고 있다. 미국 사이버기어사는 가상현실을 이용해 실내에서 운동하면서도 야외에서 운동하는 것과 같은 효과를 주는 시스템을 만들었다.

우리나라도 일반영상을 입체영상으로 바꾸어 주는 PC용 3차원 가상현실 시스템이 개발되었다. PC용 카드와 특수안경으로 구성된 이 시스템은 기존 LCD 방식의 3차원 가상현실과는 달리 일반영상이나 특수하게 제작된 영상 등을 모두 입체영상으로 보여 줄 수 있어 호환성이 뛰어나다. 이 카드를 장착하고 안경을 쓰면 2차원 평면게임이 3차원으로 보인다. 함께 제공되는 특수안경에 이어폰 방식으로 사운드를 입력할 수 있는 기능이 보강되어 있다. 일본에서는 특수안경을 사용할 필요 없이 그대로 보는 것으로 입체영상을 재현할 수 있는 시스템이 개발되었다.

가상현실이 학습에서 중요한 의미를 가지는 것은 학습자로 하여금 실생활과 유사한 학습경험을 가능하게 해 준다는 것이다. 실제 경험이 과도한 경비를 요구한다거나 위험을 동반하는 경우에 가상현실은 적은 경비로 위험 없이 경험하도록 만들어 준다.

5) 통신매체의 발달

컴퓨터와 결합된 통신매체의 발달은 정보의 전달을 더 대량으로 그리고 신속하게 만들고 있다. 첫째, 정보전달에서의 대역폭(bandwidth)의 확장이다. 통신매체의 대역폭은 정보를 전달하는 용량의 척도이다. 일반적으로 대역폭이 넓을수록 더 많은 정보를 전송할 수 있다. 문자(text)는 단지 좁은 대역폭을 필요로 하나 소리(sound)는 문자 보다 훨씬 더 많은 대역폭을 요구하고, 그림, 동화상(moving pictures)은 더 큰 대역폭을 요구한다. 완전한 칼라 동화상(full motion color video)은 통상적 전화선의 1500배를 요구하고 있다. 그러나 영상처리 공학의 발달과 광섬유의 개발을 통하여 이러한 점은 해결될 것이다. 이러한 대역폭의 확대는 전달되는 정보량의 증대에만 영향을 주는 것이 아니었다. 정보의 전달방향에도 영향을 주었다. 이른바 단방향 통신을 양방향 통신으로 가능하게 하였다. 즉 정보제공자에서 수요자에게로만 전송되는 일방향적인 정보 제공에서 서로가 상호작용할 수 있는 양방향의 대화가 가능하게 되었다. 이러한 사실은 매체의 교육적 효과성을 제고하는 것은 물론 교육에의 활용을 촉진하게 되었다.

둘째, 대역폭의 확대와 함께 PC 통신, LAN, internet, ISDN, ADSL, 위성통신, 케이블 TV 등이 등장함으로써 양방향통신을 더욱 가능케 한다.

제 7 장

생활지도 및 상담

제 1 절 생활지도의 개념과 목표

1. 생활지도의 개념

생활지도란 영어의 'guidance'라는 말을 우리말로 옮긴 것인데 그 말은 '이끈다', '안내하다'라는 동사의 'guide'로부터 온 것이다. 따라서 생활지도라는 말 속에는 여행자가 안내자의 이끌림에 따라 그의 여행을 진행하여 나가듯이 학생이 교사의 안내에 따라 그가 겪고 있는 생활상의 모든 과제를 적절히 수행해낸다는 뜻이 담겨져 있다. 그런데 'guidance'라는 말은 미국 Boston시의 직업국장이던 파슨(Frank Parson, 1911)이 'Vocational guidance'란 말을 쓴 데서 기인했는데 오늘날의 학교 현장에서 직업지도 뿐만이 아니라 교육지도(educational guidance), 성격 발달지도(personal developmental guidance),

사회성 발달지도(social developmental guidance), 건강지도(health guidance), 여가지도(leisure-time guidance), 가정지도(family guidance), 도덕적 · 종교적 지도(moral-religious guidance) 등 학생들의 생활 전반에 걸친 생활지도에 포함시키고 있다. 이는 생활지도를 통해 아동, 학생 개개인의 전인적인 발달을 돕고 그들의 적응과 성격상의 문제를 지도해 주자는 데 생활지도의 의의가 있음을 말하여 준다. 즉, 생활지도란 아동, 학생들이 학교 내외의 생활에 있어서 어떤 문제나 위기 상태에 대면하게 되었을 때 야기되는 부적응의 문제를 자기 스스로 해결해 나갈 수 있도록 도와 주는 과정(helping process)을 뜻한다고 하겠다.

2. 생활지도의 목표

생활지도가 피교육자의 자율적 성장을 돕는 과정이며 봉사로써의 의미를 가지는 제 활동이기 때문에 그 활동의 목표는 직접 학생과 관계하고 학생의 행동에 직결하는 직접적인 목표와, 교사를 돕고 학교의 계획에 영향을 줌으로써 그 결과 나타나는 보다 훌륭한 지도를 통한 학생의 성장을 도모하는 입장에서의 간접적인 목표를 다음과 같이 나누어 살펴볼 수 있다(이영덕 · 정원식, 1979, 31～33).

1) 직접적인 목표

생활지도의 직접적인 목표는 학생 개개인에 직결된 생활지도의 목표를 말하는데, 그 구체적 목표로는 다음과 같은 항목이 있다.

첫째, 학생 개개인이 자기 자신을 정확히 이해하도록 돕는다.

둘째, 학생 개개인이 가능한 한 자신의 노력으로 자기가 지닌 능력과 소질을 발견하여 이를 최대한으로 발달시키도록 돕는다.

셋째, 자신의 문제는 자력으로 해결할 수 있도록 돕는다.

넷째, 환경 속에서 현명한 선택과 적응을 할 수 있도록 돕는다.

다섯째, 보다 건전하고 성숙된 적응을 할 수 있는 계속적인 기초를 닦을 수 있도록 돕는다.

여섯째, 개인의 신체적, 지적, 정서적, 사회적 모든 면을 포함하여 조화되고 통합된 인생을 즐길 수 있도록 한다.

일곱째, 자기가 속한 사회를 위해서 독특하게 공헌할 수 있도록 돕는다.

2) 간접적인 목표

생활지도의 간접적인 목표는 교사나 상담자로 하여금 생활지도 활동을 원활하게 수립할 수 있도록 함으로써 생활지도의 직접적인 목표를 달성하는데 도움을 주는 것을 말한다. 이를 열거하여 보면 다음과 같다.

첫째, 각 교사나 상담자로 하여금 학생을 보다 정확하게 이해할 수 있도록 돕는다.

둘째, 여러 가지 형태의 현직 연수 활동을 통하여 교사에게 필요한 생활지도의 태도와 가능을 가지도록 돕는다.

셋째, 생활지도 프로그램은 교육계획의 수립이나 지도에 있어서 교육행정가나 교사의 상의에 응하고 필요에 따라서는 학급교사의 능력을 벗어나는 특정한 지도의 문제를 위임받는 전문적 봉사를 한다.

제 2 절 생활지도의 영역

생활지도란 학생의 제 문제를 스스로 해결할 수 있도록 돕는 것이다. 여기에서 제 문제는 생활지도의 영역이 될 것이며, 그 영역은 인간의 문제가 복잡 다양하기 때문에 한정해서 말하기는 어렵다 할 것이다. 가장 일반적으로 분류하는 생활지도 영역은 다음과 같다.

1. 직업지도(vocational guidance)

직업지도는 개인으로 하여금 장래 직업의 선정, 준비, 도입을 지도하는 과정을 말한다. 개인의 직업 선정은 각 개인이 전 생애를 통하여 해야 하는 결정 중에서 가장 중요한 결정의 하나가 되는 것이다. 이러한 결정에 도움을 주기 위하여 학생에게 직업에 관한 정보를 제공하며 적성에 관한 검사를 실시하고, 각종 직업에 대한 탐색적 경험을 주도록 지도한다. 또한 직업적성의 발견과 준비교육, 취직알선, 진로지도 등도 이에 속한다(민영순, 1982, 387).

직업지도를 위하여 다음과 같은 일을 해야 된다.

① 직업선택의 조건 : 직업에는 각 개인의 건강조건, 지능조건, 직업적성, 직업적 흥미, 그리고 자기의 성격 등을 고려해야 한다.

② 직업정보 : 직업의 종류와 내용, 직업의 소속과 산업, 직업의 동향, 직업의 사회적 의의, 그 직종에서 요구되는 조건, 고용방법과 자격기준 등을 알고 있어야 된다.

③ 직업적 훈련과 경험 : 어려서부터 부모의 직업이나 지역사회의 직장의 견학이나 현장학습 등을 통하여 직업에 대한 지식, 기능, 태도를 발달시키고 자기 이해를 증진시킬 수 있어야 한다.

④ 직업상담 : 여러 가지 직업정보와 지식을 갖춘 교사가 집단지도나 개인상담을 통하여 직업지도를 할 수 있어야 한다.

2. 성격 발달지도(personal guidance)

성격 발달지도는 개인의 성장과 발달을 지적인 면의 발달로만 보지 않고 정의적인 면까지도 포함하는 전인적인 발달로 보고 지도하는 것이다. 이와 같이 성격 발달지도에 있어서는 지식의 획득만을 목적으로 하는 것이 아니고 개인이 원만한 성격으로 발달하도록 지도하는 것이 주목적이므로 개인적인 잠재능력의 개발, 개인적인 습관과 태도, 생활의 목표와 계획, 개인적인 적응 문제에 관한 지도를 포함한다.

3. 사회성 발달지도(social development guidance)

사회성 발달지도는 각 개인 혹은 학생의 교양, 도덕적 윤리관, 인간 존중의 습관형성, 의사전달의 합리적인 방법, 관용과 이해의 선택, 이성과의 교제, 집단에서의 대인관계 등 원만한 인간관계를 유지하며 협동과 봉사의 정신으로 생활할 수 있도록 사회성 개발의 지도로 교사들의 교과지도 못지않게 매우 중요한 생활지도 영역이다.

4. 건강지도(health guidance)

건강지도는 개인으로 하여금 자신의 건강을 유지하도록 함을 목적으로 한다. 건강에 관련된 지도의 욕구가 충족되지 못했을 경우에는 신체의 발달은 물론 학습이나 작업의 능률을 저하시키고 성격 특히 정서적, 사회적 관계에 있어서 부적응을 가져오기가 쉬우므로 중요한 지도문제 중의 하나가 된다.

5. 여가지도(leisure-time guidance)

여가지도는 학생들의 여가 시간에 있어서 취미 오락활동, 감상활동, 창작활동, 봉사활동 등을 통하여 개인의 교양을 향상시킬 뿐만 아니라 보다 나은 인생을 즐길 수 있도록 지도하는 것이다.

6. 가정지도(family guidance)

오늘날의 가정교육은 그 교육적 기능이 약화되어 학교에서 가정의 교육 역할을 대신하는 지도가 필요하게 되었다.

따라서 가정 기능의 일부를 교사가 맡아 해야 하고 교사는 가정의 부모와 유기적인 밀접한 관계를 가지고 협조하여 학생을 지도해야 한다.

7. 도덕적 · 종교적 지도(moral-religious guidance)

도덕, 종교의 지도는 인간의 논리적 도덕성을 이해시키고, 심령적 문제인 종교적 문제를 지도하는 영역이다.

현대가 겪고 있는 갈등과 위기의식을 극복해 낼 수 있는 도덕성과 신앙심을 가능한대로 교사는 학생에게 심어주어야 한다.

8. 교육지도 (educational guidance)

교육지도는 학과의 선택과 학교 선택을 지도하는 것과 학교생활에 효과적으로 적응시키기 위한 일체의 지도를 포함하고 있다. 또한 교육지도는 학업지도를 포함하는 바 학생들의 개성을 충분히 고려하여 그들이 가장 현명하게 학업 계획을 세워 효과적으로 성공할 수 있도록 도와 주는 과정이다.

교육지도에는 '오리엔테이션', '학습지도', '진학지도', '진로지도' 등이 포함된다.

제 3 절 상담활동

1. 상담의 의의

상담이란 W. U. Snyder(1947 : 297)에 의하면 라틴어의 consulere에서 유래된 것으로 '고려하다(to consider)', '반성하다(to reflect)', '깊이 생각하다(to deliberate)', '조언을 받거나 구하다(to take or to ask counsel)' 등의 의미를 가진 것이라 한다. 상담이라는 말은 원래 법률이나 경제, 또는 종교 등의 분야에서 주로 사용되었는데 1939년 Williamson이 그의 저서「How to Counseling Student ? 」에서 상담이란 용어를 학교교육과 관련지어 사용함으로써 교육계에 널리 쓰이게 되었으며, 1950년대 이후 임상심리학의 한 분야로 취급되어 왔던 상담심리학이 독자적인 영역으로 분리됨으로써 상담이 새로운 전문분야로 등장하게 되었다.

상담에 대한 여러 학자의 정의를 토대로 상담에 대한 정의를 내리면 다음과 같다.

"상담은 도움이 필요한 사람이 전문적인 훈련을 받은 사람과의 만남, 심리적 관계에서 통찰을 경험하고 생각, 감정, 행동 측면의 통합적 성장을 위하여 스스로 노력하는 과정이다"(장선철, 2003).

이 정의가 내포하고 있는 상담의 기본적인 성격은 다음과 같다.

첫째, 상담은 도움을 필요로 하는 내담자와 도움을 주는 상담자와의 만남이다.

둘째, 상담은 내담자의 문제와 필요에서 시작되고 진행되며, 내담자가 스스로 노력하는 과정이다.

셋째, 상담은 전문적인 교육과 훈련을 받은 상담자가 내담자에게 제공하는 전문적인 활동이다.

넷째, 상담에의 관계는 심리적 관계이다. 즉, 상담에서 내담자와 상담자와의 관계는 상호 깊은 신뢰가 바탕이 된 관계이며 그런 관계가 상담이 원만하게 진행되어 나가는 기저가 된다.

다섯째, 상담 진행 중에 내담자는 통찰(insight)을 경험하고 자기 문제에 대한 본질을 발견한다.

여섯째, 상담은 변화, 인간적 성장 과정이다. 상담이 진행되면서 내담자는 상담 전에 가졌던 생각, 느낌, 행동에 변화가 일어나고, 생활 과정상의 여러 문제가 구체적으로 해결되며, 인간적 성장이 이루어지고 있음을 경험한다.

일곱째, 상담은 한두 번의 만남으로 종료되는 것이 아니라 지속적인 만남의 과정을 통해 진행되는 하나의 과정이다.

2. 상담의 진행과정

상담이란 상담자와 내담자의 만남에서부터 시작하여 여러 번의 면접을 통해 종료되는 하나의 과정이다.

상담이 진행되는 과정에 대하여 학자들마다 견해가 다르다. 1, 2 회로 끝이 나는 단기 상담이든 20회 이상의 장기 상담이든 그 과정은 몇 단계로 구분되어 살펴볼 수가 있다. 이장호(1982, 129~135)는 단계적으로 상담의 과정을 나누어 생각하는 것이 상담의 이해에 도움을 주며 효과적으로 상담을 진행시키는 지침이 된다면서, 촉진적 관계의 형성 · 목표 설정 · 내담자의 자각 및 합리적 사고의 촉진 · 행동의 계획 · 상담 결과의 평가 등 상담의 과정을 다음과 같이 7단계로 제시하면서 하나의 모형을 제시하고 있다.

1) 문제의 제시 및 상담의 필요성에 대한 인식

먼저 내담자에게 자신의 걱정거리 · 문제 · 찾아온 이유를 말하도록 한다.

내담자들은 문제에 대한 책임감을 회피하고 남을 비난하거나 자신이 운명의 피해자란 느낌에서, 전문적인 상담의 필요성을 절실히 느끼지 못하는 경우가 있다. 그러므로 문제의 배경 및 관계 요인을 토의한 후, 내담자가 상담 과정에 적극적으로 참여하도록 해야 한다. 진행 전략은 내담자의 진술에 주의하면서, 그의 비언어적인 행동을 관찰하고 문제 자체가 무엇인지 파악하도록 한다. 아울러 상담에 대한 내담자의 기대와 느낌을 명료화할 필요가 있다.

2) 촉진적 관계의 형성

이 단계에서는 솔직하고 신뢰로운 관계를 형성하는 것이다. 내담자가 상담자에게서 느끼는 전문적 숙련성 · 매력 · 신뢰성 등은 상담효과에 대한 긍정적 기대를 갖게 하는 요인이다. 상담의 촉진적 관계를 형성하는 데에는 상담자의 공감적 이해 · 성실한 자세 · 내담자에 대한 수용적 존중 및 적극적인 경청 등이 필요하다.

3) 목표 설정과 구조화

이 단계에서는 상담 과정의 방향과 골격을 분명히 한다. 내담자들은 흔히 상담자가 자신의 문제를 직접 해결해 주기를 바라거나, 문제에 대한 해답 및 행동 방향을 제시해 줄 것을 기대한다. 따라서 내담자가 상담에 대한 확실한 인식을 함으로써, 상담의 다음 진행과정에 대한 두려움이나 궁금증을 줄일 수 있게 된다.

구조화는 상담의 효과를 최대한도로 높이기 위해 상담의 기본적인 성격 · 상담자 및 내담자의 역할 한계 · 바람직한 태도 등을 설명하고 인식시켜 주는 작업이다. 다시 말해서 하나의 '내담자 교육'이다. 구조화에 포함되는 사람은 ① 상담의 성질, ② 상담자의 역할과 책임, ③ 내담자의 역할과 책임, ④ 상담의 목표 등이다. 아울러 시간과 공간적인 제한 사항도 덧붙인다.

4) 문제해결의 노력

이 단계에서는 우선 혼란이 심한 내담자의 감정 표현을 촉진하고, 제시된 문제를 다시 구체적으로 정의한다. 특히 문제의 성질을 명확히 하고 어떤 방법과 절차를 이용할 것인가를 먼저 결정해야 한다. 이 과정은 내담자의 문제의 성질이나 상담에 대한 요구 및 상담자의 이론적 입장에 따라서 달라지게 마련이다.

문제해결의 노력은 일반적으로 다음과 같은 과정을 거치게 된다.

① 문제에 대하여 명확히 정의한다.

② 문제해결을 위한 방향과 가능한 방안을 결정한다.

③ 관련된 정보를 수집한다.

④ 수집된 자료를 바탕으로 대처 행동을 의논한다.

⑤ 검사와 심리진단 자료 등을 참고로 바람직한 행동 절차 및 의사소통의 실제 계획을 수립한다.

⑥ 계획된 것을 실제 생활에서 실천해 본다.

⑦ 실천 결과를 평가하고 행동계획을 수정·보완한다.

이 과정에서 현재의 '문제 행동'과 바람직한 '목표행동'에 대한 내담자의 자각과 문제해결 과정에서의 실제 노력을 촉진하는 것이 필요하다. 이를 위해 문제 및 상담 목표에 관련된 내담자의 감정 및 생각을 탐색·정리하는 것이 바람직하다. 내담자의 관심사, 문제의 형성 배경·충격적인 경험·방어기제와 습관적 행동·상담효과 등에 관련된 느낌 등이 주로 탐색·정리의 대상이 된다. 이런 것들을 탐색·정리하지 않으면, 내담자의 긴장·불안 때문에 문제해결 과정이 기계적이 되고 충분한 효과를 거두기 힘들다. 그리고 이 탐색 과정에서 정신 병리적 요인 또는 기질적 장애로 상담만으로는 부적합한 사례를 발견하거나, 필요한 부수적 조치를 취할 수 있게 된다.

5) 자각과 합리적 사고의 촉진

자각은 자신과 생활 과정에서의 주요 경험 및 사건들을 이전보다 분명히 그리고 통정된 시야에서 재인식하는 것이다.

내담자가 상담의 목표에 도달하기 위해 필요한 자기 이해와 합리적 생각을 갖출 때까지 상담에 적극적으로 참여하도록 한다. 이 단계에서 고려할 것은 내담자들이 자기 탐색 및 사고방식의 변화 요구에 대한 심리적 부담 때문에 상담을 도중에 그만두려고 하거나 직접·간접의 '저항'이 생길 수 있다는 것이다. 이러한 심리적 부담과 저항은 상담의 목표 행동에 대한 상담자·내담자 간의 개념 차이, 목표 행동을 위한 수행 기술의 부족, 또는 상담자·내담자 두 사람의 의사소통 문제의 차원에서 탐색·조정되어야 한다.

6) 실천 행동의 계획

자각과 합리적 사고의 달성만으로써 상담이 끝나는 것이 아니다. 상담 중에는 앞으로 모든 문제가 잘 해결될 것 같지만 실제 생활에 부딪쳤을 때는 당황하는 경우가 많다. 내담자의 새로운 견해나 인식이 실생활에서 실현되도록 내담자의 의사결정이나 행동계획을 도울 필요가 있다. 이 단계에서 이루어져야 할 목표는 내담자의 구체적인 행동절차를 협의하고 세부적인 행동 계획을 작성하는 것이다. 예를 들면, 앞으로의 갈등적 상황에 어떻게 대처할지를 구체적으로 의논한 후 바람직한 판단기준을 확인하여 실제 행동 과정을 계획하도록 하는 것이 된다.

7) 실천 결과의 평가와 종결

종결은 주로 내담자와 상담자의 합의에 의하여 이루어진다. 내담자가 종결을 희망하더라도 아직 불충분하다는 판단이 들 경우에는 '잘 대처해 나가는지

서로 확인해 보기 위해' 상담을 당분간 계속하도록 권유하는 것이 바람직하다. 또한 내담자로서는 상담을 종결한 후 "다시 문제가 발생하지 않을까", "혼자서 해결할 수 있을지"에 대해 불안해하는 경우가 있다. 상담의 종결이 자기를 배척하는 것으로 생각하는 내담자도 있다. 상담자는 내담자가 이러한 문제에 갑자기 직면하지 않도록 서서히 종결을 시킨다. 즉 종결 무렵에는 2주일이나 3주일의 간격을 두어 만나는 것이 바람직하다.

종결에 앞서 그 동안 성취한 것들을 상담목표에 비추어 평가하거나 목표에 도달하지 못한 이유를 토의해야 한다. 종결에 즈음하여 상담의 전체과정을 상담자가 요약할 수도 있고 내담자가 요약하게 할 수도 있다. 아울러 문제가 생기면 다시 찾아올 수 있다는 추수(追隨)상담의 가능성을 제시한다. 상담결과가 만족하지 못한 경우에는 상담과 상담자의 한계에 대해서 명백히 밝히고 필요하면 다른 기관이나 상담자에게 의뢰하는 것이 바람직하다.

3. 상담자의 역할과 자질

상담의 과정에 있어 상담자의 역할이 중요하다는 것은 재론의 여지가 없다. 성공적인 상담의 수행을 위해서는 상담자에게는 여러 면에서의 특수한 자질이 요구된다.

1) 상담자의 역할

상담자의 역할을 다음과 같이 요약할 수 있다(C. G. Wrenn, 1962, 145).

① 상담자는 성장해가는 내담자의 자기이해와 자기 수용을 도와 주어야 한다.

② 상담자는 내담자의 자기 이해에 영향을 주는 제반 문화적 변화에 예민한 변화를 보여야 한다. 상담자는 내담자가 자기 성취감을 얻을 수 있고 자기

의 생산성을 발휘할 수 있는 교육적 · 직업적인 선택을 현명하게 하도록 도와 주어야 한다.

③ 상담자는 내담자가 현재의 자기(real self)와 장차 그렇게 되기를 바라는 자기(ideal self)에 대한 지각을 명료화시켜 줌으로써 교육적 · 직업적인 선택을 현명하게 하도록 도와 주어야 한다.

④ 상담자는 내담자에게 집단 학습의 경험을 제공함으로써 타인의 반응 속에 비친 내담자 자신을 볼 수 있는 기회를 마련해 주어야 한다.

⑤ 상담자는 내담자가 결점에 대한 책임을 지게 함으로써 성숙해질 수 있도록 자기 책임감을 높여 주어야 한다.

⑥ 상담자는 내담자의 잠재된 능력의 다양성을 수용하고 고무시켜 주어야 한다.

2) 상담자의 자질

로저스(C. R. Rogers, 1942, 67~69)는 상담자의 기본적인 자질로서 '인간관계에 대한 민감성', '객관적인 태도와 정서적으로 격리된 태도', '자기 자신을 이해하며, 자기 자신의 정서적인 제한점과 결점을 아는 능력', '개인에 대한 무조건적인 존중과 있는 그대로를 받아들일 줄 아는 노력 및 의욕', '인간행동의 이해' 등 5가지로 들고 있으며 N.V.G.A.(National Vocational Guidance Association, 1949)에서는 상담자의 자질로서 '인내력', '인간에 대한 깊은 관심', '정서적 안정성과 객관성', '타인의 태도와 반응에 대한 민감성', '타인으로부터 신뢰받을 수 있는 능력', '사실(fact)의 존중' 등 6가지를 들고 있다.

정원식과 박성수(1978, 36~41)는 상담자의 자질로서 인간적인 자질과 전문적인 자질로 구분하여 다음과 같이 제시하고 있다.

(1) 인간적인 자질

인간적인 자질은 자아의식(自我意識), 원숙한 적응상태, 인간문제에 대한 관심, 감정의 통제, 모델로서의 상담자를 들 수 있다.

(2) 전문적인 자질

전문적인 자질은 인성의 조직과 발달에 대한 지식, 사회환경에 대한 지식, 개인의 평가에 대한 지식, 카운슬링의 이론과 실제에 대한 지식, 카운슬링 실습, 연구방법과 통계적 기술에 관한 지식, 카운슬링이 적용되는 분야에 대한 이해를 들 수 있다.

이와 같이 제시된 여러 이론을 놓고 볼 때 상담자에게는 다음과 같은 역할과 자질이 요구됨을 알 수가 있다.

① 인간의 성장·발달 가능성에 대한 확고한 신념은 물론 인간애(人間愛), 즉 인간에 대한 깊은 관심을 가지고 있어야 한다.

② 상담자는 자기 자신에 대한 객관적인 이해를 하고 있어야 하며 긍정적인 자아개념을 가지고 있어야 한다.

③ 진취적이며 의욕적이고 능동적인 상태에서 살아가려는 태도, 즉 자발성(spontaneity) 또는 순수성을 지녀야 한다.

④ 내담자의 감정을 명료화(clarification)시켜 줄 수 있는 상담의 기술을 가져야 한다.

⑤ 자유로운 개발성(openness), 관대한 이해성(understanding)과 수용성(acceptance)을 지녀야 한다.

⑥ 상담에 사용되는 심리학적 도구나 기술에 숙달되어 있어야 한다.

⑦ 상담자는 자기에 대한 정체의식을 확립하여 심리적으로 성숙하고 자신이 하고 있는 일에 대한 확신이 있는 방향의식이 정립되어 있어야 한다.

⑧ 변화하는 사회와 세계문화에 뒤지지 않고 앞을 내다볼 줄 아는 능력을 지녀야 한다.

⑨ 상담자는 상담이론은 물론 상담과 관련된 넓은 영역에 걸친 학문적 지식을 구비하고 있어야 한다.

4. 상담이론

1) 의사결정적 상담

흔히 지시적 상담 또는 이성적 접근이라고도 하며, 윌리암슨(E. G. Williamson)에 의해 주도되었다. 이 이론은 직업상담에서 비롯된 것으로 내담자에게 합리적 정보를 제공함으로써 장래의 계획을 세우는 데 현명한 의사결정을 내리도록 돕는 것에 초점을 두었던 전통에 연유한다. 학교 현장에서 전통적으로 많이 사용되어 온 접근법이다. 상담자가 학생들의 직업진로문제, 진학문제, 학업문제, 가정관계문제, 인간관계문제 등에 관해 주도적으로 합리적 정보를 제공함으로써 학생들이 현명한 결정을 내리도록 하는 것이다. 지시적 상담이론은 상담자는 목표를 정하고 자료의 의미를 판단하고 계획하는 능력이 있는 능동적 존재, 전문가적 존재로 보는 반면 내담자는 남의 도움을 필요로 하는 존재로 인식하는 데서 출발한다. 따라서 상담자가 타협을 강요하기도 하고, 환경을 바꾸기도 하며, 필요한 기술은 습득·훈련하도록 조력하기도, 내담자의 태도를 변화하도록 종용하기도 한다.

2) 정신분석적 상담

이 접근은 정신분석학이 토대로 하고 있는 인간결정론과 무의식이라는 두 가지 개념을 기본 가정으로 하고 있다.

인간의 행동은 어렸을 때의 경험에 의해 좌우되며, 인간의 마음의 대부분은 의식할 수 없는 무의식 속에 들어 있다고 본다. 어렸을 때 형성된 무의식적 갈등은 자유연상이나 꿈의 해석 등을 통해 의식화시킴으로써, 내담자로 하여금 자기 자신에 대한 정확한 통찰과 통정을 할 수 있도록 하는 과정이 정신분석적 상담이다.

따라서 정신분석적 상담의 목표는 무의식적 갈등을 의식화시켜서 개인의 성격구조를 재구성하려는 데 있다. 개인은 의식되지는 않으나 마음 속에 잠재해 있는 갈등이 해소되지 않으면 그것이 심리적 긴장상태로 남아 심하면 여러 가지 증상으로 나타난다고 본다. 이 무의식적 갈등 및 불안정의 배경을 언어 표현을 통해 자각시키면 긴장 때문에 묶여 있던 에너지가 그만큼 자아기능에 활용됨으로써 개인의 의식 및 행동과정이 원활하게 된다. 그런데 정신분석적 상담은 무의식적 내면세계의 의식화 작업이며, 상담의 목적은 적극적이고 해결적인 자아기능을 강화하려는 데 있다.

3) 인간중심 상담

인간중심 상담이론은 로저스(C. R. Rogers)에 의해 주장된 것이며 '내담자중심 상담'이라고도 한다. 이 이론은 기본적으로 인간에게는 스스로 자신의 길을 발견하고 성장해 나갈 수 있는 잠재가능성, 잠재능력이 있다는 철학에 기초하고 있다. 인간중심 상담에서는 상담자의 역할은 내담자가 자신의 문제를 해결할 수 있는 능력이 자신에게 있다는 것을 스스로 되찾고 인간적인 성숙을 기할 수 있도록 조력하는 것이다.

로저스는 인간이 사회적이고 미래지향적이며, 자아실현의 의지와 가능성을 갖고 있고 또한 선한 본성을 갖고 태어난다고 보았다. 인간은 본래 부적응 상태를 극복하고 정신적 건강상태를 되찾을 수 있는 능력이 있다고 믿는 인간중심 상담에서는 상담자가 내담자에게 진행의 책임을 맡기고 그가 스스로 문제를 해결하도록 격려할 뿐이다. 상담자는 최선의 해결책을 다 알고 있는 권위적 존재로 대하지 않는다.

상담자는 상호 신뢰하는 진실된 분위기를 조성함으로써 내담자가 자기를 진실되게 공개하고 자신의 내면세계(감정, 욕망, 갈등, 가치판단 등)를 이해하고, 그럼으로써 자신의 문제를 이해하도록 돕는다. 이러한 상담관계 속에서 내담자는 자신의 환경에 대한 왜곡된 시각을 수정하고, 현실적 경험과 자아 개념 사이에 조화와 통정을 이루며, 궁극적으로는 능력과 개성을 최대한 발휘하는 자아실현을 촉진하려는 것이 상담의 목표이다.

4) 행동수정 상담

행동수정(behavior modification)은 실험적 연구에서 밝혀진 학습원리를 상담이나 치료에 응용한 것이다. 행동주의자들은 인간의 행동이 자연현상과 마찬가지로 일정한 법칙성을 지니고 있다고 가정하고, 이러한 행동을 지배하는 법칙을 밝혀내면 인간의 행동도 예측, 통제, 수정, 변화시킬 수 있다고 본다. 이러한 전제 아래 행동주의 이론을 원용하는 상담에서는 학습원리를 통해 인간의 행동을 파악하려고 한다. 행동수정은 객관적으로 관찰할 수 있고 측정 가능한 행동을 상담대상으로 삼기 때문에 상담의 효과, 진전 상태 등을 객관적으로 평가할 수 있다는 것이 특징이다. 초기의 행동수정 상담은 엄격한 결정론적 입장에서 조건형성의 원리를 이용하여 문제행동 및 반응(행동) 수정을 주로 다루었다. 그러나 현재는 스키너의 조작적 조건 형성을 토대로 한 강화이론을 더 중요한 원리로 채택하고 있다. 이와 같은 원리에 토대하여 학습된 구체적 부적응 행동을 소거시키고 보다 효과적이고 바람직한 행동을 새롭게 학습시키는 것이 행동수정 상담의 목표이다. 이와 같은 의미에서 행동수정 상담은 증상을 치료하려는 상담이라고 말할 수 있다.

5) 인지적 상담

인지적 상담이론과 방법은 1970년 후반부터 급격히 발전을 이룬 접근이다. 과거의 상담이론이 각각 무의식, 행동, 환경에 초점을 둔 것에 반하여 인지적 상담은 내담자(인간)의 사고과정을 수정·변화시킴으로써 정서적 장애 및 행동적 장애를 극복하게 하려는 상담이라고 할 수 있다. 인지적 상담에도 여러 가지 방법이 있지만 공통된 것은 "정서장애는 주로 비적응적인 사고과정의 결과이며, 상담 및 치료의 주요 과제는 이 잘못된 사고과정 또는 인지과정을 재구성하도록 하는 것"이라는 가정을 기본으로 하고 있다.

따라서 이 접근에서는 정서장애를 유발하는 것은 생활사건 자체가 아니라 사건에 대한 왜곡된 인지, 지각 때문이라고 보고 이 잘못된 인지 및 지각을 바로 잡는데 상담의 목적을 둔다. 패배적인 관념을 긍정적인 관념으로, 비합리적인 관념과 생각을 합리적으로 생산적인 것으로 대치하려는 것이다. 이 이론은 정신분석 상담이나 행동수정 상담, 인간중심 상담보다 포괄적이면서도 구체적인 심리학적 설명 개념을 토대로 하고 있다는 것이 특징이다.

위에 제시한 5가지 상담이론은 제각기 무엇을 더 강조하느냐에 따라 체계화된 것이다. 의사결정 상담이 이성적인 면을 강조한다면 인간중심 상담은 감정적인 면을 강조하고 있고, 정신분석적 상담이 통찰적인 면을 강조한다면 행동수정 상담은 구체적 행동을 강조하고 있고 인지적 상담이 인간의 의식과 사고과정을 강조하고 있다고 볼 수 있다.

6) 진로상담

(1) 진로상담의 정의

진로교육의 실천을 위한 학교에서의 진로상담은 학생들의 바람직한 진로발달(career development)을 위해 각 교과활동을 통한 진로교육과 함께 중요한 활동의 하나이다. 학생들이 당면한 진학(중 · 고 · 대학)과 직업선택에 관련하여 다양한 진로정보의 제공, 진로계획, 그리고 의사결정을 돕는 활동이다. 그러나 교육지도로서 행하여지고 있는 학교상담의 영역에서 진로 또는 직업상담이라 하여 다른 일반상담과 크게 다를 뿐만 아니라 진학 · 직업(취업) · 여가 · 인생문제 등의 측면을 정서문제와 관련하여 보다 구체적으로 다룬다는 점에서 다르게 평가될 수 있다.

진로상담은 개인으로 하여금 자기 자신에 대해 좀더 정확한 이해를 할 수 있게 하고, 일의 세계(world of work)를 포함한 환경에 대해 명백하고 체계적인 이해를 할 수 있게 하여 이러한 이해를 통합하고 내담자의 문제를 해결하며, 진로에 관한 계획과 선택을 조직한다.

진로상담은 Crites에 의하면 "의미 있고 생산적인 일을 통하여 개인이 현실과 접하고 이를 유지해 나가는 데 있어서 개인에게 가장 적합한 심리적 방법의 하나를 구성해 줄 뿐만 아니라, 중요한 사회적 변화를 가능하게 하는 경제적 수단을 제공한다"(Fitzgerald and Crites, 1980 ; 김충기, 2000).

(2) 진로상담의 필요성

진로상담의 필요는 다음과 같은 요인에 근거한다.

① 현명한 진학 및 직업선택 과정을 통하여 복잡 다양한 현대사회 속에서 급변하는 직업세계에 만족하고 잘 적응하며 행복한 삶을 누리기 위해서는 사전에 계획적인 진로 준비작업이 요구된다.

② 자유민주주의 사회에서 요구하는 개인의 존엄성 내지는 개성과 개인차를 존중하는 사회풍토 속에서 일생일대의 중요한 직업을 선택하기 위해서는, 개인의 적성과 흥미, 능력과 성격, 신체적 조건, 개인의 가치관에 알맞은 진학・직업을 선택하기 위해 합리적인 진로계획 수립에 필요한 탐색과정을 통하여 자아개념을 확립하고 자아실현을 위한 도구로서 확고한 직업가치관을 형성하는데 적절한 진로상담이 필요하다.

③ 직업세계에서 적재적소에 알맞은 유능한 인력을 육성하기 위해서는 개인의 분수에 알맞은 진로선택에 이르도록 적절한 진로상담이 요청된다.

④ 학교교육의 정상화와 전인교육을 실천하기 위하여 자율적이고 자발적인 참여로 자기 이해와 자기탐색, 직업세계의 이해와 탐색, 잠정적인 진로계획 수립과정을 통하여 합리적인 자기결정에 이르도록 도와 전인교육에 이르는 정상적인 학교교육이 이뤄질 수 있다.

⑤ 인간의 발달단계에 맞추어 직업발달도 이루어짐을 인식하고 발달단계에

알맞은 상담이 이루어지도록 제도적이고 행정·재정적인 지원과 협조가 이루어져야 한다. 진로정보센터를 각 학교에 설치하여, 학생들이 충분한 각종 정보자료에 익숙하도록 하면 민주 사회가 요구하는 자율적인 선택과 자기실현의 정신을 높일 수 있다.

⑥ 합리적인 진로의식의 함양과 진로계획, 선택의 중요성을 인식하고 자기의 포부와 능력여건, 개인을 둘러싸고 있는 환경과의 관계를 충분히 이해하도록 한다. 미래의 생활 준비에 만전을 기하는 데 필수적인 진로에 관한 조직적인 상담을 전개함으로써 보다 나은 미래를 성공시키는데 크게 기여할 수 있다.

⑦ 나는 누구이며 나는 장차 어떤 분야에 어떤 역할을 수행할 수 있는가를 알아보고, 나의 존재가 과연 장래에 어떤 분야에서 합리적인 공헌을 할 수 있는가에 대한 경험을 축적하고, 그 경험을 토대로 어떤 인간으로 삶을 구가할 수 있는가에 대한 실질적인 상담이 요구된다.

⑧ 진로계획의 의미, 필요성, 목표, 진로교육의 내용, 진로정보 활동, 진로계획과 진로결정 요인 등 학교에서 진로교육 활동이 원활히 이루어졌는가를 확인하는 차원에서 상담자와 내담자간의 관계형성을 토대로 실질적인 효과와 미래의 직업선택을 예언하는 데 크게 기여할 수 있다.

(3) 진로상담의 목표

진로상담의 목적은 자신의 진로를 객관적이고 합리적인 경로를 통하여 정확하게 인식하도록 도와 주는 데 있다. 다시 말하면 진로상담의 목적은 진로상담과 지도를 통하여 개인이 자신을 정확히 이해하고 주위 여건을 충분히 고려하여 자신에게 적합한 진로를 계획하고 선택하여 이를 개척해 나감으로써 자기 자신 및 사회의 역군으로서 공헌할 수 있는 기틀을 마련해 주는 데 있다. 크룸볼츠(Krumboltz)는 진로상담의 목표를 내담자가 끊임없이 변화하는 직업세계 속에서 만족스러운 생활을 창조하기 위해 기술, 흥미, 신념, 가치, 일, 습관, 개인적 자질을 학습하는 것을 촉진하는 것에 두고 있다(상담교육연구회, 1996).

이장호는 진로상담의 목표를 다음의 다섯 가지를 들고 있다.

첫째, 진로상담은 내담자가 이미 결정한 직업적인 선택과 계획을 확인하는 과정이다.

둘째, 진로상담은 개인의 직업목표를 명백히 해 주는 과정이다.

셋째, 진로상담은 내담자로 하여금 자아와 직업세계에 대한 이해와 새로운 사실을 발견하도록 도와 준다.

넷째, 진로상담은 내담자에게 의사결정 능력을 길러 주는 것이다.

다섯째, 진로상담은 직업선택과 직업생활에서의 능동적인 태도의 함양에 있다. 진로를 선택할 때에 우리는 흔히 외부조건에 큰 비중을 둔다(이장호, 1990).

(4) 진로상담과 지도의 실제

진로상담 및 지도의 방법에는 개별면담, 컴퓨터를 이용한 프로그램, 소집단 상담 혹은 지도 프로그램, 학급 단위 정도의 프로그램, 유인물에 의한 정보제공 및 교육프로그램, 현장견학, 현장 임시취업(인턴십) 등이 있으므로 상황과 목적에 따라 가장 효과적인 방법을 취사선택해야 한다.

[1] 개별면담

진로상담은 생각과 동기를 명료화하기, 대안들의 탐색, 대안들에 대한 객관적인 평가, 합리적인 의사결정 등을 중요시하는 상담이다.

[2] 컴퓨터를 활용한 진로상담

컴퓨터를 활용한 진로상담을 이미 시작하고 있는 미국에는 크게 두 가지 형태의 프로그램이 개발되었다고 한다(Gibson과 Mitchell, 1990). 첫째는 진로정보 시스템이고 둘째는 진로지도 시스템이다.

① 진로정보 시스템 : 각종 직업정보와 교육정보를 망라한 것인데, 정보의 단순 나열이 아니라 이용자의 흥미나 적성검사 점수, 교육수준과 연관을 지을

수 있도록 되어 있다. 미국에서는 노동성을 중심으로 몇 개의 프로그램이 개발, 사용된다고 하는데 대표적인 이름을 들면 Career Information Systems (CIS), Guidance Information System(GIS), C-LECT 등이 있다.

② 진로지도 시스템 : 진로정보 시스템보다 자기 탐색적이고 복잡하다. 단순한 정보제공이 아니라 본인의 의사결정 및 구체적인 진로계획 과정을 도와주려는 목적을 가지고 있다. 프로그램 내에 흥미, 적성검사는 물론, 가치관, 진로탐색에 필요한 각종 질문이 수록되어 있다. 미국에서 가장 유행하는 프로그램으로는 System of Interactive Guidance and Information(SIGI)과 Discover System이 있다. SIGI는 유명한 ETS(Educational Testing Service)에서 Dicov-er System은 초등학교 1년생부터 고등학교 3년생용, 대학생용, 성인용이 있다.

우리나라에도 진로정보 및 진로지도를 컴퓨터 프로그램으로 개발하는 일이 시급하다. 특히 고등학생용 프로그램의 개발이 시급한데 최근에 한국전기통신공사와 한국행동과학연구소를 중심으로 고등학생이나 대학입시 준비자들을 위한 프로그램 개발이 시도되기 시작하였다.

3 진로탐색 프로그램

상담자나 지도자가 직접 학생들의 진로탐색 과정을 돕는 프로그램이 있다. 이것은 컴퓨터 프로그램처럼 표준화된 과정을 거치면서 지도자가 임기응변적으로 그때 그때의 내담자 요구에 대처할 수도 있다는 장점을 지니고 있다. 이재창(1988)은 Champman(1976, 재인용)이 개발한 Career Search라는 프로그램을 토대로 진로탐색 프로그램을 개발한 바 있다. 이 프로그램은 두 개의 부로 나뉘어져 있는데 제1부는 자기에게 가능한 직업을 조사해서 열거하는 일을 하고 제2부는 제1부에서 조사한 직업들을 제외의 법칙을 사용해서 본인에게 가장 적합한 직업을 선택하는 일을 한다. 이 프로그램은 개별적인 진로상담에서 활용할 수도 있고 집단상담이나 학급단위의 수업시간, 홈룸시간에도 활용할 수 있다.

다음은 진로탐색 프로그램의 내용이다.

제 1 부

단계 1 : 원하는 직업목록 작성하기

단계 2 : 직업목록을 더 확장하기

단계 3 : 자신의 흥미조사

단계 4 : 직업정보 기초 조사

단계 5 : 청각매체 활용

단계 6 : 다른 매체 활용

단계 7 : 흥미에 의한 직업목록 평가

단계 8 : 각 직업에 대한 구체적인 조사(직업전망사전 활용)

단계 9 : 직업을 군(群)으로 분류하기

제 2 부

단계 11 : 가치관 탐색

단계 12 : 개인의 가치 탐색

단계 13 : 직업목록을 가치관에 의해서 평가

단계 14 : 직업목록을 능력과 적성에 의해서 평가

단계 15 : 직업목록을 교육비에 의해서 평가

단계 16 : 직업목록을 다섯 개로 축소

단계 17 : 면접 알선

단계 18 : 직업목록을 세 개로 축소

단계 19 : 최종 선택

단계 20 : 상담자와 상의

4 인쇄물

브로셔, 팜플렛 등 간략한 인쇄물은 편리한 진로지도 방법이다. 주로 정보 제공이나 진로상담 홍보를 목적으로 활용한다.

제 8 장

교육측정 및 평가

제 1 절 교육평가의 개념

1. 교육평가의 정의

교육평가는 교육에 관한 교육목적을 기준으로 하여 아동, 학생이 학습의 결과 행동의 변화가 어느 정도인가를 알아보는 것이다. 교육은 원래 일정한 목표를 가진 계획적인 과정이기 때문에 교육의 성과와 목표가 어느 정도 달성되었는가를 알기 위하여서는 교수－학습지도의 결과인 학습자의 행동을 일정한 기준의 교육목표에 따라 목적 달성의 성취 정도를 밝히려는 가치 판단의 과정이 뒤따라야 한다.

아흐만(J. S. Ahmann)과 글럭(M. D. Glock)은 교육평가를 교육활동의 능률을 증거에 의하여 따져 보고 판별하는 체계적 과정이라 하였다. 그리고 해리스(C. W. Harris)는 교육평가를 어떤 특성에 비추어 무엇을 기술하고 그것이 어느 정도 수용될 수 있으며, 어느 정도 적합하냐를 판단하는 과정이라고 하였다.

한편 크론백(L. J. Cronback)과 블룸(B. S. Bloom)은 교육평가를 교수-학습을 개선하고 학습에 도움을 주는 관점에서 보았다. 교육평가라는 이름으로 불려지는 여러 가지 활동이나 도구는 다양하지만 그 모든 것을 총괄적으로 규정지어 주는 정의로는 현대 학교교육에 있어서 교육평가의 이론 정립과 실천에 지대한 영향을 끼친 타일러(Tyler)의 경우를 들 수 있다. 그는 평가의 과정이란 "본질적으로 교육과정 및 수업의 프로그램에 의하여 교육목표가 어느 정도나 실현되었는지를 밝히는 과정이다"라고 하였다.

이와 같은 여러 정의를 정리해 보면 교육평가를 다음과 같이 정의 내릴 수 있다.

교육의 목표가 교육과정이나 수업프로그램으로써 시행될 때 원래 기대되었던 목표치가 실제로 어느 정도나 실시되었고 달성되었는지를 재어보고 판단하는 작용이 교육평가이다.

2. 교육평가의 기능

교육평가의 기능은 다음의 일곱 가지로 요약이 된다.

첫째, 교육목표의 달성도 확인 기능이다.

기업가가 돈을 벌기 위하여 기업진단과 분석을 통해서 얼마나 벌었느냐를 알아보듯이 교육에 있어서도 교육활동을 통하여 본래 정한 교육목표를 얼마나 달성했느냐를 알아보아서 잘못이나 문제점을 찾아 교육효과를 극대화하려는데 교육평가의 목적이 있다. 즉 교육목표의 달성도를 확인해 주는 역할을 한다고 볼 수 있다.

둘째, 교수기술의 확인 기능이다.

교사가 일정한 목적을 달성하기 위하여 행하여지는 활동인 교수(teaching)

의 방법과 기술이 얼마나 효과적이었나를 확인해 주는 기능을 가진다. 즉, 교수－학습과정의 개선에 도움을 준다는 것이다.

셋째, 학습자의 학습결과의 확인이다.

교육평가는 학습자가 얼마나 학습을 했느냐를 알아서 자기의 학습력을 알려 주는 기능을 가진다고 볼 수 있다.

넷째, 학습 촉진의 기능을 가진다.

교사가 학생을 대상으로 교육활동을 한 결과를 검토, 분석을 함으로써 차기 학습의 촉진을 할 수 있게 되는 것이다. 즉, 학습자의 학습동기를 강화하는 기능을 가지고 있다.

다섯째, 생활지도의 기능이다.

교육평가는 교수의 일부로써 학생의 모든 면을 통한 평가이므로 학생의 전인적 발달과 지도에 실질적 지도를 할 수 있게 한다. 그래서 교육의 정치기능은 생활지도를 통해서 이루어 질 수 있게 된다.

여섯째, 선발의 기능이다.

선발의 대표적인 예로써 입학시험, 대학입시 학력고사, 고등학교 배치고사 등이 있다.

일곱째, 학부모, 상급학교, 지역사회의 필요를 충족시키는 기능이다.

학부모에게 학생 이해의 자료 제공 및 학생 진보의 정도를 알려줌으로써 가정교육에 도움을 준다. 또한 상급학교에서 요구하는 내신 성적의 정도 및 취업에 필요한 성적과 같은 필요를 충족시켜 준다.

한 마디로 간추리면 교육평가의 기능이란 평가의 결과를 활용하여 교육의 효과를 올리는데 있다고 하겠다.

제 2 절 교육평가의 유형

교육평가의 유형은 교육이 대상으로 하는 인간 전체의 생활 모두를 포함한다고 할 수 있다. 이렇게 볼 때 교육평가는 어느 한 가지만으로 평가해서는 그릇된 측정의 결과를 가져오며, 평가결과를 해석할 때도 다음에 분류한 여러 영역을 서로 긴밀하게 관련지어 생각하지 않으면 안 된다.

1. 학력평가

우리가 교육평가라고 할 때 흔히들 이 영역을 들추고 있다. 학력(achievement)이란 문제는 교육과정의 목적으로서 가장 중요하고 또 핵심적인 문제이다. 먼로(Monroe)는 학력을 "습득된 행동하는 능력, 행동하는 재능, 혹은 행동하는 경향"이라고 정의하고 있다. 그러므로 학력이란 지식의 정도나 능력을 뜻하는 것이 아니라 유기적이고 기능적인 성격을 띠고 있는 것이다. 블룸(Bloom) 등도 이러한 능력을 '지적 능력 및 기능'이라는 용어로 표시하고 그 조작적 정의로 "개인이 새로운 문제나 사태에 대처하기 위하여 이전의 경험에서 얻은 적절한 정보나 방법을 찾아낼 수 있는 능력"이라고 한 것도 이것을 뒷받침하고 있다. 학력검사의 주된 목적은 특정한 교육장면의 학습효과를 측정하려는 데 있으며 이외에 여러 가지 산업, 군대, 의학 분야에서 분류, 선발을 위해 사용하는데 있다. 뿐만 아니라 학년배치 및 교정학습을 위한 자료를 얻기 위해서 학습을 촉진시키기 위한 기초로써 활용될 수도 있다. 학력검사를 사용할 때 다음의 것들에 주의해야 한다. 첫째, 학습지도 혹은 교수를 지나치게 표준화검사의 장면에 적용하는 것으로 경우에 따라서는 필요한 일이지만 균일화가 지나치면 학습자의 자발성, 창의성, 독자적 사고력을 짓밟아 버리는 결과가 된다. 둘째 검사 지향적 교수는 늘 위험하다는 것이다. 더욱이 교과면의 내용에서도 그렇거니와 이해력, 평가력, 종합력, 적용력 등 고차적 사고 능력 등이 학력검사로는 측정되지 않기 때문이다. 학력검사는 수단이지 목적은 아니다. 그것은 극히 제한된 정보를 제공할 뿐이며 반드시 다른 자료에 의해 보충되어야 한다.

2. 진단평가 · 형성평가 · 총괄평가

종래 학력평가라고 하면 총괄평가(summative evaluation)가 그 대부분을 차지하고 있었다.

그러나 최근에 수업이론의 발달과 더불어 평가의 개념도 다양해졌으며 진단평가(diagnostic evaluation), 형성평가(formative evaluation)의 개념과 기술이 보편화되기 시작하였다. 진단평가는 과거에도 특수한 필요에 따라 실시되었지만 형성평가는 최근에 도입된 개념이다. 형성평가의 개념은 1967년 스크리븐(Scriven)에 의하여 처음 소개되었다.

1) 진단평가

진단평가는 학생들의 정치(placement), 선수학습의 결핍여부의 판정, 학습곤란의 진단을 위하여 실시된다.

정치는 학생들을 그들의 능력에 알맞은 위치를 찾아내어 그곳에 배치함으로써 학습효과를 얻기 위한 활동을 의미하며 정치를 위한 검사는 대부분의 경우 단원, 학기, 학년초에 실시한다. 예를 들면, 학기 초에 특정과목에 대한 능력별 분단 편성을 하고자 할 때는 그 과목 이수에 필수적인 기본 요소를 찾아내어 이에 대한 검사를 실시한다.

선수학습의 결핍 여하에 대한 판정을 위하여 실시되는 진단검사도 단원, 학기, 학년초에 실시된다. 이 검사는 대부분의 경우 수업처방의 목적을 위하여 실시되며 선수학습이 결핍된 학생이 찾아지면 이들에게는 특별과정을 제공하여 이를 보충하도록 한다.

학습곤란의 진단을 위한 검사는 반복되는 오류의 심층적 원인을 알기 위하여 수업과정에서 실시된다. 예를 들면, 산수계산에서 저지르는 오류의 종류를 찾아내는 검사 같은 것이다.

이 검사는 절대평가 또는 상대평가의 특성을 지닌다.

2) 형성평가

형성평가는 수업이 진행되는 과정에서 그 수업이 주어진 수업목표의 달성을 위하여 정상적인 진전을 보여주고 있는지를 수시로 점검하는 과정을 말한다. 형성평가의 목적은 학습성취의 정도를 기록하고, 보고하고, 보관하는데 있는 것이 아니라, 학습과제의 숙달 정도를 결정하고 미숙달한 부분을 지정하는데 있다.

따라서 형성평가는 종래 생각하던 평가의 개념과는 다르며 수업의 일부이다. 하나 또는 두 개의 학습과제를 수업한 후에 과연 이 학습과제의 어느 부분이 학생들에게 미숙달되었는지를 파악한 후 즉각적으로 수업을 개선 또는 재지도함으로써 단원목표를 완전히 달성하고자 하는 것이 그 주안이다. 따라서 형성평가 계획은 단원목표 및 학습과제와 직결되어 있는 절대평가의 방법이다. 학생 상호간의 학업성취의 우열을 비교하는 데는 관심이 없고 설정된 목표에의 도달 정도 및 분석된 학습과제의 숙달 정도를 문제 삼는다. 형성평가는 학생들에게 그의 학습곤란이 특별히 어디에 있는지를 지적해 줌으로써 학습교정에 대한 방향을 제시해 주는 동시에 학습동기 강화에 도움을 주기도 한다. 이러한 형성평가에 대한 계획은 총괄적 평가계획보다 세밀하게 짜여져야 할 것이다. 총괄평가는 단원 종료 후에 1회 정도로 끝나기 때문에 모든 학습요소를 포함시킬 수 없으나 형성평가는 2~3시간의 수업이 끝난 후 짧은 시간을 잡아 수업시간 중에 실시하기 때문에 비교적 포괄성 있게 중요학습 요소를 망라할 수 있다.

3) 총괄평가

총괄평가라 함은 일정 기간의 수업이 끝난 후 그 동안의 학습 성과를 총괄적으로 사정하는 평가이며 흔히 말하는 월말고사, 중간고사, 학기말 고사, 학년말 고사 등이 이에 해당한다.

종래의 학습 성과의 평가라고 할 때는 총괄평가를 의미하였다. 총괄평가는 형성평가와는 달리 학습 성과의 총합적인 평가이기 때문에 목표달성 정도의 절대평가의 성격을 지니지만 경우에 따라서는 학생 상호간의 우열을 비교하는 상대평가의 성격을 띠기도 한다. 그리고 그 결과는 기록되고 보존되며 학생 및 학부모에게 통지용으로 쓰인다. 또한 장래 성적의 예측 및 생활기록부 작성의 기본 자료로 활용되며 필요에 따라서는 취업의 구비서류, 상급학교 진학을 위한 내신 성적의 작성과 같은 행정적 목적에 쓰인다.

3. 상대평가와 절대기준 평가

상대평가라 함은 개인의 지위(학력, 지능, 성격 등)를 타인과의 비교에 의하여 상대적으로 판단하는 평가를 말한다. 즉 평가의 기준은 타인이 된다. 가장 대표적인 예로 1976년 이전에 생활기록부에 학력평가의 결과를 공식적으로 기재할 것을 요구하던 평가의 방법이다. 일개학년 또는 일개학급을 단위로 하여 성적이 좋은 순서에 따라, 수 10%, 우 20%, 미 40%, 양 20%, 가 10%로 평가하도록 하는 방법이다. 이와 같은 평가의 방법은 개인의 상대적 지위는 알려주지만 그 개인이 설정된 교육목표를 어느 정도 달성하였는지는 제시해 주지 못한다. 예를 들면, A학교의 6학년의 한 학급 아동이 60명이며 이들은 모두 우수한 학생이고 또한 등질적인 학생이어서 90점에서 98점까지 펴져 있어도 수 6명, 우 12명, 미 24명, 양 12명, 가 6명으로 평가해야 한다. 반대로 B학교의 6학년의 특정 학급은 60명인데 이들은 비교적 열등한 등질적인 아동으로 구성되어 있어서 그 성적이 40점에서 60점까지 분포되어 있다고 가정해 보자. 이 경우에 있어서도 수는 6명이 될 것이다. 그리고 그들이 55～60점이라고 하는 모순이 나타난다. 물론 이 때의 소점은 설정된 교육목표에의 도달 정도를 의미하는 것으로 보아야 한다.

절대평가라 함은 주어진 교육목표 달성도의 평가이다. 즉 준거지향측정(criterion-referenced measurement)이다. 이 때의 준거는 교육목표가 되는 셈이다. 교육평가의 기준은 목표인 바 목표달성도를 평가할 수 있는 평가도구를 제작하고 이 도구에 따라 평가된 결과를 타인과 비교함이 없이 그대로 기록하는 평가의 방법이다. 예를 들면, 수, 우, 미, 양, 가로 평가하고 수는 교육목표의 90% 이상 달성자, 우는 80～89% 달성자 등으로 정한 경우 어떤 학급의 전원이 90% 이상의 달성 정도를 나타내면 전원에게 '수'의 성적을 주는 평가의 방법이다.

4. 주관식 평가와 객관식 평가

주관식 평가와 객관식 평가는 교육계 및 사회에서 많은 논쟁을 일으키는 문제이다. 흔히 전자를 기술적 평가, 논문형 평가, 서답형 평가라고도 하며 후자는 ○×식 평가, 선택형 평가 등으로 불리워진다. 이 중 ○×평가라 함은 잘못된 표현이다. 왜냐하면 객관식 평가에 여러 유형이 있는데 그 중의 하나가 ○×형이라는 별명을 가진 진위형(眞僞型)이기 때문이다. 종래는 주관식 평가 밖에 없었으나 1950년에 있었던 중학교 입학을 위한 국가 고사가 나타남에 따라 객관식 평가가 보편화되기 시작하였다. 그 후 표준화 검사의 발달은 객관식 평가보급에 더욱 박차를 가하고 있으며 최근에 이르러서는 고등학교 배치고사, 대학입학 학력고사의 영향을 받아 초·중등학교에서는 거의 객관식 고사 일색으로 되고 있다. 이에 따라 객관식 고사의 폐단에 대한 비판이 강하게 나타나고 있으며, 교육부에서도 학교사태에서는 주관식 고사의 시행을 적극 권장하고 있다.

주관식 고사와 객관식 고사의 구분 중 중요한 것이 수험자의 반응방식이다. 전자는 수험자가 답을 구상하거나 상기하여 기입하는 형식인데 후자는 제시된 답지들 중에서 수험자가 선택을 하도록 되어 있다. 주관식 평가와 객관식 평가를 서로 비교하면 다음 〈표 8－1〉과 같다(김호권 외, 1978).

〈표 8-1〉 주관식 평가와 객관식 평가의 비교

	주관식 평가	객관식 평가
① 반응의 자유도	넓음	좁음
② 반응의 특색	문항이 요구하는 관계지식 뿐만 아니라 구상력, 표현력 등이 내포됨	문항이 요구하는 관계지식만 내포됨
③ 반응의 강조점	종합적인 이해가 요구됨	정확한 지식이 요구됨
④ 문항표준	일반적으로 부족함	충분히 할 수 있음
⑤ 채점의 객관도	비교적 낮음	상당히 높음
⑥ 추측의 작용	적음	비교적 큼
⑦ 출제 소요시간	많음	많음
⑧ 채점 소요시간		적음

이 이외에 주관식 평가는 비교적 차원이 높은 정신 기능인 적용력, 분석력, 종합력, 평가력을 재는데 알맞으나 객관식 평가는 자칫하면 지식이나 이해평가에 치우칠 가능성이 있다. 또한 객관식 평가는 문항제작에 고도의 기술을 요한다. 특히 차원이 높은 정신기능의 평가 문항의 제작을 위해서는 특별한 교육을 받아야 하며 내용도 깊이 알고 있어야 한다. 대부분의 객관식 평가 문항이 지식에 치우쳐 있는 것도 이 때문이다.

제 3 절 교육평가의 절차

교육평가의 절차는 교육의 결과를 평가함에 있어서 ① 평가목표의 설정, ② 평가 장면의 설정, ③ 평가도구의 제작, ④ 평가 실시와 결과 처리, ⑤ 평가결과의 해석 및 활용 등의 단계를 거친다(엄주정 외, 1999).

1. 평가목표의 설정

교육평가에 있어서 무엇을 평가하는데 있어서 그 기준이 되는 것은 그 목표이다. 그렇기 때문에 평가목표는 구체적으로 표현되어야 한다. 즉, 내용과 행동이 분명하게 진술되어야 한다는 뜻이다. 평가할 때는 이원분류를 만들어 사용하면 어떻게 평가할 것인가가 분명해진다. 다음 〈표 8-2〉는 이원분류표의 한 예이다.

〈표 8-2〉 영어과 이원분류표의 예

행동 \ 내용	지식	이해	기능	태도	문항수
말하기	2	1	5	3	11
듣기	2	1	3	5	11
문법	5	3	1		9
독해	5	3	1		9
계	14	8	10	8	40

* 자료 : 엄주정 외, 교육학개론, 1999, p. 255.

2. 평가장면의 선정

평가목표에 의하여 이원분류를 만들었으면 평가하기에 적합한 자료와 정보를 수집해야 한다. 그리고 학습활동의 결과를 정확하게 얻기 위해서는 그에 적절한 평가 장면을 선정해야 하는 절차를 밟아야 한다. 물론 평가 장면의 선정은 평가목표나 평가 내용의 특징을 고려하여야 한다. 또한 학습결과가 구체적으로 제시되고 가장 확실한 증거가 나타날 수 있는 평가방법을 찾아내야 한다.

흔히 평가 장면에서 인지의 경우 필답검사가 중심이 된다. 필답검사는 크게 선택형과 서답형으로 분류되는데 선택형에는 진위형, 배합형, 선다형 등이 있고 서답형에는 단답형, 완성형, 논문형 등이 있다. 그리고 정의적 영역에는 관찰, 면접, 자기보고법, 투사법 등을 이용한다.

3. 평가도구의 제작 기준

평가 장면이 결정되면 그 틀에 따라 평가도구를 제작하여야 한다. 교육목표의 달성도를 측정한다는 것은 그리 쉬운 일이 아니다. 좋은 평가도구를 만들기 위해서는 타당도, 신뢰도, 객관도, 실용도의 기준에 적절해야 한다.

1) 타당도

자를 가지고 키를 잰다고 하였을 때 그 사람의 키가 몇 cm인가로 표현된다. 이때 자의 잣대를 가지고 무게를 잰다면 아무 의미가 없어지는 것이다. 마찬가지로 산수 시험시간에 과학 시험 내용을 보게 한다면 이 또한 아무런 의미가 없어진다. 이와 같이 타당도는 평가도구(필답고사 문제 등)가 측정하려고 하는 내용을 얼마나 충실하게 측정하느냐 하는 문제이다. 즉, 재려고 하는 목표를 정말 재고 있는가의 정도를 타당도라고 한다. 이러한 타당도에는 내용타당도, 예언타당도, 구인타당도 등이 있다.

(1) 내용타당도

내용타당도는 논리적 타당도, 안면타당도 또는 교과타당도라고도 하는데 이것은 평가도구가 교육목표와 연결된 내용을 얼마나 충실히 측정하는가의 정도를 말한다. 즉 교육활동에서 교육목표를 평가도구가 얼마나 충실히 측정하고 있는가를 알아보기 위한 주관적 논리성을 갖는 평가기준이다. 내용타당도는 교육내용의 여러 속성들을 제대로 측정하였는지에 대한 주관적 판단이 준거가 된다. 이런 의미에서 안면타당도라는 말로 표현되기도 하는데 이 때문에 내용타당성에 대한 논란도 많이 일어나고 있다. 내용타당도에 영향을 미치는 요인(서울대학교연구소, 1998)은 검사문항 내용과 수업목표가 얼마나 일치되고 있는가, 또한 내용이 얼마만큼 교육내용을 포함하고 있는가, 그리고 학습자에 대한 곤란도가 어느 정도 고려되고 있는가가 타당도를 결정한다.

(2) 예언타당도

예언타당도는 측정 점수가 미래의 행동을 얼마나 잘 예언해 주는지를 의미한다. 즉, 측정치가 장래의 행동이나 특성을 어느 정도로 정확하게 예언하여 주는가를 알아보기 위한 것이다. 예언타당도는 상관계수로 나타내는데 현재의 측정치와 미래 행동의 측정치간에 점수로 계산한다. 예를 들면, 고등학교의 우수한 성적이 대학수학능력시험(미래 행동의 측정치)에서 우수한 점수를 얻었다면 상관계수가 높게 나올 것이다. 말하자면 예언타당도가 높다는 의미이다. 내용타당도가 이론적인 주관적 판단으로 내부의 준거를 가지고 있다면 예언타당도는 미래 행동의 외부준거를 가지고 있다는 데 차이점이 있는 것이다.

(3) 구인타당도

구인타당도란 한 검사가 조작적으로 정의되거나 이론으로 정립되지 못한 상태에서 측정하면 측정의 타당성을 잃게 되므로 이에 대하여, 이론을 정립하고 조작된 구성요인을 정확한 의미를 갖도록 정의함으로써 연구의 타당성을 얻고자 하는 것이다. 만일 창의성에 대한 연구를 한다면 우선 그것이 구성하고 있는 요인, 즉 유창성, 융통성, 독창성, 정교성의 내용들이 창의성을 충분히 설명할 수 있는지를 확인하여야 한다. 다시 말하면 구성요인들이 과연 창의성을 연구하는 가치를 부여해 줄 수 있는가를 검증해야 하는데 이 때에 타당성이 문제가 되는 것이다. 이와 같이 구인타당도는 이론의 정립과 조작의 의미를 부여하는데 있어서 과학적으로 정당화시키기 위하여 타당성 검증을 필요로 한다.

구인타당도를 검증하는 방법으로는 구성 요인에 대하여 개념의 정의를 내리고 그에 대한 문항을 작성하여 측정한 후 문항을 분석하여 정의된 대로 측정되었는지를 상관계수나 요인분석으로 수량화시키면 된다.

(4) 공인타당도

공인타당도는 독립변인과 종속변인의 공통변인이 어느 정도인가를 상관계수로 표현하는데 계수가 높으면 타당도도 높다는 뜻으로 해석할 수 있다. 공인타당도는 예언타당도와 비슷한 점이 있으나 목표와 성격에 차이가 있다. 예언타당도는 예언할 수 있는 요인의 준거를 따지는 데 비하여 공인타당도는 예언타당도와 비슷한 점이 있으나 목표와 성격에 차이가 있다. 예언타당도는 예언할 수 있는 요인의 준거를 따지는데 비하여 공인타당도는 두 개의 변인이 현재 어느 정도의 공통점이 있는가를 밝히려는데 목표를 두고 있다. 말하자면 예언타당도는 행동의 준거가 미래에 있고 공인타당도는 현재에 있다. 예를 들면, 지능의 변인과 창의성의 변인 또는 국어 변인과 수학의 변인에 대한 타당성을 찾아낸다면 이는 새로운 연구과제 또는 새로운 교육의 사실을 발견할 수 있다는 데에 큰 의의가 있을 것이다.

2) 신뢰도

타당도에서 자기 키를 재면 타당도가 없다는 것을 설명하였다. 그런데 키를 재는 자가 잘못되어 150cm의 키를 160cm로 측정하였다면 이 자는 믿을 수 없는 자이다. 다시 말하면 타당도는 '무엇'을 측정하고 있느냐에 관심을 갖고 있는데 신뢰도는 '어떻게' 재느냐 하는데 관심이 있다. 따라서 측정하려는 것을 여러 번 반복하더라도 오차 없이 언제나 같은 값이 나온다면 그 측정도구는 신뢰도가 있다고 할 수 있다. 그런데 아무리 신뢰도가 높다고 하여도 타당성이 낮으면 아무런 의미가 없게 된다. 또한 반대로 타당성이 아무리 높다 하여도 신뢰도가 낮으면, 즉 측정의 오차가 크면 평가의 의미가 없어진다. 따라서 평가에서 높은 타당도와 신뢰도는 평가도구의 제작에서 본질적 기준이 되는 것이다. 신뢰도를 검증하는 방법에는 여러 가지가 있는데 재검사 신뢰도, 동형검사 신뢰도, 반분검사 신뢰도, 문항내적 신뢰도를 들 수 있다.

첫째, 재검사 신뢰도는 동일한 검사 도구를 동일한 집단에 시간 간격을 달리하여 시행하고 이를 상관계수로 검증하는 검사이다. 즉, 3월에 성격검사를 실시하고 동일한 도구로 9월에 다시 검사한 후 이 자료를 가지고 상관관계를 도출하는 검사이다. 이것은 전후의 검사가 어느 정도의 안정성을 가지고 있는가를 보는 것이기 때문에 안정성 계수라고도 한다. 재검사 신뢰도는 전후의 검사 기간에 따라 오차가 생기는 문제와 검사 실시 과정에서 수험자의 상태나 동기 등에 의한 통제가 어려운 데서 생기는 오차로 인하여 신뢰도가 낮아지는 단점이 있다.

둘째, 동형검사 신뢰도는 같은 형태의 측정도구를 둘로 나누어 동일 집단의 피험자에게 실시한 이 두 측정치를 가지고 상관계수를 산출함으로써 신뢰도를 추정하는 방법으로 동형계수라고도 한다. 이 검사는 서로 다른 형식과 다른 내용으로 구성되며 곤란도와 문항수도 같게 제작된다. 이 검사는 재검사보다 오차를 줄일 수 있다는 점에서 중요하지만 동형의 도구를 제작해야 되는 어려움도 있다.

셋째, 반분 신뢰도는 동질계수를 보는 방법으로 한 가지의 평가도구로 한 집단에 실시한 후에 반분하여 상관을 보는 신뢰도이다. 이것은 재검사신뢰도와 동형검사를 만들기 어려울 때 쉽게 사용할 수 있는 방법이다. 이 검사를 두 개로 분할하는 방법은 전체 사례수를 번호 순서대로 놓았을 때 전후 반으로 나눌 수 있고 홀수 번호와 짝수 번호로 나눌 수도 있으며 난수표를 이용하여 두 집단으로 나눌 수 있다.

넷째, 문항내적 신뢰도는 평가도구의 문항 한 개 한 개를 독립된 검사 단위로 보고 그 합치성, 동질성, 일치성을 종합하여 보려는 입장이다. 내적 합치도는 문항간의 동질성에 기초를 두고 있기 때문에 동질계수라고 하며 이런 의미에서 동형 신뢰도와 유사하다. 이 검사는 아주 어려운 문항이나 아주 쉬운 문항이 없을 때, 즉 동질의 문항으로 구성되었을 때 적절하며, 수험자가 시간이 부족하여 답을 할 수 없을 정도로 문항 수가 많다면 문항내적 합치도는 낮은 계수를 나타낼 것이다.

3) 객관도

위에서 타당도와 신뢰도는 평가도구를 제작하는 데 중요한 잣대라는 것을 설명하였다. 이렇게 타당도와 신뢰도가 평가도구와 관계가 있다면 객관도는 채점자와 관련을 갖는다. 그러므로 채점자의 신뢰도를 보는 이러한 객관도를 채점자 신뢰도라고도 한다. 일반적으로 논술형 검사에서 여러 채점자가 채점을 하였거나 한 사람이 여러 번 채점을 하였을 때 오차가 크면 우리는 객관도가 낮다고 평가하고 오차가 작으면 객관도가 높다고 평가한다.

이와 같이 채점자의 편견, 감정, 의견 등의 주관적 판단이 많이 작용하는 검사에서 객관도의 문제가 발생한다. 따라서 객관성을 높이려면 평가도구의 객관화와 채점자의 소양이 높아야 하고 여러 명이 채점의 기준을 명백하게 설정하여 채점함으로써 주관적 요소를 배제하게 되면 객관도가 높아질 것이다.

4) 실용도

실용도란 한 평가도구가 얼마나 경비, 노력, 시간을 적게 들일 수 있으면서도 소기의 목표를 달성할 수 있느냐를 말한다. 평가도구를 사용함에 있어서 시간, 노력, 경비면에서 유용하여야 한다. 이와 관련하여 우선 평가 실시가 용이해야 되고 채점이 용이해야 하며 또한 경비 부담이 적게 들면 실용도가 높아질 것이다.

4. 평가실시와 결과처리

평가의 목표가 설정되고 평가 장면에 따라 평가도구가 제작되면 평가를 실시하여 목표에 도달 정도를 측정해 보아야 한다. 이 때에 주의해야 할 것은 행동의 변화를 몇 번 실시해야 하며 장면에 따라 어떤 도구를 사용하여야 할 지를 결정하는 등의 문제이다. 다시 말하면 평가실시의 단계에서 시간, 장소, 시설, 감독, 관리 등에서 보다 면밀한 배려가 있어야 한다. 만일 이러한 제반 요소들이 평가에서 잘못되면 결국 교육의 오류를 범할 수밖에 없다는 사실을 알아야 할 것이다. 평가의 결과처리에 있어서도 타당성과 신뢰성이 높은 정보를 가지고 과학적으로 처리함으로써 교육의 효율성을 높일 수 있도록 해야 하는데 여기에 다음 몇 가지가 고려되어야 한다.

첫째, 채점평가에 의한 결과를 과학적으로 표현하는 방법인데 숫자나 문자, 부호 등으로 표현한다. 물론 이 때에 객관적인 표현이 대단히 중요하다.

둘째, 문항의 양호도 검증으로 이것은 평가들이 좋고 나쁨을 변별하여 주는 역할을 한다. 평가결과를 가지고 문항분석을 통하여 이루어진다.

셋째, 평가결과의 처리로서 평가결과는 교육적 정보를 효율적으로 활용하기 위하여 일반적으로 통계적 처리를 한다. 통계처리에는 집중 경향치나 변산도를 가지고 통계적으로 검증한다.

넷째, 측정점수의 표시방법인데 평가 결과의 점수에는 다양한 표시방법이 있다. 측정 결과에서 얻어진 점수를 그대로 표현하는 원 점수가 있고 0에서 100까지 점수범위를 가지고 표시하는 백점 만점척이 있다. 또한 서열 또는 순위를 나타내는 등위점수와 개인점수의 위치를 나타내 주는 표준점수가 있는가 하면 수, 우, 미, 양, 가 등으로 표시되는 문자점수도 있다.

5. 평가결과의 해석과 활용

평가는 결국 올바른 평가정보를 통하여 교육적으로 활용하고자 하는데 그 목적이 있다고 볼 수 있다. 그러므로 평가의 결과는 기록으로 끝나는 것이 아니고 개인과 집단의 교육목표 달성도와 변화의 양을 종합적이면서도 분석적인 해석을 필요로 한다. 즉, 개개인의 점수가 집단의 규준에 비추어 상대적인 위치를 알 수 있고, 개인 내적 차이를 이해함으로써 개인별 특성도 파악할 수 있을 뿐만 아니라 행동의 원인을 진단하거나 처방하는데 중요한 정보를 제공하여 준다. 또한 평가결과의 해석은 교육목표를 설정하고 내용을 선정하며 교육활동과 교육평가로 이어지는 교육의 모든 과정에 피드백(feedback)되어 교육개선의 효율화를 얻을 수 있으며 진학지도 자료, 행정자료로 활용될 수 있다.

제 4 절 각종 심리검사

1. 지능검사 및 적성검사

인간의 지적 능력을 하나의 단일 요인으로 보는 것과 여러 개의 독립 요인으로 구성되어 있다고 보는 것의 두 가지 입장으로 나눌 수 있다. 단일 요인으로 보는 입장에서는 주로 지능이라는 용어가 쓰여지고 있다. 그 반면에 다요인으로 구성되어 있다고 보는 입장에서는 주로 적성이라는 용어가 쓰여지고 있다.

1) 지능검사

지능검사는 학교 현장에서 가장 많이 사용되고 가장 보편화된 검사이지만, 지능을 구체적으로 정의하는 데 있어서는 학자들간에 서로 이견을 가진다. 그러나 일반적으로 지능검사는 훈련이나 학습 등에 영향을 받지 않고 성숙에 따라 일반적인 경험에 의해 형성되는 소질적인 지적 능력을 측정하기 위해 만들어진 검사라고 할 수 있다.

지능검사로 측정된 지능은 정신연령 지능지수나 또는 편차치로 산출되는 편차지능지수로 표시된다. 지능검사의 종류는 스피어만(C. Spearman)의 2요인설에 입각하여 공통 요인만을 측정하는 일반지능검사와 서스톤(L. L. Thurstone)의 다요인설에 입각하여 지능의 구조적 특징을 분석적으로 측정하는 지능진단검사로 구분된다. 또한 문자사용 지능검사와 도형사용 지능검사, 언어성 지능검사와 동작성 지능검사, 개별 지능검사와 집단 지능검사로 구분되기도 한다.

2) 적성검사

일반적으로 적성이라고 할 때에는 미래의 어떤 직업이나 분야에서 성공을 예언할 수 있는 것으로서 현재에 한 개인이 갖고 있는 지적, 정의적, 심동적 기능을 말한다. 좀더 협의의 관점에서 보면 미래에 있어서 학습을 해낼 수 있는 인간의 지적 요인만을 의미한다. 일반적으로 적성검사라고 하면 적성의 협의의 정의에 속하는 검사를 의미하지만, 특정 적성검사라고 할 때에는 어떤 분야의 성공을 예언하기 위한 요인으로서 반드시 인간의 지적 요인 뿐만 아니라 다른 여러 가지 요인의 측정을 포함하고 있다. 따라서 적성검사는 특정 분야의 교육 또는 훈련, 직업과 관련되는 활동을 성공적으로 수행하는 데 필요한 특정 능력의 소요 정도를 측정하기 위해 만들어진 검사이다. 적성검사에는 학업 적성검사와 직업 적성검사가 있으며, 미술, 음악, 기계 등과 관련한 재능을 독립적으로 측정하는 특수 적성검사가 있다.

2. 성격검사

성격검사는 개인의 능력과는 구별되는 개인의 정서적, 동기적, 대인적, 태도적 특성을 측정하는 검사를 의미한다. 학교에서 보통 사용되고 있는 검사로서 성격검사로 부를 수 있는 것에는 문제조사표와 성격특성검목표 두 가지 유형으로 나누어 볼 수 있다. 문제조사표는 흔히 적응검사라고 불려지고 있는데 엄격한 의미에서는 성격검사라고 보기가 어렵다. 왜냐하면 이 검사는 학생들이 흔히 당면하는 문제를 영역별로 나누고 각 영역은 구체적인 학생의 문제를 물어보는 여러 개의 문항으로 구성되어 있기 때문이다. 성격특성검목표는 성격이론에 입각한 보다 조직화되고 체계화된 성격검사이다. 학생은 개인의 느낌이나 태도 또는 행동성향을 기술해 주는 각 문항을 읽고 자기의 특징과 관련될 때는 이것을 표시하도록 되어 있다. 일반적으로 한 성격검사는 여러 개의 성격특성을 재어 주는 하위검사로 구성되어 있고 또한 한 성격특성을 재어 주는 하위검사 문항들은 다른 하위검사 문항들과 무선적으로 배열되어 있다. 각 성격특성을 재는 하위검사는 규준집단에 표준화되어 있어서 한 개인의 각 하위검사 점수 결과와 비교하여 그의 상대적 위치를 백분위나 T점수 등으로 나타내게 된다.

이와 같이 성격검사는 관찰이나 면접을 통해서 실시하는 경우도 있지만, 표준화해서 시판되고 있는 대부분의 성격검사처럼 특성론에 입각하여 적출 또는 목록을 이용한 자기보고를 통하여 성격을 검사하는 방법이 가장 많이 사용되고 있다. 널리 이용되고 있는 것으로서 로르샤흐(Rorschach) 검사나 주제통각검사(TAT)처럼 개인이 가지고 있는 성격의 역동적 특징을 기술하고 진단하는 투사법 등을 들 수 있다.

3. 창의성 검사

앞의 각종 심리검사에 비해 창의성 검사에 대한 본격적 논의의 역사는 그리 오래지 않다. 창의성 교육에 관한 본격적인 관심은 미국이 1957년 소련의 스푸트니크 발사에 의한 충격에서 비롯된 일대 교육개혁의 하나의 대안으로 받아들여지면서부터이다. 또한 일반적으로 창의성이라 할 때 상상력, 독창성, 확산적 사고, 창조성, 발명, 직관, 모험적 사고, 창출, 창안, 영재성 등의 많은 말들이 유사용어로 사용되고 있다. 창의성에 관한 정의에 있어서는 학자들에 따라 각각 다르기 때문에 다양한 의미를 갖고 있다. 이렇듯 창의성에 대한 일반화된 정의는 확립되어 있지 않다고 볼 수 있다.

그렇지만 창의성은 크게 두 가지 측면, 인간행동 특성과 인지적 특성이라는 측면에서 관점이 파악되고 있다. 인간행동 특성의 측면에서는 지적, 정의적 특성과 관련된 것이고, 인지적 특성의 측면에서는 창의성을 결과 또는 과정과 관련지어 보는 것이다.

창의성 검사는 다른 검사와 마찬가지로 각 하위검사나 총점의 원점수를 백분위점수나 표준점수(T점수)로 환산하여 규준집단에 비추어 각 피험자의 창의성의 정도를 판단한다. 창의성 검사의 특징은 창의성의 정도를 판단하기 위하여 피험자의 가능한 반응 등을 사전에 분류한다는 것이다. 즉 기존의 경험이나 지식에 근거하지 않은 독창적인 반응들을 사전에 분류하여 해당하는 반응에 미리 점수를 부여한다.

제 5 절 각종 심리검사 문항제작의 유의사항

각종 검사가 평가목적에 맞게 제대로 이루어지게 하려면 무엇보다도 좋은 검사 또는 평가도구가 사용되어야 한다. 부적합한 평가도구를 사용한다면, 그 평가 결과는 믿을 만한 것이 될 수 없다. 왜냐하면 그러한 도구로는 실제로 구하고자 하는 자료를 수집하는 데 실패하기 때문이다. 따라서 평가기준에 비추어 적합하게 평가하는 데 필요한 자료를 수집할 수 있느냐 없느냐의 문제는 그러한 자료를 수집할 수 있는 평가도구를 선정 또는 제작할 수 있느냐에 좌우된다. 이러한 문제를 다루는 데는 일반적으로 평가도구의 신뢰도 및 타당도, 객관도, 실용도가 검토된다.

1. 문항의 용이도 및 변별도

평가도구의 제작을 통해서 문항이 작성되었다고 해서 그것을 바로 평가 또는 검사문항으로 사용할 수는 없다. 앞에서 지적했듯이 평가목적에 맞게 평가하기 위해서는 양질의 문항을 제작해야 한다. 또한 양질의 문항인지를 확인하기 위해서는 문항분석을 해야 한다. 이러한 문항분석의 대표적인 방법이 문항의 용이도와 변별도이다.

1) 문항의 용이도

문항의 용이도란 한 문항의 어려운 정도를 뜻하며, 문항곤란도 또는 문항난이도라고도 불린다. 즉 문항분석에서 한 문항이 너무 쉬운 것인가 아니면 너무 어려운 것인가를 판별하는 것이다. 이때 문항의 용이도 지수(p)는 한 문항에 정답을 한 학생의 백분율로 나타낸다. 따라서 문항의 용이도 지수는 문항의 어려운 정도를 가리키는 것이 아니라 쉬운 정도를 나타내며, 지수가 높을수록 그 문항은 쉽다는 것을 의미한다. 일반적인 공식은 다음과 같다.

$$P = \frac{R}{N} \times 100$$

· P＝문항용이도 지수
· N＝전체 사례수
· R＝정답한 학생수

2) 문항의 변별도

문항변별도란 어떤 검사의 각 문항이 그 검사에서 득점이 낮은 학생과 높은 학생을 구별해 줄 수 있는 변별력을 말한다. 변별도가 높은 문항은 가장 많은 것을 알고 있는 학생과 가장 적게 알고 있는 학생의 점수간 차이가 나도록 제작된 것이다. 각 문항이 변별력이 있으면 전체 시험도 변별력이 있게 된다. 예컨대, 어떤 문항에 대하여 검사득점이 높은 대부분의 학생들이 정답반응을 하고 검사득점이 낮은 대부분의 학생들은 오답반응을 했다면, 그 문항은 높은 변별력을 가지고 있다고 할 수 있다. 문항 하나하나가 얼마나 피험자의

上下 능력을 잘 구분해 내느냐를 뜻하는 것으로, 계산되어 나온 수치를 변별도 지수라고 한다.

$$DI = \frac{R_U - R_L}{f}$$

- DI＝문항변별도 지수
- R_U＝상위집단의 정답반응 총수
- R_L＝하위집단의 정답반응 총수
- f ＝상위집단 및 하위집단 각각의 총(반응) 사례수

2. 타당도 및 신뢰도

문항의 용이도 및 변별도에 따른 문항분석을 통해서 양호도가 높다고 판정된 문항만을 평가도구로 했다고 해서 그것으로 평가도구가 완성되는 것은 아니다. 왜냐하면 인간이 행하는 측정과 평가에는 항상 오차라는 것이 개입되기 때문이다. 따라서 교육평가에서는 검사를 얼마나 신뢰할 수 있고 타당한지 확인하는 절차가 필요하다. 문항분석은 각 문항이 제대로 기능을 잘 발휘하고 있는가를 확인하는 절차인 반면에, 신뢰도와 타당도는 하나의 검사 또는 설문지가 전체적으로 믿을 수 있고 정확하게 평가하고 있는 정도를 분석하는 과정이라는 점에서 차이가 있다.

1) 타당도

타당도는 그 검사 또는 평가도구가 측정하려고 하는 것을 어느 정도 충실하게 측정하고 있는가를 의미한다. 타당도에 관련된 물음으로 '이 검사는 무엇을 재고 있는가?', '이 검사는 측정하려고 하는 능력을 충실하게 재고 있는가?', '어떤 상태 또는 어떤 조건하에서 이러한 정도의 타당성이 있다고 하는가?' 등을 들 수 있다. 따라서 타당도는 무엇(what)이라는 말과 관련되어 있는 것이다. 예를 들면, 국어과목에 관련된 시험이면 국어 능력을 측정하고 있

는 것이어야 타당하며, 학생들이 한국의 지리를 얼마나 잘 파악하고 있는가의 능력을 측정하는 것은 타당하지 않다. 타당도의 종류로는 크게 준거타당도와 내용타당도, 구인타당도가 있다.

교육평가에 있어서 검사 또는 평가도구의 타당도를 유지시키기 위해 우선적으로 해야 할 일은 학생들의 성취목표를 검토해 보는 것이다. 성취도를 측정하기 위한 평가방법을 결정하기 전에 성취목표의 진술문 중 서술어미를 확인한다. 대부분의 학습목표가 학생들이 학습한 지식을 활용하게 되는 것으로 진술되어 있음에도 불구하고 교사가 실제로는 단지 학생의 기억력이나 암기력만을 측정할 수 있는 시험문항을 작성한다면 타당도에 문제가 있다.

2) 신뢰도

신뢰도는 한 검사 또는 시험에서 측정하고자 하는 내용을 어느 정도 일관성 있게 재고 있느냐 하는 것과 관련되어 있다. 타당도가 무엇(what)을 측정하고 있느냐의 문제인 데 비하여 신뢰도는 평가도구가 어떻게(how) 재고 있느냐와 관련된 문제이다. 그런데 신뢰도가 없으면 타당도는 자연히 낮아지지만, 타당도가 없더라고 신뢰도는 높일 수 있다. 신뢰도는 타평가도구의 믿음성, 안정성, 일관성, 예측성, 정확성을 확인하는 것이다. 만약 특정 검사를 동일한 집단에게 일정한 기간을 두고 반복 실시할 때마다 점수가 다르게 나온다면 그 검사도구는 신뢰할 수 있다고 말 할 수 없다.

신뢰도를 측정하는 방법에는 안정성을 측정하는 재검사 신뢰도, 동형검사간 측정의 항상성을 측정하는 동형검사 신뢰도, 한 번 실시한 검사를 반분 또는 여러 부분으로 나누어서 서로간의 항상성을 측정하는 내적 합치도 등이 있다. 일반적으로 한 검사의 관찰점수 분산은 진점수 분산과 오차점수 분산으로 나누어 볼 수 있는데 이 때 진점수 분산을 관찰점수 분산으로 나눈 값이 신뢰도 계수이다.

3. 객관도 및 실용도

특정 평가도구에 있어서 타당도와 신뢰도를 갖추어야 한다는 것은 매우 중요한 사항임에 틀림없지만, 양질의 평가도구의 조건으로 충분한 것은 아니다. 더 나아가 제작되는 평가도구는 객관성과 실용성을 가지고 있어야 한다. 인간 또는 교육 현상을 대상으로 측정하는 교육평가는 사람에 따라 주관이 개입될 소지가 있기 때문이다.

1) 객관도

객관도란 검사자 또는 채점자, 평가자의 신뢰도를 말하는 것으로, 검사의 채점자가 얼마나 일관성 있게 채점하는가의 정도라고 할 수 있다. 신뢰도가 측정도구의 변덕에 의해 결정되는 것이라면, 객관도는 채점자의 변덕에 의해 결정되는 신뢰도라고 할 수 있다. 따라서 객관도를 검사자의 신뢰도라고도 한다. 보통 교사들은 자기가 가르치고 있는 학습내용에 적극적인 반응을 보이는 학생에게 관심을 주고 좋은 점수를 주는 경우가 있다. 이러한 경우에는 평가의 객관성이 결여된다.

2) 실용도

앞의 타당도, 신뢰도, 객관도는 좋은 평가도구로서의 이론적 기준에 해당하는 것이라 할 수 있다. 이러한 이론적 기준 외에도 평가 장면의 현실적 측면을 고려하지 않을 수 없다. 이 현실적 측면을 고려하는 것이 평가도구의 실용도이다. 즉 검사 또는 평가도구의 실용도란 한 평가도구에 들어가는 경비와 시간, 노력 등을 최소화하고 측정목표를 충실히 달성할 수 있느냐의 정도를 말한다.

제 9 장

교육제도와 행정

제 1 절 교육제도

일종의 형식교육인 학교교육이 체계적인 교육을 달성하기 위해서는 교육의 제도가 필요하다. 학교교육제도는 국가가 적극적으로 관여하여 그 기본구조를 설정하고 규제하는 계획형과 사회적 필요에 부응해서 관련되는 사회 집단이나 개인이 학교를 설립함에 따라 그것이 교육의 전통으로 형성되는 자생형이란 두 가지의 유형으로 발달되어 왔다.

한국의 학교교육제도는 대한민국 정부 수립 후 교육법이 제정, 공포되면서 새로운 교육의 제도를 가지게 되었기 때문에 계획형에 속한다고 볼 수가 있다.

1. 우리나라 교육제도의 발달

이종각(1999)은 다음과 같이 고찰하고 있다.

1) 한국교육의 발전과정의 개관

우리나라에서도 전통사회의 교육은 기본적으로 계층적이었으며, 국가의 관료양성의 필요가 크게 반영되었다. 조선시대의 성균관과 4부 학당, 서원 등이 그러한 교육기관들이었다. 서당은 일반 서민을 위한 민간 사립학교라고 볼 수 있으나 상대적으로 매우 취약하였다.

19세기 후반에 이르러 한국은 서양의 산업문명에 접하게 되고 개화의 과정을 겪게 된다. 우리나라에 근대적 의미의 학교가 설립된 것은 갑오경장 이후의 일로서 민간사립학교인 원산학사(1883년 설립)가 최초의 근대적 학교로 알려져 있다. 그러나 이 때까지 학교제도의 초등・중등・고등교육의 계통화가 이루어지지는 못했었다.

1905년 을사보호조약 이후, 일본의 식민지로 전락하여 전제적 통치를 받게 된다. 이 과정에서 10만을 넘는 일본인들이 교육조직과 각종 산업분야에서 식민관료로 종사하였으며, 한국인 관료는 대부분 하급 행정직에 종사하고 있는 5만명 정도가 전부였다. 일제 식민통치를 받는 기간 동안 일본의 학제가 이식되어 6－4－5 제의 교육제도가 갖추게 되었다. 이 제도는 인문교육보다는 실업교육에 치중하였으며, 중등교사 양성기관이 없었고, 한국인 특히 여자에게는 고등교육의 기회가 제한되었다.

일제 식민지 통치하의 초등교육은 한국인을 일본인에 동화시키는데 중점을 두었으며, 중등교육은 일본인이 다니는 중학교와 구분되어 5년제 고등보통학교나 기술학교에서 소수의 한국인 학생을 대상으로 실시되었고, 교육은 일본인에 의하여 일본어로 진행되었다. 1919년 3・1 운동의 실패 이후 한국의 민족주의자들은 한국의 독립에 있어서 근대교육의 필요성을 더욱 절감하였고, 이에 대해 일본은 학교교육에 대한 통제를 더욱 강화하여 민족교육의 움직임을 막았다. 1942년 초등학교에 다니는 한국 학생의 수는 전체 취학 대상 아동의 40%에 불과하였으며, 이 중 중학교에 진학하는 학생은 5%에 지나지 않았다. 또한 1924년에 설립된 경성제국대학도 설립취지와는 달리 일본인 학생들이 대부분이었다.

1945년 한국은 해방을 맞았지만, 36년간의 일제 지배로 인하여 문맹률 78%, 부족한 교원수, 근대학문을 습득한 자들의 외국어 구사 능력의 부족, 이원화된 학제에 대한 국민의 불만 등 수많은 부정적 결과를 낳았다. 8·15 직후 미군정 하에서 조선교육위원회와 조선교육심의회의 조직을 통해서 교육의 재건을 위한 당면과제와 장기 발전의 구성을 폈다.

1949년에 제정·공포된 교육법은 학교중심 공교육제도의 확립을 명확히 하고 있다. 모든 종류의 학교 및 교육기관은 국간의 공기(公器)이며, 교육이 공공의 사업이지 개인이나 민간단체의 사적인 활동은 아님을 분명히 하고 있다. 따라서 교육기관은 공공권력의 지도나 감독을 받는 국가 관리의 교육제도를 채택하고 있으며, 그 책임도 국가가 지게 되어 있다. 교육법 제정으로 학제·의무교육제도·교육자치제·지방교육재정제도 등은 물론 교육제도 운영의 기본 요강을 정비하였다. 초등의무교육은 1950년 6월 1일을 기하여 시행키로 하였다. 또한, 이 「교육법」은 문맹퇴치를 위한 공민학교 설립 등의 내용을 담고 있었으며 이러한 노력의 결과로 1960년대에 들어서 문맹은 거의 사라지게 되었다.

1950년의 6·25는 국민교육의 재건을 향한 신생국의 노력에 커다란 타격을 주었다. 문교예산은 정부재정의 2%선으로 떨어지고 교육은 피난지의 노천교실, 생벽돌교실, 전시연합대학 등으로 그 명목을 유지해 나갈 수밖에 없었다. 다부제(多部制) 수업이 다반사였고 교육여건은 비참할 정도로 열악했다. 동란 중 인명과 시설의 손실 또한 막심하였다.

전시 중이면서도 1951년 3월에 교육법의 개정을 통해서 제도화되었던 6-3-3-4의 학제는 그 후 한국교육의 제도적 기틀이 되었으며, 1952년도에 발족된 시군 단위의 지방교육자치제는 하나의 이정표를 기록하였다.

1953년 휴전이 성립되자 1954~1959년간의 의무교육 완성 6개년 계획의 추진과 함께 중등 및 고등교육의 기회확충, 실업교육의 진흥 등도 촉진되었으며, 범국민적인 문맹퇴치 사업도 재개되었다.

1960년대에 접어들면서 4・19와 5・16을 거치면서 한국교육은 새로운 사회환경 속에 처하게 되었다. 1960년대의 세계적 동향이었던 개발열기를 배경으로 국가발전 계획이 강력히 추진되었으며, 이러한 상황에서 교육사업에 대한 국가의 통제가 강화되고, 국가발전의 수단적 역할을 충실히 하는 교육이기를 요청받았다. 경제개발 5개년 계획의 추진과 함께 교육계획의 수립도 이루어졌다. 장기종합교육계획법(1972～1986)이 수립되었고, 경제개발 계획에 맞추어 교육발전 계획도 5개년 계획의 수립과 추진으로 이어졌다. 제2차 경제개발 5개년 계획(1967～1971) 이후에는 의무교육시설 및 실업교육시설의 확충 등이 경제개발 특별회계 속에 포함되었고 교육재정도 확충・강화되었다.

취학률은 초・중학교에서 1960년대와 1970년대를 거치면서 90% 이상을 상회하게 되었다.

그러나 이러한 성장과정에서, 특히 1960년대 이전까지, 정부지원의 부족, 교사의 부족, 교육의 질적 문제(다인수 학급, 전일제 수업) 등이 발생하였다.

제2의 개발년대인 1970년대에도 교육에 대한 국가의 통제와 조성은 계속되고 강화되었다. 1972년 유신체제의 4공화국이 시작된 것과 때를 같이 하여 '국적 있는 교육'이 강조되었고, 국민교육헌장(1968년 공포)의 정신을 구현하는 방향으로 진행되었다. 이렇게 1970년대에는 교육이념면에서 민주주의보다는 국가주의가, 미래지향성보다는 복고주의가, 체제 옹호 이데올로기가 강력하게 고조되었다. 다른 한편 중학교 및 인문계 고등학교에 있어서 평준화정책의 실시, 이공계대학 교육에서 중화학 공업교육의 추진 및 강화, 산학협동의 시행, 전문대학의 개편 등 다양한 교육정책이 추진되기도 했다.

1980년대에 들어와서는, 교육개혁의 중점은 대학교육으로 이행되었다. 「7・30 교육조치」를 통해서 과외공부가 엄격하게 금지되었으며 대학에서의 본고사 폐지, 졸업정원제의 도입 등이 추진되었고 아울러 교육세의 제도화, 교육대학의 4년제 승격 등이 이루어졌다. 그밖에 유아교육의 확충과 개선, 중학교 의무교육화의 추진, 평생교육의 제도화 등에 있어서도 새로운 진전이 있었다. 그러나 졸업정원제는 시행착오로 그쳤고 1988년부터는 다시 입학정원제로 환원 조치되었다. 1980년대는 또 한 번의 격동기였다. 군사정권의 연장 및 사회혼란의 가중과 더불어 교육분야에서도 대학의 혼란과 교육운동이 전개되었다.

1990년대는 30여 년에 걸친 군사정권이 종식되고 문민정부가 겨우 등장하게 된다. 정부에서는 교육개혁을 소리높이 외쳤다. 국제경쟁력 강화와 정보화 사회에 대한 대비로 교육개혁의 방향을 잡았다. 학교 단계별로 볼 때는 역시 대학 교육의 개혁에 강조점을 두고 있다. 교육구조 개편을 위해 교육계에 시장 경제의 경쟁논리를 도입하려는 것이 문민정부의 정책방향의 한 가지 큰 특색이다. 그러나 교육계의 자율구조의 조장보다는 정부 주도적이며 조급한 경쟁논리의 도입에 부작용과 또 한 번의 시행착오가 우려된다.

2) 한국의 교육제도

교육제도란 사회에서 계획적으로 교육기능을 담당하는 기구가 짜여질 때, 그 짜임을 교육제도라고 한다. 국가의 교육제도의 중심은 '학교의 교육기능의 독립성'을 제도적으로 보장할 수 있는 학교제도, 즉 학제이다.

해방 이후 우리나라는 민주적인 수립을 통하여 교육발전의 계기를 마련하게 되었다. 미군정시에는 6-6-4 제와 6-3-3제를 병행시킨 제도가 운영되어 오다가, 대한민국 정부수립 이후 교육법이 제정되면서(1949) 6-3-3-4 제도의 학제 개편(1951)이 이루어졌다. 이 제도는 ① 국민 각인의 능력을 최고로 발휘할 수 있을 것, ② 교육기회가 균등하게 제공될 수 있을 것, ③ 교육보급과 향상을 신속하게 달성할 수 있도록 발전적 내용을 담을 것, ④ 우리의 국가 사정에 적절할 것, ⑤ 국제 교육수준에 대응할 수 있을 것 등의 원칙에 의거 수립된 것이다.

그 후 6-3-3-4제는 기본적인 골격을 계속 유지하면서 부분적인 제도의 수정, 보완을 통하여 발전되어 왔다. 즉, 교육법 제정 이후의 학제 변화로는 사범학교의 교육대학으로의 승격(1962), 실업고등전문학교의 설립(1963), 중학무시험 추첨배정제(1969), 대입예비고사제(1969), 방송통신대학(1972)과 방송통신고등학교의 설립(1973), 그리고 전문대학의 설립(1979) 및 교육대학의 4년제 대학으로의 승격(1981), 사회교육법 통과(1882. 12), 교원대학(1984, 1985학년도부터 모집) 등을 지적할 수 있다.

이와 같이 다양한 종류의 학교가 설치·운영되고 있으며, 여러 학교들의 체계를 학제(學制)라고 한다. 다양한 종류의 학교가 필요한 이유는 다양한 상황에 처해 있는 국민의 교육적 요구를 수용함과 아울러 교육에 대한 사회적 요구의 다양성을 수용해 나가야 할 국가적 필요 때문이다.

이렇게 복잡한 교육제도를 이해하기 위해서 몇 가지 중추적 개념을 이해할 필요가 있다. 우선 '정규학교'와 '비정규학교'의 개념이다. 정규학교는 학력(學力)을 법적으로 인정하는 각급학교를 말하며, 비정규학교는 법적으로 학력인정을 받지 못하는 학교를 말한다. 비정규학교의 예를 들면, 지금은 정규학교의 발달로 많이 사라졌지만, 공민학교, 고등공민학교, 기술학교, 그리고 교육법상의 각종 학교가 비정규학교의 예들이다.

정규학교와 비정규학교의 구분에 따라 학제는 기간학제와 방계학제로 구분된다. 즉, 학제가 정규학교의 체계를 중심으로 이루어져 있기 때문에 이를 기간학제라고 부르며, 비정규학교의 체계를 방계학제라고 부른다. 방계학제는 기간학제에서 수용하지 못하는 교육욕구를 수용하기 위한 제도이다. 그런데 방계학제의 학교는 학력인정을 받지 못할 뿐만 아니라 기간학제로의 이동도 할 수가 없을 뿐만 아니라 기간학제로의 이동도 할 수 없는 장벽이 있다. 따라서 학력인정을 받으려면 학력인정 검정고시라는 절차를 한 번 더 거쳐야 한다. 방계학제를 구성하고 있는 비정규학교들은 사회교육기관이라고 볼 수 있다.

학제의 특성을 지적하기 위하여 사용하는 개념으로 '단선형' 학제(또는 단선제)와 '복선형' 학제(또는 복선제)라는 용어를 쓴다. 이 두 개념은 교육평등 의식의 성장과 함께 발달한 것들로서, 학생들이 밟아갈 학교계통이 단선으로 아니면 복선으로 분리되어 있느냐의 기준과 그 사이의 장벽의 높이를 지적하기 위한 용어이다. 우리나라의 기간학제는 단선형이다. 고등학교 수준에서는 실업계학교와 인문계 학교가 분리되어 있기는 하지만 어느 학교를 졸업하든 대학 진학의 길이 열려 있다. 따라서 모든 학생은 크게 하나의 학교계통을 밟을 수 없기 때문에 단선형이다.

전형적인 복선형 학제는 유럽 여러 나라의 구 학제이다. 유럽의 복선형 학제에서는 초등학교를 졸업할 때, 진로를 선택·결정하는 11세 시험(11+ exam)을 치고, 인문계 중등학교로 진학할 것인가 실업계 중등학교로 진학할 것인가를 결정했다. 뿐만 아니라, 일단 실업계에 진학하면 실업계 학교 계통만 밟아야 하며 인문계 학교계통으로 진학할 수 없다. 이런 점에서 학생들이 밟을 수 있는 학교 계통이 두 개의 노선으로 구분되어 있기 때문에 복선제라고 부른다. 더구나 11세에 이런 결정적인 시험을 치르기 때문에 그야말로 조기선발(早期選拔)이다.

이러한 복선형 학제가 비민주적이고 교육평등의 장애요인으로 비판받아 왔으며, 따라서 세계 각국에서 학제에 있어서 복선형적 요소를 폐지하거나 새로운 학교를 만들어 평등적 요소를 강화해 왔다. 1980년대 후반부터 다시 축소되는 경향이 있기는 하지만, 우리나라에도 도입되고 한때 널리 장려된 바 있는 종합학교(comprehensive school)는 인문계·실업계를 통합한 것이다. 이것은 서양 사회에서 중등교육 단계에서 계열이 엄격한 구분에 따른 불평등적 요소를 줄이기 위한 방안으로 설립되었던 것이다.

2. 기간학제와 각급학교

1) 기간학제

한국교육의 이념, 목적, 행정체제, 교육기관의 종류와 계통, 각급학교, 각종 학교의 교육목적 등은 총 11장 177조로 되어 있는「교육법」에 명시되어 있다. 따라서 한국의 기간학제는 이 교육법에 따라 구성되어져 있는데 먼저 교육법에 나와 있는 한국교육의 이념과 교육방침을 살펴보면 다음과 같다.

동법은 제 1장 총칙 제 1조에서 한국의 교육이념을 아래와 같이 규정하고 있다.

교육은 홍익인간의 이념 아래 모든 국민으로 하여금 인격을 완성하고, 자주적 생활능력과 공민으로서의 자질을 구유하게 하여 민주국가 발전에 봉사하고 인류공영의 이상실현에 기여하게 함을 목적으로 한다.

이에 뒤이어 제2조에서 상기 목적을 달성하기 위하여 다음과 같은 일곱 가지의 교육방침을 내세우고 있다.

① 신체의 건전한 발육과 유지에 필요한 지식과 습성을 기르며, 아울러 견인불기의 기백을 가지게 한다.

② 애국애족의 정신을 길러 국가 자주 독립을 유지 발전하게 하고, 나아가 인류평화 건설에 기여하게 한다.

③ 민족의 고유문화를 계승 앙양하여 세계문화의 창조발전에 공헌하게 한다.

④ 진리탐구의 정신과 과학적 사고력을 배양하여 창의적 활동과 합리적 생활을 하게 한다.

⑤ 자유를 사랑하고 책임을 존중하며, 신의와 협동과 애경의 정신으로 조화 있는 사회생활을 하게 한다.

⑥ 심미적 정서를 함양하며 숭고한 예술을 감상 창작하고, 자연의 미를 즐기며 여유의 시간을 유효히 사용하여 화해 명랑한 생활을 하게 한다.

⑦ 근검노작하고 무실역행하며, 유능한 생산자요, 현명한 소비자가 되어 건실한 경제생활을 하게 한다.

교육법은 이상과 같은 교육의 이념과 지표를 제시한 다음 교육의 기간이 되는 교육의 기관과 계통을 규정하고 있다. 동법 제81조에는 "모든 국민으로 하여금 신앙, 성별, 사회적 신분, 경제적 지위 등에 의한 차별이 없이 그 능력에 따라 균등하게 교육을 받게 하기 위하여" 라는 전제 아래 6－3－3－4 제의 일원적 기간학제(단선형 학제)를 설정하고 있는데 이 기간학제를 표시하면 다음 [그림 9－1]과 같다.

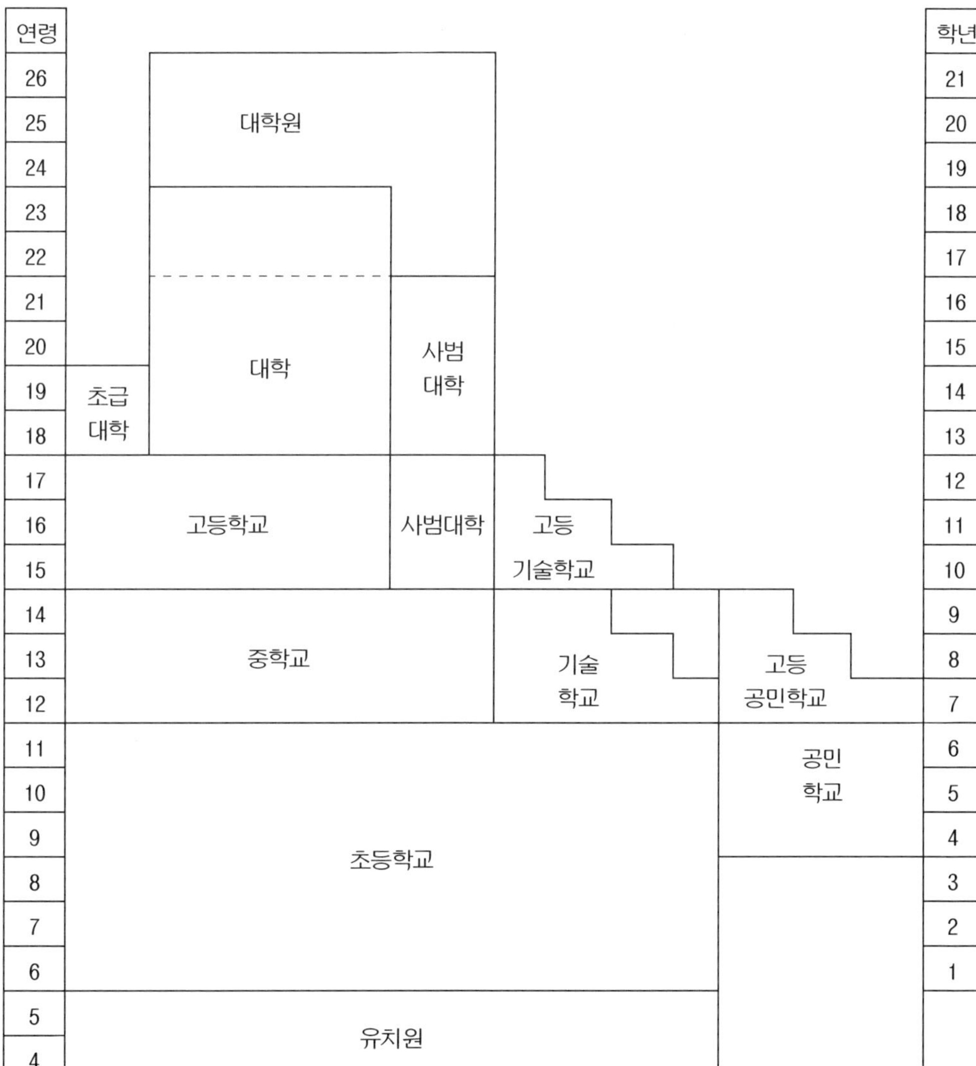

[그림 9－1] 한국의 기간학제

[그림 9-1]에 나타난 기간학제는 수업 연한 6년의 초등학교, 3년의 중학교, 3년의 고등학교 및 4년의 대학(의·치과는 6년)을 골격으로 하는 일원적(一元的) 교육제도이다. 이에 더하여 학령을 초과한 아동, 혹은 정규의 학교에서 수업을 받을 수 없는 아동을 위하여 3년제의 공민학교, 1~3년의 공민학교, 초급기술 교육을 위한 3년제의 기술학교, 1년 내지 3년의 고등기술학교를 방계의 교육기관으로 두고 있다. 그러나 지금에 와서는 초등학교 취학률이 높아짐에 따라 공민학교는 거의 그 존립이유를 상실하게 되었다. 또한 교사양성기관인 사범학교는 대학으로 승격됨에 따라 전부 없어지게 되었다.

2) 각급학교

(1) 취학전 교육

취학전 교육은 의무교육기관인 초등학교에 입학하기 전에 유아들이 받는 교육을 의미한다. 이에 해당하는 교육기관으로서는 유아원, 유치원, 어린이집 등을 들 수 있다. 그 중에서 유아원(Nursery School)은 유치원에 입학하기 이전의 어린이 중 특히 3, 4세 어린이를 교육하는 기관이며, 유치원(Kindergarten)은 교육법에 의거 설립된 학교제도의 일부이다. 유치원에서는 초등학교 입학 전의 4~5세 아동을 대상으로 1년 내지 2년간의 유아교육을 실시한다. 어린이집(Day Care Center)은 2~5세의 아동 중 취업여성의 자녀를 보호하는 기관이며, 그러기 때문에 일차적으로 보호기능을 담당하나 근자에 와서는 교육기능도 수행하고 있다. 이러한 취학전 교육기관 중에서 형식적인 학교교육의 성격을 가지고 있는 기관은 유치원이다.

기록에 의하면(대한교육연합회, 1971) 우리나라에서 현대식 유아교육이 시작된 것은 개화의 물결이 휩쓸던 1897년으로서 조선왕실이 설립한 유년학교가 그 효시라고 할 수 있다. 이원영에 의하면 한국 어린이를 위한 최초의 유치원은 1909년에 함경북도에 설립된 나남유치원이며 그 후 1914년에는 이화학당에 이화유치원이 설립되었다(김종서·이영덕·정원식, 1985에서 재인용).

이와 같은 초기의 유치원이 있기는 하였으나 그 수는 극히 미미한 상태였고 역시 취학전 교육이 본격화되기 시작한 것은 대한민국 정부 수립 후부터라고 할 수 있다. 그럼에도 유치원 교육은 부유한 가정의 자녀들이 받을 수 있는 일종의 사치 교육으로 생각되어 온 것이다. 정부수립 이후 유치원 교육이 계속적으로 강조되어 왔음에도 불구하고 문교통계에 따르면 1970년 우리나라의 유치원 취원율이 2.1%에 불과했다는 사실만 보아도 그 점을 알 수 있다.

그러던 것이 70년대에 들어서서 조기교육의 필요성에 대한 새로운 인식이 싹트고 정부의 유아교육정책이 실효를 거둠에 따라 1980년대 초에는 취학전 교육기관 취원율이 80%를 넘어서는 양적 발전을 가져오게 되었다.

1969년 문교부령으로 유치원 교육과정이 제정 공포되기 이전에는 교육법 제147조에 나타난 5개항목만이 정부에서 공식적으로 밝힌 유치원 교육내용이었다. 교육법 제146조와 제147조에는 아래와 같은 내용이 기술되어 있다.

"유치원은 유아를 보육하고 적당한 환경을 주어 심신의 발육을 조장하는 것을 목적으로 한다"(교육법 제146조). 이와 같은 목적을 실현하기 위하여 다음과 같은 목표를 달성할 수 있도록 노력할 것을 규정하고 있다(교육법 제147조).

① 건전하고 즐거운 생활을 하기에 필요한 일상의 습관을 기르고 신체의 모든 기능의 조화적 발달을 도모한다.

② 집단생활을 경험시키어 즐거이 이에 참가하는 태도를 기르며 협동, 자주와 자율의 정신을 싹트게 한다.

③ 신변의 사회생활과 환경에 대한 바른 이해와 태도를 싹트게 한다.

④ 말을 바르게 쓰도록 인도하고, 동화, 그림책 등에 대한 흥미를 기른다.

⑤ 음악, 유희, 회화, 수기, 기타 방법에 의하여 창작적 표현에 대한 흥미를 기른다.

이와 같은 유치원 교육의 목표에서는 사회성의 발달과 예능 중심의 교육이 강조되고 있음이 나타나고 있다. 그러나 1969년에 공포된 문교부령 유치원 교육과정은 인격형성을 도우며 아동의 흥미와 욕구에 맞는 환경을 줌으로써 어린이의 기본적인 능력, 태도, 습관 등 함양하는 데 역점을 두고 있다. 이 교육과정은 1982년에 다시 개정되어 현대적인 유아교육 원리에 부합되도록 되었다. 1982년에 공포된 유치원 교육과정에서 제시되고 있는 일반목표는 다음과 같다(문교부, 1982).

① 기본적인 감각기능과 운동기능을 기르고, 신체의 조화로운 발달을 이루게 한다.
② 자신과 주변 세계를 긍정적으로 받아들이게 하고, 자기의 느낌과 경험을 창의적으로 표현하게 한다.
③ 다른 사람의 말을 바르게 이해할 수 있게 하고, 자기 생각을 말로 표현할 수 있는 기초적인 언어기능을 가지게 한다.
④ 자연과 사회현상에 대한 기초적 이해를 도우며, 논리적이고 과학적인 사고를 바탕으로 한 문제해결 능력을 가지게 한다.
⑤ 가족과 이웃을 사랑하는 태도를 가지게 하고, 일상생활에 필요한 기본적인 예절과 규범을 지키도록 한다.

또한 이 문교부령은 유치원의 교육일수를 1일 3~4시간, 연간 180일 이상으로 정하고, 교육과정 구성은 신체발달, 정서발달, 언어발달, 인지발달, 사회성 발달의 다섯 영역으로 조직하도록 지적하고 있다.

(2) 초등교육

형식교육으로서의 학교교육을 초등 · 중등 · 고등교육으로 구분하는 것은 세계적인 통례로 되어 있다. 초등교육은 국민의 기초교육을 의미하며, 우리나라의 교육법 제8조에는 모든 국민이 6년간의 의무교육을 받을 권리가 있음을 밝히고 있다.

초등교육은 초등학교 교육으로 대변되는데, 우리나라의 초등학교 교육은 학습과 일상생활에 필요한 기본 능력을 기르고 바른 생활태도를 형성하여, 전인적인 성장을 위한 밑바탕을 기른다는 다음과 같은 교육목적이 명시되어 있다.

초등학교는 국민생활에 필요한 기초적인 초등보통교육을 하는 것을 목적으로 한다(교육법 제93조).

초등학교 교육과정 지침에는 초등학교 교육의 일반 목표로서 다음과 같은 사항이 제시되어 있다(문교부, 1982).

① 보건과 안전에 대한 기초지식과 기능을 습득시키고, 건강한 신체를 가지게 한다.
② 아름다움을 느끼고 가꿀 줄 알며, 이를 창의적으로 표현할 수 있는 기본 능력을 가지게 한다.
③ 일상생활에 필요한 기본적인 언어능력과 수리적 사고력을 기른다.
④ 자연과 사회의 이해를 위한 초보적인 지식을 가지게 하고, 지적으로 탐구할 수 있는 기본 능력을 가지게 한다.
⑤ 기초적인 생활기능과 근검, 절약하는 태도를 길러, 자립에 필요한 기본적인 자질을 가지게 한다.
⑥ 일상생활에 필요한 기본적인 예절과 질서를 지키고 이웃과 나라를 사랑하는 마음씨를 가지게 한다.

이상과 같은 초등학교의 교육목표에서 보는 바와 같이 초등학교의 교육은 여러 면에서의 기본 능력을 기르는 데 중점을 두고 있다. 지적인 기본능력, 언어적인 기본 능력, 기본적인 표현 능력 등 초등학교에서 강조되는 것은 기초능력과 기본적인 태도이다. 이 점에서 초등학교 교육은 국민기초교육이라고 할 것이다.

이러한 목적을 달성하기 위하여 초등학교의 교육활동은 교과활동과 특별활동으로 나누어 편성하도록 되어 있고 이에 더하여 생활지도 활동이 강조된다. 교과활동은 도덕, 국어, 사회, 산수, 자연, 체육, 음악, 미술, 실과의 9개 교과로 편성하고 특별활동은 어린이회 활동, 클럽활동, 학교행사 등으로 편성하게 한다.

(3) 중등교육

중등교육은 초등교육 이후에 주어지는 6년간의 교육을 총칭한다.

이는 3년간의 중학교 교육과 3년간의 고등학교 교육으로 분리된다. 우리나라의 교육법이 제정 공포되었을 때, 중등교육은 4년제의 중학교 교육과 3년제의 고등학교 교육으로 되어 있었다. 그것이 1950년에 수정되어 중학교 3년, 고등학교 3년으로 되어 오늘에 이르고 있다. 3년간의 중학교 교육을 받은 다음 고등학교로 진학하게 되는데 이때 일반계 고등학교와 실업계 고등학교로 분리하게 되어 있다.

중등교육 중에서 중학교 교육은 초등학교 교육의 기초 위에 건전한 심신을 기르고, 개성에 맞는 진로탐색에 필요한 지식과 기술을 습득하게 하며, 공정한 판단력과 자율적 활동 등을 기르는데 그 목적을 두고 있다.

중학교는 초등학교에서 받은 교육의 기초 위에 중등보통교육을 하는 것을 목적으로 한다(교육법 제100조).

중학교의 교육활동은 도덕, 국어, 사회, 수학, 과학, 체육, 음악, 미술, 한문, 외국어, 실업, 가정의 12개 교과로 편성하도록 되어 있다.

한편 고등학교 교육은 중학교 교육의 기초 위에 사회성원으로서의 역할을 수행하고, 원만한 인격을 형성하며, 자신의 진로개척에 필요한 자질을 기르는데 역점을 두고 있다.

고등학교는 중학교에서 받은 교육의 기초 위에 고등보통교육과 전문교육을 하는 것을 목적으로 한다(교육법 제104조).

고등학교 교육은 일반계 고등학교와 실업계 고등학교로 분리 운영되며, 일반계 고등학교에서는 학생의 진로선택에 따라 2학년부터 인문사회과정, 자연계과정, 직업과정으로 구분하여 적용한다.

우리나라의 중등교육은 남녀를 분리 교육하는 것이 그 특징의 하나라고 할 수 있다. 초등학교까지는 남녀가 공학을 하게 되나 일부의 학교를 제외하고는 대부분의 중학교에서는 분리하여 교육을 받게 된다. 또한 중학교에서는 제복을 착용해 왔으나 개성을 존중하고 교육에서의 획일성을 탈피한다는 의도에서 교복자율화시책이 시행됨에 따라 1983년부터 자율적인 복장을 하게 되었다.

우리나라의 중등교육은 지난 30여 년간 실로 그 유례를 찾기 어려울 정도의 양적인 팽창을 거듭해 왔다. 이러한 교육인구의 급격한 증가는 많은 교육문제를 수반하게 되었다. 교육인구 증가에 따르는 문제 중에서 중요한 것을 추려보면 다음과 같다.

첫째, 중등학교 인구의 급격한 팽창은 교육의 질 저하를 초래하였다. 학교당, 학급당 인원수가 과다하기 때문에 효율적인 수업의 진행과 학생생활지도가 어려워지고 이와 같은 현상은 결과적으로 교육의 질을 저하시키게 된다.

둘째, 교육인구의 급격한 증가는 정부의 재정적 부담을 가중시키는 결과를 초래하였다. 많은 수의 중학교를 신설하는 일과 고등학교 평준화 작업은 막대한 재정 투자를 필요로 함에도 불구하고 중등교육 재정은 증가에 상응하는 증액이 되지 못하고 있기 때문에, 중학교는 재정적으로 어려움을 겪고 있으며, 특히 사학은 그 정도가 심한 상태에 있다.

(4) 고등교육

고등교육은 형식교육제도에 있어서 초등·중등 다음에 주어지는 제 3단계 교육을 총괄적으로 의미한다. 보다 구체적으로 고등학교 교육 이후에 실시되는 대학교육을 뜻하며, 대학에서는 지성의 개발과 고도의 직업적 지식과 기능을 습득하게 된다.

종래의 대학은 극소수의 선택된 사람만이 지배자로서의 특수교육을 받기 위한 기관이었다. 그러나 민주사회에서는 계급적인 교육기관이 따로 있을 수 없고, 따라서 모든 사람으로 하여금 그 능력이 미치는 최대한도까지 교육을 받을 수 있는 균등한 기회가 주어져야 한다. 뿐만 아니라 민주사회에서는 지도자의 다수화를 요구한다. 이는 권력이 소수인에게 집중될 때 , 그 사회는 전제화되기 때문이다. 이러한 민주사회의 요청에 의하여 대학은 문호를 개방하게 된 것이다.

대학의 문이 넓게 열림에 따라 한국의 고등교육은 급속하게 팽창되었다. 양적 팽창이 급격하게 이루어진 원인으로서는 전통적으로 높은 향학열, 민주사회에 적합한 교육시책에 따르는 대학문호의 개방, 징집 보류 조치 등 여러 가지를 들 수 있으나, 그 중에서도 중요한 것은 대학의 학생 정원을 증가하고 졸업 정원제 실시에 따라 정원의 30%를 증원 선발할 수 있도록 한 것이다.

해방 이후 대학교육이 급격하게 양적으로 팽창함에 따라 고등교육의 내실을 기해야 한다는 의견이 대두되고, 정책의 방향도 자연 그 쪽으로 기울어지게 되었다. 그와 같은 정책의 일환으로 1955년에는 대학설치 기준령이 제정 공포되었다. 이 기준령은 대학을 설치함에 있어 갖추어야 할 시설, 교사, 교수 등의 기준을 명시한 것이다. 이미 설치된 대학에 대해서는 일정 기간의 유예를 두어 기준령에 합당한 조건을 갖추도록 한 것이다. 이 기준령은 대학 설치 운영에 있어서 적지 않은 제한의 작용을 하게 되어 우리나라 대학의 외형적인 조건을 구비하는 데 영향을 미치게 되었다.

한국의 고등교육에 관하여 특기할만한 또 하나의 사항은 단기 고등교육기관의 양적인 신장과 방송통신대학 및 개방대학의 발족이다.

교육법에 명시된 대학교육의 목적은 다음과 같다.

❖ 대학교육의 목적

대학은 국가와 인류사회 발전에 필요한 학술의 심오한 이론과 그 광범하고 정치(精緻)한 응용방법을 교수, 연구하여 지도적 인격을 도야하는 것을 목적으로 한다(교육법 제108조).

❖ 교육대학과 사범대학의 교육목적

교육대학은 초등학교의 교원을, 사범대학은 중학교와 고등학교의 교원을 양성함을 목적으로 한다(교육법 제118조).

❖ 전문대학의 교육목적

전문학교는 사회 각 분야에 관한 전문적인 지식과 이론을 교수 연구하며 재능을 연마하여 국가사회의 발전에 필요한 중견직업인을 양성함을 목적으로 한다(교육법 제 128조).

(5) 특수교육

대한민국 헌법 제27조 1항에는 "모든 국민은 능력에 따라 균등하게 교육을 받을 권리를 가진다"라는 조문이 있다. 이 조문에서 관심을 끄는 부분은 '균등하게 교육을 받을 권리'라는 부분이다. 균등한 교육과 평등한 교육을 받을 권리가 있다는 말은 그 내포하고 있는 의미가 무척 달라진다. 평등한 교육을 받는다는 것은 개인이 지닌 개인차가 고려되지 않은 채 획일화된 교육을 누구나 다 받는다는 뜻이 되고 균등한 교육을 받는다는 것은 각 개인이 지니고 있는 개인차에 따라 거기에 알맞는 교육을 받는다는 뜻이 된다. 즉, 장애 아동도 대한민국의 국민으로서 그들의 능력에 알맞는 교육을 받을 권리가 있다는 것이다. 이렇게 볼 때 한국의 헌법은 한국에서도 지적 · 신체적 조건이 정상에서 일탈되어 있는 피교육자에게는 특수교육을 실시할 것을 명문화시켜 놓고 있음을 알 수가 있다.

특수학교의 교육목적은 다음과 같다.

특수학교는 병자, 농아자, 정신박약자, 기타 심신에 장애가 있는 자에게 초등학교, 중학교에 준한 교육과 그 실생활에 필요한 지식 기능을 가르칠 것을 목적으로 한다. 특수학교에는 특수학교를 졸업한 자 중 고등학교에 준하는 교육을 목적으로 하는 고등학교 과정을 병설할 수 있다(교육법 제143조).

제 2 절 교육행정의 기초

교육행정은 사회적 · 공공적 활동을 전제로 보다 좋은 교육을 실현하기 위한 지원적 봉사활동이다. 교육과 행정의 관계를 통해 정의하고 있는 교육행정의 개념은 다음과 같다.

첫째, 교육행정을 행정의 한 분야로서 교육에 관한 행정으로 보는 정의이다.

이때 교육에 대한 행정이란 입법과 사법을 제외한 공권적 작용으로서 행정활동 중에서 교육이라는 한정된 행정, 즉 교육기관, 교육조직체를 중심으로 교육활동에 관한 행정을 말한다. 이러한 관점은 국가행정의 한 분야로서 일반행정의 위치에서 교육행정의 영역을 밝히고자 한다. 따라서 이 때의 행정은 교육보다 높은 위치를 차지하며 국가행정이 교육을 통제하는 '위에서 밑으로'의 전통적인 권위적인 행정을 말한다.

둘째, 교육행정이란 교육의 핵심적인 기능인 교수와 학습의 효율성을 높이기 위하여 제반 조건을 정비하는 수단적 · 봉사적 활동으로서의 교육활동을 위한 행동으로 보는 정의이다.

이때 '교육을 위한 행정'이란 교육행정을 사회적 · 공공적 · 조직적 활동으로서의 교육활동에 관한 목표를 설정하고 그 목표달성에 필요한 조직들을 정비, 확립하고 그 달성을 조장하는 것으로 보는 견해이다. 따라서 이 견해에서는 교육이 행정보다 높은 위치를 차지하며 행정은 밑에서 교육활동을 조장해 주는 '밑에서 위로'의 민주적인 교육활동을 의미하게 된다. 이 정의에서는 교육목표를 효과적으로 달성하기 위한 보조적인 봉사활동으로서 행정의 무한성을 강조하고 있다. 이러한 입장의 대표적인 학자 몰맨(A. B. Moehlman)은 교육행정이란 수업의 효율성을 높이기 위한 수단으로 고려되어야지 그 자체를 목적으로 고려되어서는 안 되며 행정을 본질적으로 교육과정의 기본 목표에 더욱 충실하고 이러한 목적이 능률적으로 실현될 수 있도록 하기 위한 봉사활동으로 보고 있다.

한편, 캠벨(Campbell)은 행정을 교육활동의 장에서 일어나는 교수와 학습의 목표를 효율적으로 달성하기 위하여 사람들의 관계를 조정하는 일로 정의하며, 리더(W. G. Reeder)는 교육행정의 효과성은 수업활동에 얼마나 공헌하느냐의 정도에 따라 결정된다고 하였다.

노종희는 교육행정을 교육목표를 달성하기 위한 지원체제의 효율적 운용과정을 통하여 교육활동을 조장, 촉진하는 협동적 집단 행위라고 정의하고 김종철은 교육행정을 교육활동의 목표를 설정하고 그 목표달성에 필요한 인적·물적 조건을 정비·확립하고 목표달성을 위한 활동을 지도·감독하는 것으로 정의하였다.

이상에서 살펴본 것을 기초로 교육행정에 대한 개념을 정의하면 결국 교육행정이란 사회적, 공공적 현상으로서의 교육활동에 대한 목표를 설정하고, 그 목표달성을 위해 필요한 조건을 정비·확립하여, 그 목표를 지도·조성하는 것이라고 할 수 있다.

이러한 교육행정의 정의에는 중요한 세 개의 요소가 포함되어 있다. 첫째, 목표달성 활동의 목표설정, 둘째, 이 목표달성을 위해 필요한 조건의 정비·확립, 셋째, 목표달성의 지도·조성 등이다. 좀더 구체적으로 살펴보면 교육목표를 설정한다 함은 그 목표를 달성하기 위해 필요한 교육내용을 설정하는 일이며, 교육목표를 달성하기 위해 필요한 조건의 정비확립이란 교육이 실시되는 사회적 장소로서의 학교제도의 설정 또는 실제로 교육이 실시되는 학교의 시설, 설비를 정비하는 측면과 교육을 행하는 교원에 대한 자격을 정하고 그것을 편제한다고 하는 측면을 말한다. 그리고 마지막으로 교육목표를 달성하기 위한 활동의 조성방법이란 지도·조언 행동이라 말할 수 있다.

따라서 교육행정이란 학교활동의 핵심이 되는 교수－학습활동을 지원하기 위한 봉사적 활동으로써 교육의 전문성과 특수성을 고려함과 동시에 행정에서 요구되는 효율성과 능률성을 극대화할 수 있는 방법을 강구하여 이것을 교육행위에 적응시키기 위한 활동행위라 할 수 있다.

제 3 절 학급경영의 이해

1. 학급경영의 의의

유아교육기관에서 유아를 지도하고 교육하는 일은 학급에서 이뤄진다. 따라서 유치원 조직에서 최소단위로서 교수-학습활동이 직접적으로 이루어지는 기본적 단위이다. 일반적으로 학급경영은 학급 내에 있어서의 교수를 주로 하는 활동(teaching activities)과 경영을 주로 하는 활동(management activities)으로 나눌 수 있다. 학급경영에 관계되는 활동은 환경구성, 교육과정 계획, 유아교육 활동자료와 설비의 선택 및 활용, 교수-학습활동의 운영, 유아건강 및 안전지도, 부적응 유아 행동의 지도, 부모교육 및 가정과 지역사회의 연계활동 등을 들 수 있다.

학급경영은 학급 내의 질서유지에 초점을 두고 유아들의 개인차에 대응하여 유아 자신이 적절한 방식으로 자기 통제를 발달시키도록 도와야 한다. 즉, 유아의 독립성, 자조 능력, 환경적응, 그리고 자신의 충동과 욕구를 관리할 수 있도록 한다. 따라서 학급경영이란 유치원 교육의 기능을 보다 충실하고 능률적이며 바람직하게 발휘시키기 위하여 제반조건을 정비하는 것이다. 다시 말하면 이 활동은 보다 나은 교수활동을 뒷받침하는 봉사활동으로서, 학습효과를 높이기 위해 학급 내의 사회적·물적 환경을 바람직하게 정비하고 운영하는 것이라고 하겠다.

1) 학급경영의 여러 정의

학급경영(classroom management)의 정의 속에 나타난 학급경영의 의미는 매우 다양하다. 학자들이 제시한 여러 가지의 정의들에 포함되어 있는 학급경영의 의미를 분류해 보면, 크게 질서유지로서의 학급경영, 조건정비로서의 학급경영, 교육경영으로서의 학급경영으로 나눌 수 있다.

(1) 질서유지로서의 학급경영

학급경영을 학급활동의 질서를 유지하기 위해 교사가 학급에서 행하는 모든 활동으로 보는 관점이다. "학급 내의 질서문제를 해결하기 위해 교사가 사용하는 행동과 전략"이라고 정의한 도일(Doyle)이 이러한 관점을 대표한다.

(2) 조건정비로서의 학급경영

학급경영을 수업을 위한 학습환경을 조성하는 일로 보는 관점이다. "학급경영은 교수와 학습이 일어날 수 있는 환경을 확립하고 유지하는데 필요한 조건과 규정으로 구성된다"라고 설명하는 듀크(Duke)가 이 관점의 대표적인 학자이다.

(3) 교육경영으로서의 학급경영

학급경영을 경영학적 관점에서 교육조직을 경영한다는 차원으로 보는 입장이다. 이 관점은 학급조직도 다른 조직과 유사한 기능을 수행한다고 보고 다른 조직을 경영하는 방식을 학급경영에도 적용하려고 한다. 다만 학급이 교육조직이므로 교육조직의 독특한 경영특색이 반영되어야 한다고 보고 있다. 경영을 목표의 성취에 필요한 조정과 협동에 관심을 갖는 조직의 기능이라고 정의하고 그러한 조직의 기능을 수행하는 교사의 활동을 학급경영으로 보는 존슨과 브룰스(Johnson & Brools)가 이 관점의 대표학자들이다.

2) 학급경영의 정의

학급경영을 교육경영으로 보는 입장에서 학급경영을 정의하면 학급의 목적을 효율적으로 달성하기 위하여 인적·비인적 자원을 활용하여 계획, 조직, 지도, 통제하는 일련의 활동을 통해서 학급을 운영하는 협동적 활동이다. 이

정의 속에 포함된 주요 요소는 조직의 목적, 자원의 사용, 경영과정, 협동체이다. 이들 요소를 중심으로 학급경영의 정의를 부연 설명하면 다음과 같다.

첫째, 학급경영은 학급의 목적을 추구하는 활동이다.

둘째, 학급경영은 교육자원을 획득하고 배분하고 활용하는 활동이다.

셋째, 학급경영은 계획, 조직, 지도 및 통제 등의 일련의 활동과정으로 이루어진다.

넷째, 학급경영은 집단적 협동체 활동이다.

2. 학급경영의 원리

학급경영을 구상하고 전개하는 데 있어서 학급을 어떠한 원칙에 입각하여 어떠한 방향으로 운영하겠다고 하는 학급경영의 방침 내지 원리가 필요하다.

다음에 제시하는 학급경영의 네 가지 일반적 원칙은 학급경영 활동 그 자체에 이미 내재되어 있는 속성과 학급경영 활동을 효율적으로 수행하기 위해서 필요한 요건들을 바탕으로 도출한 것이다.

1) 교육적 학급경영

교육적 학급경영은 모든 학급경영 활동이 교육의 본질과 목적에 부합되도록 운영하는 것이다. 이는 학급경영 그 자체가 교육활동이기 때문이다. 교육은 인간성향의 가변성을 믿고 개인이 지닌 잠재적 가능성을 최대로 발전시키고자 하는 노력이다. 따라서 학급경영은 인간은 교육을 통해서 성장·발전한다는 신념 아래 학생 개개인의 지적·정의적·신체적 능력을 최대로 개발하여 자아실현된 인간에 도달할 수 있도록 운영되어야 한다.

2) 학생이해의 학급경영

학생이해의 학급경영이란 학급경영의 구상과 전개가 학생의 이해를 기반으로 하여 이루어져야 한다는 것이다. 효과적인 학급경영을 위해서는 학생의 발달단계에 따른 지적, 정서적, 신체적, 사회적 발달의 여러 특징과 학습능력 및 준비도, 그리고 집단의 역학과 사회적 심리의 이해를 근거로 하여 학급의 여러 활동이 구성되고 운영되어야 한다.

3) 민주적 학급경영

민주적 학급경영은 민주주의의 이념—인간존중, 자유·평등, 참여, 합의 등—에 입각하여 학급을 경영하는 것을 말한다. 즉, 민주적 학급경영에서는 학급구성원 개개인의 인격이 존중되고 자유로운 학급분위기가 조성되며, 학생 스스로 결정할 수 있고 책임질 수 있는 자율적 행동이 조장된다. 이러한 민주적 학급운영은 학급이 민주주의의 학습장이라는 의미에서도 그 의의가 크다고 할 수 있다.

4) 효율적 학급경영

효율적 학급경영은 효과적이고 능률적인 학급을 운영함을 말한다. 학급경영의 효과성은 학급의 목표를 달성함과 동시에 학급구성원의 심리적 만족을 충족시키는 학급운영을 효율적인 학급경영이라고 할 수 있다.

실천적 측면에서 교사에게 지켜야 할 학급경영의 원리를 김봉수(1983)는 다음과 같이 제시하였다.

(1) 자유의 원리

현대 민주교육의 기본적 특징의 하나로 학습자의 인격을 존중하고 그들의 개성을 발전시킬 수 있도록 생활조건을 확보해 주어야 한다.

(2) 협동의 원리

민주생활 기본원리의 하나로서 학급집단의 안전과 이익을 위하여 협동생활을 할 수 있도록 생활 환경적 조건을 마련해 주고 지도해야 한다. 일상의 학급생활 중 혼자의 활동보다 두 사람 이상 여러 사람이 협동하여 활동함으로써 보다 유익한 성과가 나타나는 경험의 기회를 많이 만들어 주어야 한다.

(3) 노작의 원리

노작활동은 자기 활동인 동시에 자기표현이기도 하다. 정신적, 신체적 활동을 통해서 유형·무형의 창작물이 나올 수 있는 것이다. 따라서 학습활동이나 특별활동 등에서 스스로가 각자의 목표를 세우고 그것을 실현하도록 한다.

(4) 창조의 원리

학급 내외의 생활이 언제나 과학적인 마음, 즉 자료의 모집과 분석, 통합, 정리, 활용하는 방법을 지도하고 그러한 실제 생활의 기회를 만들어 주어야 한다. 또 언제나 관찰하고 실험, 실습, 현장학습 등을 통하여 과학적인 태도와 행동이 되도록 지도하며, 간이기구의 제작 등 공작활동의 기회를 자주 가질 수 있도록 강구해야 한다.

(5) 흥미의 원리

흥미는 학습활동의 동기를 일으키며 학습활동의 원동력이 된다. 따라서 평소 학급생활에서 학습자들이 흥미를 갖게 할 수 있는 생활환경을 조성해 주고 가능한 한 그들의 생활주변의 환경조건을 새롭게 해 주어야 한다. 또한 학습자가 성공감과 자신감을 가져 볼 수 있는 과업을 주어 그들 스스로가 자율적인 활동이 왕성하게 되도록 각 조건을 조정 또는 제공해 주어야 한다.

(6) 요구의 원리

학교교육은 당면한 사회적 요구나 과제, 학습자의 요구, 가정의 요구 등을 발견하여 교육적 가치가 있다고 인정되는 내용은 가급적 충족시켜 주어야 한다. 따라서 학급교사는 여러 가지 방법을 활용하여 학습자, 가정, 지역사회가 필요로 하는 사항을 파악하기 위해 노력해야 한다.

(7) 접근의 원리

참된 교육의 성과는 교사와 아동·학생이 거리감 없이 가장 친근할 때 더욱 효과를 올릴 수 있다. 이러한 점에서 교사와 학습자, 아동과 아동이 서로 존중하고, 신뢰하고 인격적으로 대할 때 학급은 부드러워지고 학습구성원 전체의 발전·향상을 기할 수 있다. 이러한 원리를 친밀의 원리라고도 한다.

(8) 발전의 원리

학급교사는 꾸준한 자기반성·평가를 비롯하여 일상의 학습자의 생활실태, 학급의 교육적 여러 환경조건을 관찰, 평가, 반성하여 보다 나은 방향으로 변화될 수 있도록 해야 한다.

학급집단을 교사가 보는 관점에 따라 관리집단의 입장, 적응집단의 입장, 그리고 자치집단의 입장으로 구분할 수 있다. 이 세 가지 견해를 유치원 교육에 비추어 보면 적응집단과 관리집단의 운영형식이 지배적이다. 따라서 학급경영을 운영함에 있어 교사는 먼저 유치원 교육의 목적과 목표에 비추어 학급을 조직하고, 학습효과를 증대하기 위한 교사 자신의 의도적 관찰을 확립하여야 한다.

학급경영의 좌표는 유치원 교육의 목표를 달성하도록 조건을 정비하고 뒷받침하는데 그 중심 가치를 두어야 한다. 효율적인 학급경영을 운영하기 위해서는 우선 기초적 조사를 통한 자료 분석을 거쳐서 목표를 설정한 다음, 교육활동의 실천과정이 유아의 요구와 사회의 요구를 충족시킬 수 있도록 하고, 나아가 사회발전에 적응하고 기여하게 해야 한다.

학급경영의 계획 수립을 위한 단계별 과정은 다음과 같이 제시될 수 있다.

① 제1단계－교육목표의 확인 : 학급경영의 교육목표를 재확인하고 그 목표

에 따른 방침을 세운다.

② 제2단계－지도계획 : 학급목표를 달성하기 위한 구체적인 지도계획을 수립한다.

③ 제3단계－실시 : 구체적인 계획에 의거하여 실행한다.

④ 제4단계－평가와 반성 : 학급경영에 대한 평가와 반성을 한다.

제 4 절 학교장학의 이해

1. 장학의 이해

1) 장학의 개념

장학에 대한 개념을 보다 명확하게 장학(supervision)이란 용어가 함축되어 있는 의미를 살펴보면 'supervision'이란 'superior'와 'vision'의 합성어이다. 'superior'는 '높은 곳 또는 우수한'이란 뜻이고 'vision'은 '본다 또는 감시하다'는 뜻으로 결국 '장학(supervision)'이란 '우수한 사람이 높은 곳에서 본다', '훌륭한 눈으로 감시한다'를 의미하며, 한편으로는 'oversight'라는 '감독'의 뜻도 내포하고 있다. 그러나 오늘날에는 민주적인 의의를 가진 용어로서 장학 또는 지도·조언이란 말로 사용되고 있으며, 그 의미가 많이 변화되어 교사와 학생의 성장·발달에 관한 모든 조건을 향상시키기 위한 전문적·기술적·봉사활동이라는 뜻으로 이해되고 있다.

와일즈(Kimball Wiles)는 장학이란 교수－학습의 개선을 위하여 제공되는 지도·조언이라 하였다. 그리고 버튼(William H. Burton)과 브레크너(Leo J. Brueckner)는 장학이란 학생의 성장과 발달에 영향을 주는 모든 요인들을 협동적으로 연구하고 개선하는 기술적 봉사라고 하였다. 그리고 해리스(Ben M.

Harris)는 장학의 개념을 교육행정이나 학교경영의 전체적인 국면에서 파악하면서 장학이란 학교에서 교수-학습과정을 유지하고 개선하는 것이며, 교장이나 교사들이 학습과정을 용이하게 하기 위하여 인적·물적 자원을 조정하는 것이라 하였다.

이상에서와 같이 학교에서 수업의 질을 개선하여 교육의 효율성을 극대화하려는데 역점을 두고 있는 새로운 장학활동의 요청에 따라 장학에 대한 개념을 조성일은 교육의 목적을 효율적으로 달성할 수 있도록 정책적이고 행정적인 측면에서 관리적이며 수업적인 측면에서 궁극적으로 교수-학습활동을 도와 주는 봉사활동의 한 수단이라고 본다.

2) 장학의 기능

장학의 목적이 교수-학습활동을 도와 주는 봉사활동이라면 장학의 기능도 이와 같은 장학의 목적으로 효율적으로 달성할 수 있도록 지원하는 역할을 담당해야 할 것이다.

김창걸은 장학의 중요한 기능을 첫째, 교사의 전문적 성장을 돕는 일, 둘째, 교육과정 운영의 개선을 돕는 일, 셋째, 교수-학습지도 개선을 돕는 일, 넷째, 교육환경과 관리개선을 돕는 일 등으로 제시하고 있다. 이를 좀더 구체적으로 제시하면 다음과 같다.

첫째, 교사의 전문적 성장을 돕는다는 것은 교사들이 교육활동 전반에서 전문성을 발휘하도록 돕는 것이다. 이것은 교육의 성패는 교사의 질에 달려 있으므로 교사의 전문성 제고는 바로 교육의 질을 높이는 것과 같다. 그러기 위해서는 교사의 건전한 교육관을 비롯하여, 가치관·태도 및 교육에 대한 투철한 사명감, 교과에 관한 지식과 기술 및 학습지도와 생활지도의 방법의 개선 등 문제해결을 위한 창의력의 발휘, 그리고 교육문제에 대한 올바른 인식의 확대 등을 통하여 교사의 전문적 성장을 이루게 한다.

둘째, 교육과정 운영의 개선을 돕는 것인데, 학교경영의 중추가 교육과정의 운영이다. 교육목적을 달성하기 위해 어떤 내용을 어떻게 선정·조직하여 어떤 방법으로 가르쳐 어떻게 평가하느냐의 문제가 바로 교육과정 운영이다. 장학의 다른 기능도 따지고 보면 교육과정 운영을 위한 지원 기능이라 할 수 있다. 사회의 변화 발전을 유도하기 위해서만이 아니라 거기에 적응하기 위해서라도 계속적인 교육과정 운영의 개선이 필요한데 이와 같은 것을 돕는 기능이다.

셋째, 교수-학습지도 개선을 돕는 일이다. 이것은 둘째 기능인 교육과정을 돕는 일에 포함될 수 있다. 그러나 이것을 독립시킨 것은 교내 장학 내에서는 이미 설정된 교육과정의 운영의 개선도 중요하지만 다양한 교수-학습의 방법론을 전개시키며 개선·발전시키는 것이 더욱 중요하다. 그리고 현대 장학의 궁극적인 목적은 교수-학습지도 개선을 위한 지도·조언이라 할 수 있다. 여기서는 교수-학습지도 방법을 비롯하여 교재·교구·교편물 등과 학습환경 구성에 이르기까지 기술적 문제에 대한 지도·조언 기능을 가리킨다.

넷째, 교육환경과 교육관리의 개선을 돕는 일이란 교육환경의 개선과 교육과정 운영을 지원하는 활동의 개선을 돕는 일이다. 교수-학습을 위한 학습환경을 개선해 주는 일에서부터 제반 물리적 환경과 심리적 환경을 구성해 주어야 하며, 또한 학교교육 계획에서부터 조직관리, 인사관리, 재무관리, 시설관리, 사무관리 등 제반 행정활동의 개선을 돕는 일이다. 즉, 세 번째 기능이 수업장학이라면 이것은 행정장학 기능의 일부라 할 수 있다.

장학업무의 효율적인 운영을 통하여 교수-학습활동의 개선과 교육발전의 향상, 그리고 교육목표의 달성을 도모하기 위해서는 무엇보다 장학지도의 민주화, 과학화, 전문화를 촉진하는 데 역점을 두어야 한다.

2. 장학의 유형

장학지도의 유형을 어떤 일정한 하나의 기준으로 구분하기는 어려운 일이다. 대체로 장학은 장학이 이루어지는 장소와 장학을 담당하는 구성원들에 따라 그리고 조직수준에 따라 그 구분이 다양하다. 여기서는 장학행정이 이루어지는 장소와 형태에 따라 수업장학, 임상장학, 동료장학, 요청장학으로 구분하여 살펴보고자 한다.

1) 수업장학

수업장학이란 단위 학교 교사의 교수–학습 방법의 개선·향상 및 실험·실습 교육의 효율화를 위한 전문적인 지도조언을 목적으로 실시하는 장학활동이다. 그러므로 수업장학은 교사의 교수행위에 직접 영향을 주는 학교 내에서의 제반 지도 활동을 말한다.

따라서 수업장학 담당자는 교사의 수업 개선을 돕기 위하여 교사의 심리적, 기술적인 직접적인 지원과 봉사 및 조력을 해야 하고 교육과정의 개발에 있어서의 조정과 교수활동에 대한 평가는 물론 교육목표의 개선과 교사들의 과업수행 및 교육성과 등에 대한 평가를 함으로써 교사들의 전문적 성장에 기여해야 한다.

한국교육개발원이 마련한 수업장학의 과정을 살펴보면 제1단계 사전협의회, 제2단계 자료수집, 제3단계 분석 및 전략수립, 제4단계 사후협의회, 제5단계 적용, 제6단계 평가로 이루어진다. 그 구체적인 내용을 제시하면 다음과 같다.

(1) 제1단계 : 사전협의회

① 정보획득
② 문제점 및 개선방향 확인
③ 관찰계획과 수립
④ 관찰될 수업장면의 명료화

(2) 제2단계 : 자료수집

① 학습지도안
② 수업관찰

(3) 제3단계 : 분석 및 전략수립

① 자료분석
② 수업분석
③ 전략수립(수업개선 방법, 사후협의회 계획)

(4) 제4단계 : 사후협의회

① 진행사항 확인
② 피드백 제공
③ 사후 관찰계획

(5) 제5단계 : 적용

① 자료수집(학습지도안, 수업관찰)
② 일반화 전략수립

수업장학의 주요 내용은 학습지도안, 교수－학습활동, 학습자료 분석, 학습평가 등이며 이에 대한 구체적인 사항은 각 교육청이 마련한 교수－학습활동 평가관찰표와 수업참관 및 교과협의 요령에 잘 나타나 있다.

2) 임상장학

장학이 전문화되려면 교사들의 문제를 해결해 줄 수 있는 특별한 기술(know how)을 장학담당자가 갖추는 일에서 가능하게 될 것이다. 이것은 곧 장학담당자들의 기술 수준을 높이는 것을 말한다.

장학의 지도기술로서 최근 각광받고 있는 장학유형에 임상장학이 있다. 임상장학이란 학급 내에서 교사와 학생 사이에 이루어지는 교수－학습활동의 상호작용 과정에 초점을 두고서 학생의 학습을 향상시키려는 장학을 말한다.

이 장학의 기본 자료는 학급 내에서 발생한 교사와 학생 사이의 대면적 상호작용 과정을 기록한 것으로 교사의 지각 신념·태도·지식을 분석하여 교사의 수업활동을 개선하고 학생의 학습효과를 향상시키려는데 있기 때문에 임상장학은 수업장학의 한 방법이라고 할 수 있다.

코건(Cogan)은 임상장학의 과정을 8단계의 국면으로 구성된 다음과 같은 순환과정으로 설명하고 있다.

(1) 1단계 : 교사와 장학담당자의 관계 확립하기

교사와 장학담당자는 서로 도움을 주고받는 동료적 관계를 먼저 맺고 교사가 임상장학에 관한 일반적 이해를 가지고 그의 새 역할과 기능을 알도록 한다.

(2) 2단계 : 교사와 함께 기획하기

장학담당자가 교사와 함께 학습계획을 작성하는 단계이다. 이 계획에는 학습목표, 성과, 수업에서 예상하는 문제, 수업자료 및 교수전략, 학습과정, 그리고 피드백과 평가준비 등을 포함한다.

(3) 3단계 : 관찰전략 기획하기

장학담당자는 관찰과 자료수집을 위한 목적과정 그리고 물리적 및 기술적 배치 등을 계획한다. 관찰에서 장학담당자의 기능도 다른 참관자처럼 분명히 명시되어야 한다. 교사도 이 관찰계획에 참여하여 임상장학과정에 익숙해질 때까지 역할을 담당하게 된다.

(4) 4단계 : 수업관찰하기

장학담당자는 혼자 혹은 다른 사람과 함께 수업을 참관하던가 하여 학급에서 수업 중에 일어나는 교사와 학생간의 비언어적, 언어적 상호작용을 조심스럽게 체계적으로 관찰한다.

(5) 5단계 : 교수－학습과정 분석하기

관찰에 이어 교사와 장학담당자가 교실에서 일어났던 일을 분석한다. 처음에는 교사와 장학담당자가 각각 분석하는 것이 보통이지만 나중에는 이들만이 함께 또는 다른 참관자와 함께 분석할 수도 있다. 이 과정에서 내려지는 어떠한 결정도 교사의 능력개발을 위한 것이어야 하고, 또 조심스러워야 한다.

(6) 6단계 : 협의회 전략 기획하기

교사와 함께 일하는 초기 단계에서는 보통 장학담당자 혼자서 교사와의 협의회를 주관하기 위한 계획대안 전략을 짠다. 만약 원한다면 협의회 기획은 교사와 장학담당자 함께 공동으로 수행할 수도 있다.

(7) 7단계 : 협의회

협의회 참석자는 보통 장학담당자와 교사이지만 필요에 따라서 또 적절한 상황에서는 다른 참석자들도 자리를 함께 할 수도 있다. 협의회는 가끔 교사에 의하여, 때로는 장학담당자 없이 다른 사람에 의하여 주재될 수도 있다.

(8) 8단계 : 새로운 기획하기

협의회 중 적절한 때 교사와 장학담당자는 교사의 학급행동 중 논의된 행동에 관하여 어떤 점을 다음 수업에서 고쳐야 할지를 결정하게 된다. 경우에 따라서는 이전의 학습을 분석하고 토론하는 일을 중단하고 교사가 그의 수업에서 시도하게 될 다음 학습과 변화를 기획하게 한다.

이상에서 살펴본 코건의 임상장학 과정에서 특이한 것은 장학담당자와 교사 사이에 업무수행관계가 성공적으로 진척되는데 따라서 위의 단계 중 어떤 단계는 뺄 수도, 바꿀 수도, 새로운 과정을 넣을 수도 있다는 것이다.

3) 동료장학

동료장학은 교사들의 수업개선에 대한 관심이 고조되고 전통적인 장학에 대한 불신감과 부담감이 증대되면서 새롭게 대두되었다. 이 장학은 같은 학년의 교사들과 같은 교사들 그리고 관심분야가 같은 교사들이 모임을 통해 수업방법의 개선을 도모하고자 상호지도・조언해 줌으로써 교수기술 향상과 전문적 성장을 도모하기 위한 장학활동이다. 동료장학은 같은 학교 내에 근무하는 동료 교사들이 쉽게 만나 협동・노력할 수 있을 뿐만 아니라, 행정계층에서 오는 위화감 없이 친근감을 갖는 분위기에서 교사들 간 수업활동을 도와줄 수 있다. 그리고 같은 교사의 입장이기 때문에 교사간의 교수상황을 잘 이해할 수 있어 교수활동의 효과성을 극대화할 수 있다는 장점을 가지고 있다.

과거 전통적으로 교육청에서 나온 장학사에 의해 획일적으로 이루어져 왔던 장학은 위계에 의한 경직성 등으로 타율적 장학의 성격이 강했으나, 동료장학은 동지적 감정, 공동체 의식 등으로 인하여 협동성, 자율성, 능동성 등이 발휘되어 각 교사가 지니고 있는 전문성이 최대로 자유롭게 활용될 수 있다. 동료장학은 종래의 전통적인 장학에서 찾아볼 수 없는 효과성이 있다는 긍정적인 연구결과가 있는 반면 동료장학의 비효과성을 지적한 부정적인 연구결과도 있다.

동료장학에 대한 긍정적인 면은 다음과 같다.

첫째, 교사들은 교수－학습에 관한 조언을 얻기 위하여 장학사나 교장・교감보다 동료교사를 더 선호한다.

둘째, 교사들은 장학에 관한 전반적인 훈련을 시키지 않고 또 복잡한 양식을 사용하지 않고도 동료교사들끼리 서로 유용한 피드백을 제공할 수 있다.

셋째, 동료체제를 통하여 학교에 동료적 규범이나 동료의식 등 협동적 조직풍토를 형성할 수 있다.

한편, 동료장학에 대한 부정적인 면은 다음과 같다.

첫째, 동료장학에 의한 가능성과 효과성에 관한 문제이다. 장학에 대한 훈련을 받지 않은 교사들이 고도의 전문성을 요구하는 장학을 얼마나 효과적이고 능률적이고 수행해 낼 수 있느냐는 점이다.

둘째, 학교의 관료적 구조는 동료장학 프로그램을 방해하는 쪽으로 작용하고 있다. 즉, 시간부족, 동료와의 부적절한 상호작용, 학교건물의 부적절한 물리적 구조 등이 동료장학의 장애물로 지적되고 있다.

셋째, 아직도 장학체제는 교사의 협동적 활동이기보다는 고립적 분위기라는 점도 장애물로 지적되고 있다.

그러나 교직의 전문성과 자율성에 바탕을 둔 동료장학은 분권, 자율, 참여라는 민주적 장학요소가 포함되어 있다. 그러므로 동료장학은 친밀한 동료의식 속에서 협동적으로 한 교사의 능률적이고 효과적인 교수활동을 위한 장학활동에 기여할 수 있다.

4) 요청장학

요청장학은 일선에서 환영하지도 않는 형식적이고 상투적이며 연례행사적인 장학에 대한 반작용으로 나온 장학활동을 말한다. 이 장학은 일선학교나 교사가 교수-학습방법에 관한 전문적 지도가 필요하다고 판단하여 장학사를 초청함으로써 이루어진다. 요청장학은 교과영역 중심으로 장학협의팀(교장, 교감, 대학교수 등 참여)을 구성하고 학교당 2~3개 교과, 교과당 2~3명의 장학요원을 파견하여 집중적으로 실시한다.

요청장학은 학교 및 교사의 필요에 의해 실시되기 때문에 시·도교육청으로부터 필요한 교과와 필요한 영역의 전문장학사들의 도움을 얻을 수 있어 질 높은 장학을 할 수 있다. 그리고 교육활동의 핵심을 이루는 각 교과의 교수활동에 중점을 두기 때문에 참여자 모두의 상호 신뢰성이 형성될 수 있을 뿐만 아니라 장학의 과정도 바람직하게 전개될 수 있다. 그러므로 요청장학은 다른 어느 형태의 장학지도보다도 교수-학습활동의 효과가 클 것으로 기대되므로 학교 현장에서 이를 적극 활용할 수 있는 풍토가 조성되어야 할 것이다.

3. 장학담당자의 자질과 자격

1) 장학담당자의 자질

우리나라의 경우 장학요원의 핵심은 교육부, 시・도 교육청 및 하급교육행정기관(시・군・구교육청)의 장학행정을 직접 담당하고 있는 장학관, 장학사와 교육기관, 교육행정기관 또는 교육연구기관에서 근무하는 교육연구관, 교육연구사이다. 그러나 장학담당자는 장학기능의 역할을 담당하는 모든 사람을 의미하기 때문에 단순히 장학조직의 장학관이나 장학사라는 직명을 가진 자만이 아니라 교육활동과 관계된 교육기관에서 권한을 행사함으로써 실제 학교 현장에서 교수－학습활동을 실제적으로 담당하고 있는 교사들도 장학적 역할을 담당하는 장학담당자들이라 할 수 있다.

김창걸은 장학담당자의 자질을 인성적 자질과 전문적 자질로 나누어 설명하고 있다. 즉, 인성적 자질로서 ① 존경과 신뢰를 받을 수 있는 능력 ② 감정이입과 감수성 ③ 정열 ④ 문제 대응력 ⑤ 독창성 ⑥ 유머감 ⑦ 상대적 가치관 ⑧ 성실성 ⑨ 풍부한 자원제공을 제시하였다.

그리고 전문적 자질로서는 ① 광범위한 교양교육 ② 전문교육 ③ 교수기술 ④ 교육과정에서의 역할에 관한 명확한 인식 ⑤ 지도성의 기술 ⑥ 교수자료와 방법에 관한 지식 ⑦ 생산적 교수－학습요소를 평가하고 해석할 수 있는 능력 ⑧ 과정과 산출의 중요성에 대한 인식 ⑨ 실험과 연구에 대한 숙달 ⑩ 인간적 및 전문적 성장을 계속할 능력과 의욕 등을 들고 있다.

장학담당자는 일반 교사들이 학교 수업현장에서 당면하는 문제들을 전문적인 지식과 기수로서 해결해 주어야만 한다. 장학담당자들은 언제나 새로운 지식과 교수방법의 자질을 갖추고 이를 교실현장에 제공해 줌으로써 교육의 효과성을 극대화시켜 줄 수 있는 철학적 자질을 갖추고 있어야 한다.

2) 장학담당자의 자격

장학기능을 수행하기 위한 장학담당자의 신분상의 지위와 법적 자격을 살펴보면 다음과 같다.

장학관은 교육부의 장학편수실에서 장학 방침의 수립을 비롯하여 교육연구, 정신교육, 교과지도, 생활지도 등에 관한 주요 기획 및 정책 개발, 그리고 전문적 지도·조언을 통해 막료기능을 수행하는 위치에 있으며, 지방교육 행정조직에서는 학무행정 계통의 국·과장 또는 담당관으로서 교육부에서와 같은 막료적 기능을 수행하되 계선기능을 주로 담당하고 있다.

장학관과 장학사의 자격기준은 다음 〈표 9-1〉과 같다.

〈표 9-1〉 장학담당자의 자격기준

직명 / 기준	자 격 기 준
장학관·교육연구관	1. 대학·사범대학·교육대학 졸업자로서 7년 이상의 교육경력이나 2년 이상의 교육경력을 포함한 7년 이상의 교육행정 경력 또는 교육연구 경력이 있는 자. 2. 2년제 교육대학 또는 전문대학 졸업자로서 9년 이상의 교육경력이나 2년 이상의 교육경력을 포함한 9년 이상의 교육행정 경력 또는 교육연구 경력이 있는 자. 3. 행정고등고시 합격자로서 4년 이상의 교육경력이나 교육행정 경력 또는 교육연구 경력이 있는 자. 4. 2년 이상의 장학사·교육연구사의 경력이 있는 자. 5. 11년 이상의 교육경력이나 2년 이상의 교육경력을 포함한 11년 이상의 교육연구 경력이 있는 자. 6. 박사학위를 소지한 자.
장학사·교육연구사	1. 대학·사범대학·교육대학 졸업자로서 5년 이상의 교육경력이나 2년 이상의 교육경력을 포함한 5년 이상의 교육행정 경력 또는 교육연구 경력이 있는 자. 2. 9년 이상의 교육경력이나 2년 이상의 교육경력을 포함한 9년 이상의 교육행정 경력 또는 교육연구 경력이 있는 자.

* 비고 : 1) 이 표의 '대학'에는 한국방송통신대학교 학사과정을, 전문대학에는 한국방송통신대학교 전문대학과정과 종전의 초급대학·실업고등전문학교 및 전문학교를 포함한다.
2) 특수지 근무를 위하여 장학관·교육연구관 또는 장학사·교육연구사를 임용할 때에는 교육행정 경력 또는 교육연구 경력을 교육경력으로 갈음할 수 있다.

제 10 장

교직과 교사

제 1 절 교직의 전문성과 교직단체

1. 전문직으로서의 교직

1) 교직의 의의

교원은 인간의 성장과 발달, 또는 개인의 자아실현을 돕고 바람직한 사회의 성원으로서 적응할 수 있는 인간의 형성을 안내하는 고귀한 임무를 수행하는 사람이다. 이러한 교원이 몸담아 일하는 직종이 바로 교직이다. 다시 말하면 교육 현장에서 학생들을 가르치는 임무를 수행하는 직종이 바로 교직이다.

교직(teaching profession), 즉 가르치는 직업이란 무엇인가를 알아보기 위하여 우선 직업이란 무엇인가 하는 문제부터 살펴볼 필요가 있다.

직업을 영어로 occupation과 vocation으로 구분하기도 한다. 전자는 "사람이 보수를 받기 위해 정해 놓고 종사하는 일"이라 볼 수 있고, 후자는 "조물주로부터 소명(召命)을 받아 하는 일", 즉 '부르심을 받는 일(calling)'이라고 할 수 있다. 따라서 vocation은 일에 대한 "탁월한 경향성을 가지고 있다는 것"과 "필요한 적성을 가지고 있다"는 이중적 의미가 있다(정우현 : 1978, 37~38).

우리나라 표준직업분류는 교원을 "유치원 · 초 · 중 · 고 · 대학의 학생을 가르치기 위하여 학교에서 수업을 하고 개인교수를 하며, 신체 장애자를 가르치고 교육방법 및 교육보조 자료에 관한 연구를 수행하며 조언하고 학교에서 교육활동을 조직 및 감독하며 이와 관련된 업무를 수행하는 자를 말한다"고 정의하면서, 교육기관에서 지도하는 신체훈련 강사 및 스포츠 코치는 별도로 체육 및 관련 종사자로 분류하고 있다. 이처럼 교직은 대학 교원이든 초등학교 교원이든 특수한 전문직으로 범주되어 있음을 알 수 있다.

그러나 현실은 교직이 전문직으로 인정받기에는 매우 비관적이다. 그렇다고 해서 교직을 범속직으로 보는 데는 더더욱 문제이다. 교사는 가르치는 일을 하는 사람이지만 가르쳐야 할 것을 가르쳐야 하며, 가르치되 아무나 할 수 없는 특수한 전문적 이론과 지식에 기초를 두고 가르쳐야 한다.

이러한 교직이라는 직업을 보는 관점을 흔히 세 가지 유형으로 구분한다. 즉, 성직관 · 노동직관, 그리고 전문직관이 그것이다.

여기서 성직관은 교직을 종교적인 관점에서, 특별한 소명의식(mission or calling)을 가진 사람들이 감당할 수 있다고 보는 입장이라고 할 수 있다. 말하자면 교원은 목사나 신부 또는 승려 등과 같이, 인간의 정신적인 면과 영적인 면을 다루기 때문에 세속적인 직종과는 다른 자세로 교직에 종사해야 할 것을 강조하는 입장을 취하게 된다.

이에 대해 오천석(1973, 33~35)은 교직은 단순한 직업이 아니라 소명의식이 있는 성직이기에 거기에는 코미트먼트(commitment), 즉 헌신이 있어야 한다면서 다음과 같이 설명하고 있다.

교사의 임무는 고역도 될 수 있고 기쁨도 될 수 있다. 의무감에 못이겨 맡겨진 하루의 일을 기계적으로 되풀이함으로써 생계의 수단을 삼는데 그친다면, 이것은 분명히 노역이며 부담이다. 봉급날이 기다려지는 짜증나고 지루한 일과이다.

그러나 교사가 이러한 좁은 울타리를 초월하여 고매한 비전을 높이 들고, 우리가 맡은 어린 생명의 성장을 도움으로써, 그의 잠재한 가능성을 개발하여 풍요한 생활을 영위케 하고, 이를 통하여 나라와 겨레와 인류의 발전을 돕는 길이라는 신념을 갖는다면, 분명 그의 일은 노동의 영역을 뛰어넘어 희열의 원천이 될 것이다. 이 경우, 그의 일과는 부담이 아니라 보람이 있는 성직이 될 것이다.

교직을 성직으로 보는 이러한 견해에 의하면, 전문직 자질에 앞서 교사에게 기본적으로 요구하는 것은 정신적 자세인, 교육으로 부르심을 받았다는 소명의식이다.

단순한 직업이 아니라 소명이 되려면 종사하고 있는 일에 대한 헌신, 즉 코미트먼트가 있어야 한다. 소명이 요청하는 것은 기계적·형식적 동작이 아니며, 시간 보내기가 아니다. 거기에는 일에 대한 정열과 성의가 있어야 한다. 자기의 몸과 마음을 쏟아 놓는 봉헌이 있어야 한다. 사람의 마음에 공명을 일으키는 감흥이 있어야 한다. 따라서 교직자는 성직자다운 자세를 가지고 끝없는 사랑과 헌신, 희생과 봉사, 그리고 고도의 이상을 추구하면서 교육활동에만 전념하여야 한다.

노동직관은 교직도 정신적인 노동을 주로 하는 노동직으로서 본질적으로 다른 직종과 차이가 없다고 보는 교직관이다. 따라서 교원도 노동의 보상으로 보수를 받고 처우개선과 근무조건 개성을 위해 노동삼권을 행사할 필요가 있으며, 집단행동을 통해 정부나 경영자 또는 고용자와 맞서 투쟁해야 한다고 본다. 다시 말하면 노동자로서의 원리와 의무를 이행함으로써 교원의 지위향상을 도모할 수 있다고 보고 실리적인 주장을 행동으로 옮겨야 한다는 것이다.

전문직관은 교직을 성직이나 노동직으로 보지 않고 전문직으로 보는 입장이다. 여기서는 교직을 지성적·정신적 활동을 위주로 하는 애타적 봉사성과 고도의 자율성과 윤리성을 필요로 하는 직업으로 규정하고, 교원의 자질 향상과 사회·경제적 지휘향상 등을 위해 교직단체를 구성하여 적극적인 노력을 기울여야 한다고 주장한다.

요컨대, 교직은 전문적인 성격이 있으며, 그러면서도 소명의식이 요구되는 직업이라는 면에서 다른 일반직업과 구별되는 특수 전문직이라고 할 수 있다. 결국 교직은 인간을 가르치고 기르는 성스러운 직업으로서 특별한 자질과 사명감을 가진 사람만이 가져야 하는 직업이다. 따라서 교사나 교사가 되고자 하는 사람은 투철한 사명감을 갖고 전문적 지식과 교육방법을 연마하지 않으면 안 된다.

2) 교직의 전문성과 자율성

흔히 교직은 전문직이라고 한다. 어떤 사람들은 준전문직이라고도 한다. 만약 교직이 전문직이라면 어떤 점에서 그러한가? 이러한 논의는 먼저 전문직의 기준을 살펴보는 데서 출발한다.

스티네트(T. M. Stinnett)와 허거트(A. J. Huggett)는 전문직의 기준으로서 다음 몇 가지를 들고 있다.

① 전문적인 지식을 필요로 한다.
② 장기간에 걸친 준비교육을 받아야 한다.
③ 계속적인 연수를 통해 성장해야 한다.
④ 영속적인 근무와 경력을 필요로 한다.
⑤ 자체 기준을 설정해야(set its own standard) 한다.
⑥ 개인적인 이익보다도 봉사 기능이 위주가 되어야 한다.
⑦ 강하게 결속된 전문적 집단과 조직을 가지고 있어야 한다.

또한 홀리(E. Hoyle)는 다음과 같이 들고 있다.

① 본질적인 사회봉사를 수행한다.
② 조직적인 지식의 체계에 근거한다.
③ 장기간의 학문적이며 실제적인 훈련이 필요하다.
④ 고도의 자율성을 지니고 있어야 한다.
⑤ 일정한 윤리규정이 있어야 한다.
⑥ 연수를 통한 성장이 필요하다.

리버만(M. Lieberman)은 전문직의 특징을 다음과 같이 들고 있다.

① 전문직은 인간관과 사회에 대하여 본질적으로 봉사하는 기능을 갖는다.
② 전문직은 그 직무의 수행에 있어서 고도의 전문적 지식과 고차적인 지적 기술을 요구한다.
③ 전문직은 장기간의 전문적인 교육과 훈련을 필요로 한다.
④ 개인 및 직업집단 전체로서 자율성을 갖는다.
⑤ 그들의 행위에 대하여 사회적인 책임을 갖는다.
⑥ 경제적 수입보다는 사회 봉사적 의무의 정신을 강조한다.
⑦ 면허・가입・제명 등의 자체 규제권을 갖는 자율적 조직을 갖는다.
⑧ 그들 자체의 윤리강령을 갖는다.

이러한 제반 논의들을 종합하고 그 공통점을 찾아보면 전문직의 기본으로서 다음 몇 가지를 들 수 있다.
① 고도의 지적 능력이 필요하다.
② 장기간의 준비교육 및 계속적인 성장이 요청된다.
③ 애타적 봉사성을 그 특성으로 한다.
④ 윤리강령을 가지고 있다.

⑤ 전문적 활동을 위한 단체조직 활동이 이뤄져야 한다.

이와 같은 전문직의 기준에 비추어 볼 때 분명히 교직은 전문직이다. 이러한 전문직으로서의 교직에 종사하고 있는 교원에게는 보다 높은 자질과 풍부한 교양과 투철한 교직 윤리의식이 요청된다. 교원의 전문성이 더욱 심화·제고되어야 할 것임은 다음 몇 가지 측면에서 볼 때 더욱 절실하다고 보겠다.

첫째, 고도 산업사회 도래에 따른 비인간화·인간소외·인간주체성의 상실현상을 직시하고 교원은 인간성 회복을 위한 인간교육을 실천해야 한다. 이러한 인간교육면에서 교직의 전문성이 발휘되어야 한다.

둘째, 고도산업화에 따른 제반 역기능에 대비하여 적절한 교육공학(教育工學)의 활용과 교육 프로그램의 도입·적용에도 교원의 전문적인 지식과 기술이 더욱 요청된다.

셋째, 급속하게 팽창하는 지식과 정보사회에 대처하기 위해서도 교원은 전문성 행상을 위해 계속 노력해야 할 것이다. 지식과 정보의 팽창에 따라 평생교육의 필요성이 제기되고 있거니와 교원은 앞으로도 학교교육의 담당자 역할 뿐만 아니라 평생교육의 담당자로서 전문적 소양을 갖추어야 한다.

넷째, 지식·정보의 팽창과 산업의 고도화는 고학력 사회를 요구하고 있다. 그래서 일반 사회인의 학력이 높아지고 있는 반면, 상대적으로 교원의 학력은 낮아지고 있는 면도 없지 않다. 그러므로 교원의 학력 수준도 더욱 높여가야 할 필요에 직면하게 되었다.

다섯째, 사회의 개방화·국제화에 따라 서구 문물의 수용과정에서 전통문화의 재해석·발굴의 필요성이 제기되고 있다. 이것은 교원의 전문성 향상을 요청하는 또다른 하나의 측면인 것이다. 또한 투철한 국가관과 문화적 전통에 대한 자부심을 기반으로 하는 국제 이해 교육의 실천을 위해서도 교원의 전문성 제고가 요청된다.

지식의 폭발 또는 혁명의 시대로 대변되는 현대 산업사회에서 교육을 담당하는 교원은 전문성 향상을 의해 끊임없이 노력해야만 한다.

교직이 전문직이라고 한다면 교직에 종사하는 교원들은 그들의 업무를 추진함에 있어 고도의 자율성을 보장받아야 한다. 왜냐하면 교원이 주로 수행하는 수업계획 · 교수－학습활동 · 평가 · 생활지도, 기타 현장연구들은 자율적인 의사결정이 요청되기 때문이다. 만약 교원이 교육활동 과정에서 외부의 간섭과 통제를 계속받는다면 그들의 전문적인 능력과 창의성을 발휘할 수가 없게 되며, 이는 교육활동의 위축을 가져오게 될 것이다. 그래서 교원이 자유롭게 창의적으로 교육활동을 수행할 수 있도록 교육법에서는 교육의 자주성에 관하여 다음과 같이 규정하고 있다.

국가와 지방자치단체는 교육의 자주성을 확보하며 공정한 민의에 따라 각기 실정에 맞는 교육행정을 하기 위하여 필요 적절한 기구와 시책을 수립 실시하여야 한다(교육법 제14조).

그런데 이러한 교원의 자율성은 법적 · 제도적인 보장에 의해서만 확보되는 것은 아니며 전문직으로서의 교직에 종사하는 교원들이 그들의 의무를 충실히 이행하고 고도의 전문적 지식과 기술을 가지고 질 높은 교육을 실천할 때 더욱 확충될 수 있는 것이다.

학교교육 활동에 있어서 교사의 자율성은 교육이 이루어지는 기본이 된다. 따라서 교원이 전문적인 교육활동에 전념할 수 있도록 자율성이 최대한 허용되어야 할 것이다.

2. 교직단체의 활동

1) 교직단체의 기능

교원은 자율적인 교직단체를 조직하여 교직의 발전을 기하고 교원을 옹호하며, 권익을 높이기 위해 노력하게 된다. 현행 교육법에서도 이러한 사실을 다음과 같이 명문화하여 규정해 놓고 있다.

교원은 상호 협동하여 교육의 진흥과 문화의 창달에 진력하며, 경제적 또는 사회적 지위를 향상시키기 위하여 군·시·도·광역시·서울특별시 및 중앙별로 교육회를 조직할 수 있다(교육법 제80조).

그런데 김종철 (1982, 359~360)에 의하면 교원들이 단체를 조직하는 것은 교원 상호간의 유대를 강화하고 회원들의 복지향상을 도모하며, 그리고 회원들의 자질 향상 등을 추구하는데 그 의의가 있다고 한다. 교직단체는 교직에 종사하고 있는 교원들의 생활향상과 복리증진 뿐만 아니라 청소년들의 행복과 사회발전에 공헌하게 된다. 그렇다고 해서 교원들에게 적극적인 노동활동을 허용하지는 않고 있다.

즉, 노동삼법, 이른바 노동기준법·노동조합법·노동쟁의조정법 등은 적용되지 않으나, 교원의 사회적·경제적 지위향상과 전문성 향상을 의해 교직단체인 교육회를 조직·운영할 수 있고 또 이를 통해 교육에 관한 제문제를 건의할 수 있도록 하고 있다.

우리나라 교직단체로서는 1947년 11월 23일 창설된 대한교육연합회가 있다.

대한교육연합회가 설정한 기본강령은 다음과 같다.

· 인류평화와 증진을 위하여 교육의 민주화를 도모하고,
· 민족의 번영을 위하여 교육 우선의 국책 실현을 촉구하며,
· 교직의 사명을 완수하기 위하여 교원의 신분보장과 복리 증진을 기한다.

현재 대한교련은 대의원회·이사회·상설위원회 등 합의체를 형성·운영하고 있다.

2) 교직단체의 활동

교직단체로서의 대한교련은 교원의 생활권과 후생복지의 증진, 청소년의 복

지 증진, 교원의 전문성 심화 및 자질향상, 교권의 옹호 및 신장, 회원의 단결 강화, 국제문화 교류 등 광범위하고 다양한 활동을 활발하게 전개하고 있다.

이를 몇 가지로 요약하면 다음과 같다(김윤태 외, 1984, 46~48).

첫째, 교원의 생활권 및 복지·후생증진을 위한 활동을 전개하고 있다.

교원의 생활권을 증진하기 위한 사업으로서는 교원의 처우가 개선될 수 있도록 교원보수 제도의 개선과 각종 수당 인상 등을 위해 활발한 노력을 기울이고 있다. 이러한 보수제도 개선 뿐만 아니라 각종 복지·후생 제도의 확충 및 교원 상호 간의 상부상조 활동도 벌이고 있다.

이 밖에도 사립학교 교원 연금 관리의 운영, 교원 자녀에 대한 육성회비·학비 감면, 회원 자녀의 장학 사업, 의료혜택 등 다양한 활동을 통해 교원의 후생·복지 향상을 위해 힘쓰고 있다.

둘째, 교권 옹호 및 교권 신장의 활동을 수행하고 있다.

교원의 자질향상과 교육의 질적 개선을 위해서도 노력하고 있는데 현장 교육 연구 활동을 통해 교직의 전문성을 확립하고, 교육현장의 문제들을 해결할 수 있는 능력을 개발·육성하기 위한 노력을 기울이고 있는 것이 그 예이다. 또한 현직 교사의 사기를 높이고 새로운 스승상을 정립하여 학교교육에 대한 잘못된 인식을 옳게 잡아 주기 위한 활동도 전개하고 있다.

끝으로, 국제교육 및 문화교류 활동도 아울러 전개하고 있다.

각국의 교육자들은 상호간의 교직 경험을 교류할 수 있도록 상호 협력 활동을 전개하고 있다. 교련에서도 국제적인 교육·문화 교류 활동의 일환으로 세계교직단체연합회(WCOTP)에 가입하여 활약함으로써 교원의 해외연수 기회의 제공뿐만 아니라 한국 교육의 발전상을 알리고 민간 외교의 일익을 담당하고 있다.

이외에도 교원의 업무 경감, 교원인사 제도 개선, 청소년 복지향상, 학교교육 조건 개선, 기타 교육의 당면 문제해결을 위한 각종 사업과 활동을 전개하고 있다.

제 2 절 교 사 론

1. 바람직한 교사상

교사 학생 및 교육내용과 더불어 교육을 구성하는 3대 요소의 하나이며, 교육의 방향과 성과를 결정하는데 가장 핵심적 요소가 된다. 모든 교육계획・교육정책・교육이론・교육내용 등은 결국 교사의 자질・동기 행동 여하에 의해서 실현될 수도 있고 실현되지 않을 수도 있다. 즉, 교육작용이 완전히 진행되려면 학생 및 교육 내용이 교사라는 구체적인 인격을 통해야 가능해진다는 것이다. 따라서 교사 없는 교육이란 생각할 수 없다.

이처럼 교사가 교육에서 차지하는 비중이 큼에 따라 바람직한 교사상에 관한 연구가 활발하게 진행되고 있다. 바람직한 교사상에 대해 백스터(B. Baxter, 1941, 33~35)는 유능한 교사와 무능한 교사로 나누어 그 특성을 다음과 같이 설명하고 있다(정우현 역, 1982, 259~260에서 재인용).

1) 유능한 교사

① 갈등되는 여러 요구에 직면하여 자기 억제를 할 수 있는 능력을 가진 교사

② 항상 조용하고, 학생과의 관계에 있어서 친절한 교사

③ 침착하고, 여러 가지 활동을 동시에 지도할 수 있는 교사

④ 소견을 펴는데 있어서 건설적이고 격려적인 교사

⑤ 학생과의 관계에 있어서 대화가 잘 통하고 우호적인 교사

⑥ 목소리나 행동이 독창성이 있고 흥미를 집중시킬 수 있는 특기가 있는

교사

⑦ 유머가 있는 교사

⑧ 어떤 일에나 학생들이 즐거운 마음으로 참여하도록 유도하는 교사

⑨ 가르치는 일에 열심인 교사

⑩ 학생의 활동에 흥미를 가지고 참여하는 교사

⑪ 학생을 돕고 학생 스스로가 자기 일을 해결하는 데 흥미를 갖는 교사

2) 무능한 교사

① 학급으로부터의 요구에 응할 능력이 없는 교사

② 예기치 않은 문제나 요구에 부딪쳤을 때 혼란을 일으키고 화를 내는 교사

③ 학생과의 관계에서 강압적이고 성급한 교사

④ 벌에 의존하고 비꼬는 수단을 사용하는 교사

⑤ 학생에게 긴장감을 불러일으키고 필요 이상으로 엄격하여 비우호적인 교사

⑥ 목소리나 태도가 지루하고 개성이 없는 교사

⑦ 맡겨진 일 이외에는 아무 일도 하지 않으려는 교사

⑧ 유머를 이해하지 못하는 교사

⑨ 학생에게 무감각적이고 때때로 적대적인 반응을 일으키는 교사

⑩ 흥미나 적극적인 노력이 없고 학생을 늘 당혹하게 만드는 교사

⑪ 학생활동에 참여하지 않는 교사

⑫ 교사 본위대로 학생을 따르도록 강요하는 교사

김정환(1981, 21～23)은 고대로부터 현대까지 각 시대를 대표하는 위대한 스승들로서 고대에는 소크라테스・공자・원효대사, 근세에서는 페스탈로치・아놀드・이퇴계를, 그리고 현대에서는 20세기의 인물에 한정해서 니일・도행지(陶行知)・김교신을 택하고, 그들이 보여준 교사상을 음미하면서 우리나라

미래의 바람직한 교사상을 그렸다. 즉, 그는 먼저 가치를 동경하고 추구하는 소크라테스의 윤리적 교사상, 이상적 인격형성을 지향하는 공자의 구도적(求道的) 교사상, 민중의 '발심성불'(發心成佛)에 바쳐진 원효의 정토지향적(淨土志向的) 교사상, 민중의 역사의식 배양에 힘쓴 페스탈로치의 민중각성적 교사상, 사림정신(士林精神)의 배양을 위한 이퇴계의 선비적 교사상, 공교육의 비리에 도전한 니일의 반골적(反骨的) 교사상, 교육의 생명을 민족의 생명에서 찾고 민족해방 교육을 실천한 도행지의 투사적 교사상, 그리고 민족의 섭리사적(攝理史的) 이상 실현을 위한 김교신의 종교적 교사상을 각각 분석·음미하고 미래의 바람직한 교사상으로, ① 단체적 힘을 소유하는 교사, ② 역사의식을 갖춘 교사, ③ 인격의 힘을 지닌 교사, ④ 전문적 능력을 갖춘 교사, ⑤ 민중과 같이 호흡하는 교사 등 다섯 가지를 들고 있다

콤스(A. W. Combs, 1974, 22~27)는 어떤 교사가 훌륭한 교사가 될 것인가의 여부는 거의 전적으로 그 개인의 지각 세계에 의해서 결정된다고 전제하면서 훌륭한 교사의 지각 조직의 영역을 다섯 가지로 제시하고 있다.

첫째, 훌륭한 교사는 교과목에 대한 풍부하고 폭넓은 지각을 가져야 한다. 훌륭한 교사는 무지해서는 안 되며, 실력 있는 사람이어야 한다.

둘째, 훌륭한 교사는 인간과 인간의 행동에 관한 정확한 지각을 가져야 한다. 가르치는 일은 하나의 인간관계로 설명될 수 있다. 효율적으로 행동하기 위해서는 인간과 인간의 행동에 관한 가장 정확한 이해를 가져야 한다. 교사가 학생들의 본질에 대해 무엇을 믿느냐는 그가 그들에 대해 어떻게 행동하느냐에 큰 영향을 미친다.

셋째, 훌륭한 교사는 자아에 관한 정확한 지각을 가져야 한다. 교사의 행동은 자아개념에 따른다고 믿는 교사는 책임감이 강할 것이며 그렇지 않다고 생각하는 교사는 책임을 회피할 것이다. 인간이 자기 자신에 관해서 가지는 자아개념은 행동을 결정하는데 있어 매우 중요한 역할을 한다.

넷째, 훌륭한 교사는 학습의 목적과 과정에 관해 정확한 지각을 가져야 한다. 행동은 항시 방향을 수반한다. 우리가 무엇을 하느냐는 우리 마음 속에 있는 목적에 의해서 항시 결정된다. 교사들이 자기 자신과 사회의 목적에 대해

서 어떻게 지각하느냐는 그들의 행동에 큰 차이를 나타낸다.

다섯째, 훌륭한 교사는 적절한 교수방법에 관한 인간적 지각을 가져야 한다. 교사가 사용하는 교수방법은 상황과 교사의 목적에 적합해야 하며 또 학생들에게도 알맞아야 한다. 효율적인 교사는 그때 그때 필요에 따라 사용할 수 있는 여러 가지 교수방법을 충분하게 가지고 있어야 한다.

2. 효과적인 교사

일반적으로 '좋은 교사'라는 말을 자주 하는데 '좋은(good)'이라는 용어가 너무 광범하고 애매하기 때문에 어떤 교사가 과연 '좋은 교사'인가는 분명하게 말하기 어렵다. 인간적으로 성품이 좋은 교사를 말하는 것인지 아니면 학생들의 성적을 높여주는 교사인지 분간하기 어렵다. 또 학생의 성적을 높여준다는 의미에서는 오히려 우수한(excellent) 교사와 열등한(poor) 교사로 분류하는 것이 타당하리라는 생각도 해 볼 수 있을 것이다. 그러나 주로 도덕적 · 인격적 차원에서 교사를 분류할 때에는 '좋은 교사'와 '나쁜 교사'로 분류하는 것이 보다 타당하고, 능력적인 차원에서 교사를 분류할 때는 '유능한 교사'와 '열등한 교사'로 분류하는 것이 타당할 것이다. '좋은' 교사가 어떤 교사인지 일반화하기가 매우 어려운 데 비하여 '효과적인(effective)' 교사는 보다 구체적인 개념의 정의가 가능할 것이다.

효과적인 교사란 의도하는 학습의 성과를 가져오는 교사를 말한다. 이번 시간의 학습목표가 삼각형의 넓이를 계산하는 것이라면, 그 수업이 끝났을 때 학급의 모든 학생이 삼각형의 밑변과 높이를 확인하고, 밑변과 높이를 왜 곱해야 하는지를 설명하고. 그 값을 왜 2로 나누어야 하는지를 설명하면서 넓이를 계산할 수 있었다고 한다면 그 교사는 효과적인 수업을 했다고 말할 수 있으며, 그러한 교사를 효과적인 교사라고 부를 수 있을 것이다. 그러나 그 학급의 학생들이 의도한 학습 목표를 성취하지 못했다고 한다면 그러한 교사를 효과적인 교사라고 부를 수는 없을 것이다. 따라서 효과적인 교사를 판단하는 데는 두 가지의 준거가 필요하다. 하나는 '의도한(intended) 목적'이고 다른 하나는 그 목적을 달성한 '성취(achievement)'인 것이다. 만일에 의도한 목적이 없다면 학생의 성취는 무선적이고 우연적인 것일 뿐 통제적이지도 못하고 예언가능하지도 않은 것이다.

효과적인 교사를 의도한 학습 성과를 나타내는 능력을 소유한 교사라고 정의한다면, 교사의 무엇이 이러한 성취를 가능하게 하는가? 교사가 잘 교육받은 일반 성인과 다른 점은 무엇인가? 다시 말하면, 사범대학 물리교육학과를 졸업한 물리교사와 자연과학대학의 물리학과를 졸업한 성인과의 차이는 무엇인가? 그 차이로 나타나는 특성이 교사의 특성인 것이다.

어떤 사람은 교사의 성격을 특성으로 제시하고 있다. 교사는 일반인에 비하여 친절하고, 명랑하고, 동정심이 많고, 도덕적이며, 열성적이고, 그리고 유머감각이 풍부한 사람이라고 말하고 있다. 라이안(D. Ryans)은 종합적인 연구를 토대로 하여 효과적인 교사는 공정하고, 민주적이고, 반응적이고, 이해력이 강하고, 엄격하고, 자세가 균형적이고, 그리고 신념이 높은 사람이라고 하였다. 이에 반하여 비효과적인 교사는 편파적이고, 독재적이고, 냉담하고, 규제적이고, 변덕스럽고, 도피적이고, 흥분하기 잘하고, 그리고 불확실한 사람을 말한다.

그러나 게젤과 잭슨(J. W. Getzels and P. W. Jackson)은 인간관계는 상호관계적이기 때문에 교사가 아무리 성격적으로 좋다고 하더라도 그 집단의 사람들의 성격이 어떠하냐에 따라서 달라지게 마련이라고 보았다. 그래서 교사의 성격적 특성들이 바람직한 것이기는 하지만 교사의 자질과 특징으로 독자적이지는 못한 것이다. 오히려 전문직으로서의 필요한 능력과 지식이 요청된다고 하겠다. 그러나 어떤 지식과 기능이 전문교사에게 독특하고 필요한 것이지 정확하게 합의한다는 것은 매우 어려운 일이다. 그러나 전문교사는 어린이와 그들의 발달수준에 관하여 충분히 알아야 하며, 교실과 학교 밖의 일에 관해서도 충분히 알아야 하며, 그들이 가르치고자 하는 교과의 내용에 대해서도 충분히 알고 어떤 내용이 핵심적이며, 어떤 내용이 주변적인 것인지에 관한 지식을 소유하고 있어야 한다. 그리고 앞 절에서 강조한 바와 같이 교사로서 학생을 지도하기 위해서는 교육에 관한 철학적 사고와 관점을 가지고 있어야 한다. 그리고 전문교사는 인간이 어떻게 학습하게 되면, 학습을 촉진할 수 있는 환경을 어떻게 창안하느냐 하는 것도 알지 않으면 안 된다.

3. 전문교사의 자질과 교육철학관

1) 전문교사의 자질

(1) 교과목에 관한 전문지식

전문교사(professional teacher)란 전문가적인 지식과 기술, 그리고 전문가적 정신을 가진 교사를 말한다. 이러한 전문교사는 교육에서 의도하는 목표를 효과적으로 성취시키는 교사를 말하며, 이러한 교사가 효과적인 교사 또는 유능한 교사로 평가받는다. 이러한 교사는 자기가 가르치는 교과목에 관한 전문적 지식을 소유하고 있어야 한다. 어떤 내용을 가장 잘 가르칠 수 있는 사람은 그 내용에 대하여 가장 잘 아는 사람이다. 상대성 원리를 가장 잘 가르칠 수 있는 사람은 상대성 원리를 발견한 아인슈타인일 것이다. 아인슈타인은 상대성 원리를 발견하고 상대성 이론을 구축했기 때문에 그것을 가장 잘 아는 사람은 아인슈타인일 것이며 그것을 가장 잘 가르칠 수 있는 사람도 아인슈타인일 것이다. 이처럼 교사는 자기가 가르치고자 하는 내용에 대하여 우선 완벽한 지식을 갖추고 있어야 한다. 가르칠 내용을 잘 알고 있는 사람은 그것을 가르치는 방법도 알기 때문이다. 교과목에 관한 전문적 지식을 가진 교사는 어떤 내용이 핵심적인 내용이고 어떤 내용이 주변적인 내용인지 판단할 수 있으며, 어떤 내용이 학생에게 유용한 내용(useful knowledge)이고 어떤 내용이 별로 사용가치가 없는 비활성적 지식(inert knowledge)인지를 판단하여 이를 취사선택하여 가르칠 수 있는 것이다. 그리고 특정의 학습내용이 교육된 후에 나타나는 성과로서의 인간 행동이 바람직하고 고차적인 인간 행동인가, 아닌가를 판단할 수 있는 것이다. 그리고 가르치는 내용에 관한 완전한 지식을 갖추고 있는 교사는 기초지식, 기초개념 그리고 기초원리 등을 가려내어 이를 확실하게 교육할 수 있는 것이다.

(2) 교수방법에 관한 지식

전문교사의 두 번째 조건은 가르치는 방법에 관한 전문가적인 다양한 방법을 알고 있어야 한다. 이것이 높은 교육을 받은 일반인과 전문교사가 구별되는 조건인 것이다. 아인슈타인이 상대성 원리를 초등학교 어린이에게 잘못 가르친다면, 그것은 아인슈타인이 상대성 원리를 어린이들에게 효과적으로 가르치는 다양한 방법을 모르고 있기 때문일 것이다. 아인슈타인이 물론 상대성 원리에 관한 내용을 완벽하게 알고 있기는 하지만 그것을 초등학교 어린이들에게 어떻게 가르쳐 줄 것인가는 모르고 있을 수 있다. 예를 먼저 많이 들어주고 그 예들에서부터 원리를 설명하는 귀납적인 교수방법을 택할 것인지 아니면 그 반대의 방법을 택할 것인지, 탐구학습 방법을 택할 것인지 아니면 발견학습 방법을 택할 것인지도 모른다고 하면, 초등학교 어린이들에게 상대성 원리를 가르치기는 어려운 것이다. 그러나 전문교사는 상대성 원리를 알고 나면, 그것을 교육받을 대상이 어떤 대상이냐에 따라서 학습성과가 나타나도록 쉽고도 효과적인 방법으로 가르칠 수 있는 것이다. 효과적인 교수기법으로 몇 가지 예를 든다면, 수업을 쉽고 명료하게 한다든가, 학습과제의 성격에 따라 수업방법을 다양하게 한다든가, 항상 평가 지향적인 수업을 전개한다든가, 학생들의 생각을 주로 활용한다든가, 구조적이며 체계적인 설명을 한다든가, 그리고 문제 제기적인 질문을 자주 한다든가 하는 것이다. 그리고 수업을 함에 있어서도 대상 학생의 수준에 맞는 언어를 사용한다든가, 학생의 개인차에 따른 개별적 수업을 한다든가, 학습과제 중심적 수업을 전개한다든가, 수업진도에 따라 계속적인 평가를 한다든가, 심화학습을 위해서 충분한 과제를 부여한다든가, 그리고 교과의 학습목표 중심으로 수업을 체계적으로 조직하는 방법들이 교수 방법에 관한 전문적 지식인 것이다. 그러나 많은 교사들은 이러한 전문적 교수방법에 관한 지식과 기술을 습득하고 있지 못하고 있다. 교사가 교수방법에 관한 전문가적 지식과 기법을 습득하고 있지 못하다면 사회 일반으로부터 교직의 전문성을 인정받지 못할 것이며, 교사는 교과내용을 잘 아는 사람이면 누구나 할 수 있다는 상식논리에 빠질 가능성이 높다.

(3) 인간행동의 발달과 학습에 관한 지식

교육은 인간을 대상으로 하며, 인간행동의 형성이나 변화를 목표로 하고 있는 의도적이며 계획적인 활동인 것이다. 그런데 교사가 인간을 대상으로 교육활동을 전개하면서 정작 그 인간에 대하여 모른다면 어떻게 교육을 성공적으로 할 수 있다는 말인가? 교육이 인간을 대상으로 하지만 더욱 자세하게는 인간행동에 관심이 있는 것이다. 교육을 시작하기 전과 후에 교육의 대상으로 하였던 인간행동의 형성이나 변화가 나타나지 않는다면, 교육의 효과는 없는 것이다. 인간행동의 변화가 특정기간까지는 연령의 증가에 따른 성장과 성숙 등 주로 인간의 구조적 발달의 과정을 거쳐서 이루어지는 것이기는 하지만 학습이라는 의도적·계획적 과정을 거쳐서 발달을 촉진하여 행동의 변화를 가져오는 것이다. 따라서 교사는 인간의 인지적(cognitive)·정의적(affective)·신체운동 기능적(psychomotoric) 행동이 어떻게 연령의 증가에 따라 발달하며, 각 연령 단계마다의 발달과업(developmental task)으로서의 인간행동의 특성에 대한 지식을 갖추고 있어야 한다. 그리고 학습(learning)을 통한 인간행동의 변화에 대한 여러 가지 학습의 원리와 방법에 관한 지식과 기법을 습득하고 있어야 한다. 그러기 위해서는 발달심리학, 학습심리학, 인지심리학 등에 관한 폭넓고 전문적인 지식을 갖고 있어야 한다. 그리고 블룸(B. S. Bloom), 가네(R. M. Gagné), 그런룬드(L. Gronlund) 등은 우리가 교육을 통하여 신장시키고 변화시켜야 할 교육의 목표로서의 인간행동을 다음과 같이 정리하고 있다.

1 지 식

① 용어에 관한 지식
② 특수 사실에 관한 지식
③ 개념과 원리에 관한 지식

④ 방법과 절차에 관한 지식

2 이해능력

① 개념과 원리에 관한 이해능력
② 방법과 절차에 관한 이해능력
③ 여러 가지 자료에 관한 이해능력
④ 문제 상황에 관한 이해능력

3 적용능력

① 사실적 정보의 적용능력
② 개념과 원리의 적용능력
③ 방법과 절차의 적용능력
④ 문제해결 기능의 적용능력

4 사고기능

① 비평적 사고기능
② 과학적 사고기능

5 일반기능

① 실험기능
② 수행기능
③ 계산기능
④ 의사전달기능
⑤ 사회적 기능

6 태 도

① 사회적 태도

② 과학적 태도

7 흥미와 관심

① 개인적 흥미와 관심
② 교육적 흥미와 관심
③ 직업적 흥미와 관심

8 감상능력

① 문학, 미술, 음악 등의 감상능력
② 사회적·과학적 성취에 대한 감상능력

9 적응능력

① 사회적 적응능력
② 정서적 적응능력

이상의 인간행동을 더욱 신장시키기 위해서는 이들 행동들의 교과목의 내용과 관련지어 교육목표가 선정되어야 한다. 교과목과 인간행동에 관한 탐구는 앞에서 제시한 인간행동의 특성을 구체적인 학습목표로 설정하는데 도움이 된다.

2) 교육철학관

교사는 인간을 인간답게 교육하는 일이 주된 일이기 때문에 교사는 각자 교육에 관한 명확한 자신의 철학적 관점을 가지고 있어야 한다. 인간교육에 관한 자신의 명확한 철학이 없는 교사는 한낱 지식을 전수하는 일을 수행하고 있을 뿐이다. 교사가 교육에 임하는 철학이 없다면 방향을 상실한 것이며, 교육적 행위도 적극적이지 못하고 자신의 일에 대한 자긍심과 신념도 약할 것이다. 그와 같은 교육적 활동의 결과는 미미한 수준에 머물 것이 분명하며 교직에 대한 가치를 상실하게 된 것이다.

우리가 철학(philosophy)이라는 용어를 사용할 때 그것이 의미하는 바는 무엇인가? 문자적으로 해석하면 철학이란 단지 "지혜를 사랑한다(love of wisdom)"는 말이다. 그러나 이 말을 보다 한정된 의미에서 생각한다면, 인간이 존재해야 하는 '기본적인 문제들'에 대한 종합적이며 끊임없는 대답을 찾는 노력을 통해서 자신의 존재에 어떤 의미를 부여하려는 노력이라고 말할 수 있다. 따라서 철학을 갖고 있다는 말은 인간의 기본문제에 대하여 끊임없는 대답을 추구하는 데 있어서 능동적이며 적극적이라는 말이 된다. 철학적이라든가 또는 철학을 갖고 있다는 말은 인간의 기본 문제에 대하여 해답을 얻기 위해서 끊임없이 사고(thinking)할 뿐만 아니라 행동(doing)도 함께 하는 것을 의미하며, 그들의 생각은 곧 그들의 행동을 인도하는 것이다.

그렇다면 인간의 기본문제란 무엇인가? 우리가 철학적인 의미로 기본문제를 말할 때는 의례히 세 가지 영역의 문제들, 즉 존재(being)의 문제, 인식(knowing)의 문제, 그리고 가치의 문제를 말한다. 이들 세 가지 문제를 전문적인 용어로 말하면, 존재론(ontology), 인식론(epistemology), 그리고 가치론(axiology)이다.

이들 세 영역의 기본 문제에 관하여 몇 가지 질문을 함으로써 기본 문제의 성격을 분명히 할 수 있다. 먼저 존재론에 관련해서 우리가 해답을 얻으려고 노력해야 할 기본 문제들은 다음과 같다.

① 나는 누구인가?
② 나는 무엇인가?
③ 나는 왜 여기에 존재하고 있는가?
④ 우리가 지금 여기에 존재하고 있다는 것이 무슨 의미가 있는 것인가?
⑤ 우리가 실제로 존재하고 있다는 것은 무엇을 의미하는가?

다음으로 인식론에 관련된 문제는 다음과 같은 것들이다.

① 우리는 무엇을 알 수 있는가?
② 우리는 어떻게 앎에 도달할 수 있는가?
③ 인간이 진화함에 따라서 인간의 지혜도 진화하는가?
④ 진리란 과연 무엇인가?
⑤ 우리가 대상을 인식했다는 것은 무엇을 말하는가?

마지막으로 가치론에 관련된 기본 문제는 다음과 같은 것들이다.

① 착하다(善 : good)는 것은 무엇인가?
② 아름답다(美 : beautiful)는 것은 무엇인가?
③ 윤리(倫理 : ethic)란 무엇인가?

위에서 질문한 내용들이 인간의 기본 문제에 관한 순수한 철학의 질문들이라고 한다면, 교육의 문제들은 교육의 영역에서 나타나는 여러 가지 문제들이며, 우리는 이러한 교육의 문제들을 해결하고자 할 때에도 기본문제를 해결하는 방식으로 생각하고 결정해야 하는 것이다. 만일에 순수 철학자의 관심이 "인간은 어떻게 앎에 도달하게 되는가?"라고 한다면, 교사의 철학적 사고는 이에서 한 걸음 더 나아가 "인간이 대체로 잘 학습할 수 있는 교실의 특수조건은 무엇인가?" 하는 것이며, 교사는 이러한 문제에 올바른 대답을 할 수 있어야 한다. 교육적 상황에서 조우하게 되는 문제로서 철학적으로 맞는 해답을 가려내야 하는 질문의 예를 들면 다음과 같다.

① 교사로서 학생에게 체벌을 사용해야 하는가, 사용해서는 안 되는가?
② 고전을 공부하도록 하는 것이 더 중요한가, 아니면 과학을 강조하는 것이 더 중요한가?
③ 대학에서 전공을 더 확대하는 것이 바람직한가, 아니면 교양과목을 더 강조해야 하는가?
④ 교육과정을 남녀별로 차별화해야 할 것인가, 통합해야 할 것인가?

⑤ 고교입시를 학교마다 부활해야 할 것인가, 평준화해야 할 것인가?

⑥ 대학에 기부금 입학제를 허용해야 할 것인가, 허용해서는 안 될 것인가?

이러한 문제들을 합리적으로 해결하기 위한 교육철학의 관점은 다양하다. 관념주의적 철학, 실재주의적 철학, 항존주의적 철학, 실용주의적 철학, 실존주의적 철학, 그리고 사회재건주의적 철학 등 커다란 철학적 관점도 다양하고, 각각의 다양한 학파마다의 철학자들에 따라서도 주장하는 바들이 다양하다.

그렇다면 교사는 왜 다양한 철학적 관점에 대하여 연구하고 공부해야 하는가? 이에 대하여는 다음 네 가지로 그 이유를 정리할 수 있을 것이다.

① 문제의 성격을 분명하게 정리할 수 있기 때문이다. 점차 복잡해지는 사회에서 다양한 문제는 문제의 해결을 더욱 어렵게 한다. 교육의 철학적 사고는 문제를 정의하거나, 재정의 함으로써 명확한 문제의 핵심을 밝혀 내어 기본 문제를 해결하는데 도움을 얻게 한다.

② 교육 문제해결을 위하여 다양한 철학적 사고를 탐구함으로써 우리는 다양한 해결방안을 강구할 수 있다는 점이다. 문제의 해결은 하나의 커다란 철학적 체계 속에서 찾아지며, 해결은 특정한 분야에 관한 일관적인 관점인 것이다. 이것은 어떤 해결방안이 철학적으로 맞는가 또는 틀리는가를 판단하는 문제이며, 어떤 제안적 성격을 띤 문제의 해결이 아닌 것이다.

③ 교육에 관한 다양한 철학적 관점을 탐구함으로써 교육에 관한 우리 자신의 사고와 신념을 명확하게 한다. 수 세기에 걸쳐 논의되는 교육에 관한 최선의 사고를 탐구함으로써 우리는 문제해결의 접근방법을 발견할 수 있을 뿐만 아니라 문제를 정확하게 해결할 수 있는 것이다. 교육 사상사적 탐구는 우리들 자신의 신념이 어디에 있는 것인가를 알게 하며, 교육의 개선에 우리들을 내적으로 일관성 있게 한다.

④ 교육의 철학적 사고에 관한 탐구는 우리의 관점을 발전시킨다. 개인적인 문제에 관한 여러 가지 해결방안이 있다는 것은 사실이다. 그러나 우리는 다

양한 해결방안을 생각해 내지 못하는 경우가 많으며, 한 가지 해결방안만을 고집하는 경우가 있다. 그것은 다양한 철학적 사고에 익숙하지 못하기 때문이다. 여러 가지 철학적 사고에 대하여 탐구하자는 것은 하나의 문제에 다양한 방안을 절충하자는 것은 아니다. 절충주의는 교육적 사고의 기본 가정에 대하여 충분히 알지 못하기 때문에 나타나는 위험성을 내포하기도 한다. 교사는 교육철학의 탐구를 통하여 자신의 교육문제에 관한 철학적 관점을 넓힐 수 있다.

오늘날 우리나라 교사는 철학이 없다는 말을 자주 듣는다. 철학이 없는 교사는 대중적이며 선동적인 교육에 아무런 비판도 없이 휩싸일 가능성이 높다. 교사는 단순히 지식을 전수하는 것으로 그 역할을 다하는 것이 아니다. 한 인간을 교육하기 위해서는 교사의 건전한 철학에 이를 뒷받침해야 한다.

4. 교사의 역할과 윤리

1) 교사의 역할

교사의 역할이 무엇인가에 대한 연구는 교육학에서 중요한 연구 대상의 하나였다. 김정환(1983, 134~137)은 페스탈로치의 생애를 고찰하는 가운데 교사의 직무를 교과지도 · 학생지도 · 전문영역연구 · 교직단체활동 · 학원관리의 다섯 가지로 제시하고 있다.

① 교과지도 : 교사는 우선 자기가 맡은 교과를 능숙하게 가르칠 수 있어야 한다.

② 학생지도 : 교사는 학생들의 개인적인 생활문제－진로문제에 대한 적절한 지도자가 되어야 한다.

③ 전문영역연구 : 교사는 자신이 하나의 전문적 연구 영역을 갖고 진지하게 이것을 계속 연구해 나가야 한다.

④ 교직단체 활동 : 교사는 교육의 자유와 교사의 신분보장 및 교사의 품위 있는 생활 보장을 위한 교직단체 활동에 적극적으로 참여해야 한다.

⑤ 학원관리 : 교사는 슬기로운 학원관리자로서 학원관리에 필요한 여러 직무를 분장하여 수행해야 하며, 학원의 부당한 간섭을 받지 않게 지켜 나가야 하며, 학원 내의 여러 교직원과의 꾸준한 대화를 통해서 파벌을 타파하고 공리심(功利心)을 버리고 공동의 광장을 마련함으로써 직장의 민주화를 꾀해야 한다.

이상과 같이 교사에게 주어진 직무를 다섯 가지로 요약할 수 있는데 교사의 역할은 크게 학교에서의 교사의 역할과 사회에서의 교사의 역할로 대별하여 살펴볼 수가 있다(김윤태 외, 1984, 57～76).

(1) 학교에서의 역할

학교에서 교사가 수행하는 역할은 기본적인 역할과 심리적인 역할로 나누어 설명될 수가 있다.

교사가 수행하는 역할이 다양함에도 불구하고 가르치는 일(instruction), 사회화를 돕는 일(socialization), 평가하는 일(evaluation), 그리고 생활지도(guidance)를 하는 일은 어느 교사나 공통적으로 수행하는 기본적 역할로 인식되고 있다. 그리고 이러한 역할들을 효과적으로 수행하기 위하여 교사는 무엇보다도 그의 학급을 통제할 수 있고 학습분위기를 조성할 수 있어야 함은 물론이다.

교육의 과정(過程)에서 교사와 학생과의 상호작용은 무엇보다도 중요하며 핵심적인 부분을 이룬다. 위에서 말한 교사의 기본적 역할도 교사와 학생과의 상호작용을 통해서만이 가능해진다. 이처럼 교사의 역할은 그가 원하든, 원하지 않든 간에, 교육의 과정에서 뺄 수 없는 부분으로서 중요성을 가진다. 교사의 역할에 대해서는 여러 학자들의 견해가 있으나, 레들과 바텐베르그(Reedle & Wattenberg, 1954)는 학생과의 심리적 관계를 중심으로 교사의 심리적 역할을 다음과 같은 14개 항목으로 나누어 제시하고 있다(이영덕, 1976, 91～97에서 재인용).

[1] 사회 대표자로서의 교사

학생이 사회화되어 가는 과정에서 교사는 사회의 가치와 규범 그리고 생활 양식을 대표하는 위치에 서게 된다. 학생의 여러 가지 행동에 대하여 경우에 따라서는 인정을 해 주고 질책(叱責)을 하며, 격려해 주는 일을 통하여 사회와 문화가 기대하는 바가 무엇인가를 보여주고 교사 자신의 태도와 행동에 의하여 문화적 가치를 표현하게 된다. 따라서 교사가 무의도적으로 미치는 영향은 학생들의 사회화의 방향을 결정해줌에 있어서 중요한 구실을 한다.

[2] 판단자로서의 교사

교사가 학교 상황에서 수행하는 많은 일 가운데 학생에 관한 올바른 판단을 요구하는 일이 상당히 많다. 학생들의 성적을 매기는 일, 행동을 평가하고 기록하는 일, 급제와 낙제를 결정하는 일, 수상 대상을 결정하는 일, 처벌 대상에게 처벌규정을 적용하는 일 등에 있어서 교사는 판단자의 역할을 수행한다. 이러한 교사의 판단이 과연 적절한 것이냐 그렇지 못한 것이냐는 교사의 윤리에 관한 문제이다. 교사의 판단 그 자체는 학생의 자아개념 형성에 큰 영향을 주며 또 학생에 대한 강화체제의 중요한 부분이 되고 학생들의 학습과정에 직접적으로 영향을 미친다.

[3] 지식 자원으로서의 교사

학생들에게 필요한 지식을 교수한다는 것은 교사의 제일위적(第一位的) 임무이다. 교사는 살아있는 교과서의 구실을 다할 것이 기대되고 있다. 교사가 가지는 지식의 이해 정도는 학생들의 학업성취도와 밀접한 관련이 있는 점으로 보아 지식의 공급처로서 교사의 역할은 중요하다.

[4] 학습 조력자로서의 교사

교사의 역할이 단순한 지식의 전달에 그치는 것이 될 수는 없다. 학생들이 중요한 지식을 이해하고 새로운 지식을 찾아내고 배운 지식을 적용하여 새로운 문제를 해결하는 등의 학습과정에서 교사는 유능한 조력자의 역할을 하여야 한다. 특정한 개념이나 원리를 학습자의 발달 단계에 맞도록 설명하는 일, 학생의 학습 스타일에 맞는 학습과정을 마련해 주는 일, 학습에 있어서 개인이나 집단이 당면하는 난관을 극복하도록 도와 주는 일 등은 전문적 능력을 필요로 하는 일들이다.

5 심판자로서의 교사

학교 내에서 의견이 일치하지 않거나 갈등·대립 등의 현상은 흔히 있기 마련이다. 이때 공정하게 시비를 가려낼 수 있는 유일한 권위자는 교사이다. 이와 같은 심판역할에 있어서의 공정성과 타당성 여하에 따라서 학생에게 비치는 교사권위는 크게 좌우된다.

6 훈육자로서의 교사

학생집단이 질서를 유지하기 위해서는 적절한 훈육을 일관성 있게 해 줄 것을 행정지도자나 부모나 학생 자신들도 교사에게 기대한다. 교사의 훈육역할의 적부는 학교의 질서유지 뿐만 아니라 학생들의 학업성취에도 적지 않은 영향을 준다.

7 동일시의 대상으로서의 교사

갈등이나 난관에 부딪쳤을 때, 학생들이 쉽게 취하는 행동으로 동일시의 형상을 들 수 있다. 학교에서 학생들의 중요한 동일시 대상은 교사이다. 따라서 교사의 여러 가지 행동 특징은 학생들에 의해서 잘 모방된다. 교사의 말투·걸음걸이·필체·태도·가치관까지도 동일시의 내용에 포함될 수 있다.

8 불안 제거자로서의 교사

성장 과정에서 학생들은 여러 가지 불안을 겪게 된다. 현실에 대한 이해 부족과 자신의 능력 부족에서 오는 불안은 자연 성인의 도움을 필요로 하게 된다. 현실 상황에 대한 적절한 설명, 학생들에게 불필요한 불안을 주지 않도록 상황을 통제하는 일 등은 교사가 수행해야 할 역할이다.

9 자아 옹호자로서의 교사

성장 과정에 있는 학습자들이 당면하게 되는 문제 중에는 자신감을 잃는 일, 자기 부족을 느끼는 일, 열등감을 느끼는 일 등이 있다. 이때 교사는 학생들로 하여금 성공감을 맛보게 하고 성취에 대한 주위로부터의 인정을 받도록 해줌으로써 학생들의 자아를 옹호해 주고 자신감을 가지도록 하는 역할을 수행한다.

10 집단 지도자로서의 교사

학교교육은 개별적 접촉과 지도를 통해서도 이루어지지만, 대부분의 경우 집단적 상황에서 이루어진다. 그러므로 교사는 그것이 학급집단이건 그 밖의 소집단이건 집단의 사기를 높이고 응집력을 향상하기 위한 지도자로서의 일반적 역할을 담당하게 된다.

11 부모 대행인으로서의 교사

특히 초등학교 저학년의 아동은 교사의 행동과 부모의 행동을 마찬가지로 여기는 경향이 있다. 어머니에게서 구할 수 있는 조언(助言)을 교사에게서 찾으려는 일도 있거니와 동서양을 막론하고 교사들은 학생들을 대할 때 부모의 감정으로 대하는 경향이 짙다. 어린이 중에는 부모에게서 받을 수 없었던 만족을 교사에게서 구하는 경우가 많다. 이때 교사는 부모 대행인의 역할을 하게 된다.

12 적대 감정의 표적으로서의 교사

성장 과정에 있는 학생들은 일상생활에서 적지 않은 좌절감을 경험하게 된다. 성인문화의 표준을 학생들에게 제시하고 이에 순응할 것을 요구하는 이가 성인이고 보면 좌절감에서 폭발되는 적대 감정의 대상은 성인일 수밖에 없다. 학교 상황에서 그 화살이 교사에게 향할 수밖에 없다. 이때 그들의 표적이 되어 주는 것은 그들의 정신건강을 위해서 대단히 유익한 일이다.

⑬ 친구로서의 교사

학생들 중에는 교사를 하나의 다정한 친구로 대하기를 원하는 아동들이 있다. 교사가 학생들의 개인적 기쁨과 감정을 같이 나누어 준다는 것은 매우 바람직한 일이다. 교사와 학생과의 관계에 있어 교사는 교권을 내세우는 형식적 관계만이 아니라 친구로서 언제나 마음 속을 털어놓을 수 있는 비형식적 관계가 뒤따라야 한다.

⑭ 애정 상대자로서의 교사

교사에게 자기가 아끼는 물건을 선물하는 초등학교 1학년 어린이의 교사에 대한 애정으로부터 남교사에게 연정을 품고 고민하는 고등학교 여학생의 애정에 이르기까지 교사들은 학생의 애정 상대가 되는 경우가 있다. 이때 교사들은 학생들의 감정을 합당한 방식으로 처리할 수 있도록 도와야 할 책임이 있는 것이다.

이제까지 학교 상황에서의 교사의 역할로서 교사의 기본적 역할과 심리적 역할을 논의하였다. 교사는 이외에도 학급경영자로서의 역할, 학교직원으로서의 행정적 역할, 전문적 성장을 위한 역할, 학부모와의 자녀 교육문제 상담 그리고 기타 교무분장에 따른 여러 가지 역할을 수행하게 된다.

(2) 사회에서의 역할

교사의 사회적 역할에서, 먼저 생각해야 할 것은 일반 사회인이 교사에 대하여 어떠한 인상을 가지고 있느냐 하는 점이다. 물론 이 인상 가운데에는 옳은 것도 그른 것도 있으며, 시대적 변천에 따라 달라진다. 그러나 오늘날 대체로 일반인이 교사에 대해 가지고 있는 인상은, 마음으로는 존경을 받으나 경제적 · 사회적 대우는 실지로 받지 못하는 위치에 있다고 본다. 도덕적인 면에서는 모범적인 위치에 있을 것이 요구되며, 정직 · 청렴 · 책임 · 친절 · 희생 · 봉사 등의 요구가 크다. 이처럼 일반인과 다른 행동을 요구받기 때문에 교사들은 사회생활에서 그만큼 제약과 압력을 받는다고 하겠다. 사회에서의 교사 역할에 있어 전통적 학교는 과거 문화의 유산을 전달하고 유지하는 것을 주기능으로 하였다. 따라서 정통적 학교의 교사는 고전학자로서, 도덕적 모범자로서 또는 교과지도자로서의 역할을 수행하는데 그쳤다. 그러나 오늘날 학교는 사회의 변화를 가져오는 일에도 관심을 가지고 있는 것이 특징의 하나라고 하겠다. 오늘날 교사는 위의 전통적 교사관에서 탈피하여 지역사회의 문화를 개혁하고 발전시키는 변화촉진자(change agent)의 역할을 할 것이 요구되고 있다. 그러므로 변화촉진자로서의 교사는 단순한 지식의 전수자가 아니라 바람직한 사회변화를 자극하고 옹호하고 몸소 채택 · 실천하는 사람으로 노력해야 한다. 학교 안의 학생들만이 아니라 학교 밖의 지역주민들에게도 관심을 넓히고 어제와 오늘에 대한 관심에서 보다 나은 내일로 관심을 돌릴 것이 기대되고 있다.

오늘날 제창되고 있는 평생교육의 이념적 차원에서나 학습 사회건설을 위해서도 교사의 사회적 역할은 크게 기대되고 있는 것이다. 학교가 지역사회의 센터로서의 구실을 다하기 위해서는 교사가 지역사회 성인을 대상으로 하는 사회교육에 일익을 담당해야 한다. 사회교육에 있어서 새로운 직업기술과 교양적 지식을 지도하는 것도 중요하지만, 정신적으로나 물질적으로 오염된 사회환경 속에서 성장하고 생활함으로써 형성되는 인간적 병폐를 시정하기 위한 인간화 교육, 인격 교육에도 노력해야 한다.

결국 사회에서의 교사의 역할이란 '변화촉진자로서의 교사'에 있다고 하겠다.

2) 교사의 윤리

교직은 전문직으로서 그 자체의 기능을 수행하는데 있어서 반드시 지켜야 할 윤리를 가진다. 따라서 교직에는 윤리 강령이 있게 된다.

우리나라는 전통적으로 교육자를 존중하고 스승으로 섬기는 미풍양속이 있어 왔다. 임금과 스승과 부모를 동격으로까지 표현했던 것도 가르치는 사람에 대한 최대의 존경을 나타내는 말이기도 했다. 그러나 해방 이후 교육인구의 폭발적인 증가와 이에 따라 교사 수도 크게 늘어나게 되자 일부 교사들의 교육자로서의 자질과 윤리의식이 사회문제화되었다. 또한 교사들은 사회나 학부모들로부터 응분의 대접을 받지 못하고 단순히 직업인의 한 사람으로 밖에 취급하지 않는 풍토가 만연되기에 이르렀다. 이러한 현상은 교사들의 사명감과 윤리의식이 미흡함을 의미하기도 하고, 다른 한편으로는 그들의 책임과 역할에 상응하는 만족스러운 대우가 주어지고 있지 않다는 것을 뜻하기도 한다.

여기서 불가피하게 제기될 수밖에 없는 문제가 교사윤리의 재정립, 사도의 확립이며, 교원에 대한 사회·경제적 처우의 개선이라 할 수 있다. 교사들의 투철한 사명감과 확고한 윤리의식이 밑받침되지 않고서는 교육의 발전은 기대할 수 없다. 교권의 회복없이, 땅에 떨어진 단순히 봉급생활자로서만 인식되고 또 교사들도 그렇게 행동할 때 교직의 전문직적 특성은 약화되고, 바람직한 교사상의 정립은 실현되기 어려울 것이다. 전문직 종사자로서의 전문인 의식과 윤리의식을 토대로 하여 교사들 스스로 고매한 교육자적 자세를 견지해야 할 것이다. 교사가 견지해야 할 윤리에 대해 이돈희(1980, 182~183)는 다음과 같은 네 가지 항목을 제시하고 있다.

(1) 교과에 관련된 능력의 윤리

교사는 지식의 통달자로서 '교과의' 지식만이 아니라 '교과에 관한' 지식까지를 풍부하게 가져야 한다.

(2) 학생의 이해에 관련된 윤리

교사는 학생에 대한 종합적인 이해를 바탕으로 한 지도력을 갖추어야 하며, 학생과의 접촉을 통해 얻어진 정보에 대해서는 신의를 지켜야 한다.

(3) 동직자와의 협동에 관련된 윤리

교사와의 단합과 협동은 교육의 목적을 위한 동기에 의하여 정당화되어야 하며, 또 교사는 학생에 대해서 동직자의 정당한 권위를 손상시켜는 안 된다.

(4) 교육의 사회적 목적과 관련된 윤리

교사는 하나의 사회적 기구로서의 학교가 추구하고 있는 다양한 가치에 대하여 중립적이어야 한다.

한국 교사들이 지켜야 할 교사 윤리의 내용은 1958년 9월 19일에 대한 교육연합회 제12차 대의원 회의에서 제정한 바 있으나, 이를 개정하여 지난 1982년 5월 15일 스승의 날에 선포된 사도헌장과 사도강령에 잘 나타나 있다.

전문과 5개항의 본문으로 이루어져 있는 사도헌장은 교사가 지켜야 할 현재적 윤리의 기본 방향을 제시한 것으로, 문자 그대로 스승의 길을 다짐하는 기본원리이며 원칙적인 규범이다. 한편 사도강령은 사도헌장을 기초로 하여 보다 구체적으로 준수해야 할 실천적 행동 지표로서 윤리 강령을 표현한 것이다. 다음에 이들 각각을 소개하면 다음과 같다.

✿ 사도헌장 ✿

오늘의 교육은 개인의 성장과 사회의 발전과 내일의 국운을 좌우한다. 우리는 국민교육의 수임자로서 존경받는 스승이요, 신뢰받는 선도자임을 자각한다. 이에 긍지와 사명을 새로이 명심하고 스승의 길을 밝힌다.

- 우리는 제자를 사랑하고 개성을 존중하며 한마음 한뜻으로 명랑한 학풍을 조성한다.
- 우리는 폭넓은 교양과 부단한 연찬으로 교직의 전문성을 높여 국민의 사표가 된다.
- 우리는 원대하고 치밀한 교육계획의 수립과 성실한 실천으로 맡은 바 책

임을 완수한다.

· 우리는 서로 협동하여 교육의 자주 혁신과 교육자의 지위 향상에 적극 노력한다.

· 우리는 가정교육 · 사회교육과의 유대를 강화하여 복지국가 건설에 공헌한다.

✿ 사도강령 ✿

민주국가의 주인은 국민이므로 나라의 주인을 주인답게 길러내는 교육은 가장 중대한 국가의 과업이다.

우리 겨레가 오랜 역사와 찬란한 문화를 계승 · 발전시키며, 선진제국과 어깨를 나란히 하여 인류복지 증진에 주도적으로 기여하려면, 무엇보다도 문화국민으로서의 의식개혁과 미래사회에 대비한 창의적이고 자주적인 인간육성에 힘을 기울여야 한다.

그러기 위하여 우리 교육자는 국가 발전과 민족중흥의 선도자로서의 사명과 긍지를 지니고, 교육을 통하여 국민 각자의 능력을 최대한으로 계발하여 개인의 자아실현과 국력의 신장, 그리고 민족의 번영에 열과 성을 다하여야 한다.

또한 교육자의 품성과 언행이 학생의 성장 · 발달을 좌우할 뿐만 아니라 국민 윤리 재건의 관건이 된다는 사실을 명심하고 사랑과 봉사, 정직과 성실, 청렴과 품위, 준법과 질서에 바탕을 둔 사도확립에 우리 스스로 헌신하여야 한다.

이러한 우리의 뜻은 교직에 종사하는 모든 교직자가 공동체 의식을 가지고 노력하여야만 이루어질 수 있다는 것을 인식하고 사도헌장 제정에 때맞추어 우리의 행동지표인 현행 교원 윤리강령을 사도강령으로 개정하여 이를 실천함으로써 국민의 사표가 될 것을 다짐한다.

제1장 스승과 제자

스승의 주된 임무는 제자로 하여금 고매한 인격과 자주정신을 가지고 국가사회에 봉사할 수 있는 유능한 국민을 육성하는데 있다.

그러므로,

1. 우리는 제자를 사랑하고 그 인격을 존중한다.

2. 우리는 제자의 정신발달이나 가정의 환경에 따라 차별을 두지 아니하고 공정하게 지도한다.
3. 우리는 제자의 개성을 존중하며, 그들의 개인차와 욕구에 맞도록 지도한다.
4. 우리는 제자에게 직업의 존귀함을 깨닫게 하고, 그들의 능력에 알맞은 직업을 선택하도록 지도한다.
5. 우리는 제자가 스스로 원대한 이상을 세우고 그 실천을 위하여 정진하도록 사도동행(師道同行)한다.

제2장 스승의 자질

스승은 스승다와야 하며 제자의 거울이 되고 국민의 사표가 되어야 한다.
그러므로,

1. 우리는 확고한 교직관과 긍지를 가지고 교직에 종사한다.
2. 우리는 언행이 건전하고 생활이 청렴하여 제자와 사회의 존경을 받도록 한다.
3. 우리는 단란한 가정을 이룩하고 국법을 준수하여 사회의 모범이 된다.
4. 우리는 학부모의 경제적 · 사회적 지위를 이용하지 아니하며 또 이에 좌우되지 아니한다.
5. 우리는 자기 향상을 위하여 전문적인 지식과 전문화된 기술을 계속 연마하는데 주력한다.

제3장 스승의 책임

스승은 제자 교육에 열과 성을 다하여 맡은 바 책임을 다하여야 한다.
그러므로,

1. 우리는 사회의 일원으로서 모든 책임과 의무를 다한다.
2. 우리는 교재연구와 교육자료 개발에 만전을 기하여 수업에 최선을 다한다.
3. 우리는 생활지도의 중요성을 인식하여 제자들이 올바른 사람이 될 수 있도록 지도의 철저를 기한다.
4. 우리는 교육의 성과를 공정하게 평가하고 이를 교육에 충분히 활용한다.
5. 우리는 제자와 성인들을 위한 정규교과 외 활동에 적극 참여한다.

제4장 교육자와 단체

교육자는 그 지위의 향상과 복지의 증진을 위하여 교직단체를 조직하고 적극 참여함으로써 단결된 힘을 발휘할 수 있다.

그러므로,

1. 우리는 교직단체 활동을 통하여 교육자의 처우와 근무조건의 개선을 꾸준히 추진한다.
2. 우리는 교직단체의 활동을 통하여 교육자의 자질향상과 교권의 확립에 박차를 기한다.
3. 우리는 편당적 · 편파적 활동에 참가하지 아니하고 교육을 그 방편으로 삼지 아니한다.
4. 교직단체는 국가의 주요 교육정책 결정에 참여하여 교육자의 여망과 주장을 충분히 반영시킨다.
5. 교육단체는 교육의 혁신과 국가의 발전을 위하여 다른 직능단체나 사회단체와 연대 협동한다.

제5장 스승과 사회

스승은 제자의 성장 · 발전을 돕기 위하여 학부모와 협력하며, 학교와 사회와의 상호작용의 원동력이 되고 국가 발전의 선도자가 된다.

그러므로,

1. 우리는 학교의 방침과 제자의 발달 상황을 가정에 알리고 학부모의 정당한 의견을 학교교육에 반영시킨다.
2. 우리는 사회의 실정을 정확하게 파악하고 지역사회의 생활과 문화향상을 위하여 봉사한다.
3. 우리는 사회의 요구를 교육계획에 반영하며 학교의 교육활동을 사회에 널리 알린다.
4. 우리는 국민의 평생교육을 위하여 광범위하게 협조하고 그 핵심이 된다.
5. 우리는 확고한 국가관과 건전한 국가관을 가지고 국민의식 개혁에 솔선수범하며, 국가발전의 선도자가 된다.

5. 교원임용과 준비

현행 국 · 공립 교원 선발과 임용 방식이 획기적으로 변화한 것은 "교육공무원법 제11조 제1항에 대한 헌법소원"에 대한 헌법재판소 판결 때문이다. 이

판결로 말미암아 국·공립 교육대학과 사범대학 및 기타 교원 양성기관의 졸업자 및 수료자에게 교사 신규 채용시 우선권을 부여하던 것이 헌법상 평등의 원칙에 어긋나는 것으로 확정되었다. 즉, 교육공무원법 제11조 1항의 위헌성에 대해 헌법재판소는 ① 특정학교 출신자들의 채용에 의해 교육을 획일화하며, ② 법의 취지인 우수 교사 확보의 목적 달성을 하지 못하고 있고, 오히려 교사의 자질 저하를 초래하고 있으며, 국·사립대학 졸업생 사이의 차이는 단순한 개인적 차이이기 때문에 국·사립 사범대학 졸업생들 간의 차별은 헌법상 평등의 원칙에 위배된다고 판결했다(헌법재판소, 1990). 그리고 이 판결을 근거로 1990년 12월 31일과 1991년 4월 23일에 교육공무원 임용령이 개정되었고, 동령 제9조 제1항에서는 "교사의 신규채용은 공개전형에 의하여 선발된 자로 한다"고 규정하기에 이르렀다.

현재 각 시도 교육청에서 주관하여 실시하고 있는 교원임용고사는 '교육공무원법' 및 '교육공무원 임용후보자 선정 경쟁시험 규칙' 등을 근거로 하고 있다. 교원 임용고사와 관련된 시행 법령과 각 교육청이 실시하고 있는 임용고사의 양태를 살펴보자.

교육부는 헌법재판소가 내린 판결을 토대로 1990년 12월에 교육공무원법 중 교사 신규임용에 관한 법률안을 개정하였고, 교육공무원 임용 후보자 선정 경쟁시험 규칙을 제정하여 1991학년도 교사 신규임용 계획을 수립하여 공개전형에 의하여 교사를 선발하도록 하였다.

"교사의 신규채용은 공개전형에 의한다"는 교육공무원법 제11조 제1항의 신설로 말미암아 국·공립 사범대학과 교육대학 출신자들은 교사임용의 우선권이 폐지되고, 공개전형에 의해 교사채용이 가능하게 되었다. 다만 기득권의 반영이라는 차원에서 일정비율에 대해서는 법률적 적용이 다소 유예되기도 하였다. 그래서 1991년에서 1993년까지의 신규교사 임용에서는 국·공립 교육대학 및 사범계 대학 출신자를 70% 이상 우선적으로 선발하였던 것이다. 그러나 일정 비율에 대한 우선 선발도 1994년 교사 임용부터 국·사립 간의 차이를 고려하지 않고 완전한 공개 경쟁전형 방법에 의해 교사를 선발하여 임용하게 되었다. 각 시도 교육청에서 교사 임용고사로 시행하고 있는 경쟁시험의 규칙은 다음과 같다.

❖ 교육공무원 임용령

제9조(교사의 신규채용) ① 교사의 신규채용은 공개전형에 의하여 선발된 자로 한다.

② 1항의 규정에 의한 공개전형은 당해교사의 임용권자가 이를 실시한다. 이 경우 국립학교의 장은 그 전형을 당해학교가 소재하는 교육감에게 위탁하여 실시할 수 있다.

교육공무원 임용후보자 선정 경쟁시험 규칙

제4조(시험실시기관 등) ① 제3조 각호의 1에 해당하는 시험은 당해 교육공무원의 임용권자(임용권의 위임을 받은 자를 포함하여, 이하 "시험실시기관"이라 한다)가 실시한다.

제6조(시험의 단계) ① 시험은 제1차 시험과 제2차 시험으로 구분하여 실시하되 제1차 시험에 합격하지 않으면, 제2차 시험에 응시할 수 없다.

② 시험실시기관은 필요하다고 인정할 때에는 제1차 시험과 제2차 시험을 통합하여 실시할 수 있다.

제7조(시험의 방법) ① 시험은 필기시험 및 실기시험과 면접시험에 의하여 이를 실시한다. 다만 응시자가 채용예정 인원수에 미달되거나 시험실시기관이 필요하다고 인정할 때에는 시험의 일부를 면제할 수 있다.

② 필기시험은 서술적 단답형, 선택형 또는 논문형으로 실시하며, 채용예정직에 상응하는 학력과 능력을 고사한다.

③ 실기시험은 예체능 과목 등 실기시험이 필요한 경우에 실시하며 채용예정직에 상응하는 실기능력을 고사한다.

④ 제1차 시험은 서술적 단답형 또는 선택형의 필기시험과 실기시험으로, 제2차 시험은 논문형의 필기시험과 면접시험으로 실시한다.

제8조(시험과목 및 배점비율) ① 시험과목 및 배점 비율은 시험실시기관이 정한다.

② 시험실시기관은 교육대학, 사범대학, 기타 교원양성기관의 졸업자(졸업예

정자를 포함한다.)에 대하여는 재학 기간 중의 성적(교육대학, 사범대학, 기타 교원양성기관 외의 학교를 졸업한 자에 대하여는 필기시험 성적)에 대하여 일정 비율로 환산한 점수를 제1차시험 성적에 가산할 수 있다.

③ 시험실시기관은 다음 각호의 1에 해당하는 자에 대하여 제1차 시험성적 만점의 15퍼센트의 범위 안에서 가산점을 부여할 수 있다.

1. 교육대학 등의 졸업자(교원경력자를 제외한다)로서 교육부장관이 정하는 지역에서 응시하는 자.
2. 특별시・광역시, 도교육감이 정하는 도서・벽지지역에서 근무할 것을 조건으로 응시하는 자.
3. 기타 시험실시기관이 인정하는 기준에 해당하는 자

이상의 '교육공무원 임용후보자 선정 경쟁시험 규칙'에 명시된 내용을 보면 상당한 융통성이 부여되어 있고, 다양한 시험방법을 통해 교원 임용후보자를 선별할 수 있도록 규정하고 있다. 뿐만 아니라 시험실시기관인 각 시도 교육청이 필요하다고 판단될 때에는 시험을 면제할 수도 있는 여지도 마련해 두고 있다.

그러나 현재 각 시도 교육청에서 실시하고 있는 교원 임용시험은 그러한 다양성이나 융통성이 거의 나타나 보이지는 않는다. 각 시도 별로 "시험과목 및 배점비율은 시험실시기관이 정한다"고 '교육공무원 임용후보자 선정 경쟁시험 규칙'에 규정되어 있음에도 불구하고, 시험과목 및 배점 비율은 각 시도가 동일하다. 다만 세부적 사항, 예컨대 논술시험, 실기시험, 면접, 가산점 등에서 다소간의 차이가 있다.

시험과목 및 배점비율이 동일한 주된 이유는 현재 신규임용시험의 출제 업무를 한국교육개발원이 맡아 수행하기 때문이다. 구체적으로 말한다면, 신규임용시험 실시 초창기에는 각 시도 교육청별로 문제를 출제・채점・관리하다가, 그 이후 시・도 교육청이 초・중등 '교사신규임용 공동권리위원회'를 결성하여 교육청별로 번갈아 가며 임용고사를 주관하였고, 중등교사 임용시험은 1996년부터 한국교육개발원이 공동관리위원회의 의뢰를 받아 문제 출제와 채점 업무를 수행하고 있으며, 1999년부터는 초등교사 선발을 위한 시험문제 출제 업무도 한국교육개발원이 맡고 있기 때문이다.

실기 시험은 1995년도에 충청남도가 새롭게 도입하여 점차 확대되고 있는 추세라 할 수 있다. 초등교사 신규임용시험에서 실기 시험의 내용은 주로 음악실기, 미술실기, 체육실기가 주를 이루고 있으나, 서울은 판서기능을 보태고 있어 실기 시험에 대한 다양한 실시 경향을 드러내고 있다. 1996년도에 이르러 경기도의 경우 컴퓨터의 타이핑 및 문서편집 능력을 측정하는 컴퓨터 이론시험과 교육부가 지정한 기본한자 1,800자 이내의 교양한문 시험이 논술고사의 일부로 추가되고, 면접시험에 교직의 적성이나 교직관, 인격 및 기본소양 또는 교과지도 능력 외에 생활영어회화 능력(듣기)을 포함시켰다. 현재 실기 시험은 거의 전 시도에서 치러지고 있고, 수업실기 능력 평가를 포함하여 점차 확대되고 있는 추세이다.

'97 초등교사 임용후보자 선정 경쟁시험 공동관리위원회에서는 각 영역별 주관식은 응답제한 논문형(분량, 내용범위, 서술양식 제한 논문형)과 단답형(서술적, 단구적 단답형)이 절충된 유형으로 출제한다고 하였다(교육부, 1996. 9. 13).

교원 임용고사 응시자들이 알려준 1997년도 주관식 시험 문항의 예를 몇 가지 예를 들면 다음과 같다.

❖ 교육학 시험 문항의 예

1. 창의성의 개념과 특성을 쓰고, 담임교사로서의 학생들의 창의성 계발을 위한 분위기 조성방안을 쓰시오.
2. 잠재적 교육과정의 의미를 쓰고, 잠재적 교육과정 요인의 예를 들어 그것이 아동에게 미치는 영향을 쓰시오(400자 내외).

❖ 교육과정 시험 문항의 예

1. 학교 교육과정 편성시 고려해야 할 사항을 5가지 이상 쓰시오.

2. "사각형의 내각의 합은 360도이다"를 귀납적 방법과 연역적 방법으로 설명하시오.
3. 사회과 교육과정 지역화의 필요성을 4가지 이상 쓰시오.
4. 1, 2학년에서 통합교육이 필요한 까닭을 개조식으로 4가지 쓰시오.
이하 생략

❖ 논술문항의 예

교사의 자질을 열거하고, 그 중 하나를 선택하여 구체적 실천 방안을 써라.

다음으로 교육개발원 초·중등교원임용시험 출제위원회 기획팀장이 밝히고 있는 1999학년도 이후의 중등교사 임용시험 중 교육학 문제 출제방향을 제시하면 다음과 같다.

1) 교사 또는 중등교사로서 지녀야 할 교육에 대한 기본적인 지식, 태도, 소양을 평가한다.

2) 이론적이고 세부적인 개념, 지식 자체를 알고 있는가를 묻기보다 개념, 지식을 교육현장, 실제 수업과 연계하여 교육을 이해하고, 교육의 개선점을 모색할 수 있는 능력을 평가한다.

3) 교사가 알면 실제 교육, 수업을 선행·개선하는 데 도움을 줄 수 있는 지식을 알고 있는가를 평가한다.

4) 교육학의 여러 영역에서 고루 출제하되, 실제 교육이나 수업과 관련된 내용에 보다 많은 비중을 둔다.

5) 교육에 대한 종합적인 안목을 평가하는 문제를 출제한다.

6) 우리나라의 교육, 중등교육이 나아가야 할 방향에 대해 이해를 하고 있는지를 평가한다.

7) 교육부에서 고시한 교육과정은 초·중등학교 교육의 방향과 성격, 내용을 담고 있다. 따라서 예비교사들은 교육과정 총론과 각론(교과)에 제시된 내용들에 대해 기본적인 이해를 하고 있어야 한다.

각 시도가 실시하고 있는 임용고사는 법령과 규칙에 근거하고 임용고사 실시의 책임을 맡은 해당 인사들의 협의체 결성과 공동출제 방식의 채택 등으로 인하여 시도별로 큰 차이는 없다. 지필시험의 경우, 한국교육개발원이 계속 출제업무를 관장하게 되는 한 앞으로도 시험과목과 배점비율은 각 시도별로 동일할 것이라 예상된다. 다만, 각 시도 교육청에서 실시하는 실기평가는 한동안 그 종류나 방법에 있어서 다양화될 것이라고 보여지며, 그 점수의 반영비율도 약간씩 증가할 것이라 판단된다. 수행평가가 강조되는 상황에 비추어 볼 때 교사 지원자의 실기능력 평가는 더욱 세분화되고 정교화될 것이다. 필기시험의 출제방향도 교육학 이론의 세부사항보다 그 이론의 적용과 실천이 중요시되고 있는 것도 이러한 추세를 뒷받침한다 할 것이다. 그리고 중앙집권적 교육행정체제에서 점차 지방분권화해가는 상황에 비추어 본다면, 교원임용시험도 각 시도의 인적 · 물적 · 환경적 여건과 더욱 관련지어 실시될 가능성이 높다.

참고 문헌

강승호 외, 현대교육평가의 이론과 실제, 서울 : 양서원, 1996.

고려대학교 심리학과 편, 심리학개론, 서울 : 고려대학교 출판부, 1991.

고려대학교 교육사철학연구회 편, 새로운 교육의 탐색, 서울 : 내일을 여는 책, 1997.

공은배 외, 한국 교육투자의 실태와 수익률 분석에 관한 연구, 한국교육개발원, 1994.

교육개혁위원회, 신교육체제수립을 위한 교육개혁방안 , 제2차 대통령 보고서, 1995. 5. 31.

교육고전문헌연구회 편, 20세기 교육고전의 이해, 서울 : 이화여자대학교 출판부, 1998.

교육신문사, 한국교육 100년사, 서울 : 교육신문사, 1999.

길형석 외, 교육과정과 교육평가, 서울 : 동문사, 1998.

김경희 외, 교육학개론, 서울 : 학지사, 2000.

김계현, 카운셀링의 실제, 서울 : 학지사, 1995.

김광한, 탈학교논쟁, 서울 : 한마당, 1990.

김대현 외, 교육과정 및 교육평가, 서울 : 학지사, 1999.

김도수, 교육학개론, 서울 : 교육과학사, 2001.

김동환 외, 교육과정과 평가, 상조사, 1998.

김민수 편, 우리말 어원사전, 서울 : 태학사, 1997.

김병성, 학교학습풍토와 학업성취, 서울 : 교육과학사, 1984.

______, 교육연구방법, 서울 : 학지사, 1997.

김수천, 교육과정과 교과, 서울 : 교육과학사, 1999.

김성태, 발달심리학, 서울 : 법문사, 1990.

김순택 외, 현대수업론, 서울 : 교육과학사, 1983.

김신일, 교육사회학(개정증보판), 서울 : 교육과학사, 2000.

김영천, 네 학교 이야기, 서울 : 문음사, 2000.

김영채, 학습심리학, 서울 : 박영사, 1996.

김인식 외, 학교중심 교육과정의 탐구, 경남대학교, 1998.

김정환, 교육의 철학과 과제, 서울 : 박영사, 1994.

______, 교육의 본질과 과제, 서울 : 박영사, 1995.

______, 페스탈로찌의 교육사상, 서울 : 고려대학교 출판부, 1982.

______, 전인교육론, 서울 : 세영사, 1981.

김종서 외, 신교육학개론, 서울 : 교육과학사, 1998.

김은산, 니일의 인간교육사상, 서울 : 배영사, 1981.

김종서 외 3명, 교육과정과 교육평가, 서울 : 교육과학사, 1995.

김충기, 생활지도 교육론, 서울 : 학문사, 1983.

______, 생활지도와 상담, 서울 : 교육과학사, 1990.

______, 교육심리학, 서울 : 동문사, 2001.

김충기 외, 교육학개론, 서울 : 집문당, 1988.

김충기 외, 진로교육과 진로상담, 서울 : 동문사, 2001.

김호권 외, 현대교수학습 이론, 서울 : 교육과학사, 1982.

김희자 감수, 한 권으로 읽는 교육학 명저 24선, 서울 : 디모데, 1999.

남정걸, 교육행정 및 교육경영, 서울 : 교육과학사, 1997.

민영순, 교육심리학 신강, 서울 : 문음사, 1993.

박도순 외, 교육과정과 교육평가, 서울 : 문음사, 1998.

______, 교육과정과 교육평가, 서울 : 문음사, 1999.

박성수, 생활지도, 서울 : 정민사, 1986.

박용헌 외, 학교와 지역사회, 서울 : 교육출판사, 1981.

박재문, 지식의 구조와 구조주의(교육과정철학 총서 1), 서울 : 교육과학사, 1998.

박준영, 교육의 이론적 이해, 서울 : 학지사, 1996.

변창진 외, 교육평가, 서울 : 학지사, 1997.

보리편집부, 작은 학교가 아름답다, 서울 : 보리, 1999.

서울대학교 사범대학 교육연구소, 한국교육심리검사총람, 서울 : 프레스빌, 1997.

설기문, 인간관계와 정신건강, 서울 : 학지사, 1997.

송명자, 발달심리학, 서울 : 학지사, 1995.

신동로, 교육과정과 교수방법, 서울 : 교육과학사, 1999.

안기성 외 공역, 교육정치학, 서울 : 양서원, 1998.

______, 한국교육개혁의 정치학, 서울 : 학지사, 1998.

양용철 외, 교육의 종합적 이해. 서울 : 교육과학사, 2001.

엄주정 외, 교육학개론, 서울 : 학지사, 1999.

오천석, 교육철학신강, 서울 : 교학사, 1972.

______, 스승(교육신서 3), 서울 : 배영사, 1972.

유광찬, 교육과정의 이해, 서울 : 교육과학사, 1999.

윤정일 외, 교육의 이해, 서울 : 학지사, 1995.

윤필중, 교육과정과 교육평가, 서울 : 문음사, 1998.

이돈희, 교육철학개론, 서울 : 교육과학사, 1991.

이영덕, 교육의 과정, 서울 : 배영사, 1976.

이영덕 외, 생활지도, 서울 : 교육과학사, 1994.

이장호, 상담심리학 입문, 서울 : 형설출판사, 1999.

이정근, 진로지도의 실제, 서울 : 성원사, 1989.

이재창, 생활지도, 서울 : 문음사, 1988.

이재창 외, 인간이해를 위한 심리학, 서울 : 문음사, 1997.

이종각, 교육사회학신강, 서울 : 동문사, 1999.

______, 교육학 논쟁, 서울 : 하우, 1994.

이종승, 교육과정과 수업의 원리(Tyler). 서울 : 교육과학사, 1998.

이 중, 교육과 사회, 서울 : 배영사, 1991.

이형득 외, 상담의 이론적 접근, 서울 : 형설출판사, 1984.

이형행, 신교육행정론, 서울 : 문음사, 1992.

______, 교육학개론, 서울 : 학지사, 1997.

이홍우, 교육과정탐구, 서울 : 박영사, 1998.

이희동, 교육학개론, 서울 : 홍성출판사, 1995.

장선철, 건전한 성격론(교육신서 142), 서울 : 배영사, 1996.

______, 유아사회교육, 서울 : 동문사, 2001.

장선철 외, 아동상담, 서울 : 동문사, 2001.

장선철 외, 유아생활지도, 서울 : 동문사, 2001.

장휘숙, 청년심리학, 서울 : 학지사, 1999.

정범모, 교육과 교육학, 서울 : 박영사, 1985.

______, 교육의 본연을 찾아서, 서울 : 나남사, 1993.

정우현, 사회교육학, 서울 : 교육출판사, 1990.

정우현 외, 평생교육의 미래, 서울 : 교육과학사, 1995.

정우현 역, 학력주의 사회, 서울 : 배영사, 1979.

정원식 외, 카운슬링의 원리, 서울 : 교학도서주식회사, 1993.

정일환, 교육행정학－이론과 적용, 서울 : 중앙적성출판사, 1996.

정종진, 교육평가의 이해, 서울 : 양서원, 1999.

______, 학교학습과 동기, 서울 : 교육과학사, 1996.

정태범, 교육행정학, 서울 : 정민사, 1995.

조성일, 교육행정과 교육경영, 서울 : 재동문화사, 2000.

조용하 외, 신교육사회학, 서울 : 학지사, 1997.

진위교 외, 현대수업원리, 서울 : 정민사, 1983.

진쾌현 외, 교육사 교육철학 신강, 부산 : 동아대학교 출판부, 1995.

차경수, 현대인을 위한 교육, 서울 : 지학사, 1985.

최진승 외, 교육학 입문, 서울 : 학지사, 2000.

한국교육학회, 인간과 교육, 서울 : 문음사, 1996.

한준상, 호모 에루디티오, 서울 : 학지사, 1999.

황용길, 열린교육이 아이들을 망친다, 서울 : 조선일보사, 1999.

황정규, 교육평가, 서울 : 교육출판사, 1989.

Peters, R. S. (이홍우 역), 윤리학과 교육, 서울 : 교육과학사, 1980.

Tyler, Ralph, 교육과정과 학습지도의 기본원리, 서울 : 교육과학사, 1998.

Walker, Decker F. 외, 교육과정과 목적, 서울 : 교육과학사 1999.

Emmer, Edumund T., Classroom Management, in Michael J. Dunkin (ed.), *The International Encyclopedia of Teaching and Teacher Education*, New York : Pergamon Ltd., 1987.

______, and Calrolyn M. Evertson. "Synthesis of Research on Classroom Management", *Educational Leadership*, 38(4), 1981.

______, et al., *Classroom Management for Secondary Teachers*, Englewood Cliffs : Prentice-Hall, Inc., 1984.

Gardner, H., *Multiple intelligences : The theory in practice*, New York : BasicBooks, 1993

Goleman, D., *Emotional Intelligence*. New York : Bantam Books, 1982.

Guilford, J. P., Some changes in the structure-of-the-intellect model. *Educational and Psychological Measurement*, 40. 1-4, 1998.

Guilliland, B. E., *Theories and strategies in counseling and psychotherapy*. Englewood Cliffs, N.J. : Prentice-Hall, 1984.

Hannafin, M. J., *Emerging Technologies, ISD and Learning Environment : Critical Perspectives*, Educational Technology Research and Development, Vol., 40, No. 1, pp. 49-64, 1992.

Heinich, R., Molenda, M., & Russell, J., *Instructional Media and The New Technologies of Instruction*, 3rd. ed., Macmillan Publishing Company, 1989.

Keller, J. M., Motivational design of instruction. In C. M. Reigeluth(Ed.), *Instructional-design theories and models : An overview of their current status*(pp. 383-433). Hillsdate, N.J. : Lawrence Erlbaum, Inc., Publishers, 1983.

Kemp, J. E., Morrison G. R., & Ross, S. M., *Designing effective instruction* (2nd ed.). Upper Saddle River, N.J. : Prentice-Hall, Inc., 1998.

Kinzie, M. B. & Berdel, R. L., *Design and Use of Hypermedia Systems*, Educational Technology Research and Development, Vol. 38, No. 3, pp. 61 -68.

Kinzie, M. B., *Requirements and Benefits of Effective Interactive Instruction : Learner Control, Self-Regulation, and Continuing Motivation*, Educational Technology Research and Development, Vol. 38, No. 1, pp. 5-21, 1990.

Kozma, R. B., *Will Media Influence Leaning? Reframing the Debate*, Educational Technology, Research and Development. Vol. 42, No. 2, pp. 7-20, 1994.

Lebow, D., Constructivist values for instructional system design : Five principles toward a new mind set. *Educational Technology Research and Development*, 41(3), 1-16, 1993.

Marchionini, G., *Hypermedia and Learning : Freedom and Chaos*, Educational Technology, Vol. 18, No. 11, November, pp. 8-12.

Naisbitt, John, *Megatrends : Ten new directions transforming our lives*. New York : Warner Books, 1982.

Patterson, C. H., *Theories of counseling and psychotherapy* (3rd ed.). New York : Harper & Row Publishers.

Saettler, L. P., *The evolution of American educational technology*. Englewood, Co. : Libraries Unlimited, Inc., 1990.

Silver, Paula F., *Educational Administration*, New York : Harper $ Row, 1986.

Weller, H. C., Interactivity in micro computer based instruction : Its essential components and how it can be enhanced, *Educational Technology*, Vol. B, No. w, pp. 47-50, 1988.

Wertheimer, Michael, Gestalt theory of learning. In G. M. Gazda & R. J. Corsini (Eds.), *Theories of learning* : *A comparative approach*. Ithasca, IL. : Peacock, 1980.

찾아 보기

사 항

ㄱ

ㄴ

ㅈ

ㅊ

찾아 보기

인 명

〈국 내〉

〈국 외〉

ㄱ

ㄴ

ㄷ

ㄹ

ㅎ

저자 소개

✿ **장선철** (교육학 박사)
현재, 전주대학교 교육대학원 상담교육 주임교수,
한국카운슬러협회 이사

✿ **정찬주** (교육학 박사)
현재, 송원대학교 유아교육과 교수

✿ **이영자** (교육학 박사)
현재, 대구과학대학 유아교육과 교수

✿ **설재풍** (교육학 박사)
현재, 건국대학교 강사

교육학 개론

초판발행 2006년 3월 31일
4 판발행 2009년 2월 15일

저 자 장선철 · 정찬주 · 이영자 · 설재풍
발행인 김현태
발행처 **태영출판사**

주 소 (152-705) 서울 구로구 구로동 104-10 동남오피스텔 201호
전 화 02 · 839-3757, 839-3752
팩 스 02 · 837-3754
등 록 2005년 5월 30일 제12-421호
E-mail tys2005@paran.com
ISBN 89-91777-24-4 93370
정 가 17,000원